高等职业教育创新教材

供医学美容技术等相关专业使用

# 营养与美容

（第3版）


**主　　编**　赵　琼　练雪梅

**副 主 编**　李景辉

**编　　者**　（按姓氏汉语拼音排序）

邓福忠（重庆医药高等专科学校）

付红艺（重庆医科大学附属第一医院）

龚　琬（四川中医药高等专科学校）

郭艳东（保山中医药高等专科学校）

何清懿（长沙卫生职业学院）

李景辉（辽宁医药职业学院）

李珊珊（四川护理职业学院）

练雪梅（重庆医科大学）

吴　梅（湖北中医药高等专科学校）

赵　琼（重庆医药高等专科学校）

**编写秘书**　刘　峰（重庆医药高等专科学校）



科学出版社

北　京

## 内 容 简 介

本教材为高等职业教育医学美容技术专业创新教材之一，系根据本套教材的编写指导思想和原则要求，结合专业培养目标和本课程的教学目标、内容与任务要求编写而成。本教材具有显著特点：专业针对性强、紧密结合岗位知识和职业能力要求、理论与实践密切联系，对接健康管理师、公共营养师等职业资格考试要求，同时融入课程思政元素，推崇绿色生活与消费观念。本教材共 11 章，涵盖了绪论、能量及食物成分与美容、食物与美容、合理营养与美容、人体组成与营养、皮肤衰老与营养、美容相关疾病与营养、美容外科围手术期营养与膳食、女性特殊时期的营养与膳食、药膳与美容、美容营养教育与咨询等内容。

本教材重视实训内容的编写，实训指导内含 14 个实训项目，通过案例一步步引导学生开展膳食指导工作，实用性强。各章配有案例、PPT 和目标检测等内容。本教材可供医学美容技术专业师生、营养师、美容师、美容顾问、健康与美容爱好者、美容产品研发人员、美妆博主及关注美容和健康的普通读者等群体阅读使用，能够帮助读者系统掌握相关领域的基础知识，获取切实可行的实践指导。

**图书在版编目（CIP）数据**

营养与美容 / 赵琼，练雪梅主编. -- 3 版. -- 北京 : 科学出版社，2025. 9. --（高等职业教育创新教材）. -- ISBN 978-7-03-082787-6

Ⅰ. TS974.1；R151.1

中国国家版本馆 CIP 数据核字第 2025PD2287 号

责任编辑：张立丽 / 责任校对：周思梦

责任印制：师艳茹 / 封面设计：涿州锦晖



科学出版社 出版

北京东黄城根北街 16 号

邮政编码：100717

http：//www.sciencep.com

三河市骏杰印刷有限公司印刷

科学出版社发行　各地新华书店经销

*

2006 年 8 月第　一　版　开本：850×1168　1/16

2025 年 9 月第　三　版　印张：16 1/4

2025 年 9 月第十八次印刷　字数：480 000

**定价：69.80 元**

（如有印装质量问题，我社负责调换）

# 前　言

Preface

党的二十大报告指出：“人民健康是民族昌盛和国家强盛的重要标志。把保障人民健康放在优先发展的战略位置，完善人民健康促进政策。”贯彻落实党的二十大决策部署，积极推动健康事业发展，离不开人才队伍建设。党的二十大报告指出：“培养造就大批德才兼备的高素质人才，是国家和民族长远发展大计。”教材是教学内容的重要载体，是教学的重要依据、培养人才的重要保障。本次教材修订旨在贯彻党的二十大精神和党的教育方针，落实立德树人根本任务，坚持为党育人、为国育才。

《营养与美容》是一本专注于美容与营养交叉领域的专业课教材，旨在帮助读者理解营养对美容的影响，以及如何通过科学合理的饮食与营养搭配来实现人体内外兼顾的美化效果，提升个体的整体健康与美感。本教材强调美容与营养的紧密联系，结合现代营养学的基础理论与美容行业的实际需求，突出“美丽源于内在”的理念。

本教材编委由具备多年营养教学经验和美容行业实践经验的专家组成。在内容表达上，本教材规避了过于专业晦涩的术语，采用通俗易懂的语言进行编写，使读者能够轻松理解和实际应用。本教材配备了丰富的教学案例和参考食谱，通过“做中学，学中做”的模式，系统指导学生如何进行合理的美容营养膳食指导。

本教材的编写注重科学实证，秉持着创新性与实用性的原则，倡导从内至外的美容观。本教材结合最新的科研成果与行业发展动态，在资料采集和数据参考中引用最新的指南、法规、标准和专家共识等，力求为读者展示最前沿的美容营养学理论。本教材通过引入基于数据分析的个性化美容营养方案，融入植物营养学、微生物学与健康等新兴研究方向，培养读者科学的美容观念与健康的生活方式。

《营养与美容》不仅关乎个人的健康与美丽，更是社会文化与价值观的重要体现。本教材深度融入思政教育元素，通过探讨美容行业中的伦理问题、消费者权益保护、可持续发展路径、中医药膳美容文化等，培养学生的社会责任感、正确的价值观和对民族文化的自信。希望学生在追求美的同时，能够关注社会的整体进步，积极践行并倡导健康自然、绿色环保的生活与消费理念。

本教材围绕“结果（合理营养）为导向”的原则，以“营养评估－营养指导－营养评价”为主线设计。本教材共 11 章，实训指导内含 14 个实训项目。本教材设有 PPT、目标检测等内容，便于学生自我学习和检测学习效果。

本教材充分实现教学内容和岗位工作内容的紧密衔接；同时，对标健康管理师、注册营养（技）师等职业岗位的要求，系统涵盖营养学基本理论知识、膳食设计与管理、营养咨询和教育、食品安全等工作内容，是一本实践性和应用性极强的教材。

本教材可供医学美容技术专业师生、营养师、美容师、美容顾问、健康与美容爱好者、美容产品研发人员、美妆博主及关注美容和健康的普通读者等阅读使用，希望本教材成为读者探索美容、健康与营养领域的良师益友，助力更多人在追求美的道路上，践行科学、理性且可持续的发展理念。

教材在编写过程中得到了科学出版社和各编委所在院校的大力支持！由于编委学识水平和时间所限，教材中可能存在疏漏之处，请各兄弟院校师生和广大读者批评指正。

编　者

2025 年 5 月

# 配套资源

欢迎登录“中科云教育”平台，**免费**数字化课程等你来！

本系列教材配有数字化资源，持续更新，欢迎选用！

## “中科云教育”平台数字化课程登录路径

**电脑端**

- 第一步：打开网址http://www.coursegate.cn/short/0EZC4.action
- 第二步：注册、登录
- 第三步：点击上方导航栏“课程”，在右侧搜索栏搜索对应课程，开始学习

**手机端**

- 第一步：打开微信“扫一扫”，扫描下方二维码
- 第二步：注册、登录
- 第三步：用微信扫描上方二维码，进入课程，开始学习

**PPT 课件，请在数字化课程中各章节里下载！**

# 目　录

Contents


**第 1 章　绪论　1**

**第 2 章　能量及食物成分与美容　6**

第 1 节　能量　6

第 2 节　蛋白质　9

第 3 节　脂类　14

第 4 节　碳水化合物　17

第 5 节　膳食纤维　20

第 6 节　维生素　22

第 7 节　矿物质　29

第 8 节　水　36

第 9 节　生物活性物质　38

**第 3 章　食物与美容　44**

第 1 节　谷薯类食物的营养价值与美容　44

第 2 节　豆类食物的营养价值与美容　47

第 3 节　蔬菜类食物的营养价值与美容　49

第 4 节　水果类食物的营养价值与美容　52

第 5 节　坚果类食物的营养价值与美容　53

第 6 节　畜禽肉类及水产类食物的营养价值与美容　54

第 7 节　蛋奶类食物的营养价值与美容　59

第 8 节　营养强化食品、保健食品、特殊医学用途配方食品与美容保健　63

第 9 节　食品安全与美容　66

**第 4 章　合理营养与美容　73**

第 1 节　合理营养的概念与要求　73

第 2 节　膳食结构与膳食指南　75

第 3 节　营养调查与评价　81

第 4 节　营养食谱的编制　88

**第 5 章　人体组成与营养　99**

第 1 节　皮肤组织与营养　99

第 2 节　肌肉组织与营养　101

第 3 节　骨骼与营养　102

第 4 节　血液与营养　104

第 5 节　肝脏与营养　106

**第 6 章　皮肤衰老与营养　108**

第 1 节　衰老与营养　108

第 2 节　皮肤衰老的原因　110

第 3 节　皮肤美容与膳食　111

第 4 节　皮肤衰老的预防　115

**第 7 章　美容相关疾病与营养　119**

第 1 节　皮肤病　119

第 2 节　其他疾病或症状　126

**第 8 章　美容外科围手术期营养与膳食　154**

第 1 节　伤口愈合、瘢痕与营养　154

第 2 节　常见美容手术与膳食营养　158

第 3 节　美容手术预防瘢痕形成及色素沉着的膳食营养　161

**第 9 章　女性特殊时期的营养与膳食　165**

第 1 节　月经期的营养与膳食　165

第 2 节　孕妇的营养与膳食　167

第 3 节　乳母的营养与膳食　172

第 4 节　围绝经期的营养与膳食　177

**第 10 章　药膳与美容　185**

第 1 节　药膳的概念和特点　185

第 2 节　药膳美容的应用原则　186

第 3 节　药膳的分类　193

第 4 节　常见美容药膳　194

**第 11 章　美容营养教育与咨询　200**

第 1 节　美容营养教育与咨询概述　200

第 2 节　美容营养教育与咨询的相关理论　202

第 3 节　美容营养教育与咨询的形式与方法　203

**实训指导　210**

实训 1　食物成分表的使用及膳食

营养素参考摄入量的查询 210
实训 2 人体能量的确定 212
实训 3 食品标签的解读 214
实训 4 食物重量的估计 218
实训 5 膳食调查结果的计算与评价 221
实训 6 膳食结构的评价 223
实训 7 人体体格测量 225
实训 8 计算法编制一日食谱 228
实训 9 食物交换份法编制一周食谱 229
实训 10 计算机软件法编制一周食谱 231
实训 11 减肥食谱的编制 235
实训 12 围绝经期食谱的编制 238
实训 13 美容药膳制作 241
实训 14 肥胖患者营养教育 241
**主要参考文献 245**
**附录 中国居民膳食营养素参考摄入量 246**
**目标检测选择题参考答案 253**

# 第1章 绪论

学习目标

**1. 素质目标** 培养健康的审美情趣，培养具有人文关怀、社会动员能力的职业素质。

**2. 知识目标** 掌握营养学、美容医学、美容营养学、营养、营养素、膳食营养素参考摄入量的概念；熟悉美容营养学的研究内容、膳食营养素参考摄入量各指标的作用。

**3. 能力目标** 能利用所学知识指导老百姓正确食用膳食补充剂。

## 一、营养学的概念

**案例 1-1**

患者张某，女性，48岁，育有一子，为保持好身材，喜好清淡饮食，吃素，无饮奶习惯，孕期及产后均未规律补钙，近日因骨质疏松症入院治疗，其中一项治疗措施是补钙。

问题：1. 请分析患者缺钙的主要原因。

2. 患者所服用的钙片含钙量为330mg/片，请分析其每日钙片服用量。

### （一）营养学

营养学是生命科学的一个分支学科，是指研究人体营养规律，营养素来源、营养改善措施及营养与健康关系的科学，即研究食物中对人体有益的成分，以及人体摄取和利用这些成分以维持、促进健康的规律和机制，在此基础上采取具体的、宏观的社会性措施，改善人类健康状况，提高生命质量。

**考点：营养学概念**

### （二）营养与营养素

**1. 营养** 是指人体摄取食物，经过消化、吸收、代谢，利用食物中对身体有益的物质，供给能量构成和更新组织器官，调节各种生理功能，维持正常生长发育和防病保健的过程。

**2. 营养素** 是指可给人体提供能量、构成人体和组织修复，以及具有生理调节功能的物质。来自食物的营养素种类繁多，人体所需营养素包括蛋白质、脂类、碳水化合物（糖类）、矿物质、维生素、水、膳食纤维7类约50种。根据人体的需要量或体内含量多少，可将其分为宏量营养素和微量营养素。

（1）宏量营养素 人体对宏量营养素需要量较大，宏量营养素包括碳水化合物、脂类和蛋白质，这三种营养素经体内氧化可以释放能量，又称为产能营养素。碳水化合物是人体的重要能量来源，成年人所需能量50%～65%应由食物中的碳水化合物提供。脂肪作为能源物质在体内氧化时释放的能量较多，可在人体内大量储存。一般情况下，人体主要利用碳水化合物和脂类氧化供能，在人体所需能源物质供能不足时，可将蛋白质氧化分解获得能量。人体对水和膳食纤维需求量也较大，但水并不能为人体提供能量，因此不属于宏量营养素。膳食纤维不能被人体消化吸收，也不能为人体提供能量，所以也不属于宏量营养素。

(2) 微量营养素　相对宏量营养素来说，人体对微量营养素需要量较少，包括矿物质和维生素。根据在体内的含量不同，矿物质又可分为常量元素和微量元素。维生素则可分为脂溶性维生素和水溶性维生素。

**3. 生物活性物质**　除了营养素的作用外，在植物性食物中还有一些生物活性成分，它们具有保护人体、预防心血管疾病和癌症等非传染性慢性疾病的作用，这些生物活性成分统称为植物化学物，主要包括类胡萝卜素、植物固醇、皂苷、芥子油苷、多酚、蛋白酶抑制剂、单萜类、植物雌激素、硫化物、植酸等几大类。

天然食物中还存在一些在人类营养过程中具有特定作用的有机化合物，如肉碱、半胱氨酸、牛磺酸、谷氨酰胺等。这些物质中有的合成原料是必需营养素，如肉碱合成的前体物是必需氨基酸赖氨酸和甲硫氨酸（蛋氨酸）；蛋氨酸和丝氨酸通过转硫作用可生成半胱氨酸，半胱氨酸是合成辅酶A、牛磺酸和无机硫的前体。这些有机物大多数可以在人体内合成，但在某些特殊条件下，其合成的数量和速度不能满足人体需要，仍需要从食物中得以补充。

**考点：营养与营养素的定义，营养素的种类**

## （三）膳食营养素参考摄入量

膳食营养素参考摄入量（dietary reference intakes，DRIs）是为了保证人体合理摄入营养素，避免缺乏和过量，在膳食营养素推荐供给量（recommended dietary allowance，RDA）的基础上发展起来的每日平均膳食营养素摄入量的一组参考值。制定RDA的目的是预防营养缺乏病；2000年制定的DRIs把RDA的单一概念发展为包括平均需要量（estimated average requirement，EAR）、推荐摄入量（recommended nutrient intake，RNI）、适宜摄入量（adequate intake，AI）、可耐受最高摄入量（tolerable upper intake level，UL）在内的一组概念，其目的是预防营养缺乏病和防止营养素摄入过量对健康的危害。2013版中国营养学会修订的DRIs增加了与非传染性慢性疾病有关的三个参考摄入量：宏量营养素可接受范围（acceptable macronutrient distribution range，AMDR）、预防非传染性慢性病的建议摄入量（proposed intakes for preventing non-communicable chronic diseases，PI-NCD，简称建议摄入量，PI）和特定建议值（specific proposed level，SPL）。2023年9月，中国营养学会在第十四届亚洲营养大会上发布了《中国居民膳食营养素参考摄入量（2023版）》，2023版DRIs对PI-NCD和SPL两个概念做了保留但进行了适当修改，将预防非传染性慢性病的建议摄入量改为降低膳食相关非传染性疾病风险的建议摄入量。

**1. 平均需要量（EAR）**　是指某一特定性别、年龄及生理状况群体中的所有个体对某营养素需要量的平均值。按照EAR水平摄入营养素，根据某些指标判断可以满足这一群体中50%个体需要量水平。

EAR是制订RNI的基础，也可用于评价或计划群体的膳食摄入量，或判断个体某营养素摄入量不足的可能性。由于某些营养素的研究尚缺乏足够的资料，并非所有的营养素都已制订出其EAR。

针对人群，EAR可用于评估群体中摄入不足的发生率。针对个体，可检查其摄入不足的可能性。EAR不是计划个体膳食的目标和推荐量，当用EAR评价个体摄入量时，如某个体的摄入量远高于EAR，则此人的摄入量有可能是充足的；如某个体的摄入量远低于EAR，则此个体的摄入量很可能不足。

**2. 推荐摄入量（RNI）**　是指可以满足某一特定性别、年龄及生理状况群体中绝大多数个体（97%～98%）需要量的某种营养素摄入水平。长期摄入RNI水平，可以满足人体对该营养素的需要并维持组织中有适当的营养素储备和人体健康。RNI相当于传统意义上的RDA。RNI的主要用途是作为个体每日摄入该营养素的目标值。

如果已知某种营养素的EAR及其标准差，则其RNI值为EAR加两个标准差，即RNI=EAR+2SD；如果资料不充分，不能计算某营养素EAR的标准差时，一般设定EAR的变异系数为 10%，RNI 定为 EAR+20%EAR，即 RNI=1.2×EAR。

RNI 的主要用途是作为个体每日摄入该营养素的推荐值，是健康个体膳食摄入营养素的目标。RNI 在评价个体营养素摄入量方面的作用有限，当某个体的日常摄入量达到或超过 RNI 水平，则可认为该个体没有摄入不足的危险，但当个体的营养素摄入量低于 RNI 时，并不一定表明该个体未达到适宜营养状态。

能量需要量（estimated energy requirement，EER）是指能长期保持良好的健康状态、维持良好的体型、人体构成以及理想活动水平的人或人群，达到能量平衡时所需要的膳食能量摄入量。群体的能量推荐摄入量直接等同于该群体的能量 EAR，而不是像蛋白质等其他营养素那样等于 EAR 加 2 倍标准差。所以能量的推荐摄入量不用 RNI 表示，而直接使用 EER 来描述。

**3. 适宜摄入量（AI）** 是通过观察或实验获得的健康人群某种营养素的摄入量。当某种营养素的个体需要量研究资料不足而不能计算出 EAR，从而无法推算 RNI 时，可通过设定 AI 来代替 RNI。例如，纯母乳喂养的足月产健康婴儿，从出生到 6 个月，他们的营养素全部来自母乳，故母乳中的营养素含量就是婴儿所需各种营养素的 AI。

AI 和 RNI 的相似之处是两者都可以作为目标人群中个体营养素摄入量的目标值，可以满足该群体中几乎所有个体的需要。但值得注意的是，AI 的准确性远不如 RNI，可能高于 RNI，因此，使用 AI 作为推荐标准时要比使用 RNI 更加注意。AI 主要用作个体的营养素摄入目标，当某群体的营养素平均摄入量达到或超过 AI 水平时，则该群体中摄入不足者的危险性很小。

**4. 可耐受最高摄入量（UL）** 是营养素或食物成分的每日摄入量的安全上限，是一个健康人群中几乎所有个体都不会产生毒副作用的最高摄入水平。UL 的主要用途是检查摄入量过高的可能，避免对人体造成危害。

对一般群体来说，摄入量达到 UL 水平对几乎所有个体均不致损害健康，但并不表示达到此摄入水平对健康是有益的。对大多数营养素而言，健康个体的摄入量超过 RNI 或 AI 水平并不会产生益处，因此 UL 并不是一个建议的摄入水平。在制定个体和群体膳食时，应使营养素摄入量低于 UL 以避免营养素摄入过量可能造成的危害。但 UL 不能用来评估人群中营养素摄入过多而产生毒副作用的危险性，因为 UL 对健康人群中最易感的个体也不应造成危害。对许多营养素来说，目前尚缺乏足够的资料来制定它们的 UL，但没有 UL 值并不意味着过多摄入这些营养素没有潜在的危害。

**5. 宏量营养素可接受范围（AMDR）** 是指脂肪、蛋白质和碳水化合物理想的摄入量范围，该范围可以提供这些必需营养素的需要，并且有利于降低慢性病的发生危险，常用占能量摄入量的百分比（%E）表示。其显著的特点之一是具有上限和下限。

**6. 降低膳食相关非传染性疾病风险的建议摄入量（PI-NCD 或 PI）** 膳食营养素摄入量过高或过低导致慢性疾病包括肥胖、糖尿病、高血压、血脂异常及某些癌症。PI-NCD 是以膳食相关非传染性疾病的一级预防为目标，提出的必需营养素的每日摄入量。当慢性非传染性疾病（NCD）易感人群某些营养素的摄入量接近或达到 PI 时，可以降低他们发生 NCD 的风险。某些营养素的 PI 可能高于 RNI 或 AI，如维生素 C、钾等；而另一些营养素的 PI 可能低于 AI，如钠。

**7. 特定建议值（SPL）** 是指某些疾病易感人群膳食中某些生物活性成分的摄入量达到或接近这个建议水平时，有利于维护人体健康。SPL 专用于营养素以外的其他食物成分而建议的有利于人体健康的每日摄入量。

综上所述，人体每天都需要从膳食中获得一定量的各种必需营养素。如果人体长期摄入某种营养素不足就有发生该营养素缺乏症的危险。当日常摄入量为 0 时，摄入不足的概率为 1.0。当摄入量达到 EAR 水平时，发生营养素缺乏的概率为 0.5，即有 50%的机会缺乏该营养素。摄入量达到 RNI 水平时，摄入不足的概率变得很小，也就是绝大多数的个体都没有发生缺乏症的危险。摄入量达到 UL 水平后，若再继续增加就可能出现毒副作用。RNI 和 UL 之间是一个“安全摄入范围”。

**考点：DRIs 的七个指标水平的概念及其作用**

## 二、美容医学

美容医学是以人体审美理论为指导，以艺术为基础，以审美为目的，采取手术与非手术的医学手段，来维护、修复和再塑人体美，以增强人体生命活力美感和提高生命质量为目的的一门新兴的医学交叉学科。

美容医学的研究对象是人的形体美，以及设计、维护、修复、再塑形体美的一切医学技能、设备和基础理论。鉴于“美容”是人的一种特殊的审美需求，且蕴含独特的心理学内涵，故美容医学心理学的研究和实施，也构成美容医学学科的研究对象和研究内容的重要组成部分。

我国的美容医学，是 20 世纪 80 年代以来顺应美容外科、皮肤美容、中医美容、口腔颌面美容等美容临床学科的不断扩展，在医学美学基础理论研究的兴起和美容医学实践经验的总结的基础上逐渐发展起来的。它是由美容外科学、美容牙科学、美容皮肤学、美容中医学 4 个美容临床分支学科，以及医学美学、美容医学心理学、美容医学伦理学、美容艺术学基础等美容医学基础理论研究多学科发展整合而成的。随着美容医学的发展，1999 年 11 月中华医学会医学美学与美容学分会召开的第三届委员会第一次全会上决定增设医疗美容技术学组，2004 年 5 月卫生部、教育部联合印发的《护理、药学和医学相关类高等教育改革和发展规划》中，将“医疗美容技术专业”列入医学相关类高等医学教育规划，它标志着美容医学教育进入系统规范阶段，医疗美容技术专业的创立进一步丰富了美容医学的内涵，使之臻于完善。

## 三、美容营养学

美容营养学作为一门融合美学、营养学及健康科学的交叉学科，旨在通过科学合理的饮食与营养搭配，促进人体内外兼修的美化效果，提升个体的整体健康与美感。美容营养学是在营养学的基础上研究营养与美容关系的学科，具体而言，它是以营养学和美容医学为基础，以人体美容为目的，通过合理营养和特定膳食，预防和治疗营养失衡或代谢障碍所致的美容相关疾病，延缓衰老，以达到维护和增进具有生命活力美感的人体健康美的应用科学。

**考点：美容营养学的概念**

美容营养学是 21 世纪兴起的一门交叉性营养学分支学科，营养学中有许多因素对人体体形、容貌具有一定的影响，甚至在某种程度上会产生重要的影响。营养与美容的关系日益受到人们的关注，营养学也逐步成为美容医学的重要组成部分，2003 年 11 月，全国医学美容技术专业教育会议研究确定将“美容营养学”正式列入课程设置计划，目的是使学生了解和熟悉与美容相关的营养学知识，掌握因营养缺乏或代谢障碍导致的体形与容貌相关疾病的预防及治疗方法，了解中医养颜理论和食物美容保健等基本知识，拓宽知识面。

美容营养学涉及面较广，研究的内容较多，主要包括以下几个方面。

**1. 营养学的基本知识及营养素与美容** 主要研究人体所需各种营养素的生理功能、食物来源、参考摄入量，以及营养素对体形、容貌的影响，如蛋白质、脂类、碳水化合物、水、维生素、微量元素与美容的关系。

**2. 食物美容保健** 主要研究各类食物的营养成分、营养特点及美容保健作用。

**3. 皮肤美容与营养** 主要研究皮肤衰老的发生机制及其对人体形体、容貌的影响，探索延缓人体衰老的干预对策，以及具有抗衰老功效的膳食。

**4. 损容性疾病与营养** 主要研究各种常见的损容性皮肤疾病及其他损容性相关疾病对形体、容貌的影响及预防、治疗对策，如痤疮、黄褐斑、原发性骨质疏松症、肥胖、消瘦、白发病、脱发等与美容的关系及营养膳食治疗。

**5. 美容外科与营养** 主要研究美容外科相关问题与膳食营养的关系，如促进伤口愈合、瘢痕修复的营养膳食措施，以及美容外科手术期、美容外科围手术期的膳食营养管理方案。

**6. 中医膳食与美容** 主要研究中医药膳美容养颜功效、美容养颜药膳的配方，如祛斑增白药膳、美体瘦身药膳、美乳丰胸药膳、美发乌发药膳等。

## 目标检测

### A1 型题

1. 人体每天从膳食中获得各种必需营养素的“安全摄入范围”是（ ）。
   A. EAR 和 RNI 之间
   B. RNI 和 UL 之间
   C. EAR 和 UL 之间
   D. RNI 和 AI 之间
   E. AI 和 UL 之间
2. PI-NCD 低于 RNI 或 AI 的营养素有（ ）。
   A. 钠 B. 钾
   C. 维生素 C D. 脂肪
   E. 蛋白质
3. 全国医学美容技术专业教育会议将“美容营养学”列入课程设置计划的时间是（ ）。
   A. 2003 年 9 月 B. 2003 年 10 月
   C. 2003 年 11 月 D. 2003 年 12 月
   E. 2004 年 1 月
4. 提供人体能量的三大营养素是（ ）。
   A. 脂肪、碳水化合物、维生素
   B. 蛋白质、脂肪、纤维素
   C. 纤维素、维生素、碳水化合物
   D. 蛋白质、脂肪、碳水化合物
   E. 蛋白质、脂肪和维生素
5. 营养素目前分为七大类，除了（ ）。
   A. 蛋白质 B. 植物化学物
   C. 脂肪 D. 碳水化合物
   E. 无机盐和维生素
6. 按营养素新的分类，（ ）为微量营养素。
   A. 蛋白质 B. 脂肪
   C. 矿物质 D. 糖类
   E. 水
7. 中国居民膳食营养素参考摄入量不包括（ ）。
   A. EAR B. RDA
   C. RNI D. AI
   E. UL
8. 我国膳食营养素参考摄入量（DRIs）是指（ ）。
   A. 一组每日平均膳食营养素摄入量的参考值
   B. 某一特定群体对某营养素需要量的平均值
   C. 可以满足某一特定群体中绝大多数个体的营养素需要量的摄入水平
   D. 通过观察或实验获得的健康人群某种营养素摄入量
   E. 某一特定群体对某营养素需要量的最低值
9. 推荐摄入量是可以满足某一特定性别、年龄及生理状况群体中绝大多数个体需要的营养素摄入水平，这里的绝大多数指的是（ ）。
   A. 97%～98%的个体
   B. 95%～97%的个体
   C. 95%～98%的个体
   D. 97%～99%的个体
   E. 98%～99%的个体
10. 主要的产热营养素是（ ）。
    A. 蛋白质、维生素、矿物质
    B. 脂类、碳水化合物、蛋白质
    C. 碳水化合物、维生素、矿物质
    D. 脂肪、蛋白质、维生素
    E. 矿物质、水、脂肪

（赵 琼）

# 第2章
# 能量及食物成分与美容

**学习目标**

**1. 素质目标** 培养健康的审美情趣，培养具有人文关怀、社会动员能力的职业素质。树立合理营养、实事求是的科学态度；具有良好的职业道德、人际沟通能力和团队精神；具有严谨的学习态度、敢于创新、勇于创新的精神。

**2. 知识目标** 掌握能量的食物来源及参考摄入量；三大产能营养素的生理功能及食物来源；必需氨基酸、必需脂肪酸、基础代谢率、食物热效应的概念；维生素、矿物质、水及生物活性物质的生理功能、缺乏与过量对健康美容的影响、食物来源；熟悉各营养素的参考摄入量，三大产能营养素的营养价值评价，膳食纤维的生理功能。了解各营养素评价指标及与美容的关系。

**3. 能力目标** 能够运用所学的营养与膳食知识指导日常生活，保证合理营养、平衡膳食。能利用所学知识指导顾客识别营养不良的症状及正确选用膳食补充剂。

## 第1节 能 量

**案例 2-1**

王某，男性，45岁，身高176cm，体重65kg，某公司员工，办公室职员，每日开车上下班。

问题：1. 王先生的体重正常吗？

2. 请计算王先生每日能量需要量。

能量是维持生命活动的基础。人体每日维持各种生理功能和生命活动所需的能量主要通过食物中的产能营养素来提供，包括碳水化合物、脂肪和蛋白质。能量消耗途径主要包括基础代谢、体力活动、食物热效应及其他的消耗途径。人体能量需要量与年龄、性别、生理状态、体重及身体活动均有关系，能量代谢的最佳状态应为能量平衡，即摄入量与需要量相等。能量摄入不足或过量会对人体健康造成影响。

### 一、能量单位与能量系数

#### （一）能量单位

国际上通用的能量单位是焦耳（joule，J）、千焦（kilojoule，kJ）或兆焦（megajoule，MJ），1J是指用1牛顿的力把1kg的物体移动1m所消耗的能量。营养学领域常使用卡（calorie，cal）或千卡（kilocalorie，kcal）作为单位，1kcal指在1个标准大气压下，1L纯水从15℃升高到16℃所需要的能量。其换算关系是：1kcal≈4.184kJ，1kJ≈0.239kcal。

#### （二）能量系数

每克产能营养素（碳水化合物、脂肪、蛋白质）在体内氧化产生的能量值称为热能系数或能量系数。正常人体对碳水化合物的吸收率为 98%、脂肪为 95%、蛋白质为 92%，每 1g 蛋白质分解产生的尿素、肌酐、尿酸等含氮物质如完全氧化，还可产生 5.44kJ（1.3kcal）的能量。因此，食物中的碳水化合物、脂肪、蛋白质的净能量系数为：

1g 碳水化合物　17.15kJ × 98%≈16.81kJ（4kcal）
1g 脂肪　39.54kJ × 95%≈37.56kJ（9kcal）
1g 蛋白质　（23.64kJ – 5.44kJ）× 92%≈16.74kJ（4kcal）

**考点：能量系数**

## 二、能 量 消 耗

成人能量的支出主要用于基础代谢、体力活动和食物热效应这三方面。对于一些特殊人群，还要增加额外的能量支出，如孕妇还要包括子宫、乳房、胎盘及胎儿生长发育等所需的能量，以及母体体脂储备的能量需要；乳母应包括合成和分泌乳汁的能量需要；婴幼儿、儿童、青少年应包括生长发育的能量需要。

### （一）基础代谢

基础代谢（basal metabolism，BM）是维持人体最基本生命活动所必需的最低能量消耗，是人体消耗的主要部分，占人体总能量消耗的 45%～70%。世界卫生组织对基础代谢的定义为：人体在安静状态，恒温条件下（22～26℃），经过 10～12h 空腹和良好的睡眠后，清醒仰卧，无任何身体活动和紧张的思想活动，全身肌肉放松时所消耗的能量。此时人体能量消耗完全用于维持最基本的生命活动状态。

不同的个体，基础代谢不同，基础代谢的水平可用基础代谢率（basal metabolic rate，BMR）来表示，基础代谢率是指人体处于基础代谢状态下每小时每平方米体表面积（或每千克体重）的能量消耗。影响基础代谢能量消耗的因素包括体型和人体构成、年龄、性别、内分泌功能，以及是否处于应激状态等。

**考点：基础代谢率**

### （二）体力活动

除基础代谢外，体力活动消耗的能量是影响人体总能量消耗的最重要的部分，占总能量消耗的 25%～50%。身体活动与人体活动时间、活动强度密切相关。这是人体能量支出变化最大，也是控制能量支出、保持能量平衡、维持健康最重要的部分。各种生活方式、不同职业及休闲活动的体力活动水平（PAL）数值估算值见表 2-1。中国营养学会将中国成人的 PAL 划定为低强度体力活动水平（PAL=1.4）、中等强度体力活动水平（PAL=1.7）和高强度体力活动水平（PAL=2.0）。

**表 2-1 各种生活方式或职业的 PAL 值**

| 生活方式 | 从事的职业或人群 | PAL |
|---|---|---|
| 休息，主要是坐位或卧位 | 不能自理的老年人或残疾人 | 1.2 |
| 静态生活方式/坐位工作，很少或没有高强度的休闲活动 | 办公室职员或精密仪器机械师 | 1.4～1.5 |
| 静态生活方式/坐位工作，有时需走动或站立，但很少有高强度的休闲活动 | 实验室助理、司机、学生、装配线工人 | 1.6～1.7 |
| 主要是站着或走着工作 | 家庭主妇、销售人员、侍应生、机械师、交易员 | 1.8～1.9 |
| 高强度职业工作或高强度休闲活动方式 | 建筑工人、农民、林业工人、矿工、运动员 | 2.0～2.4 |

注：每周增加 1h 中等强度身体活动，PAL 增加 0.025；每周增加 1h 高强度身体活动，PAL 增加 0.05。

### （三）食物的热效应

食物热效应（thermic effect of food，TEF）又称为食物特殊动力作用（specific dynamic action，SDA），是指因摄食而引起能量的额外消耗的现象。不同营养素的热效应也有差别，一般碳水化合物为5%～6%，脂肪为4～5%，蛋白质为30%～40%。当成人进食一般混合性膳食时，约相当于总能量消耗的10%。

**考点：食物的热效应**

### （四）其他能量消耗

孕期、哺乳期女性及生长发育期的婴幼儿、儿童、青少年，因为处于特殊生理阶段，需额外补充能量以保障生长发育。其中，生长发育所需要能量占总能量的比例，在出生后前3个月约占35%，12月龄时迅速降至3%，到青少年仅占1%左右。

## 三、人体能量摄入营养状况评价

评价人体能量摄入的营养状况时，可通过计算出膳食能量摄入量，并与DRIs比较进行摄入量的评价。成年人机体能量水平可通过计算体重指数（BMI）及测定腰围等指标来进行评价。

### （一）人体能量需要量的确定

正常情况下，人体每天摄入的能量和消耗的能量应基本保持平衡，维持体重在正常范围内，从而使人体保持健康。一旦能量的平衡被打破，就会带来一系列健康问题。因此按人体需要供给能量非常关键。

**1. 根据标准体重进行计算** 详见实训2。

**2. 根据基础能量消耗进行计算** 总能量消耗=基础代谢率（BMR）×体力活动水平（PAL）。

基础能量消耗计算法一般用斯科菲尔德公式。但该公式是根据欧美人的实测数据获得的，不适合中国人。中国营养学会推荐使用根据中国人的实测数据获得的公式进行 BMR 的计算。18～49岁成年人BMR公式如下。

$$\text{BMR（kcal/d）}=14.52W-155.88S+565.79$$

式中，$W$为体重（kg）；S为性别，男=0，女=1。

注意：50～64岁人群的BMR应较按18～49岁BMR公式计算出的值下调5%，65～74岁人群的BMR应较按18～49岁BMR公式计算出的值下调7.5%，75岁及以上人群的BMR应较按18～49岁BMR公式计算出的值下调10%。

**3. 世界粮食及农业组织按下式粗略计算人体每日能量的需要量。**

男子：每日能量需要量（kJ）=体重（kg）×192

女子：每日能量需要量（kJ）=体重（kg）×160

计算出人体每日能量的需要量后，按劳动强度不同分别用不同系数进行调整，轻、中、重系数分别是0.9、1.17和1.34。

**4. 生活作业观察法** 对调查对象进行24h的跟踪观察，详细记录其各项活动的持续时间（精确到秒），根据不同活动的能量消耗系数，结合体表面积就可推算出调查对象一天的能量消耗。观察时间越长，其结果越准确。

**5. 体重观察法** 正常人的能量摄入与消耗，其体重应保持相对稳定。如果能准确计算一定时期（≥15日）摄入的能量，并观察体重变化，当体重保持不变时，就表示摄入能量与消耗能量相当；如果体重减轻，则表示能量摄入不足，反之，则表示能量摄入过剩。此方法可靠，且简便易行。

### （二）能量平衡

人体的能量平衡是指人体摄入食物的能量和消耗的能量之间的平衡状态。这种状态是动态的，涉及能量的摄取和消耗两个过程。当摄入的能量等于消耗的能量时，人体处于能量平衡状态，这是维持适宜体重的关键。长期摄入超过消耗会导致肥胖，而摄入不足则会导致消瘦。因此，维持人体的能量平衡对于保持健康状态至关重要。

## 四、能量需要量及食物来源

参考摄入量以满足人体的能量平衡为原则。在正常情况下，能量的摄入和消耗应当保持平衡。长期摄入不足或摄入过多都会引起人体体重的改变进而引起相应的疾病。

能量的营养素来源包括碳水化合物、脂肪和蛋白质。中国营养学会推荐三大产能营养素适宜的摄入比为：65 岁以下成年人蛋白质供能占总能量的 10%～20%：脂肪供能占总能量的 20%～30%：碳水化合物供能占总能量的 50%～65%。65 岁以上成年人蛋白质供能占比提升至 15%～20%，其余不变。具体食物来源上，碳水化合物主要来自谷薯类食物，脂肪主要来自烹调油，蛋白质则主要来自鱼、禽、肉、蛋等动物性食物，以及大豆等植物性食物。

**考点：能量的食物来源**

## 五、能量摄入水平与美容

皮肤细胞需要通过能量代谢来应对环境压力并完成皮肤损伤修复，其中皮肤里的胶原蛋白合成、DNA 损伤修复等生理过程都需要消耗大量能量。能量代谢失衡可导致皮肤衰老，如影响皮肤的抗氧化能力、自我修护能力等。

### （一）能量摄入不足的影响

**1. 营养不良**　当每日摄入的能量低于身体所需时，会导致营养不良，进而影响皮肤的健康。营养不良会使皮肤失去光泽，变得干燥、粗糙，甚至出现皱纹和色斑。

**2. 生理功能减退**　能量摄入不足还会影响身体的各项生理功能，包括代谢、循环、免疫等，从而间接影响皮肤的美观和健康。

### （二）能量摄入过量的影响

**1. 肥胖**　如果每日摄入的能量远超过身体所需，多余的能量将以脂肪的形式储存在体内，导致肥胖。肥胖不仅会影响体型美观，还会增加患心血管疾病、糖尿病等慢性病的风险。

**2. 皮肤问题**　长期的能量过剩还可能导致皮肤油脂分泌过多，引发痤疮、脂溢性皮炎等皮肤问题。此外，肥胖还可能引起皮肤松弛、橘皮样改变等问题。

### （三）合理能量摄入对美容的重要性

**1. 维持皮肤健康**　合理的能量摄入可以为皮肤提供充足的营养和能量支持，保持皮肤的弹性和光泽，减少皱纹和色斑的产生。

**2. 促进新陈代谢**　适量的能量摄入可以促进身体的新陈代谢，加速废物的排出和营养的吸收，有助于保持皮肤的健康状态。

**3. 维持体型**　合理的能量摄入可以避免肥胖的发生，保持体型的美观和健康。

# 第 2 节　蛋　白　质

蛋白质是生命和人体的物质基础，是构成组织和细胞的基本材料。正常成年人体内蛋白质占体重的

16%～19%。成人体内蛋白质处于不断分解又不断合成的动态平衡中，以完成组织蛋白的不断修复和更新。没有蛋白质就没有生命。

## 一、蛋白质的组成与分类

### （一）蛋白质的组成

蛋白质主要是由碳、氢、氧、氮四种元素组成的化学结构复杂的大分子有机化合物，由于碳水化合物和脂类中不含氮，所以蛋白质是人体氮的唯一来源。有些蛋白质还含有少量的硫、磷、铁、碘、锰、铜、钴、钼及锌等其他元素。蛋白质在体内分布广泛，几乎所有的器官和组织都含有蛋白质。

### （二）氨基酸

蛋白质的基本组成单位是氨基酸，以肽键相连接并形成一定的空间结构。组成人体的氨基酸可分为必需氨基酸、条件必需氨基酸及非必需氨基酸三大类。

**1. 必需氨基酸（essential amino acid，EAA）** 是指人体不能合成或合成速度过慢不能满足人体需要，必须从食物中获取的氨基酸。组成人体蛋白质的 21 种氨基酸（硒代半胱氨酸是第 21 个编码氨基酸）中，有 9 种是必需氨基酸。分别是缬氨酸、异亮氨酸、亮氨酸、苯丙氨酸、甲硫氨酸、苏氨酸、色氨酸、组氨酸和赖氨酸。

**2. 条件必需氨基酸** 人体内的半胱氨酸和酪氨酸分别由甲硫氨酸和苯丙氨酸转化而来，如果膳食能提供足量的这两种氨基酸，则人体对甲硫氨酸和苯丙氨酸这两种必需氨基酸的需求量可分别减少 30%和 50%。半胱氨酸和酪氨酸这类可减少人体对某些必需氨基酸需求的氨基酸称为条件必需氨基酸或半必需氨基酸。

**3. 非必需氨基酸** 人体可以利用一些前体物质自身合成的氨基酸称为非必需氨基酸，但并非人体不需要。非必需氨基酸的作用是为人体提供氮源。

**考点：必需氨基酸的概念和种类**

### （三）氨基酸模式与限制性氨基酸

食物蛋白质中各种必需氨基酸的构成比例称为氨基酸模式，即根据蛋白质中必需氨基酸的含量，含量最少的色氨酸为 1 计算出其他氨基酸的相应比值。氨基酸模式是评价食物蛋白质营养价值的指标之一。食物蛋白质必需氨基酸含量和比值越接近人体需要的模式，就越容易被人体吸收利用，该蛋白质则称为优质蛋白，如蛋、奶、水产品和肉类等，以及大豆蛋白质。

如果食物中蛋白质氨基酸模式与人体蛋白质氨基酸模式不相符合，某些必需氨基酸数量不足，则会影响其他氨基酸的利用，从而降低蛋白质的营养价值，这些含量相对较低的氨基酸称为限制性氨基酸，含量最低的称为第一限制性氨基酸，以此类推为第二限制性氨基酸、第三限制性氨基酸等。例如，谷类的第一限制性氨基酸为赖氨酸，豆类的第一限制性氨基酸为甲硫氨酸。

**考点：限制性氨基酸**

### （四）蛋白质的分类

蛋白质可以根据不同的分类标准进行分类。从营养学角度看，蛋白质可以分为完全蛋白质、半完全蛋白质和不完全蛋白质。

**1. 完全蛋白质** 所含必需氨基酸种类齐全、数量充足、比例适当。这类蛋白质不仅能维持成人的健康，还能促进儿童的生长发育。常见的完全蛋白质来源包括鸡蛋、牛奶、肉类、鱼类等。

**2. 半完全蛋白质** 所含必需氨基酸种类齐全，但某些氨基酸的数量不足或比例不适当。这类蛋白质可以维持生命，但不能促进生长发育。常见的半完全蛋白质来源包括小麦中的麦胶蛋白等。

**3. 不完全蛋白质**　所含必需氨基酸种类不全，既不能维持生命，也不能促进生长发育。常见的不完全蛋白质来源包括玉米胶蛋白、动物结缔组织中的胶质蛋白等。

**链接**　胶原蛋白

胶原蛋白是动物结缔组织细胞外间隙的主要结构蛋白，也是哺乳动物体内含量最多、分布最广的功能性蛋白。人体内的胶原蛋白会随着年龄的增长而渐渐流失，表皮会形成松垮的皱纹。胶原蛋白含有大量极性基团，是保湿因子，且有阻止皮肤中的酪氨酸转化为黑色素的作用。因此，胶原蛋白具有美白、保湿、防皱、祛斑等美容作用。虽然胶原蛋白是皮肤的重要成分，但摄入的胶原蛋白在消化过程中会被分解为氨基酸，身体会根据需要再合成胶原蛋白。因此，直接补充胶原蛋白未必能直接提高皮肤的胶原蛋白含量。胶原蛋白是一种大分子，直接涂抹到皮肤上，无法透过皮肤起到"补充胶原蛋白"的作用。经常用这些含有胶原蛋白的乳液、精华、面膜，还可能增加皮肤的负担，让皮肤成为细菌的温床。虽然胶原蛋白在美容领域被广泛宣传，但其效果仍需谨慎评估。合理的饮食、健康的生活方式及科学的护肤措施，才是保持皮肤年轻和健康的关键。

### （五）蛋白质的互补作用

当食物中任何一种必需氨基酸缺乏或过量时，可造成体内氨基酸的不平衡，使其他氨基酸不能被充分利用，从而影响蛋白质的合成。将两种或两种以上的食物蛋白质混合食用，其所含的必需氨基酸可以取长补短、相互补充，达到较好的比例，从而提高蛋白质的利用率，这一过程称为蛋白质的互补作用。例如，不同食物蛋白质中的必需氨基酸含量和比例不同，其营养价值不一。通过将不同种类的食物相互搭配，可提高限制性氨基酸的模式，由此提高食物蛋白质的营养价值。蛋白质互补作用遵循以下三个原则。

**1. 食物的生物学种属越远越好**　在调配膳食时，应尽量选择生物学种属差异较大的食物进行混合食用。因为不同种属的食物蛋白质所含有的必需氨基酸种类和比例往往不同，混合食用可以相互补充各自缺乏的氨基酸，从而提高蛋白质的利用率。

**2. 搭配种类越多越好**　在食物选择上，种类越多越有利于蛋白质的互补作用。在日常饮食中，应尽量避免食物种类的单一化，而是应该尽量多样化地选择各种食物。

**3. 食用时间越近越好，最好同时食用**　单个氨基酸在血液中的停留时间约为 4h，然后到达组织器官并参与蛋白质的合成。为了确保氨基酸能够同时到达并发挥互补作用，最好在相近的时间内食用搭配好的食物，最好是同时食用。这样可以最大限度地提高蛋白质的利用率和食物的营养价值。

**考点：蛋白质的互补作用**

## 二、蛋白质的生理功能

### （一）构成人体的重要成分

蛋白质是构成人体细胞和组织不可缺少的物质，在所有的细胞结构中均含有蛋白质，心、肝、肾、肌肉等器官中也含有大量蛋白质。构成人体也是蛋白质最重要的生理功能。蛋白质在人体中的含量相对稳定，每天约有 3%的蛋白质被更新，只有摄入足够的蛋白质才能维持组织的更新，身体的生长发育也可看作是蛋白质不断更新的过程。

### （二）为人体提供能量

通常情况下，当膳食中糖和脂肪摄入不足、分解产生的能量不能满足人体所需要的能量时，蛋白质则通过增强分解代谢为人体提供能量。值得一提的是，为人体提供能量不是蛋白质的主要功能，蛋白质也不是为人体提供能量的主要物质，利用蛋白质作为人体的主要能量来源是不正确的。

### （三）维持生命活动和调节生理功能

蛋白质构成体内各种重要的生理活性物质，如酶或激素，参与人体代谢或整体功能活动的调节。此外，蛋白质对维持体内酸碱平衡和胶体渗透压、调节水分在体内的分布、遗传信息的传递、物质的转运也具有重要的作用。例如，血红蛋白有携带、运输氧气的作用，血液中的脂蛋白、运铁蛋白、视黄醇结合蛋白有运输营养素的作用。

### （四）提供必需氨基酸和氮源

蛋白质在体内发挥作用必须先分解成氨基酸的形式，蛋白质能够为人体提供必需氨基酸。此外，由于碳水化合物和脂类中不含氮，所以人体氮的唯一来源也是蛋白质。

**考点：蛋白质的生理功能**

## 三、食物蛋白质的营养价值评价

### （一）蛋白质的含量

蛋白质含氮量比较稳定，常使用凯氏定氮法测定食物中蛋白质的含量。多数食物蛋白质平均含氮量为 16%，食物中含氮量再乘以换算系数 6.25 就可得出食物中的蛋白质含量。值得注意的是，食物中蛋白质含量高不一定等于蛋白质质量高，当然如果蛋白质含量不高，再好的蛋白质其营养价值也会受到限制。

### （二）必需氨基酸的含量和比值

食物蛋白质中的必需氨基酸的含量和比值是评价食物蛋白质营养价值的指标之一。食物中必需氨基酸的含量及比值越接近人体氨基酸模式，就越容易被吸收利用，此类蛋白质称为优质蛋白，如蛋、奶、水产品、肉类及大豆中的蛋白质均属于优质蛋白。如果食物中蛋白质氨基酸模式与人体蛋白质氨基酸模式不相符合，某些必需氨基酸数量不足，则会影响其他氨基酸的利用，从而降低蛋白质的营养价值，这些含量相对较低的氨基酸称为限制性氨基酸，其中含量最低的称为第一限制性氨基酸，以此类推为第二限制性氨基酸、第三限制性氨基酸等。

### （三）蛋白质的消化率

蛋白质消化率是指食物蛋白质在体内可被消化酶分解的程度。蛋白质消化率越高，被人体吸收利用的可能性就越大，营养价值也就越高。一般动物性食物蛋白质的消化率高于植物性食物，这主要是因为植物性食物中的蛋白质被纤维包裹，不易与消化酶接触。例如，将食物加工烹调软化或去除纤维，可提高其消化率。常见食物的蛋白质消化率见表 2-2。

**表 2-2 常见食物的蛋白质消化率**

| 食物 | 真消化率（%） | 食物 | 真消化率（%） | 食物 | 真消化率（%） |
|---|---|---|---|---|---|
| 鸡蛋 | 97 ± 3 | 大米 | 88 ± 4 | 大豆粉 | 87 ± 7 |
| 牛奶 | 95 ± 3 | 面粉 | 96 ± 4 | 菜豆 | 78 |
| 肉、鱼 | 94 ± 3 | 燕麦 | 86 ± 7 | 花生酱 | 88 |
| 玉米 | 85 ± 6 | 小米 | 79 | 混合饮食 | 96 |

### （四）蛋白质的利用率

蛋白质的利用率是指蛋白质在体内被吸收利用的程度。常用的指标有生物价、蛋白质净利用率、蛋白质功效比值和氨基酸评分。

**1. 生物价** 蛋白质的生物学价值简称生物价（biological valence，BV），是指食物蛋白质消化吸收后被人体储留的程度，是评价食物蛋白质营养价值较常用的指标。

**2. 蛋白质净利用率** 蛋白质净利用率（net protein utilization，NPU）是指食物中蛋白质被人体利用的情况，即在一定条件下，体内储留的蛋白质占摄入蛋白质的比例。

**3. 蛋白质功效比值** 蛋白质功效比值（protein efficiency ratio，PER）是指摄入单位重量的蛋白质所增加的体重，常用处于生长发育阶段的幼年动物摄入 1g 蛋白质所增加的体重克数来表示蛋白质被人体利用的程度。

**4. 氨基酸评分** 被测食物蛋白质的第一限制性氨基酸与推荐的等量理想氨基酸或参考蛋白质同种氨基酸含量的比值称为氨基酸评分（amino acid score，AAS），也称为蛋白质化学评分。

常见食物的蛋白质利用指标见表 2-3。

表 2-3 常见食物的蛋白质利用指标

| 食物 | BV（%） | NPU（%） | PER | AAS |
|---|---|---|---|---|
| 全鸡蛋 | 94 | 84 | 3.29 | 1.06 |
| 全牛奶 | 87 | 82 | 3.09 | 0.98 |
| 鱼 | 83 | 81 | 4.55 | 1.00 |
| 牛肉 | 74 | 73 | 2.30 | 1.00 |
| 大豆 | 73 | 66 | 2.32 | 0.63 |
| 土豆 | 67 | 60 | — | 0.48 |
| 大米 | 63 | 63 | 2.16 | 0.59 |
| 精制面粉 | 52 | 51 | 0.60 | 0.34 |

## 四、人体蛋白质营养状况评价

### （一）膳食摄入量

膳食蛋白质摄入量不仅是评价个体营养状况的基础，也是评价群体营养状况的基础。以蛋白质 EAR 和 RNI 作为参考。此外，还应关注蛋白质的质量，即必需氨基酸的比例和生物利用率。具体评价方法见实训 4。

### （二）血清蛋白质相关指标

血清蛋白质常用于评估人体营养水平。主要指标见表 2-4。

表 2-4 评价蛋白质营养状况的主要指标

| 评价方法 | 参考范围 | 优点 | 缺点 |
|---|---|---|---|
| 白蛋白 | 35～55g/L | 是群体调查时常用的指标，白蛋白测定样品易采集，方法简易 | 白蛋白体积大，生物半衰期长，早期缺乏时不易测出 |
| 运铁蛋白 | 2.0～4.0g/L | 能及时反映脏器蛋白质急剧的变化 | 受铁的影响，当蛋白质和铁的摄取量都低时，其血浆浓度出现代偿性升高 |
| 前白蛋白 | 250～500mg/L | 体内储存很少，生物半衰期仅 1.9d，较敏感 | 在任何急需合成蛋白质的情况下，如创伤、急性感染，血清前白蛋白都迅速下降 |
| 视黄醇结合蛋白 | 40～70μg/L | 高度敏感 | 在轻微的应激情况下，也有变化。肾脏有病变时，浓度升高 |
| 血清总蛋白 | 60～80g/L | 样品易采集，方法简易 | 特异性差 |

### （三）上臂肌围

上臂肌围（mid-arm muscle circumference，MAMC）是反映人体蛋白储存情况较为可靠的指标，根据上臂围和三头肌皮褶厚度计算而来，计算公式如下：

MAMC（cm）=上臂围（cm）–3.14×三头肌皮褶厚度（cm）

我国正常男性为25.3cm，女性为23.2cm，测量值在正常值90%以上为正常。

## 五、蛋白质推荐摄入量及食物来源

### （一）蛋白质的推荐摄入量

蛋白质的推荐摄入量各国标准不一，主要以各类人群需要量为基础，根据当地的饮食习惯、食物构成、个体差异等因素，给予一个具有较大安全性的摄入量。理论上成人摄入蛋白质，体重按千克计算以0.8g/（kg·d）为适宜。我国居民以植物性食物为主，所以蛋白质摄入应提高到1.0～1.2g/（kg·d），这种方法存在某些不足，其结果可能会低估蛋白质需要量。中国营养学会推荐蛋白质参考摄入量一般占总能量的10%～20%，优质蛋白质的摄入量应占蛋白质总摄入量的30%～50%。

### （二）蛋白质的食物来源

蛋白质的食物来源包括动物性食物与植物性食物两大类。动物性食物包括肉、鱼、蛋、奶等，均为优质蛋白质。植物性食物包括粮谷类、薯类、豆类等，其中大豆类提供的蛋白质含量高、质量好，属于植物性优质蛋白质。

**考点：蛋白质的食物来源**

## 六、蛋白质缺乏与过量对健康和美容的影响

蛋白质是构成皮肤及毛发的主要物质，蛋白质摄入不足或过量均会影响人体健康和美容。

**1. 蛋白质摄入不足** 蛋白质是免疫系统功能的重要组成部分，缺乏时会导致免疫力下降，增加感染风险；蛋白质缺乏会导致肌肉质量下降，进而影响力量和耐力；对于儿童和青少年来说，蛋白质缺乏会影响正常的生长与发育；蛋白质不足可能导致血红蛋白合成减少，进而引发贫血；严重蛋白质缺乏会导致血浆蛋白水平降低，从而引发水肿。蛋白质缺乏可能导致皮肤干燥、缺乏弹性，并出现皱纹；头发主要由角蛋白构成，缺乏蛋白质会导致头发脆弱、易断，甚至脱发；蛋白质不足也会影响指甲的生长，使其容易断裂和劈裂。

**2. 蛋白质摄入过量** 高蛋白饮食可能增加肾脏的负担，尤其是在已有肾病的人群中，可能导致肾功能进一步恶化；蛋白质代谢需要水分，过量摄入可能导致脱水，影响身体的正常功能；过多的蛋白质摄入可能引发消化不良、腹胀和便秘等问题；某些高蛋白饮食（如红肉和加工肉类）可能增加心血管疾病的风险；过量摄入蛋白质可能导致肌肉过度生长，影响体型；有些人可能对过量蛋白质产生过敏反应，导致皮肤问题，如痤疮或皮肤炎症；如果摄入的蛋白质伴随过多的热量，可能导致体重增加，从而影响整体形象。

# 第3节 脂 类

## 一、脂类的组成和分类

脂类是由碳、氢、氧等元素组成的有机化合物。它们的共同特点是难溶于水，易溶于有机溶剂，

可以溶解脂溶性维生素等脂溶性物质。

脂类包括脂肪和类脂，脂肪由一分子甘油和三分子脂肪酸构成，故又称甘油三酯。类脂包括磷脂、糖脂、固醇类、脂蛋白等。

食物中的脂肪酸分为饱和脂肪酸（saturated fatty acid，SFA）与不饱和脂肪酸（unsaturated fatty acid，UFA）。不饱和脂肪酸是指在碳链上相邻的两个碳原子间含有不饱和的双键。含一个不饱和双键的为单不饱和脂肪酸（monounsaturated fatty acid，MUFA），含两个及以上不饱和双键的为多不饱和脂肪酸（polyunsaturated fatty acid，PUFA）。大部分植物脂肪因不饱和脂肪酸含量高而呈液态，而大部分动物脂肪因饱和脂肪酸含量高而常呈固态。不饱和脂肪酸对预防心血管系统疾病有重要意义，但其不饱和键容易被氧化，产生对人体不利的过氧化物。

脂肪酸根据其空间构象分为顺式脂肪酸和反式脂肪酸。在脂肪酸的分子结构中，如果氢原子分布在不饱和键的同侧，称为顺式脂肪酸；反之，氢原子分布在不饱和键的两侧，则称为反式脂肪酸。反式脂肪酸主要来源于部分氢化的植物油，如氢化油脂、人造黄油、起酥油等。这些食品在加工过程中会产生反式脂肪酸。此外，烹调时过高的油温或反复煎炸也会生成少量反式脂肪酸。摄入反式脂肪酸对人体健康有一定的影响。反式脂肪酸摄入量多时，可以升高低密度脂蛋白，降低高密度脂蛋白，增加患动脉粥样硬化和冠心病的风险。此外，反式脂肪酸摄入过多不仅会加速皮肤衰老，加剧皮肤暗沉，还会引起身体肥胖等健康问题。

## 二、脂类的生理功能

### （一）脂肪的生理功能

**1. 构成人体的重要成分**　正常人脂类占体重的 14%～19%，其中脂肪约占 95%，脂肪广泛存在于人体内，是人体最重要的成分，主要分布在皮下、腹腔大网膜及肠系膜处。

**2. 为人体提供和储存能量**　脂肪是三大产能营养素中产能效率最高的营养素，1g 脂肪在体内氧化分解可产生 37.56kJ（约 9kcal）的能量。当人体摄入的能量超过需求时，就会以脂肪的形式囤积在体内。

**3. 维持体温和保护内脏器官**　在人体重要的脏器如肝、胰、胃、肠等周围都包裹着脂肪，称为内脏脂肪，主要起保温和保护的作用。脂肪是热的不良导体，可阻止体热的散发，维持体温正常和恒定。体脂也能起到缓冲的作用，从而发挥对器官的保护作用。

**4. 提供必需脂肪酸**　必需脂肪酸（essential fatty acid，EFA）是指人体需要而不能自身合成，必须依赖食物提供的多不饱和脂肪酸，如亚油酸和 $\alpha$-亚麻酸。

**考点：必需脂肪酸的概念和种类**

**5. 提供脂溶性维生素并促进脂溶性维生素的吸收**　脂溶性维生素在食物中与脂类共存，包括维生素 A、维生素 D、维生素 E 和维生素 K。脂溶性维生素的吸收与肠道中的脂类密切相关，脂肪可刺激胆汁分泌，协助脂溶性维生素吸收。

**6. 促进食欲，增加饱腹感**　油脂烹调食物可以改变食物的感官性状和口感，促进食欲；脂肪进入十二指肠后可使胃的排空延迟，增加饱腹感。

**7. 节约蛋白质作用**　充足的脂肪摄入可保护蛋白质，使其不会作为能源被消耗，有助于蛋白质发挥其他生理功能。

### （二）类脂的生理功能

**1. 维持生物膜的结构与功能**　磷脂是生物膜的主要成分，按质量计，占生物膜的 50%～70%。由于其具有极性和非极性双重特性，可帮助脂类和脂溶性物质通过细胞膜，促进细胞内外的物质交换。磷脂缺乏可造成细胞膜结构受损，细胞膜通透性改变，引起皮疹，膜的脆性增加而导致红细胞破裂和溶血。

**2. 参与脑和神经组织的构成** 磷脂是脑和神经组织的重要结构脂，约占脑组织干重的 25%，神经髓鞘干重的 97%也是脂类，其中 11%为卵磷脂，5%为神经鞘磷脂。胆固醇作为神经纤维的重要绝缘体富含于神经髓鞘中，其生物学作用是防止神经冲动从一条神经纤维向其他神经纤维扩散，故是神经冲动定向传导的结构基础。食物磷脂被消化吸收后释放出胆碱，胆碱与乙酰基结合形成神经递质——乙酰胆碱，该物质可加快大脑细胞的信息传递，从而增强学习记忆力和思维功能。

**3. 改善脂肪吸收和运用** 磷脂是一种优良的乳化剂，有利于脂肪的吸收、转运和代谢。磷脂与蛋白质结合形成的脂蛋白，可通过血液将脂类运输至身体各组织器官利用，防止胆固醇在血管内壁沉积，降低血液黏稠度，对预防动脉粥样硬化有一定的作用。

**4. 合成维生素和激素的前体** 胆固醇是体内合成维生素 $D_3$及胆汁酸的前体。胆固醇在体内还可以转变成多种激素，包括影响蛋白质、糖和脂类代谢的皮质醇，与水和电解质体内代谢有关的醛固酮，以及性激素睾酮和雌二醇。

**考点：脂类的热生理功能**

## 三、脂肪的营养价值评价

脂肪的营养价值主要通过以下几个指标进行评价。

### （一）脂肪的消化率

脂肪的消化率是指脂肪被消化吸收的程度。其消化率越高，营养价值也越高，脂肪的消化率主要取决于其熔点，熔点越低，脂肪的消化率越高，反之则消化率越低。动物脂肪中饱和脂肪酸含量较高，常温下呈固态且熔点高，而植物脂肪以不饱和脂肪酸为主，常温下为液态且熔点低，因此植物脂肪的消化率高于动物脂肪，营养价值也相对更高。

### （二）必需脂肪酸的含量

必需脂肪酸的含量越高，营养价值也越高，植物脂肪中的必需脂肪酸含量高于动物脂肪，营养价值更高。

### （三）膳食脂肪提供的各种脂肪酸的比例

当食物中各种脂肪酸的比例达到最佳状态时，人体对其吸收利用率最高。目前推荐饱和脂肪酸、单不饱和脂肪酸和多不饱和脂肪酸的比值为1∶1∶1。另外，$\omega$-3 与 $\omega$-6 脂肪酸摄入比为1∶（4～6）。

### （四）脂溶性维生素的含量

食物中脂溶性维生素的含量越高，脂肪的营养价值越高，如深海鱼、鱼肝油、植物胚芽油中都含有较为丰富的脂溶性维生素，营养价值较高。

**考点：脂肪营养价值的评价**

## 四、人体脂类营养状况评价

人体脂类营养状况评价包括膳食总脂肪摄入量评价、必需脂肪酸摄入量评价、脂代谢相关指标检测及体格检查。常用的体格测量指标包括身高、体重（可计算 BMI）、腰围、皮褶厚度和体脂含量等。脂肪摄入水平会对人体健康产生影响，摄入过多与肥胖、冠心病、高血压、动脉粥样硬化、糖尿病等慢性病有关，也会增加某些肿瘤的发病风险，摄入过少主要引起人体生长发育迟缓、皮肤弹性下降、生殖障碍等。

## 五、脂类参考摄入量及食物来源

### （一）脂类的参考摄入量

中国营养学会推荐脂肪提供的能量占每日摄入总能量的 20%～30%。初生至 6 月龄婴儿总脂肪 AI 占总能量的 40%～60%，7～12 月龄婴儿占 40%，1～3 岁婴幼儿占 35%。

### （二）脂类的食物来源

膳食脂类的食物来源主要包括动物性来源和植物性来源。动物性食物主要提供饱和脂肪酸，包括畜类、禽类和鱼类等动物的脂肪、内脏、骨髓，以及奶、蛋类及其制品。植物性食物主要提供不饱和脂肪酸，也是必需脂肪酸的主要来源，包括菜籽油、茶油、麻油、豆油、花生油和玉米油等。

**考点：脂类的食物来源**

## 六、脂类缺乏与过量对健康和美容的影响

**1. 脂类缺乏的影响**　人体缺乏脂类会引起营养不良、免疫功能下降、激素分泌失衡，影响认知能力和情绪稳定性；还会导致皮肤干燥、头发干枯易断且缺乏光泽，指甲变得脆弱、易断裂等。

**2. 脂类过量的影响**　过量摄入脂肪会导致热量过剩，增加肥胖风险，进而引发糖尿病、高血压等慢性疾病；摄入过多饱和脂肪酸和反式脂肪酸会升高胆固醇水平，增加动脉粥样硬化和心脏病的发病风险；过量摄入脂肪可能导致脂肪肝、消化不良和腹泻等问题。过量摄入脂肪还可能导致皮脂腺分泌亢进，引起皮肤油腻、毛孔堵塞，进而引发痤疮等皮肤问题；过多的盐和脂肪摄入可能导致水肿，影响面部和体型线条；长期摄入不健康脂肪可促进细胞氧化应激反应和炎症反应，加速细胞衰老进程。

保持脂类的平衡摄入对健康和美容至关重要。只有适量摄入健康脂肪（如植物油、坚果及鱼类中的 $\omega$-3 脂肪酸等），同时避免过量摄入不健康脂肪（如反式脂肪酸和过多的饱和脂肪酸），才能兼顾身体健康和皮肤状态的改善。

# 第 4 节　碳水化合物

**案例 2-2**

患者张某，女性，28 岁，身高 152cm，体重 49kg，为减肥，长期不吃主食，今日未吃早餐，跑步 1h 后晕倒，来院诊治。

问题：1. 分析患者晕倒的主要原因是什么？

2. 张女士体重正常吗？

## 一、碳水化合物的组成和分类

碳水化合物是由碳、氢、氧三种元素组成的有机化合物，氢和氧的数量比例通常是 2∶1。因低分子碳水化合物大多有甜味，故又称为糖或糖类。碳水化合物按其聚合度（DP）分为糖、寡糖和多糖。

### （一）糖

糖包括单糖和双糖，糖醇是糖的水解产物。

**1. 单糖**　是分子结构最简单的糖，包括葡萄糖、果糖和半乳糖。葡萄糖是碳水化合物最基本的构成单位，也是最常见、最主要的单糖。人体血液中主要的糖类也是葡萄糖，能够为人体迅速供

能。果糖是天然糖中最甜的，多存在于天然水果中，在蜂蜜中尤为丰富，浓度过高易造成腹泻，可以治疗轻度便秘。半乳糖是乳糖的分解产物，在人体内需先转变为葡萄糖再被利用。

**2. 双糖** 由两分子单糖合成，常见的有蔗糖、乳糖和麦芽糖。甘蔗和甜菜是工业上制造蔗糖的主要原料，是食品工业中常用的甜味剂，多食可导致龋齿、肥胖等。乳糖主要存在于哺乳动物的乳汁当中，甜味比较低，尤其适合婴幼儿食用。麦芽糖是植物性食物中淀粉的分解产物，自然界中似乎并不存在天然的麦芽糖。

糖醇是糖的水解产物，包括山梨醇、甘露醇、木糖醇等，由于糖醇的代谢较少受胰岛素的影响，故木糖醇常作为甜味剂添加在糖尿病患者的食品中。

以蔗糖为参考，糖的甜度依次为果糖＞蔗糖＞葡萄糖＞麦芽糖＞半乳糖。

### （二）寡糖

寡糖又称低聚糖，指由3～9个单糖构成的一类小分子糖类，目前已知的几种重要的寡糖有低聚果糖、低聚木糖、低聚异麦芽糖、低聚半乳糖、海藻糖等。其甜度只有蔗糖的30%～60%。棉子糖、水苏糖是豆类食品中含量最多的低聚糖，不能被人体的消化酶分解，但可被大肠双歧杆菌分解利用，有利于肠道菌群的维持，但摄入过量易引起胀气。

### （三）多糖

多糖是由10个及以上的单糖脱水缩合形成的高分子聚合物，包括淀粉、非淀粉多糖和其他多糖。

**1. 淀粉** 存在于粮谷类及根茎类食物中，是人类主要的供能物质。因聚合方式不同分为直链淀粉和支链淀粉。直链淀粉不溶于水，易形成难消化的抗性淀粉，升高血糖的能力较弱。而支链淀粉容易吸收水分，吸水后膨胀成糊状，可提高其消化率，升高血糖的能力强。糯米、糯玉米、糯高粱等食物中支链淀粉较多。

**2. 非淀粉多糖** 是植物细胞壁的组成成分，如纤维素、植物胶质等，人类没有分解纤维素的酶，所以纤维素不能被人体利用（详见本章第5节）。

**3. 其他多糖** 糖原也称动物淀粉，分为肝糖原和肌糖原。当人体低血糖时，位于肝脏和肌肉中的肝糖原和肌糖原分解成葡萄糖，从而升高血糖，为人体供能。植物和菌类细胞代谢产生DP＞10的多糖也非常多，根据食物来源可分为真菌多糖、人参多糖、枸杞多糖、香菇多糖、甘薯多糖、银杏多糖等。还有一类结合多糖包括与氨基酸和脂类结合的糖复合物，如糖脂、糖蛋白和蛋白多糖等。

**考点：碳水化合物的分类**

## 二、碳水化合物的生理功能

### （一）为人体提供能量和储存能量

碳水化合物是人体最主要、最经济的能量来源。人体所需的能量有60%左右是由碳水化合物提供的，为人体供给能量是碳水化合物最主要的营养学意义。碳水化合物在体内能迅速氧化分解给人体提供能量，1g葡萄糖在体内氧化分解可以产生16.7kJ（约4kcal）的能量。1g膳食纤维在体内氧化分解可以产生8.4kJ（约2kcal）的能量。

### （二）构成组织及重要生命物质

碳水化合物是构成人体组织的重要物质，并参与细胞的组成和多种活动。每个细胞都有碳水化合物，其含量为2%～10%，主要以糖脂、糖蛋白和蛋白多糖的形式存在。碳水化合物分布在细胞膜、细胞器膜、细胞质及细胞外基质中，糖和脂形成的糖脂是细胞与神经组织的结构成分之一。脑和神经组织中含有丰富的糖脂，主要分布在髓鞘上。肾上腺、胃、脾、肝、肺、胸腺、视网膜、红细胞、白细胞等都含糖脂。糖蛋白（如黏蛋白与类黏蛋白）是软骨、骨骼和眼球的角膜及玻璃体的组成成分；消化道、呼吸道分泌的黏液中含有糖蛋白；骨和腱中的类黏蛋白，血浆中的前白蛋白，$\alpha_1$-球蛋白、$\alpha_2$-球蛋白、β-球蛋白、γ-球蛋白，凝血酶原、纤维蛋白原、运铁蛋白，激素中的甲状腺素、促甲状腺激素、促性腺激素、促红细胞生成素，酶中的蛋白酶、核酸酶、糖苷酶、水解酶等都是糖蛋白。蛋白多糖则存在于骨、软骨、肌腱、韧带、角膜、皮肤、血管、脐带、关节液、玻璃体中。结缔组织的细胞外基质，主要由胶原和蛋白多糖组成。核糖核酸和脱氧核糖核酸这两种重要生命物质均含有五碳醛糖结构。一些具有重要生物活性的物质如抗体、酶和激素的组成成分，也有碳水化合物参与。

### （三）具有节约蛋白质和抗生酮作用

碳水化合物是人体供能的主要来源，当体内碳水化合物供给充足时，可避免蛋白质被过度消耗以供给能量，从而使其充分发挥其他的生理功能，这种作用称为碳水化合物的节约蛋白质作用。

脂肪在体内代谢需要碳水化合物的参与，因为脂肪代谢产生的乙酰基必须与葡萄糖代谢产生的草酰乙酸结合进入三羧酸循环才能被彻底氧化。如果碳水化合物摄入不足，脂肪酸不能彻底氧化而产生酮体，过多的酮体会引起酮血症，足够的碳水化合物可以避免此现象，这一作用被称为抗生酮作用。

### （四）提供膳食纤维和增强肠道功能

非淀粉多糖类，如果胶、抗性淀粉、功能性低聚糖等抗消化的碳水化合物，不仅能刺激肠道蠕动，保持水分，还能促进结肠内的发酵，增加粪便容积，进而促进短链脂肪酸生成和肠道菌群增殖。近年来已证实，某些不可消化的碳水化合物在结肠发酵时，可选择性地刺激肠道菌群生长，尤其能促进某些有益菌群的增殖，如乳酸杆菌和双歧杆菌；同时，这类物质还能清除肠道毒素（氨和酚等），降低健康风险，维持肠道的生态平衡。

### （五）解毒作用

经糖醛酸途径生成的葡萄糖醛酸，是体内一种重要的结合解毒物质。葡萄糖醛酸在肝脏能与细菌毒素、酒精、重金属等有害物质结合，通过消除或减轻这些物质的毒性或生物活性，从而起到解毒作用。

不可消化的碳水化合物在肠道菌群作用下发酵所产生的短链脂肪酸有着较好的解毒和促进健康作用。

**考点：碳水化合物的生理功能**

## 三、人体碳水化合物营养状况评价

**1. 膳食摄入量**　碳水化合物在体内可直接供能，或转化为糖原短期储存，或转化为脂肪长期储存。通常意义上，碳水化合物的营养评价仍然以膳食中碳水化合物摄入量及其供能比为调查分析基础。

**2. 生化指标**　针对碳水化合物营养评价的生化指标，长期以来都没有较好的方法。特殊情况下酮体可作为健康人碳水化合物缺乏的评价指标。通常认为糖化血红蛋白浓度可有效地反映过去 8～12 周的平均血糖水平。

**3. 体格检查**　身高、体重、皮脂厚度等可作为能量摄入包括碳水化合物摄入的参考指标之一。

## 四、碳水化合物的膳食参考摄入量与食物来源

### （一）碳水化合物的参考摄入量

根据我国居民膳食碳水化合物的实际摄入情况，中国营养学会建议：除了 1 岁以下的婴儿外，

碳水化合物的 AMDR 为 50%E～65%E。建议添加糖不超过 50g/d，最好低于 25g/d。

### （二）碳水化合物的食物来源

碳水化合物在天然食物中含量丰富，淀粉主要来源于谷类、薯类、根茎类、杂豆类等植物性食物。一般粮谷类碳水化合物含量为 60%～80%，杂豆类为 50%～60%，薯类为 20%～25%。乳糖是哺乳动物乳腺分泌的一种特有的碳水化合物，一般仅存在于奶制品中。

**考点：碳水化合物的食物来源**

**链接** 袁隆平和杂交水稻的故事

袁隆平，中国杂交水稻育种专家，中国研究与发展杂交水稻的开创者，被誉为“杂交水稻之父”。袁隆平老爷子最大的成就是把“杂交水稻”从 0 变成了 1。他让困扰多年的饥荒问题得到了大大缓解，他让中国一下子摆脱了粮食不够吃的尴尬处境。袁隆平是一位真正的耕耘者。当他还是一个乡村教师的时候，已经具有颠覆世界权威的胆识；当他名满天下的时候，仍然专注于田畴。淡泊名利，一介农夫，播撒智慧，收获富足。他毕生的梦想，就是让所有人远离饥饿。

## 五、碳水化合物缺乏与过量对健康和美容的影响

碳水化合物是人体主要的能量来源，其缺乏与过量摄入都会对健康和美容产生重要影响。

**1. 碳水化合物缺乏的影响** 碳水化合物是主要的能量来源，缺乏时会导致疲劳、体力下降、注意力不集中等症状；长期低碳水化合物饮食可能导致维生素、矿物质和纤维素的摄入不足，影响整体营养状况。在极低碳水化合物摄入情况下，身体可能进入酮症状态，导致酮体过多，产生头痛、恶心等不适。长期缺乏碳水化合物可能导致血糖水平不稳定，增加糖尿病风险。缺乏碳水化合物可能影响皮肤水分的保持，导致皮肤干燥和缺乏光泽；碳水化合物不足可能导致头发缺乏光泽和营养，变得脆弱易断；短期内体重可能下降，由于营养不均衡，可能导致肌肉流失和代谢率降低。

**2. 碳水化合物过量的影响** 摄入过多的碳水化合物，尤其是精制糖和淀粉，容易导致热量过剩，增加肥胖风险；长期高碳水化合物摄入会导致胰岛素抵抗，增加 2 型糖尿病的风险；过量的简单糖摄入可能增加血脂水平，导致心血管疾病；过量摄入某些碳水化合物（如高纤维食品）可能导致腹胀、腹泻等消化不适。高糖饮食可能导致皮肤炎症，增加痤疮和粉刺的发生风险；过多的糖分会导致糖化作用，损伤胶原蛋白和弹性蛋白，加速皮肤老化；过量摄入碳水化合物可能导致体内水分潴留，造成面部和身体的水肿现象。

# 第 5 节 膳 食 纤 维

## 一、膳食纤维的分类

膳食纤维（dietary fiber，DF）是不能被人体小肠消化、分解、吸收，但对人体有健康意义的寡糖或多糖类物质。根据来源可分为三类：天然存在于食物中的 DF；通过物理、化学、酶法从植物中提取的 DF；通过合成获得的 DF。从化学结构和聚合度看，膳食纤维的组分构成可以分为非淀粉多糖、抗性淀粉（糊精）、抗性低聚糖等。根据是否可溶于水，膳食纤维可分为可溶性膳食纤维和不溶性膳食纤维，前者包含果胶、瓜尔胶和部分低聚糖等。后者包含木质素、纤维素等。木质素虽不属于多糖，但其伴随纤维素、半纤维素存在，与植物细胞壁多糖紧密相关。

## 二、膳食纤维的生理功能

### （一）促进胃肠蠕动和预防肠道疾病

膳食纤维可使粪便量增加，促进胃肠蠕动，缩短粪便在肠道的停留时间，可有效地预防便秘、痔、结肠癌等肠道疾病。

### （二）增加饱腹感和降低胆固醇水平

膳食纤维在胃内能够吸水膨胀，从而增加饱腹感，减少食物摄入，预防肥胖。膳食纤维还能抑制或延缓胆固醇和甘油三酯的吸收，每天摄入 3g 可溶性纤维就能起到降血脂的作用，可有效地预防心脑血管疾病和胆石症的发生。

### （三）降低血糖和预防 2 型糖尿病

膳食纤维血糖生成指数往往较低，能够降低餐后血糖和胰岛素水平，增加膳食纤维的摄入可减少 2 型糖尿病的发生风险。

### （四）改变肠道菌群

膳食纤维能抑制兼性厌氧菌的活动。膳食纤维还具有维持肠道屏障功能和免疫调节作用，促进益生菌生长，增加有益菌数量和活性。

**考点：膳食纤维的生理功能**

## 三、膳食纤维的参考摄入量及来源

### （一）膳食纤维的参考摄入量

中国营养学会建议：成人膳食纤维的 AI 为 25～30g/d，主要从天然食物中获取。相当于能量为 8～12g/1000kcal。

### （二）膳食纤维的食物来源

膳食纤维在谷类、薯类、豆类、水果和新鲜蔬菜等天然植物性食物中广泛存在。食物成熟度越高，膳食纤维含量就越高。通常情况下，绿叶蔬菜的膳食纤维含量比根茎类食物高，水果果皮、谷类和豆类的种皮中膳食纤维含量丰富，食物加工越精细，膳食纤维丢失就越多。

## 四、膳食纤维缺乏与过量对健康和美容的影响

### （一）膳食纤维缺乏的影响

**1. 消化系统问题**　①便秘：膳食纤维有助于增加肠道内容物的体积，促进肠道蠕动，缺乏时会导致便秘。②肠道健康：膳食纤维缺乏可能导致肠道菌群失衡，从而增加肠道疾病（如结肠癌）的发病风险。

**2. 代谢问题**　①肥胖：膳食纤维能增加饱腹感，帮助控制体重，缺乏时可能导致食量增加。②血糖控制：膳食纤维有助于稳定血糖水平，缺乏膳食纤维可能导致糖尿病风险增加。

**3. 心血管健康**　膳食纤维可以通过吸附胆汁酸、促进其排泄来降低血液中的坏胆固醇［低密度脂蛋白胆固醇（LDL-C）］水平，缺乏膳食纤维可能增加心血管疾病的发病风险。

**4. 皮肤健康**　膳食纤维能促进消化系统的健康，有助于排除体内毒素，改善皮肤状态，减少痤疮等皮肤问题；膳食纤维有助于维持体内水分平衡，促进皮肤的水润度和弹性。膳食纤维不足可

能导致营养不良，影响皮肤的光泽和弹性。

### （二）膳食纤维过量的影响

**1. 消化不良** ①腹胀和腹痛：过量摄入膳食纤维可能导致肠道不适、腹胀、腹痛等症状。②腹泻：高纤维饮食可能导致肠道蠕动过快，从而引发腹泻。

**2. 营养吸收** 过量的膳食纤维可能干扰某些矿物质（如钙、铁、锌）的吸收，导致营养不良。

**3. 体重控制** 虽然适量的膳食纤维能够增加饱腹感，但过量的膳食纤维可能导致进食不足，影响身体的正常能量摄入。

# 第6节 维 生 素

**案例 2-3**

患者刘某，女性，35岁，办公室文员，平时工作繁忙，经常在办公室久坐，很少有户外活动。饮食方面也不太均衡，较少摄入富含维生素D的食物，如鱼肝油、蛋黄、乳制品等。最近几个月总是感到身体疲惫，肌肉无力，时常出现腰酸背痛的情况。

问题：1. 请分析患者可能患了哪种营养素缺乏症。

2. 应给患者做哪些生活方式的指导？

维生素是人体必需的一类微量营养素，是维持人体正常生理功能所必需的一类微量有机物质，分为脂溶性维生素和水溶性维生素两类。脂溶性维生素是溶于有机溶剂而不溶于水的一类维生素，包括维生素 A、维生素 D、维生素 E 和维生素 K。水溶性维生素是能在水中溶解的一类维生素，包括 B 族维生素和维生素 C。

**考点：维生素分类**

## 一、维 生 素 A

### （一）生理功能

**1. 维持正常的视觉** 视网膜中的视杆细胞和视锥细胞是眼的光感受器，视杆细胞存在的感光色素是感受弱光的视紫红质，视锥细胞存在的感光色素主要感受强光。视紫红质与视锥细胞感光色素都是由视蛋白与视黄醛所构成的，所以，维生素 A 可促进视觉细胞内感光物质的合成和再生，以维持正常视觉。

**2. 维持上皮细胞的正常生长与分化** 维生素 A 在维持上皮的正常生长与分化中起重要作用，其中 9-顺式视黄酸和全反式视黄酸在细胞分化中的作用尤为重要。

**3. 抑癌作用** 维生素 A 有抑癌、防癌的作用，可能与其促进上皮细胞的正常分化、抗氧化作用有关。

**4. 维持人体正常免疫功能** 维生素 A 通过调节细胞免疫和体液免疫功能提高机体免疫力，其机制可能涉及增强巨噬细胞和自然杀伤细胞的活力，以及促进淋巴细胞的增殖或分化。此外，维生素 A 可维持上皮组织的完整性和促进上皮细胞的分化，进而增强机体抵抗外来致病因子的能力。

**5. 抗氧化作用** 作为一种抗氧化剂，维生素 A 能中和自由基，减少氧化应激对细胞的损害，从而维持细胞正常生理状态，减缓衰老进程，减少皮肤细纹和皱纹的产生。

**6. 影响骨骼健康** 维生素 A 在骨骼发育和重塑中起到调节作用，影响骨密度和骨骼健康。

**7. 抗炎作用** 维生素 A 具有抗炎特性，有助于减轻皮肤炎症，缓解红肿和敏感等问题。

### （二）缺乏与过量对健康和美容的影响

**1. 缺乏与健康和美容** 维生素 A 缺乏最早的症状是暗适应能力下降，严重者可导致夜盲症，持续的缺乏，尤其是营养不良的婴幼儿，可导致眼干燥症，进一步发展可导致失明。儿童维生素 A 缺乏最重要的体征是结膜干燥症，又称比奥斑或比托斑，影响眼部美观。

维生素 A 缺乏还会引起人体不同组织上皮干燥、增生及角化，进而出现各种症状。例如，皮脂腺及汗腺角化，导致皮肤干燥，同时毛囊周围角化过度，发生毛囊丘疹与毛发脱落；呼吸、消化、泌尿、生殖系统的上皮细胞发生角化与变性，破坏其完整性，使其容易遭受细菌侵入而引发感染。

维生素 A 缺乏还可影响抗体的生成，从而使人体抵抗力下降，特别是儿童、老年人容易引起呼吸道炎症，严重时可引起死亡。缺乏维生素 A 的儿童生长停滞、发育迟缓、骨骼发育不良，缺乏维生素 A 的孕妇所生的新生儿体重较轻。

**2. 过量与健康和美容** 过量摄入维生素 A 可引起急性、慢性和致畸毒性。孕妇在妊娠早期每天摄入大剂量维生素 A 易娩出畸形儿。摄入普通食物一般不会引起维生素 A 过多，绝大多数是过多摄入维生素 A 浓缩制剂引起。大量摄入类胡萝卜素一般不会引起毒性作用，但可能会出现胡萝卜素血症。过量摄入可能导致皮肤过度角质化，出现皮肤粗糙、脱屑等问题。

为了利用维生素 A 的美容效果，许多护肤品中添加了其衍生物，如视黄醇和视黄酸。不过，使用含有维生素 A 的产品时需注意，某些人群可能会对其产生刺激反应，因此在使用前最好先进行皮肤测试或咨询专业人士。

**考点：维生素 A 缺乏症状**

### （三）参考摄入量与食物来源

**1. 参考摄入量** 维生素 A 的单位为视黄醇活性当量（RAE），我国 18～49 岁成年男性、女性的维生素 A 推荐摄入量（RNI）分别为 770μg RAE/d 和 660μg RAE/d。

**2. 食物来源** 维生素 A 最好的食物来源是各种动物肝脏、鱼肝油、鱼卵、全奶、奶油、禽蛋等；维生素 A 原（在体内可转变为维生素 A）的良好来源是深色蔬菜（如冬寒菜、菠菜、苜蓿、蕹菜、莴苣叶、芹菜叶、胡萝卜、豌豆苗、辣椒）、薯类（如红心甘薯）及水果（如芒果、杏及柿）。

除膳食来源之外，维生素 A 补充剂也常使用，使用时应注意用量不要过大，以防止中毒。

**考点：维生素 A 的食物来源**

## 二、维 生 素 D

### （一）生理功能

**1. 促进小肠对钙的吸收** 维生素 $D_3$ 的中间代谢物 1,25-$(OH)_2$-$D_3$ 诱发一种特异的钙结合蛋白的合成，这种结合蛋白在小肠黏膜细胞可促进钙的吸收。

**2. 促进肾小管对钙、磷的重吸收** 1,25-$(OH)_2$-$D_3$ 能直接促进肾小管对钙、磷的重吸收，减少丢失。

**3. 对骨细胞呈现多种作用** 在血钙浓度降低时，1,25-$(OH)_2$-$D_3$ 将储存在骨组织中的钙、磷动员出来进入血液。

**4. 通过维生素 D 内分泌系统调节血钙平衡** 目前已确认存在维生素 D 内分泌系统，其主要调节的因子是 1,25-$(OH)_2$-$D_3$、甲状旁腺激素及血清钙、磷的浓度。当血钙降低时，甲状旁腺激素含量升高，1,25-$(OH)_2$-$D_3$ 分泌增多，通过其对小肠、肾、骨等靶器官的作用以增高血钙水平；当血钙过高时，甲状旁腺激素含量下降，降钙素含量增加，尿中钙、磷的排出量增加。

**5. 参与人体多种功能的调节** 维生素 D 作为类固醇激素，具有激素的功能，可调节生长发育、细胞分化、免疫功能及炎症反应等生理过程。

### （二）缺乏与过量对健康和美容的影响

**1. 缺乏与健康和美容** 维生素 D 缺乏可导致肠道对钙和磷的吸收减少，同时肾小管对钙和磷重吸收减少，影响骨钙化，造成骨骼和牙齿的矿化异常。其中，婴儿缺乏维生素 D 可导致佝偻病；成人，尤其是孕妇、乳母缺乏维生素 D 可发生骨质软化症；老年人缺乏维生素 D，可导致骨质疏松症。当维生素 D 缺乏导致血清钙水平降低时，可引起手足痉挛症，表现为肌肉痉挛、小腿抽筋、惊厥等症状。维生素 D 缺乏时还可影响皮肤健康，导致皮肤干燥，缺乏光泽，可能影响皮肤的愈合能力。

**2. 过量与健康和美容** 一般认为，由膳食提供的维生素 D 不会引起中毒，但摄入过量的维生素 D 补充剂和强化维生素 D 的乳制品可引起中毒。维生素 D 过量最早出现的症状是食欲减退、厌食、烦躁、哭闹、多汗、恶心、呕吐、腹泻或便秘，逐渐出现烦渴、尿频、夜尿多，偶有脱水和酸中毒。长期慢性中毒可致骨骼、肾、血管、皮肤出现相应的钙化，严重者可因肾衰竭而死亡。维生素 D 过量可能导致皮肤刺激、出疹等不适症状。

**考点：维生素 D 缺乏症状**

### （三）参考摄入量与食物来源

**1. 参考摄入量** 维生素 D 的供给量必须与钙、磷的供给量一起来考虑。在钙和磷供给量充足的条件下，儿童、少年、孕妇、乳母、成人维生素 D 的 RNI 及 0～1 岁婴儿的 AI 均为 10μg/d，65 岁以上老年人的 RNI 是 15μg/d。

**2. 来源** 经常晒太阳是人体廉价获得充足有效维生素 $D_3$ 的最好来源，成年人只要经常接触阳光，在一般膳食条件下不会发生维生素 D 缺乏症。

维生素 D 主要存在于海鱼（如沙丁鱼）、动物肝脏、蛋黄等动物性食品及鱼肝油制剂中。我国不少地区使用维生素 A、维生素 D 强化牛奶，使维生素 D 缺乏症得到了有效控制。

**考点：维生素 D 的来源**

## 三、维 生 素 E

维生素 E 又名生育酚，是指具有 α-生育酚生物活性的一类物质，包括 4 种生育酚和 4 种生育三烯酚，其中 α-生育酚（α-TE）生物活性最高。α-生育酚为黄色油状液体，溶于乙醇、脂质和脂溶性溶剂，高温和酸不影响其稳定性，遇碱不稳定，对氧敏感，在酸败脂肪中过氧化物的作用下很容易被氧化。

### （一）生理功能

**1. 抗氧化作用** 维生素 E 是高效抗氧化剂，在体内保护细胞免受自由基损害。维生素 E 与超氧化物歧化酶（superoxide dismutase，SOD）、谷胱甘肽过氧化物酶（glutathione peroxidase，GSH-Px）一起构成体内抗氧化系统，保护生物膜及其他蛋白质免受自由基攻击。

**2. 预防衰老** 随着年龄的增长，老年斑的数量会不断增加。补充维生素 E 可通过抗氧化作用减少脂褐质的沉积；维生素 E 还可改善皮肤弹性，保护性腺细胞，提高机体免疫力。因此，维生素 E 在预防衰老中的作用被日益重视。

**3. 与动物的生殖功能有关** 维生素 E 缺乏时可出现睾丸萎缩及其上皮细胞变性、孕育异常。临床上常用维生素 E 治疗先兆流产和习惯性流产。

**4. 调节血小板的黏附力和聚集作用** 维生素 E 可抑制磷脂酶 $A_2$ 的活性，减少血小板血栓素 $A_2$ 的释放，从而抑制血小板的聚集。

### （二）缺乏与过量对健康和美容的影响

**1. 缺乏与健康和美容** 维生素 E 缺乏在普通人群中较为少见，但可出现在低体重的早产儿、血 β-脂蛋白缺乏症患者，以及脂肪吸收障碍的患者。多不饱和脂肪酸摄入过多时，可能诱发维生素 E 缺乏。维生素 E 缺乏时，可出现视网膜退行性变，蜡样质色素沉积、溶血性贫血、肌无力、神经退行性病变、小脑共济失调等。另外，维生素 E 缺乏时抗氧化能力降低，可能导致皮肤老化、皱纹增加及伤口愈合能力下降。

**2. 过量与健康和美容** 摄入大剂量维生素 E（每天摄入 0.8～3.2g）有可能出现肌无力、视物模糊、复视、恶心、腹泻及维生素 K 的吸收与利用障碍等中毒症状。过量还可能导致皮肤油腻，毛孔堵塞，影响肤色。

### （三）参考摄入量与食物来源

**1. 参考摄入量** 我国成人（包括孕妇）维生素 E 的适宜摄入量（AI）为 14mg α-TE/d，乳母 AI 为 17mg α-TE/d。

**2. 食物来源** 维生素 E 主要的食物来源为植物油、麦胚、坚果、种子、豆类等；肉类、鱼类、动物脂肪及多种果蔬中维生素 E 含量甚少（但绿叶蔬菜有一定含量）；由于人体肠道内能合成少量维生素 E，且膳食来源广泛，所以一般情况下不至于缺乏。

**考点：维生素 E 的食物来源**

## 四、维 生 素 $B_1$

### （一）生理功能

**1. 辅酶功能** 焦磷酸硫胺素是维生素 $B_1$ 的主要活性形式，是碳水化合物代谢中氧化脱羧酶的辅酶，即丙酮酸和 *α*-酮戊二酸脱羧反应的辅酶，在体内参与 *α*-酮酸的脱羧反应和磷酸戊糖途径的转酮醇反应。由于经氧化脱羧产生的乙酰辅酶 A 和琥珀酰辅酶 A 是三大营养素分解代谢和产生能量的关键酶，因此，维生素 $B_1$ 严重缺乏时，ATP 生成障碍，丙酮酸和乳酸在人体内堆积，可对人体造成广泛损伤。

**2. 非辅酶功能** 维生素 $B_1$ 在维持神经、肌肉（尤其是心肌）的正常功能，以及维持正常食欲、胃肠蠕动和消化液分泌方面起着重要的作用。

### （二）缺乏与过量对健康和美容的影响

**1. 缺乏与健康和美容** 维生素 $B_1$ 缺乏症又称脚气病，主要损害神经-血管系统，多发生在以精白米面为主食的地区。脚气病在临床上可分为五种类型。

（1）干性脚气病 以多发性周围神经炎症状为主，出现上行性周围神经炎，表现为指（趾）端麻木、肌肉酸痛、压痛，尤以腓肠肌为甚，跟腱及膝反射异常。

（2）湿性脚气病 多以水肿和心脏症状为主。由于心血管系统障碍，出现水肿，右心室可扩大，有心悸、气短、心动过速，如处理不及时，常致心力衰竭。

（3）混合型脚气病 其特征是既有神经炎，又有心力衰竭和水肿。

（4）韦尼克-科尔萨科夫综合征 为长期酗酒的人群由于酒精中毒引起维生素 $B_1$ 缺乏导致的一种神经脑病综合征，发病呈急性或亚急性，临床表现为精神错乱、共济失调、眼肌麻痹、假记忆和逆行性健忘甚至昏迷。

（5）婴儿脚气病 多发生于 2～5 月龄的婴儿，且多是维生素 $B_1$ 缺乏的乳母所喂养的婴儿。其发病突然，病情急，初期食欲不振、呕吐、兴奋和心跳快，呼吸急促和困难；晚期有发绀、水肿、心脏扩大、心力衰竭和强直性痉挛，常在症状出现 1～2 日后突然死亡。

维生素 $B_1$ 缺乏可能导致皮肤暗沉、干燥和无光泽。

**2. 过量与健康和美容** 摄入过量的维生素 $B_1$ 很容易从肾脏排出，故维生素 $B_1$ 中毒的报道很少见。但是如摄入超过 RNI100 倍剂量时，有可能出现头痛、抽搐、衰弱、麻痹、惊厥、心律失常和过敏等。维生素 $B_1$ 过量对美容影响较小，可能引起轻微的皮肤刺激。

### （三）参考摄入量与食物来源

**1. 参考摄入量** 维生素 $B_1$ 的 RNI：成人男性为 1.4mg/d，女性为 1.2mg/d。孕中期增加 0.2mg/d，孕晚期增加 0.3mg/d，乳母增加 0.3mg/d。

**2. 食物来源** 维生素 $B_1$ 广泛存在于天然食物中，谷类、豆类及干果类食物含量丰富。动物的内脏（肝、肾、心）、瘦肉、禽蛋中含量也较多。谷类食物中的维生素 $B_1$ 多存在于表皮和胚芽中，若米、面碾磨过于精细，可造成维生素 $B_1$ 大量损失。

## 五、维生素 $B_2$

### （一）生理功能

维生素 $B_2$ 又称核黄素，在体内以黄素单核苷酸（FMN）和黄素腺嘌呤二核苷酸（FAD）辅酶形式与特定蛋白结合形成黄素蛋白，通过呼吸链参与体内氧化还原反应和能量代谢；还参与烟酸和维生素 $B_6$ 的代谢；FAD 还作为谷胱甘肽还原酶的辅酶，参与抗氧化防御系统，FAD 与细胞色素 P450 结合，参与药物代谢，提高人体对环境应激适应能力等。

### （二）缺乏与过量对健康和美容的影响

**1. 缺乏与健康和美容** 维生素 $B_2$ 缺乏易导致眼、口腔、皮肤黏膜出现炎症，如唇炎、口角炎、舌炎、眼睑炎、结膜炎、脂溢性皮炎、阴囊皮炎、阴唇炎、角膜血管增生等。由于维生素 $B_2$ 参与维生素 $B_6$、烟酸等的代谢，其缺乏往往会伴有其他 B 族维生素的缺乏。维生素 $B_2$ 干扰体内铁的吸收、储存及动员，严重时可造成缺铁性贫血。维生素 $B_2$ 缺乏还会影响生长发育，妊娠期缺乏可导致胎儿骨骼畸形。维生素 $B_2$ 缺乏可能导致皮肤干燥、暗淡，影响头发健康。

**2. 过量与健康和美容** 维生素 $B_2$ 一般不会引起过量中毒，对皮肤健康无明显影响。大量服用时尿呈黄色。

### （三）参考摄入量与食物来源

**1. 参考摄入量** 维生素 $B_2$ 的需要量与人体能量代谢、蛋白质的摄入量有关，因此当能量需要量增加，如处于生长加速和创伤修复期时，维生素 $B_2$ 的摄入量要相应增加。成人的 RNI 男性为 1.4mg/d，女性为 1.2mg/d。孕中期增加 0.1mg/d，孕晚期增加 0.2mg/d，乳母增加 0.5mg/d。

**2. 食物来源** 维生素 $B_2$ 广泛存在于动植物食品中。动物性食物，以肝、肾、心、蛋黄、奶类中含量尤为丰富；植物性食物，则以绿叶蔬菜类如菠菜、韭菜、油菜及豆类中含量较多，而谷类含量较低，尤其是研磨过精的粮谷。

## 六、烟　酸

### （一）生理功能

烟酸在体内以烟酰胺的形式构成辅酶Ⅰ（NAD）和辅酶Ⅱ（NADP），其作为氢的受体或供体，在细胞生物氧化过程中起着传递氢的作用，参与体内物质转化和能量代谢；与核酸合成有关；调节血胆固醇水平；还是葡萄糖耐量因子的重要成分，具有增强胰岛素效能的作用。

### （二）缺乏与过量对健康和美容的影响

**1. 缺乏与健康和美容**　烟酸缺乏症又称为癞皮病，其典型的症状为皮炎、腹泻、痴呆。皮炎多发生在身体暴露部位，如面颊、手背、足背，呈对称性，界线清楚，多呈日晒斑样改变，患处皮肤呈红棕色，表皮粗糙、脱屑、色素沉着，颈部皮炎较常见。消化道症状主要表现为食欲减退、消化不良、腹泻，可出现口腔黏膜和舌部糜烂及猩红舌。神经精神症状有抑郁、忧虑、记忆力减退、情感淡漠和痴呆，有的可出现躁狂和幻觉。同时伴有肌肉震颤、腱反射过敏或消失。常与维生素 $B_1$、维生素 $B_2$ 缺乏同时存在。

**2. 过量与健康和美容**　过量摄入烟酸主要表现为皮肤刺激、红肿和不适；眼部不适、恶心、呕吐、高尿酸血症等，长期大量服用可能对肝脏有损害。

### （三）参考摄入量与食物来源

**1. 参考摄入量**　烟酸除了直接从食物中摄取外，还可在体内由色氨酸转化而来，平均约 60mg 色氨酸可转化为 1mg 烟酸。膳食中烟酸应以烟酸当量（NE）表示，烟酸当量（mgNE）=烟酸（mg）+1/60 色氨酸（mg）。我国成年人烟酸 RNI 为：男性 15mg NE/d，女性 12mg NE/d。

**2. 食物来源**　烟酸广泛存在于食物中，植物性食物中存在的主要是烟酸，动物性食物中存在的主要是烟酰胺。良好的食物来源为肝、肾、瘦肉、全谷、豆类等，奶类和蛋类中烟酸含量虽低，但色氨酸含量较高，在体内可转化为烟酸。

## 七、维 生 素 $B_6$

### （一）生理功能

维生素 $B_6$ 主要以磷酸吡哆醛的形式参与近百种酶促反应。具体包括：参与氨基酸代谢；参与脂肪的代谢；促进体内烟酸的合成；参与合成血红素；促进体内抗体的合成；促进维生素 $B_{12}$、铁和锌的吸收；参与神经系统中许多酶促反应；参与一碳单位和同型半胱氨酸代谢。

### （二）缺乏与过量对健康和美容的影响

**1. 缺乏与健康和美容**　人体维生素 $B_6$ 缺乏可致眼、鼻与口腔周围皮肤问题，如干燥、脂溢性皮炎，并可扩展到面部、前额、耳后、阴囊及会阴等处，维生素 $B_6$ 还可引起体液和细胞介导的免疫功能受损，出现高同型半胱氨酸血症和黄尿酸血症，偶见小细胞低色素性贫血。

**2. 过量与健康和美容**　维生素 $B_6$ 毒性相对较低，经食物来源摄入的大量维生素 $B_6$ 无不良反应，营养补充剂中的高剂量维生素 $B_6$（500mg/d）可引起严重不良反应，表现为神经毒性和光敏感性反应，可能引起皮肤过敏。

### （三）参考摄入量与食物来源

**1. 参考摄入量**　由于维生素 $B_6$ 与氨基酸代谢关系甚为密切，因此膳食蛋白质摄入量的多少将直接影响维生素 $B_6$ 的需要量。成年人 RNI 为 1.4mg/d。

**2. 食物来源**　维生素 $B_6$ 广泛存在各种食物中，含量最高的食物为白色肉类（如鸡肉和鱼肉），其次为肝脏、豆类、坚果类和蛋黄等。水果和蔬菜中维生素 $B_6$ 含量较为丰富的是香蕉、卷心菜和菠菜。

## 八、叶　　酸

### （一）生理功能

叶酸在体内的活性形式为四氢叶酸，在体内许多重要的生物合成中作为一碳单位的载体发挥重要的功能。叶酸在嘌呤核苷酸、胸腺嘧啶和磷酸肌酸的合成，以及同型半胱氨酸转化为甲硫氨酸的过程中充当一碳单位的供体。

### （二）缺乏与过量对健康和美容的影响

**1. 缺乏与健康和美容** 叶酸缺乏，可导致巨幼细胞贫血、胎儿神经管畸形、高同型半胱氨酸血症。结肠癌、前列腺癌、宫颈癌与膳食中叶酸摄入不足有关。叶酸缺乏还可引起孕妇先兆子痫、胎盘早剥发生率增高，胎盘发育不良导致自然流产。叶酸缺乏时，皮肤可能呈现暗沉状态，且会影响皮肤的愈合能力。

**2. 过量与健康和美容** 大剂量服用叶酸可产生毒副作用，表现为抑制肠道对锌的吸收而导致锌缺乏，使胎儿发育迟缓，低出生体重儿发生率增加；干扰抗惊厥药物作用，从而诱发惊厥；干扰维生素 $B_{12}$ 缺乏的诊断。一般情况下，对皮肤影响不明显。

### （三）参考摄入量与食物来源

**1. 参考摄入量** 中国居民膳食叶酸 RNI，推荐 15 岁起至成年人摄入量为 400μg DFE/d，孕妇为 600μg DFE/d，乳母为 550μg DFE/d。

膳食叶酸当量（DFE）（μg）=天然食物来源叶酸（μg）+1.7×合成叶酸（μg）

**2. 食物来源** 叶酸广泛存在于动植物性食物中，肝、肾、蛋、梨、蚕豆、芹菜、花椰菜、莴苣、柑橘、香蕉及其他坚果类等为其良好的食物来源。

## 九、维生素 $B_{12}$

### （一）生理功能

维生素 $B_{12}$ 又称钴胺素，在体内以甲基 $B_{12}$（甲基钴胺素）和辅酶 $B_{12}$（5-脱氧腺苷钴胺素）两种辅酶形式参与体内的生化反应。参与同型半胱氨酸甲基化转变为甲硫氨酸的反应；提高叶酸利用率，促进红细胞发育和成熟；参与胆碱合成，维持神经髓鞘的脂质代谢与功能完整性。

### （二）缺乏与过量对健康和美容的影响

**1. 缺乏与健康和美容** 膳食维生素 $B_{12}$ 的缺乏较少见，多数缺乏症是由吸收不良引起。膳食缺乏多见于素食者，老年人和胃切除患者由于胃酸分泌不足可引起维生素 $B_{12}$ 吸收不良。维生素 $B_{12}$ 缺乏的主要表现为：巨幼细胞贫血、神经系统损害和高同型半胱氨酸血症。皮肤可能显得苍白，缺乏光泽，可能导致头发稀疏。

**2. 过量与健康和美容** 维生素 $B_{12}$ 过量的危害未见报道，对美容影响较小，过量一般不会引发问题。

### （三）参考摄入量与食物来源

**1. 参考摄入量** 人体对维生素 $B_{12}$ 需要量极少，中国营养学会制定的成年人 RNI 为 2.4μg/d。

**2. 食物来源** 维生素 $B_{12}$ 的主要食物来源为动物性食物，如肉类、动物内脏、鱼类、贝壳类、禽类及蛋类，奶及奶制品含量较少。植物性食物几乎不含维生素 $B_{12}$。

## 十、维生素 C

### （一）生理功能

**1. 抗氧化作用** 维生素 C 是人体内的强抗氧化剂，可直接与氧化剂作用，使氧化型谷胱甘肽还原成还原型谷胱甘肽，也可还原超氧化物、羟基、次氯酸及其他活性氧化物。

**2. 促进胶原合成** 羟脯氨酸和羟赖氨酸是细胞间质胶原蛋白的重要组成成分，而这二者的羟基化过程需要维生素 C 的参与。

**3. 其他作用** 维生素 C 作为抗氧化剂可清除自由基，发挥抗衰老作用；参与合成神经递质；促进铁的吸收、转运和储备，有助于治疗缺铁性贫血；可将叶酸转变为四氢叶酸，防止发生巨幼细胞贫血；促进胆固醇转变为胆酸、皮质激素及性激素，降低血胆固醇，预防动脉粥样硬化的发生；促进抗体形成，增加人体抵抗力；对汞、铅、砷、苯及某些药物和细菌毒素有缓解其毒性的作用。

### （二）缺乏与过量对健康和美容的影响

**1. 缺乏与健康和美容** 当膳食摄入减少或人体需要增加又得不到及时补充时，可使体内抗坏血酸储存减少，引起抗坏血酸缺乏。若体内储存量低于 300mg，将出现缺乏症状，主要引起维生素 C 缺乏症（坏血病）。临床表现为全身乏力、食欲减退、全身点状出血、牙龈出血、牙龈炎、骨质疏松等。皮肤失去弹性，变得粗糙、干燥，易出现皱纹和色斑。

**2. 过量与健康和美容** 维生素 C 毒性很低，但一次口服 2～3g 时可能会出现腹泻、腹胀；有结石的患者，摄入量过多时可增加尿中草酸盐的排泄，增加尿路结石的危险。过量摄入维生素 C 可能对皮肤产生负面影响，如引起皮肤潮红、瘙痒等过敏反应。

### （三）参考摄入量与食物来源

**1. 参考摄入量** 我国成年人（除孕妇、乳母外）维生素 C 的 RNI 约为 100mg/d。我国成年人维生素 C 降低膳食相关非传染性疾病风险的建议摄入量（PI-NCD）为 200mg/d 。

**2. 食物来源** 维生素 C 主要存在于新鲜的蔬菜、水果中，植物种子（粮谷、豆类）不含维生素 C，动物性食物除肝、肾、血外维生素 C 含量甚微。蔬菜中的辣椒、番茄、菜花及各种深色叶菜类及水果中的柑橘、柠檬、青枣、山楂、猕猴桃等维生素 C 含量十分丰富。

**考点：维生素 C 缺乏症状及食物来源**

# 第 7 节 矿 物 质

**案例 2-4**

患者于某，女性，28 岁，办公室文员，平时工作繁忙，三餐以快餐和外卖为主，饮食结构单一，很少摄入富含铁的食物，如红肉、动物肝脏、豆类等。同时，她为了保持身材，过度节食，导致营养摄入不足。此外，小于每天喝咖啡的量较大，平均每天 3～4 杯。最近几个月总是感到疲劳乏力，即使在充足睡眠后也无法缓解。工作时注意力难以集中，经常出错，情绪也变得烦躁易怒。查体：脸色苍白，头发干枯易断，指甲变得脆弱易折，出现了匙状甲。

问题：1. 请分析患者可能患了哪种营养素缺乏症。

2. 应给患者做哪些饮食方面的指导？

## 一、钙

### （一）生理功能

**1. 构成骨骼和牙齿** 人体 99%的钙集中在骨骼和牙齿中，其余 1%，有一半与柠檬酸螯合或与蛋白质结合，另一半则以离子状态存在于软组织、细胞外液和血液中，称为混溶钙池。

**2. 维持细胞膜的稳定性** 在红细胞、心肌细胞、肝细胞与神经细胞等细胞的细胞膜上，都有钙的结合部位，钙与细胞膜磷脂的阴离子基团结合，维持和发挥细胞膜的正常生理功能。

**3. 参与神经肌肉的功能活动** 神经递质的释放、神经冲动的传导、心脏的正常搏动都需要钙的参与。钙离子能降低神经肌肉的兴奋性，当血清钙下降时，神经肌肉的兴奋性升高，可引起抽搐。

**4. 调节体内酶的活性** 钙能直接参与脂肪酶、ATP 酶等的活性调节，还能激活多种酶，如腺苷酸环化酶、鸟苷酸环化酶及钙调蛋白等，调节人体代谢及一系列细胞内的生命活动。

**5. 其他** 调节激素的分泌，参与血液的凝固，维持体液酸碱平衡，以及细胞内胶质稳定性，降低血压等。

### （二）缺乏与过量对健康和美容的影响

**1. 缺乏与健康和美容** 儿童长期钙摄入不足，并伴随蛋白质和维生素 D 缺乏，可引起生长发育迟缓，骨钙化不良，软骨结构异常，牙齿不坚固，易患龋齿，严重者骨骼变形，易发生佝偻病。

婴儿缺钙使血钙过低，导致神经肌肉兴奋性增高，手足因屈肌群兴奋亢进而痉挛抽搦，严重者出现突发性喉痉挛，多见于喂养不当的婴儿。

成人骨钙沉积减少，钙丢失增加，膳食钙缺乏，可加重骨钙丢失程度，发生骨软化与骨质疏松。骨软化多见于生育次数多、哺乳时间长的妇女，骨质疏松多发生于老年人。骨质疏松还与雌激素分泌减少、维生素 D 摄入不足有关。脸部骨骼形态随骨量流失而改变，可能导致下颌线不清晰、面部轮廓模糊等衰老现象。

钙摄入量不足还与高血压的发生有关。

**2. 过量与健康和美容** 一是增加肾结石的发生风险；二是导致乳碱综合征。钙过量对美容的影响主要体现在皮肤粗糙、干燥、斑点增多，以及毛发干枯、脱发等方面。钙过量可能干扰体内其他矿物质的平衡，进而影响内分泌系统的正常运作。内分泌失调可能导致皮肤油脂分泌异常、痤疮等问题，对美容造成不利影响。

### （三）参考摄入量与食物来源

**1. 参考摄入量** 中国营养学会推荐的 18～49 岁成人钙 RNI 为 800mg/d，孕期及乳母均不需要增加，50 岁以上老年人 RNI 也为 800mg/d。

**2. 食物来源** 奶与奶制品含钙量丰富，吸收率较高，是钙的最理想来源。小鱼、虾皮、海带、芝麻酱、豆类、豆制品、坚果类、绿色蔬菜、水果中的山楂、某些野菜如荠菜等都是钙的较好来源。但有些食物因草酸含量较高对钙的吸收有所影响。

**考点：钙缺乏症状及食物来源**

## 二、磷

### （一）生理功能

**1. 构成骨骼和牙齿** 在骨形成过程中，2g 钙需与 1g 磷结合形成无机磷酸盐，其主要成分为羟磷灰石。

**2. 构成细胞成分** 磷脂为构成细胞膜所必需的成分，磷脂还参与脂蛋白的组成。

**3. 酶的重要成分** 磷酸基团是组成体内许多辅酶或辅基的成分，如焦磷酸硫胺素、磷酸吡哆醛。

**4. 参与能量代谢** 磷参与构成三磷酸腺苷（ATP）、磷酸肌酸等供能及储能物质，在能量的产生、传递、储存过程中起着重要的作用。

**5. 调节酸碱平衡** 磷酸盐组成缓冲体系，参与维持体液的酸碱平衡。

**6. 其他** 组成细胞内第二信使；调节细胞因子活性。

### （二）缺乏与过量对健康和美容的影响

**1. 缺乏与健康和美容**　磷广泛存在于各种食物中，营养性缺磷的问题很少发生，只有在一些特殊情况下才会出现，如早产儿仅以母乳喂养可发生磷缺乏，出现佝偻病样骨骼异常。在临床上长期大量使用抗酸药、肾小管重吸收障碍或禁食者易出现磷缺乏，严重者可发展成低磷血症，出现厌食、贫血、肌无力、骨痛、佝偻病和骨软化、全身虚弱、对传染病的易感性增加、感觉异常、共济失调、精神错乱甚至死亡。这不仅会影响身体的整体健康，还可能影响体态和外貌，影响身体的线条和美感。

**2. 过量与健康和美容**　如医用口服或静脉注射大量磷酸盐后，可引起高磷血症，干扰钙的吸收，可能引起非骨组织的钙化、骨骼多孔性病变。过量的磷也可引起非骨组织的钙化、低钙血症，导致神经兴奋性增强、手足抽搐和惊厥，这些症状不仅会影响健康，还可能因为身体不适和外观变化而影响个人的精神状态，还可能因为骨折导致的行动不便和外观变化而影响美容。

### （三）参考摄入量与食物来源

**1. 参考摄入量**　中国营养学会推荐的膳食磷 RNI，18～29 岁成年人为 720mg/d，30～49 岁成年人为 710mg/d。

**2. 食物来源**　膳食磷的来源很广泛，鱼、蛋、奶酪、瘦肉及动物的肝、肾等都是磷的丰富来源。海带、紫菜、芝麻、花生、干豆类、坚果、粗粮等含磷也较丰富。然而，粮谷中的磷多以植酸磷形式存在，如果不经过加工处理，吸收利用率较低。

## 三、钾、钠和氯

### （一）钾

**1. 生理功能**　维持碳水化合物、蛋白质和能量的正常代谢；维持细胞内正常渗透压；维持神经和肌肉的兴奋性；降低血压。

**2. 缺乏与过量对健康和美容的影响**　钾缺乏表现为肌肉无力及瘫痪、心律失常、横纹肌溶解综合征及肾功能障碍等；钾过量导致高钾血症。缺钾会导致皮肤干燥、瘙痒、弹性下降和敏感性增加等美容问题；而钾过量虽然相对少见，但也可能引起面色变化和其他健康风险。

**3. 参考摄入量与食物来源**　中国营养学会提出的成年人膳食钾的适宜摄入量（AI）为 2000mg/d。我国 15 岁以上成年人及老年人钾的 PI-NCD 为 3600mg/d。钾来源广泛，大部分食物都含钾，其中蔬菜和水果是钾最好的来源。

### （二）钠

**1. 生理功能**　调节体内水分；维持酸碱平衡；对 ATP 的生成和利用、肌肉运动、心血管功能、能量代谢有作用；糖代谢、氧的利用需要钠的参与；维持血压正常；增强神经肌肉兴奋性。

**2. 缺乏与过量对健康和美容的影响**　虽然钠缺乏的情况相对较少见，但在极端情况下，如低钠血症（或低血钠），可能会影响身体的水平衡，进而影响皮肤的水分含量。皮肤缺水会导致干燥、粗糙，缺乏光泽，从而影响整体的美容效果。轻度缺钠主要症状有淡漠、倦怠、无神；中度缺钠会出现恶心、呕吐、脉细弱、血压降低及疼痛性肌肉痉挛等症状；重度至极重度缺钠，可出现表情淡漠、昏迷、外周循环衰竭，严重时可导致休克及急性肾衰竭而死亡。

钠摄入量过多、尿中 $Na^+$与 $K^+$比值增高，是高血压的重要危险因素之一；高钠摄入与心血管疾病的危险相关；有可能增加胃癌和骨质疏松的危险性。钠过量还会引起皮肤老化与皱纹、水肿，面部水肿会改变面部轮廓，使脸部看起来臃肿，缺乏线条感，影响美容效果。

**3. 参考摄入量与食物来源** 我国65岁以下成年人钠的AI为1500mg/d。成年人钠的PI-NCD为≤2000mg/d。钠的来源主要为食盐，以及加工、制备食物过程中加入的钠或含钠的化合物（如谷氨酸钠、碳酸氢钠等）、酱油、盐渍或腌制肉或烟熏食品、酱咸菜类、发酵豆制品、咸味休闲食品等。

### （三）氯

**1. 生理功能** 维持细胞外液的容量与渗透压；维持体液酸碱平衡；参与血液 $CO_2$ 的运输；氯离子还参与胃液中胃酸形成，还有稳定神经细胞膜电位的作用等。

**2. 缺乏与过量对健康和美容的影响** 因膳食引起的氯缺乏很少见。氯缺乏常伴有钠缺乏，低氯性代谢性碱中毒可引起肌肉收缩不良、消化道受损，且可影响生长发育。氯摄入过量可导致高氯血症，甚至可导致部分敏感个体的血压升高。氯缺乏对美容的直接影响相对较小。然而，如果体液平衡受到严重破坏，可能会间接影响皮肤的水分和营养状况，但这种情况较为罕见。而氯过量则可能对皮肤和头发造成不利影响。

**3. 参考摄入量与食物来源** 我国成年人氯的AI为2300mg/d。膳食中氯几乎完全来源于氯化钠，仅少量来源于氯化钾。

## 四、镁

### （一）生理功能

镁是多种酶的激活剂，参与体内300多种酶促反应；促进骨骼发育，调节神经肌肉兴奋性；具有维护胃肠道和调节激素的作用；可封闭不同的钾通道，阻止钾外流，也可抑制钙通过膜通道内流；降血压，降低血清胆固醇、甘油三酯浓度，扩张血管，预防动脉粥样硬化。

### （二）缺乏与过量对健康和美容的影响

镁缺乏导致低镁血症。缺镁早期表现常有厌食、恶心、呕吐、衰弱及淡漠。缺镁加重可有记忆力减退、精神紧张、易激动、神志不清、烦躁不安、手足徐动症样运动。严重缺镁时，可有癫痫样发作。另外，低镁血症时可引起心律失常。缺乏镁可能导致皮肤弹性下降、光泽度减弱、面部表情不自然等问题。

过量摄入镁虽然不常见，但也可能对身体造成不良影响。镁过量可引起腹泻、嗜睡、肌无力、膝腱反射减弱、肌麻痹；心血管功能的变化和高镁血症的程度有关。

### （三）参考摄入量与食物来源

我国18～29岁成年人镁的RNI为330mg/d。绿叶蔬菜、粗粮、坚果中镁含量丰富。

## 五、铁

### （一）生理功能

**1. 参与体内氧的运送和组织呼吸过程** 铁为血红蛋白、肌红蛋白、细胞色素、细胞色素氧化酶的组成成分。血红蛋白参与体内氧的运送、交换和组织呼吸；肌红蛋白主要在肌肉组织中起转运和储存氧的作用；细胞色素酶类，参与体内氧化还原反应中的电子传递。

**2. 参与红细胞的形成和成熟** 在骨髓造血组织中，铁进入幼红细胞后与卟啉结合形成高铁血红素，再与珠蛋白合成血红蛋白。

**3. 其他** 铁参与维持正常的免疫功能，催化β-胡萝卜素转化为维生素A，促进嘌呤与胶原蛋白的合成、脂类在血液中转运及药物在肝脏的解毒，并参与抗脂质过氧化等过程。

### （二）缺乏与过量对健康和美容的影响

**1. 缺乏与健康和美容**　长期膳食铁摄入不足，可引起铁缺乏或缺铁性贫血，多见于婴幼儿、孕妇及乳母。体内铁缺乏容易出现食欲降低。缺铁儿童易出现烦躁、对周围事物兴趣降低等表现；缺铁成人常表现为冷漠、呆板；儿童青少年可出现身体发育迟缓、体力下降、注意力不集中，学习记忆能力减退；成人会出现工作耐力下降；孕早期贫血可导致早产、低出生体重儿及胎儿死亡。

贫血者多体弱，出现面色苍白、口唇黏膜和眼结膜苍白，有疲劳、乏力、头晕、心悸、气短、指甲脆薄、反甲等。铁缺乏会导致肤色暗沉、皮肤干燥、疲劳与衰老加速，以及免疫力下降等问题。

**2. 过量与健康和美容**　正常情况下，通过膳食途径不会引起铁过量。当长期过量服用铁剂，或长期食用大量含铁高的特殊食品时，或反复大量输血，均会造成铁过量和中毒。铁过量损伤的靶器官是肝脏，可引起肝纤维化和肝细胞癌；铁过量可诱发突变，与多种器官的肿瘤有关；还会增加心血管疾病的风险。而铁过量还可能引发皮肤色素沉着，这种情况虽然较为少见，但一旦发生，对美容的影响是显著的。

### （三）参考摄入量与食物来源

**1. 参考摄入量**　中国营养学会推荐的成人膳食铁的 RNI 为：男性 12mg/d，女性 18mg/d（绝经期女性 10mg/d）。孕中期增加 7mg/d，孕晚期增加 11mg/d，乳母增加 6mg/d。

**2. 食物来源**　膳食中铁的良好来源为动物内脏、动物全血、畜禽肉类、黑木耳等。乳及乳制品、蛋类、谷类、豆类和蔬菜含铁量不高，而且吸收率较低。

**考点：铁缺乏症状及良好食物来源**

## 六、锌

### （一）生理功能

**1. 金属酶的组成成分或酶的激活剂**　体内有多种含锌酶，主要的含锌酶有超氧化物歧化酶、苹果酸脱氢酶、碱性磷酸酶等，这些酶在参与组织呼吸、能量代谢及抗氧化过程中发挥重要作用。

**2. 促进生长发育**　锌参与和调节细胞内 DNA 及 RNA 复制、转录和翻译，以及蛋白质和核酸的合成过程。在促进胎儿的生长发育、性器官和性功能的正常发育中起着非常重要的作用。

**3. 促进免疫功能**　锌可促进淋巴细胞有丝分裂，增加 T 细胞的数量和活力。严重缺锌时，胸腺萎缩，T 细胞和自然杀伤细胞数量减少，功能减退。

**4. 维持生物膜结构和功能**　锌可与细胞膜上各类基团、受体等相互作用，增强膜的稳定性和抗氧自由基的能力。同时对口腔黏膜上皮细胞的结构、功能和代谢也具有重要的作用。

**5. 其他**　锌与唾液蛋白结合成味觉素，可促进食欲；锌对皮肤和视力具有保护作用，缺锌可引起皮肤粗糙和上皮角化。

### （二）缺乏与过量对健康和美容的影响

**1. 缺乏与健康和美容**　锌缺乏可导致骨骼和脑发育不良，小儿出现生长发育迟缓、身材矮小、瘦弱，严重者可导致侏儒症；先天性严重缺锌的胎儿易出现畸形；食欲减退，味觉、嗅觉敏感度下降，引发厌食，甚至出现异食癖；免疫功能低下，伤口不易愈合，并且反复感染；男性有生殖幼稚症和不育症，女性分娩异常，易流产。

另外，锌缺乏可导致皮肤毛囊过度角化，出现苔藓样变化，皮肤干燥粗糙，并有色素沉着、面色暗黄，头发稀疏、枯黄、无光泽、干燥易脱落，严重者甚至出现早秃现象。还可引起暗适应能力低下、认知行为改变、贫血及肠病性肢端皮炎等。

**2. 过量与健康和美容** 一般通过膳食途径不会引起锌过量。但口服或静脉注射大剂量锌或误服，可导致锌急性中毒，表现为胃部不适、恶心、呕吐、眩晕、贫血等；大量补充锌可发生其他的慢性不良反应，如继发性铜缺乏、免疫功能低下、血清高密度脂蛋白水平下降等。而过量摄入锌还可能导致脸色发黄、贫血和中毒等问题。

**考点：锌缺乏症状**

### （三）参考摄入量与食物来源

**1. 参考摄入量** 中国营养学会推荐的成人膳食锌 RNI 为：男性 12mg/d，女性 8.5mg/d，孕期增加 2.0mg/d，乳母增加 4.5mg/d。

**2. 食物来源** 锌的来源很广泛，贝壳类海产品、红肉及内脏都是锌的良好来源。蛋类、豆类、谷类胚芽、花生、燕麦等含锌也较丰富。蔬菜及水果类锌含量较低。

**考点：锌的良好食物来源**

## 七、铜

### （一）生理功能

维持正常造血的功能，缺铜可引起缺铁性贫血；促进骨骼、血管和皮肤的健康；维护中枢神经系统的完整性；促进正常黑色素形成及维护毛发正常结构；构成 SOD，保护人体细胞免受超氧阴离子的损伤。

### （二）缺乏与过量对健康美容的影响

**1. 缺乏与健康和美容** 铜缺乏可引起贫血、白细胞减少、血浆铜蓝蛋白水平下降、红细胞含铜超氧化物歧化酶（Cu-SOD）活性下降、高胆固醇血症、心律失常、骨质疏松症、厌食、肝脾肿大等症状。铜缺乏还会导致皮肤干燥、粗糙、头发干枯、面色苍白及抗氧化能力下降等问题。

**2. 过量与健康和美容** 大剂量铜的急性毒性反应表现为口腔有金属味、流涎、上腹疼痛、恶心、呕吐及严重腹泻等临床症状。过量铜中毒最常见的受损器官是肝脏，严重者可出现黄疸、溶血性贫血、血尿、尿毒症甚至死亡。铜过量还可能引发皮肤色素沉着。

### （三）参考摄入量与食物来源

**1. 参考摄入量** 中国营养学会推荐的我国 75 岁以下非孕妇、乳母成年人膳食铜 RNI 为 0.8mg/d。

**2. 食物来源** 海鲜中的贝类及坚果类食物是铜的良好来源，其次是动物肝脏、肾组织、谷类胚芽、豆类等。一般奶和蔬菜中铜含量较低。

## 八、氟

### （一）生理功能

氟是骨骼和牙齿的重要成分，氟能与骨盐结晶表面的离子进行交换形成氟磷灰石而成为骨盐的组成部分；氟被牙釉质中的羟磷灰石吸附后，在牙齿表面会形成一层抗酸性腐蚀的、坚硬的氟磷灰石，从而防止龋齿。

### （二）缺乏与过量对健康和美容的影响

**1. 缺乏与健康和美容** 氟缺乏时，会发生龋齿，从而影响牙齿的美观和整体口腔健康。虽然氟在骨骼中的直接作用相对较小，但长期氟缺乏可能间接影响骨骼的代谢和健康。然而，这一影响在美容方面相对不直观，更多体现在整体健康状况上。

**2. 过量与健康和美容**　氟摄入过量可引起急性或慢性氟中毒。急性氟中毒可表现为恶心、呕吐、腹泻、腹痛、心功能不全、惊厥、麻痹及晕厥。氟的慢性中毒主要造成骨骼和牙齿的损害，可表现为氟斑牙和氟骨症。氟斑牙常见牙齿失去光泽，出现白垩色、黄色、棕褐色或黑色斑点，牙面凹陷剥落，牙齿变脆，易于碎落，严重影响牙齿的美观和健康。氟骨症主要临床表现为腰腿及关节疼痛、脊柱畸形、骨软化或骨质疏松等，虽然氟骨症对美容的直接影响较小，但它会严重影响患者的生活质量。长期接触高浓度的氟化物可能对皮肤造成刺激和损害，导致皮肤粗糙、干燥、脱屑等问题。然而，这种情况在日常生活中相对较少见，更多与职业暴露或特殊环境有关。

### （三）参考摄入量与食物来源

中国营养学会推荐的我国成年人膳食氟 AI 为 1.5mg/d，UL 为 3.5mg/d。一般食物中含氟量较低，茶、海鱼、海带、紫菜等少数食物中氟含量较高。饮水是氟的主要来源，水中氟含量取决于地理环境中氟元素水平。

## 九、碘

### （一）生理功能

碘在体内主要参与甲状腺激素的合成，其生理功能主要表现为甲状腺激素的作用。

**1. 促进生物氧化和调节能量转换**　对维持、调节体温以及保持正常的新陈代谢与生命活动至关重要。

**2. 促进蛋白质合成和神经系统发育**　对胚胎发育期和出生后早期生长发育，特别是智力发育尤为重要。

**3. 促进糖和脂肪代谢**　促进肝糖原分解和组织对糖的利用；促进脂肪分解及调节血清中胆固醇和磷脂的浓度。

**4. 激活体内许多重要的酶**　包括细胞色素酶系、琥珀酸氧化酶系等 100 余种，促进物质代谢过程。

**5. 促进体格的生长发育**　甲状腺激素是促进人体生长发育和成熟的重要因素，参与肌肉、骨骼及性器官等的发育或分化。甲状腺功能低下的幼儿，可出现体格矮小、肌肉无力、智力低下、性发育障碍等。

**6. 其他**　调节组织中的水盐代谢，促进维生素的利用。

### （二）缺乏与过量对健康和美容的影响

**1. 缺乏与健康和美容**　碘缺乏的典型症状为甲状腺肿大。孕妇严重缺碘可影响胎儿神经、肌肉的发育，易引起流产、死产、先天畸形儿的出生。胎儿及婴幼儿缺碘可引起生长发育迟缓、智力低下，严重者发生呆小病（克汀病）。缺碘会降低皮肤细胞再生的速度，导致皮肤干燥、粗糙，甚至脱皮。碘在维护皮肤的正常代谢和细胞功能中发挥着重要作用，碘缺乏还可能导致皮肤苍白或粗糙脱屑，使皮肤失去自然的光泽和弹性。碘缺乏会影响毛囊的正常功能，导致脱发或毛发稀疏。严重时，额颞部头发、眉毛和眼睫毛可能会大部分脱落。

**2. 过量与健康和美容**　长期高碘摄入可导致高碘性甲状腺肿；碘过量摄入还可引起碘性甲状腺功能亢进、甲状腺功能减退、桥本甲状腺炎等。过量碘摄入可能导致皮肤出现痤疮等问题，尤其是在青少年中更为常见。

### （三）参考摄入量与食物来源

**1. 参考摄入量**　中国营养学会推荐的成人膳食碘的 RNI 为 120μg/d，孕期增加 110μg/d，乳母增加 120μg/d。

**2. 食物来源** 海产品的碘含量远远高于陆地食物，陆地动物性食物又高于植物性食物。海带、紫菜、发菜、鲜鱼、蛤干、干贝、虾、海参、海蜇等海产品含碘丰富。

**考点：碘的食物来源**

## 十、硒

### （一）生理功能

**1. 抗氧化功能** 硒参与构成谷胱甘肽过氧化物酶（GSH-Px），GSH-Px 具有抗氧化功能，可清除体内脂质过氧化物，阻断活性氧和其他自由基对人体的损伤，起到延缓衰老的作用。

**2. 维护心肌和心血管的健康** 调查发现，人体缺硒可引起以心肌损害为特征的克山病，而高硒地区人群中心血管疾病发病率低。

**3. 对重金属有解毒作用** 硒与金属有很强的亲和力，在体内与汞、砷、镉、铅等重金属结合形成金属硒蛋白复合物而解毒，并使金属排出体外。

**4. 其他** 硒有促进生长、抗肿瘤、增强人体免疫力、改善视觉功能障碍的作用。

### （二）缺乏与过量对健康和美容的影响

**1. 缺乏与健康和美容** 硒缺乏可导致克山病，克山病是一种以心肌变性坏死及修复后瘢痕为主要病变的心肌病，主要表现为心肌凝固性坏死，伴有明显心脏扩大、心功能不全和心律失常，重者发生心源性休克和心力衰竭。其易感人群为2～6岁的儿童和育龄妇女。

人体硒缺乏还可引起 GSH-Px 活力下降，导致清除氧自由基和抗脂质过氧化能力下降，容易造成动脉内皮细胞损伤，易发生动脉粥样硬化、高血压等疾病；还可导致皮肤老化加速，出现皱纹、色斑等老化迹象。缺硒是大骨节病发生的重要原因，该病主要发生在青少年期。缺硒还会影响人体免疫功能。硒元素对头发的健康至关重要，缺硒可能导致头发缺乏光泽、干枯易断，甚至引发脱发问题。适量补充硒元素可以保护头发健康，预防脱发。

**2. 过量与健康和美容** 过量硒摄入可导致硒中毒，这在一些高硒地区已有病例报道。例如，我国湖北恩施和陕西紫阳等地的地方性硒中毒，与当地水质和膳食中含硒量高有关，主要表现为毛发脱落、指甲变形、肢端麻木、抽搐，甚至偏瘫，严重影响美容效果。严重者可致死亡。过量摄入硒还可能干扰内分泌系统的正常功能，导致激素水平失衡，可能进一步影响皮肤健康，如引起痤疮、色斑等问题。

### （三）参考摄入量与食物来源

**1. 参考摄入量** 中国营养学会推荐成人（非孕妇、乳母）膳食硒 RNI 为 60μg/d。

**2. 食物来源** 一般动物性食物中肝、肾、肉类及海产品含硒较为丰富，而蔬菜、水果中含量较低。

# 第8节 水

**案例 2-5**

赵某，女性，45岁，身体健康。上午10点步行至美容院，室外温度30℃，到美容院后自感强烈口渴，舌黏膜干燥，唾液少，头晕。

问题：1. 赵某出现这些症状的原因是什么？

2. 可以给赵某哪些对症治疗措施？

## 一、水的含量和分布

水是人体中含量最多的成分。新生儿总体水最多，约占体重的 80%；婴幼儿次之，约占体重的 70%；随着年龄的增长，总体水逐渐减少，成年男子总体水约为体重的 60%，女子为 50%～55%。脂肪组织含水量较少，仅 10%～30%，肌肉组织含水量较多，可达 75%～80%。

水在体内主要分布于细胞内和细胞外。细胞内液水含量约为总体水含量的 2/3，细胞外液约为总体水含量的 1/3，包括组织液、血浆、淋巴液和脑脊液等。各组织器官的含水量相差很大，以血液中最多，脂肪组织中较少。

## 二、水的生理功能

**1. 构成细胞和体液的重要组成成分**　水是保持细胞形状及构成人体体液必需的物质，广泛分布在组织细胞内外，是构成人体内环境的重要部分。水是维持体液平衡的重要物质，有助于确保机体内环境的稳定。

**2. 参与人体新陈代谢**　人的一切生命活动都需要水的参与。水参与体内物质新陈代谢和生化反应，既是生化反应的原料，又是生化反应的产物。同时，水具有较大的流动性，在消化、吸收、循环、排泄过程中可协助营养物质的运送和废物的排泄，使人体内新陈代谢和生理化学反应得以顺利进行。

**3. 调节人体体温**　高温下，体热可随水分经皮肤蒸发散失，以维持人体体温的恒定。

**4. 润滑作用**　水与黏性分子结合可形成关节的润滑液、消化系统的消化液、呼吸系统及泌尿生殖系统的黏液，对关节、器官、组织和肌肉起到缓冲、润滑、保护的功效。

**5. 维持电解质平衡**　水有助于维持体内电解质如钠、钾、钙等离子的平衡，这是维持细胞正常功能和体内环境稳定的重要条件。

## 三、水的参考摄入量及来源

我国成年男性及女性的饮水量分别为 1700ml/d 和 1500ml/d，孕中、晚期为 1700ml/d，乳母为 2100ml/d。水的总摄入量为成年男性 3000ml/d，女性 2700ml/d，孕中、晚期为 3000ml/d，乳母为 3800ml/d。

体内水的来源包括饮水、食物中的水和内生水三部分。

## 四、水缺乏与过量对健康和美容的影响

### （一）水缺乏对健康和美容的影响

水分不足会导致血容量减少，进而引起代谢紊乱，可能表现为口干舌燥、乏力、眩晕、恶心等症状，严重情况下还可能引发呕吐。缺水会对脏器功能造成损伤：肝脏、肾脏等器官由于缺乏水分供应，无法及时排出代谢废物，容易出现功能损伤。长期缺水还可能导致电解质紊乱，影响心脏等器官的正常运转，增加心脑血管疾病的发生风险。脱水还会导致体内酶催化反应变慢，使身体产生能量的速度变慢，从而导致疲劳。此外，缺水还可能引起高胆固醇血症、便秘、关节痛等问题。

当皮肤缺水时，会加剧水分流失，导致皮肤失去弹性和光泽，出现皱纹、干纹、肤色暗沉等问题。长期缺水还会引发皮肤松弛下垂，加速衰老进程。皮肤缺水还可能引发皮肤过度分泌油脂，导致油性皮肤和痤疮等问题。这是因为皮肤在缺水时会尝试通过分泌油脂来保持水分，但这种做法往往适得其反。缺水会加剧角质层水分流失，使皮肤失去光泽和弹性，精神疲倦，无精打采。同时，

缺水还会影响皮肤的新陈代谢和自我修复能力，导致肤色不均匀、暗沉。

### （二）水过量对健康和美容的影响

水的摄入量超过肾脏的排泄能力（0.7～1.0L/h）时，可引起水分在体内潴留而导致急性水中毒。人体吸收过多水分，导致细胞外液渗透压降低及细胞肿胀，当脑细胞肿胀、脑组织水肿、颅内压增高时，可引起头痛、恶心、呕吐、记忆力减退、神志不清、行为异常、惊厥、谵妄、嗜睡和昏迷等症状，严重者可发生脑疝，甚至死亡。过量饮水会增加肾脏的负担，使肾脏需要处理更多的水分，可能导致肾功能受损。正常人极少出现水过量或水中毒，水过量或水中毒多见于疾病或不正确补水时。另外，在高温环境下工作或剧烈运动时，应同时补充水分和适当的盐分，以预防水中毒的发生。

过量饮水可能导致体内水分分布不均，影响皮肤的正常功能。饮水过量还可能导致水肿现象。体内水分潴留超过体重的 10%时，即为水肿。水肿是由于体内水分过多，无法及时排出，在皮下组织积聚形成的症状。

# 第 9 节　生物活性物质

食物中除了含有多种营养素外，还含有其他许多对人体有益的物质，过去被称为非营养素生物活性物质。这类物质不是维持人体生长发育所必需的营养物质，但对维护人体健康、调节生理功能和预防疾病发挥重要的作用，目前被称为“食物中的生物活性物质”。

## 一、原花青素

### （一）对健康和美容的作用

**1. 抗氧化**　原花青素是目前公认的清除体内自由基最有效的天然抗氧化剂之一，可以防止自由基攻击，尤其是可以抑制脂质过氧化作用，降低黑色素指数，预防黄褐斑在夏季进一步加重。

**2. 预防心血管疾病**　原花青素可能通过降低收缩压和血脂、改善血管内皮功能来预防心血管疾病。

**3. 降低某些癌症的患病风险**　研究发现，膳食原花青素摄入水平高者患结直肠癌、胃癌、子宫内膜癌及胰腺癌的风险较低。但也有临床干预研究发现，原花青素可能具有预防癌变的作用，但对已经发生的癌症没有保护作用。

**4. 预防尿道感染作用**　研究证实，蔓越莓产品（富含原花青素）可以预防尿路感染，降低尿路感染的发生率，尤其对于女性的复发性尿路感染作用显著。

### （二）参考摄入量与食物来源

原花青素主要存在于葡萄、高粱、苹果、樱桃、草莓、黑莓等植物中，其中葡萄是原花青素的最重要、最丰富的食物来源，葡萄籽中的原花青素含量尤为丰富。

我国成年人原花青素的特定建议值（SPL）为 200mg/d。

## 二、花　色　苷

### （一）对健康和美容的作用

**1. 抗氧化**　可通过自身氧化释放电子，直接清除各种自由基；还可通过升高细胞内超氧化物歧化酶和谷胱甘肽转移酶的活性，减轻氧化应激损伤。

**2. 抑制炎症反应**　可以通过抑制炎症反应信号通路，减少炎症因子的表达，从而发挥抗炎作用。

**3. 慢性病预防** 流行病学前瞻性研究发现，花色苷的摄入量与2型糖尿病和心血管疾病的风险呈负相关。较高的花色苷摄入量可以显著降低冠心病的发生率和死亡率，膳食补充花色苷可改善动脉血管的硬度，升高血浆高密度脂蛋白胆固醇水平，降低低密度脂蛋白胆固醇水平，促进血管内皮舒张的功能，降低高胆固醇血症患者心血管疾病的发生风险。

**4. 改善视力** 有助于改善人们夜间的视力，有助于改善视疲劳。

### （二）参考摄入量与食物来源

人类摄入的花色苷主要来源于深色浆果[桑葚、杨梅、黑布林（黑李）、黑加仑（黑茶藨子）、李子、山楂、葡萄等]、蔬菜（紫甘蓝、茄子、紫苏、紫菜薹、花豆角等）和谷薯豆类（黑米、红米、紫甘薯、黑豆、红豆、绿豆等）富含花色苷的食物及其加工制品。

我国成年人花色苷的特定建议值（SPL）为50mg/d。

## 三、大豆异黄酮

### （一）对健康和美容的作用

**1. 雌激素样活性** 大豆异黄酮可以与不同组织器官的雌激素受体结合，发挥类雌激素或拮抗内源性雌激素的作用，对体内雌激素有双向调节作用。绝经后女性每日补充大豆、大豆提取物、染料木黄酮或大豆苷元3个月及以上，可以有效减少潮热的发作频率，明显改善围绝经期症状。

**2. 抗氧化作用** 细胞和动物实验表明，大豆异黄酮可抑制活性氧自由基产生，抑制过氧化氢产生，减少DNA氧化损伤，以及抑制脂质过氧化，从而延缓衰老，减少老年斑的产生。

**3. 改善绝经后骨质疏松** 绝经后骨质疏松的发生是由于绝经后雌激素缺乏，导致骨量减少、骨组织结构变化及骨脆性增加，进而易引发骨折等并发症。围绝经期和绝经后女性补充大豆异黄酮，可通过类雌激素作用明显促进骨形成，从而改善骨质疏松。

**4. 其他** 大豆异黄酮还具有降低乳腺癌的发病风险、抗血栓形成、降血脂、预防动脉粥样硬化、免疫调节等作用。

### （二）参考摄入量与食物来源

自然界中异黄酮资源十分有限，大豆是唯一含较多异黄酮且其含量有营养学意义的食物资源。大豆异黄酮是大豆中主要的生理活性物质，具有弱雌激素活性，是最重要的植物雌激素之一。

我国绝经前女性的大豆异黄酮SPL为55mg/d，围绝经期和绝经后女性的大豆异黄酮SPL为75mg/d。

## 四、番 茄 红 素

### （一）对健康和美容的作用

**1. 抗氧化** 番茄红素是目前已知的最有效的抗氧化活性物质，其抗氧化能力是β-胡萝卜素的2倍多，是维生素E的100倍。

**2. 降低心血管疾病风险** 番茄红素的抗氧化作用，可以显著降低血清脂质水平和阻止低密度脂蛋白胆固醇的氧化破坏，从而减少动脉粥样硬化和冠心病的发病危险。

**3. 抑制肿瘤** 番茄红素可抑制前列腺癌、胃癌、食管癌、结肠癌、直肠癌、乳腺癌、肺癌等的发生发展。

**4. 其他** 番茄红素可增强人体免疫功能，对绝经后女性的骨质疏松有一定保护作用，提升老人认知功能等。

### （二）参考摄入量与食物来源

番茄红素广泛分布于各种植物中，成熟的红色果实中含量较高，如番茄、西瓜、番石榴、红肉葡萄柚，少量存在于胡萝卜、南瓜、李子、柿子、桃子、芒果、石榴、葡萄等蔬菜和水果中。

我国成年人番茄红素的 SPL 为 15mg/d。

## 五、叶 黄 素

### （一）对健康和美容的作用

**1. 抗氧化作用** 叶黄素有较强的抗氧化作用，能抑制活性氧自由基的活性，阻止活性氧自由基对正常细胞的破坏，可显著减轻紫外线照射引发的红斑、老化和皮肤灼伤，甚至可降低诱发皮肤癌的风险。

**2. 视网膜保护作用** 叶黄素对视网膜中的黄斑有重要的保护作用，缺乏时易引起黄斑退化和视物模糊，进而出现视力退化或近视等症状。叶黄素对老年性黄斑变性、色素性视网膜炎、糖尿病视网膜病变有一定作用，起到减轻视网膜损伤的效果。

**3. 可能降低某些慢性病的风险** 叶黄素对心血管疾病、肿瘤、糖尿病、老年痴呆等有影响。

### （二）参考摄入量与食物来源

叶黄素主要存在于植物性食物中，玉米中叶黄素含量最多（占胡萝卜素总量的 60%），另外，深色蔬菜水果，如羽衣甘蓝、菠菜等深绿色叶菜类是膳食叶黄素的主要来源，猕猴桃、木瓜、柑橘等黄橙色水果也含有较丰富的叶黄素，而在桃子、葡萄、柑橘等水果中还含有丰富的叶黄素酯，是叶黄素的安全来源之一。天然叶黄素在动物性食物中主要以蛋类和奶类为主。

我国成年人叶黄素的 SPL 为 10mg/d。

## 六、植 物 甾 醇

### （一）对健康和美容的作用

**1. 降低血清胆固醇** 补充植物甾醇可降低血液中胆固醇和低密度脂蛋白胆固醇的水平，但不降低甘油三酯或高密度脂蛋白胆固醇的含量。

**2. 抑制肿瘤** 植物甾醇的摄入与部分癌症如前列腺癌、卵巢癌、胃癌等癌症的发生率呈负相关。

**3. 其他** 植物甾醇具有抗氧化、抗炎、降低男性前列腺肥大发生率等作用。

### （二）参考摄入量与食物来源

植物甾醇主要存在于各种植物油、豆类、谷类食物中，蔬菜、水果中含量相对较少。

我国成年人植物甾醇的 SPL 为 0.8g /d。

## 七、异硫氰酸酯

### （一）对健康和美容的作用

**1. 抗癌** 许多动物研究显示，异硫氰酸酯可有效阻断大鼠乳腺、前列腺、肺、食管、肝、结肠及膀胱癌的发生。

**2. 抗氧化损伤** 异硫氰酸酯对氧化应激具有双向调节作用。异硫氰酸酯有直接抗氧化作用；低浓度的异硫氰酸酯衍生物莱菔硫烷可以保护人类视网膜细胞对抗具有氧化性的物质，所以对白内障有很好的治疗作用。

**3. 其他作用** 现有的动物实验和细胞实验还表明，异硫氰酸酯具有调节人体免疫功能、抗炎、抗突变、抑菌、抗高血压等作用。

### （二）参考摄入量与食物来源

异硫氰酸酯是硫代葡萄糖苷的一大类水解产物，广泛分布于十字花科蔬菜中，青花菜（西蓝花）、花椰菜、羽衣甘蓝、芥菜、萝卜、大白菜等为主要来源。硫代葡萄糖苷存在于此类植物的根、茎、叶和种子中，尤其以种子中的含量最丰富。

我国成年人异硫氰酸酯的 SPL 为 30mg/d。

## 八、辅 酶 $Q_{10}$

### （一）对健康和美容的作用

**1. 抗氧化** 辅酶 $Q_{10}$ 是一种强效的抗氧化剂，可以中和自由基，从而减少细胞受损和老化的风险，有助于保护细胞免受氧化应激的伤害。

**2. 维持心脏健康** 辅酶 $Q_{10}$ 在心脏肌肉细胞中的含量最高，参与能量产生和维持心脏正常的收缩功能。

**3. 提供能量** 辅酶 $Q_{10}$ 参与细胞的能量代谢过程，促进 ATP（细胞能量的主要形式）的产生。通过提供细胞所需的能量，辅酶 $Q_{10}$ 可以增加身体的活力水平和运动耐力。

**4. 调节免疫系统** 辅酶 $Q_{10}$ 还被认为对免疫系统的调节具有积极作用，可以增强免疫细胞的活性，促进免疫反应，有助于维持人体的免疫功能。

**5. 维护皮肤健康** 辅酶 $Q_{10}$ 有助于维持皮肤的健康和年轻状态，可以减少自由基对皮肤的损害，促进胶原蛋白的产生，有助于减少皱纹和细纹的出现。

### （二）参考摄入量与食物来源

辅酶 $Q_{10}$ 通常存在于花椰菜、菠菜、番茄、沙丁鱼、猪肝等食物中。我国成年人辅酶 $Q_{10}$ 的 SPL 为 100mg/d。

## 九、β-葡聚糖

### （一）对健康和美容的作用

**1. 降低血清胆固醇** β-葡聚糖是膳食纤维的一种，属于非淀粉多糖，具有支链结构小、黏性高、可溶于水的特点，已有结果证明它可以降低血清中胆固醇的水平，预防高脂血症。

**2. 预防便秘** β-葡聚糖的持水性可增加粪便体积，从而预防和缓解便秘症状。

**3. 血糖调节和 2 型糖尿病预防** β-葡聚糖具有良好的黏性和吸附性，可延缓和减少葡萄糖的吸收和利用，减缓血糖上升速率和胰岛素的应答反应。

**4. 饱腹感和体重调节作用** β-葡聚糖能结合水分，形成黏性溶液，可延缓胃排空，增加饱腹感。还能吸附脂肪酸、胆固醇、胆汁酸，影响营养物质的消化和吸收，减少能量摄入。

**5. 预防某些癌症** 如肠癌、乳腺癌等。

### （二）参考摄入量与食物来源

β-葡聚糖的食物来源主要包括荞麦、小米、燕麦、紫菜、菠菜、莴苣、大麦等。我国成年人的β-葡聚糖（谷物来源）SPL 为 3.0g/d。

## 十、氨基葡萄糖

### （一）对健康和美容的作用

**1. 免疫调节** 氨基葡萄糖通过与其他物质（如半乳糖、葡萄糖醛酸）结合形成透明质酸、硫酸角质素等具有生物活性的重要产物，参与对人体的保护作用。

**2. 治疗骨关节炎** 氨基葡萄糖是形成人体软骨细胞的重要营养素，是合成氨基聚糖的基本物质，是健康关节软骨的天然组织成分。随着年龄的增长，人体内的氨基葡萄糖的缺乏越来越严重，关节软骨不断退化和磨损，氨基葡萄糖可以帮助修复和维护软骨，并能刺激软骨细胞的生长。

**3. 抗氧化、抗衰老** 氨基葡萄糖具有一定的抗氧化能力，从而延缓衰老。

### （二）参考摄入量与食物来源

氨基葡萄糖广泛存在于真菌细胞壁及虾蟹的外骨骼中，是甲壳素与壳聚糖的组成成分。在自然界中，细菌、酵母、真菌、植物及动物体内也广泛存在。

我国成年人的氨基葡萄糖 SPL 为 1000mg/d。

## 目标检测

**A1 型题**

1. 下列哪组维生素都是水溶性维生素（　　）。
   A. 维生素 $B_1$、维生素 C、维生素 D 和维生素 E
   B. 维生素 $B_1$、维生素 $B_2$、维生素 C 和叶酸
   C. 维生素 A、维生素 C、维生素 E 和维生素 K
   D. 维生素 A、维生素 D、维生素 E 和维生素 K
   E. 维生素 $B_2$、维生素 D、维生素 C 和叶酸
2. 牙龈充血肿胀、皮肤点状出血是（　　）。
   A. 维生素 A 缺乏症的症状
   B. 维生素 $B_2$ 缺乏症的症状
   C. 维生素 K 缺乏症的症状
   D. 维生素 D 缺乏症的症状
   E. 维生素 C 缺乏症的症状
3. 下列选项中富含钙的食物是（　　）。
   A. 畜肉类　B. 蛋类
   C. 奶类　D. 大米
   E. 蔬菜
4. 缺乏维生素 D 会导致哪种疾病（　　）。
   A. 佝偻病　B. 脚气病
   C. 坏血病　D. 赖皮病
   E. 克山病
5. 眼干燥症是由于严重缺乏（　　）。
   A. 维生素 A　B. 维生素 $B_1$
   C. 维生素 C　D. 维生素 D
   E. 烟酸
6. 人体铁缺乏的症状没有下列哪项（　　）。
   A. 儿童易烦躁或冷漠
   B. 青少年表现为注意力不集中、学习记忆能力下降
   C. 呆小症
   D. 贫血
   E. 面色苍白、指甲脆薄、反甲
7. 维生素 $B_1$ 缺乏的体征之一是（　　）。
   A. 脂溢性皮炎　B. 周围神经炎
   C. 腹泻　D. 牙龈疼痛出血
   E. 口角炎
8. 多吃海带可以预防（　　）缺乏。
   A. 碘　B. 铁
   C. 钙　D. 硒
   E. 镁
9. 下列生物活性物质具有类雌性激素作用的是（　　）。
   A. 原花青素　B. 大豆异黄酮
   C. 番茄红素　D. 叶黄素
   E. 异硫氰酸酯
10. 生物活性物质一般都具有（　　）作用。
    A. 保护视力　B. 治疗骨关节炎
    C. 预防便秘　D. 抗氧化
    E. 降血脂
11. 宏量营养素是（　　）。
    A. 蛋白质、脂类、碳水化合物
    B. 脂类、碳水化合物、维生素
    C. 碳水化合物、维生素、水
    D. 维生素、水、矿物质
    E. 水、矿物质、膳食纤维
12. 以下属于人体非必需氨基酸的是（　　）。
    A. 色氨酸　B. 苏氨酸

C. 蛋氨酸　　D. 精氨酸
E. 赖氨酸

13. 下列哪项蛋白质及脂肪含量很少，膳食纤维、无机盐及维生素 C 含量丰富（　　）。
A. 谷类　　B. 大豆
C. 蔬菜类　　D. 蛋类
E. 奶类

14. 人体氮的唯一来源是（　　）。
A. 蛋白质　　B. 脂类
C. 碳水化合物　　D. 维生素
E. 矿物质

（李珊珊　李景辉　赵　琼）

# 第3章 食物与美容

**学习目标**

**1. 素质目标** 培养学生的环保意识、珍惜食物的习惯、健康审美观念、严谨工作态度、沟通合作能力、美容知识素养以及综合素质提升等多方面的能力。

**2. 知识目标** 掌握食物中各类营养素（如蛋白质、脂肪、碳水化合物、维生素、矿物质及膳食纤维）的基本概念、分类、生理功能、缺乏症及食物来源。熟悉不同食物中营养素的含量与分布特点，以及它们在人体内的吸收、利用与代谢过程。了解食物中的营养素如何通过促进细胞代谢、抗氧化、抗炎等途径对皮肤、头发、指甲等身体外部组织产生美容效果。

**3. 能力目标** 能够根据个人健康状况与美容需求，分析并评估不同食物的营养价值与美容效果。

健康美是最明智的美，否则，美就成了“无源之水，无本之木”。有了健康的身体，才会使人容光焕发、精力充沛。俗话说，“民以食为天”，食物是人类能量和各种营养素的基本来源，是人类赖以生存和繁衍的物质基础。食物的营养价值是指某种食品所含营养素和能量能满足人体营养需要的程度。食物营养价值的高低，取决于食物中营养素种类是否齐全、数量是否充足、相互比例是否适宜及是否易被消化吸收。食物的营养价值是相对的，即使是同种食物，因其品种、部位、产地、成熟程度和烹调加工方法不同，营养价值也会存在一定差异。

## 第1节 谷薯类食物的营养价值与美容

**案例 3-1**

患者张某，女性，39岁，育有一子，担心长胖，长期吃素食，不喜欢吃动物性食物，几日前因为乏力、头晕目眩到医院就诊，检查血红蛋白为56g/L，诊断为缺铁性贫血。

问题：1. 请分析患者贫血的主要原因。

2. 张女士除了适量补充铁剂，她的日常饮食可多吃哪些食物，以辅助改善贫血症状，进而使皮肤变得红润、有光泽？

### 一、谷类食物的营养价值特点与美容

#### （一）谷类的种类及结构

谷类主要包括大米、小麦、玉米、小米、高粱、荞麦、燕麦等。各种谷类种子形态大小不一，但结构基本相似。谷粒的最外层是谷壳，主要起保护谷粒的作用。谷粒去壳后，其结构可分为谷皮、糊粉层、胚乳和胚芽四部分。

谷皮为谷粒外面的数层被膜，包括果皮和种皮等，约占谷粒质量的 7%，主要由纤维素和半纤维素等组成，含有较多的矿物质、B 族维生素和其他营养素。

糊粉层介于谷皮与胚乳之间，约占谷粒质量的 7%，含较多的蛋白质、脂肪和丰富的 B 族维生素及矿物质。此层营养素含量相对较高，有重要的营养学意义，但在加工时易与谷皮同时脱落而混入糠麸中。

胚乳是谷粒的主要组成部分，约占谷粒质量的 83%，含较多的淀粉和一定量的蛋白质，脂肪、矿物质和维生素含量较少。蛋白质在靠近胚乳周围部分含量较高，越向胚乳中心含量越低。

胚芽位于谷粒一端，约占谷粒质量的 3%，富含脂肪、蛋白质、矿物质、B 族维生素和维生素 E。胚芽质地较软而韧性较强，不易粉碎，但在加工过程中易与胚乳分离而损失。

### （二）谷类的营养价值特点

**1. 蛋白质** 不同谷类食物中蛋白质的含量不同，多数谷类食物蛋白质含量为 7.5%～15%。主要由谷蛋白、醇溶蛋白、清蛋白和球蛋白组成。谷类蛋白质因其氨基酸模式不合理，赖氨酸含量少，苏氨酸、色氨酸、苯丙氨酸、甲硫氨酸含量偏低，所以其蛋白质营养价值低于动物性食物。但因其是我国居民的主食，是膳食蛋白质的主要来源，故应注意采用蛋白质互补的方法来提高谷类蛋白质的营养价值。提倡谷类与豆类混食，多种谷类搭配食用，并辅以动物蛋白质补充，从而通过氨基酸互补作用，提高蛋白质的营养价值。

**2. 脂类** 谷类脂肪含量较低，大米和小麦约为 2%，玉米和小米可达 4%，荞麦最高可达 7%。谷类中的脂肪主要集中在胚芽和糊粉层，在谷类加工时，脂类易转入副产品中。从米糠中可提取与人体健康有密切关系的米糠油、谷维素和谷固醇。

谷类的脂肪组成主要为不饱和脂肪酸，质量较好。从小麦和玉米胚芽中提取的胚芽油，80%为不饱和脂肪酸，其中亚油酸占 60%，具有辅助降低血清胆固醇、防止动脉粥样硬化的作用。

**3. 碳水化合物** 谷类碳水化合物含量最为丰富，主要集中在胚乳的淀粉细胞中。稻米中的含量最高，小麦次之，玉米中含量较低，但都在 70%以上。

谷类碳水化合物主要是淀粉。淀粉经烹调后容易被消化吸收，其利用率在 90%以上，是人体获取热能最经济的营养来源。谷类淀粉包含直链淀粉和支链淀粉。两者在常温下均不溶解于水，需加热糊化。直链淀粉糊化后溶液黏度较低，冷却易老化（回生）；支链淀粉糊化后则形成高黏度、稳定的凝胶。从分子结构看，支链淀粉通常比直链淀粉更易被消化酶快速水解，血糖生成指数（GI）较高。糯米因几乎全为支链淀粉，热食时易消化，但冷却后因淀粉回生形成抗性淀粉，导致消化困难，同时可降低 GI。

谷皮含一定量的膳食纤维，但加工过程中易被除去。

**4. 维生素** 谷类中的维生素以 B 族维生素为主，是膳食 B 族维生素的重要来源，如维生素 $B_1$、维生素 $B_2$、烟酸、泛酸等，其中维生素 $B_1$ 和烟酸含量较多，维生素 $B_2$ 含量普遍较低。在黄色玉米和小米中还含有较多的胡萝卜素，在小麦胚粉中含有丰富的维生素 E。

谷类维生素主要分布在糊粉层和胚芽中，因此谷类加工的精度越高，保留的胚芽和糊粉层越少，维生素的损失就越多。

玉米含烟酸较多，但主要为结合型，不易被人体吸收利用，须经过适当加工将其转变为游离型的烟酸后才能被吸收利用，故以玉米为主食并以传统方式食用的地区的居民容易发生烟酸缺乏病（癞皮病）。

**5. 矿物质** 谷类矿物质含量为 1.5%～3%，主要存在于谷皮和糊粉层中，其中主要是磷、钙。谷类的矿物质多以植酸盐的形式存在，大部分不能被人体吸收利用。谷类食物含铁少，为 1.5～3mg/100g，且吸收利用率也很低。谷物中含有植酸酶，可分解植酸盐释放出游离的钙、磷，提高其利用率，该酶在 55℃的环境中活性最强，当米、面经过蒸煮或焙烤后，约有 60%的植酸盐可被水解，从而使矿物质被人体吸收利用。

**6. 水分** 谷类食物水分的正常范围在 11%～14%。水分含量过高，可增强酶类的活性，以致营养成分分解及产热，并引起微生物的大量繁殖。

### （三）谷类食物的美容保健作用

具有美容保健功效的谷类主要有玉米、稻米、小麦、荞麦、燕麦、小米、薏米等，这类食物含有丰富的蛋白质、脂肪、碳水化合物，以及多种维生素、矿物质、膳食纤维和多种抗氧化物质，这些成分对皮肤的健康至关重要。因其含量或比例的不同而具有不同的美容功效。膳食纤维有助于调节肠道功能，促进新陈代谢，排除体内毒素，从而净化肌肤，减少皮肤问题。维生素包括 B 族维生素和维生素 E，前者有助于改善肌肤干燥、粗糙的问题，促进胶原蛋白合成，保持肌肤弹性和水润度；后者则具有抗氧化的功效，有助于延缓肌肤衰老，减少皱纹和细纹的产生。矿物质如铁、锌等微量元素，对肌肤健康同样不可或缺，它们有助于修复受损组织，保持肌肤的健康状态。抗氧化物质如黄酮类、多酚类等，有助于减缓皮肤衰老，改善肤色，使肌肤更加有光泽和紧致。

特定食物的美容保健作用。①小麦：含有丰富的蛋白质、矿物质和维生素，具有滋润皮肤、预防皮肤衰老的功效。②玉米：含有大量的维生素 E 和纤维素，能够促进皮肤的新陈代谢，保持皮肤湿润和弹性。③糙米：富含 B 族维生素、膳食纤维和矿物质，能够有效改善肤色、减少皱纹和细纹。此外，糙米中的膳食纤维还可以促进肠胃蠕动，排出体内毒素，对皮肤健康有益。④黑米：含有大量的抗氧化物质和膳食纤维，能够延缓皮肤老化，保持皮肤光泽有弹性。⑤燕麦：营养价值高，含有硅质（硅酸盐）、B 族维生素、胡萝卜素、钙、锌等多种营养成分。硅质有助于肌肤合成胶原蛋白，使肌肤更加紧致有弹性；而 B 族维生素和膳食纤维则有助于改善皮肤干燥及出现皱纹的情况。⑥紫米：含有丰富的营养素如铁、锌、硒、钙等，可以促进血液循环，滋养皮肤，使肤色更加亮白。同时，紫米中的 B 族维生素和膳食纤维也有助于改善皮肤干燥及皱纹问题。

**考点：谷类的营养价值特点和美容保健作用**

## 二、薯类食物的营养价值特点与美容

### （一）薯类食物的营养价值特点

薯类包括马铃薯（土豆）、山药、芋头、甘薯、豆薯、木薯等，是我国居民膳食的重要组成部分，兼有谷类和蔬菜的双重优点。薯类碳水化合物含量为 8%～29%，淀粉含量仅次于谷类，蛋白质和脂肪含量较低，能量密度低于谷类，还含有一定量的矿物质和维生素。薯类虽然碳水化合物含量较高，但其中膳食纤维含量丰富，血糖生成指数低于精制米面，日常膳食中应适当增加薯类的摄入。薯类维生素 C 的含量较谷类高，甘薯中的胡萝卜素含量比谷类高，马铃薯中钾的含量高。另外，薯类也含有多种植物化学物，马铃薯中酚类化合物含量较高，山药块茎中含有山药多糖、胆甾醇、麦角甾醇等多种活性物质。

### （二）薯类食物的美容保健作用

薯类食物作为日常饮食中的重要组成部分，不仅营养丰富，而且在美容保健方面也展现出了独特的优势。它们富含多种对人体有益的营养素，能够有效地改善肤质、抗氧化、美白、延缓衰老、促进排毒、保护眼睛等，为我们的肌肤和身体健康提供全方位的支持，且口感好，食用方式简单。适合糖尿病、高血压、孕妇及胃肠功能不适的人群食用，不仅能提供必需的膳食营养素，还能起到降压、降脂作用，在日常饮食中不妨多增加一些薯类食物的摄入量。但是，人们在享受薯类食物的美容保健作用时，也需要注意适量食用和合理搭配。部分薯类食物中淀粉含量和能量较高，过多摄入可能导致热量过剩和体重增加。同时，在烹饪时尽量选择健康的烹饪方式如蒸、煮等，避免使用过多油脂和盐，以保持其营养价值。部分人食用后可能产生胀气，可从小份量开始。

特定食物的美容保健作用。①甘薯（红心）：不仅含有丰富的膳食纤维和维生素，还含有大量的抗氧化物质，如 β-胡萝卜素等。这些成分有助于排出体内的毒素、抑制黑色素的形成，以达到美白效果，同时能够促进皮肤的新陈代谢和血液循环，延缓衰老进程。②甘薯（白心）：含有丰富的淀粉和膳食纤维，易于消化吸收。其所含维生素 C 可促进胶原蛋白合成，本身也是抗氧化剂，辅助提亮肤色；脂溶性抗氧化剂维生素 E 可能清除自由基，保护细胞膜，延缓衰老进程。③紫薯：含有丰富的花青素，具有强大的抗氧化、抗炎、保护视力和改善微循环的能力，在延缓衰老、改善肤色、对抗皮肤炎症方面表现尤为突出。同时，丰富的膳食纤维对维持肠道健康，延缓糖分吸收、稳定血糖水平和排毒养颜有基础性作用。紫薯也含有其他有益皮肤健康的营养素：B 族维生素参与能量代谢和细胞更新，维持皮肤、头发、指甲健康（如维生素 $B_6$），也含有维生素 C 和维生素 E；矿物质中钾可维持身体和皮肤细胞水分平衡，预防干燥和水肿；硒、铜、锰等作为抗氧化酶的重要组成部分或参与胶原蛋白合成。此外，紫薯的升糖指数（GI）通常比甘薯、土豆等要低（尤其是带皮、蒸煮、放凉后食用时抗性淀粉增多），对控制血糖有利。

# 第2节 豆类食物的营养价值与美容

## 一、豆类食物的营养价值

豆类可分为大豆类（包括黄豆、黑豆和青豆）和杂豆类（包括干豌豆、绿豆、干蚕豆、赤小豆、芸豆等），是我国居民膳食中优质蛋白质的重要来源。大豆类营养价值相似，以黄豆较为常见，本书如无说明，所称大豆即为黄豆。

### （一）大豆

**1. 蛋白质** 大豆的蛋白质含量为 35%～40%，是植物性食物中含蛋白质最多的。豆类蛋白质由球蛋白、清蛋白、谷蛋白及醇溶蛋白组成，其中球蛋白含量最高。大豆蛋白含有人体需要的全部氨基酸，属完全蛋白质，其氨基酸组成接近人体需要，具有较高的营养价值，而且富含谷类蛋白质较为缺乏的赖氨酸，是可代替动物蛋白质的植物性食物，与其他食物混食可以起到蛋白质互补作用，故大豆蛋白为优质蛋白质。

**2. 脂类** 大豆的脂肪含量为 15%～20%，脂肪组成以不饱和脂肪酸居多，其中油酸占 32%～36%，亚油酸占 51.7%～57%，亚麻酸占 2%～10%，此外还有 1.64%左右的磷脂。大豆由于富含不饱和脂肪酸，所以是高血压、动脉粥样硬化等疾病患者的理想食物。大豆油的天然抗氧化能力较强，因此是较好的食用油。

**3. 碳水化合物** 大豆中含有 25%～30%的碳水化合物，其中只有一半是可供利用的淀粉、蔗糖、阿拉伯糖和半乳聚糖；另一半是人体不能消化吸收的棉子糖和水苏糖，存在于大豆细胞壁中，在肠道细菌作用下发酵产生氨和二氧化碳，可引起腹胀。大豆还含有丰富的膳食纤维，可达 10～15g/100g。

**4. 维生素** 大豆富含 B 族维生素，其中维生素 $B_2$ 在植物性食物中含量较高。鲜豆中还含有维生素 C。

**5. 矿物质** 大豆中的矿物质含量略高于其他豆类，含量在 4%左右，包括钾、钠、钙、镁、铁、锌、硒等。与谷类相比，大豆中钙、钾、钠等的含量较高，但微量元素含量略低于谷类。大豆中铁的含量较为丰富，可达 7～8mg/100g。

**6. 大豆的特殊成分** 大豆中含有一些特殊的抗营养因素，可影响某些营养素的消化吸收。在食用大豆时要注意处理这些抗营养因素。但有些抗营养因素同时又是植物化学物，对人体健康和美容有一定促进作用。

（1）蛋白酶抑制剂 是存在于大豆、棉籽、花生、油菜籽等植物种子中，能抑制胰蛋白酶、糜蛋白酶、胃蛋白酶等蛋白酶的物质的统称。其中以抗胰蛋白酶因子（或称胰蛋白酶抑制剂）存在最为普遍，对人体胰蛋白酶的活性有部分抑制作用，可阻碍蛋白质的消化吸收，对动物有生长抑制的作用。常压蒸汽加热 30min 或 1kg 压力加热 10～25min 即可破坏生大豆中的抗胰蛋白酶因子。大豆中脲酶的抗热能力较抗胰蛋白酶因子强，且测定方法简单，故常采用脲酶反应来判定大豆中抗胰蛋白酶因子是否已经被破坏。但是近年来国外的一些研究表明，蛋白酶抑制剂作为植物化学物质同时具有抑制肿瘤和抗氧化的作用，因此对其具体评价尚需做进一步深入研究。

（2）胀气因子　占大豆碳水化合物 50%的棉籽糖和水苏糖在肠道微生物的作用下可产气，故将二者称为胀气因子。大豆经加工制成豆制品后胀气因子可被除去。棉籽糖和水苏糖都是由葡萄糖、半乳糖和果糖组成的支链杂糖，又称大豆低聚糖，是生产浓缩大豆蛋白和分离大豆蛋白时的副产品。人体内缺乏水苏糖和棉籽糖的水解酶，它们不经消化吸收直接到达大肠，可被双歧杆菌利用并促进其生长繁殖。

（3）植物红细胞凝集素　是能凝集动物和人红细胞的一种蛋白质，可影响动物和人的生长。加热即可被破坏。

（4）皂苷和异黄酮　是大豆中存在的主要植物化学物质，其中皂苷具有溶血的特性。最近有研究证明此两类物质具有抗氧化、降低血脂和血胆固醇的作用，特别是大豆皂苷。此外，异黄酮还具有雌激素样作用和抗溶血、抗真菌、抗细菌、抑制肿瘤等作用。

（5）植酸　大豆中存在的植酸可与锌、钙、铁、镁等螯合而影响它们的吸收利用。在 pH4.5～5.5 时可得到含植酸很少的大豆蛋白，在此 pH 条件下 35%～75%的植酸可溶解，但此 pH 对蛋白质影响不大。

（6）豆腥味　大豆中有很多酶，其中脂肪氧化酶是导致豆腥味及其他异味产生的主要酶类。用 95℃以上温度加热 10～15min 或用乙醇处理后减压蒸发的方法，以及采用纯化大豆脂肪氧化酶活性等方法都可去除部分豆腥味。

大豆虽营养价值高，但存在上述某些抗营养因素，蛋白质消化率只有 65%，通过水泡、磨浆、加热、发芽、发酵等方法制成豆制品，其消化率明显提高，如豆浆消化率可达 85%，豆腐消化率可达 92%～96%。

### （二）杂豆

杂豆类蛋白质含量约为 20%，脂肪含量极少，碳水化合物含量占 50%～60%，其他营养素含量与大豆相近。

### （三）豆制品的营养价值

豆制品包括以大豆为原料生产的大豆制品及以其他豆类为原料生产的豆制品。大豆制品包括非发酵豆制品和发酵豆制品两种。非发酵豆制品有豆浆、豆腐、豆腐干、干燥豆制品（如腐竹）等，发酵豆制品有腐乳、豆豉、臭豆腐等。

此外，大豆及其他油料（如花生、葵花籽）的蛋白质制品主要有 4 种。①分离蛋白质：蛋白质含量约为 90%，可用以强化和制成各种食品；②浓缩蛋白质：蛋白质含量约为 70%，其余为纤维素等不溶性成分；③油料粕粉：用大豆或脱脂豆碾碎而成，有粒度大小不一、脂肪含量不同的各种产品；④组织化蛋白质：将油粕、大豆分离蛋白质和浓缩蛋白质除去纤维，加入各种调料或添加剂经高温高压膨化而成。

大豆经系列加工制作的豆制品，不仅除去了大豆内的有害成分，而且使大豆蛋白结构从密集变为疏松状态，蛋白酶易进入分子内部而提高消化率，从而提高大豆的营养价值。另外，干豆类几乎不含维生素 C，但经发芽成豆芽后，其含量明显增高。

## 二、豆类食物的美容保健作用

豆类食物在美容保健方面展现出了显著的作用，它们富含多种对人体有益的营养成分，如蛋白质、膳食纤维、维生素、矿物质及抗氧化物质等。豆类食物为低糖、高蛋白质食物，大豆的油脂含量高于杂豆类。豆类蛋白质具有显著降低胆固醇、甘油三酯、低密度脂蛋白的作用。其脂肪多为不饱和脂肪酸、油酸、亚油酸、磷脂，为优质脂肪。其维生素、矿物质含量高。这些成分共同作用于皮肤和身体，达到抗氧化与美白、延缓衰老、改善肤质、排毒养颜等美容养颜和保健的效果。值得注意的是，豆类中的抗氧化成分主要集中在豆皮中，因此在烹饪时尽量保持豆皮的完整性，以充分保留其抗氧化成分。

特定食物的美容保健作用。①大豆及其制品：中医认为，黑豆味甘，性平，入脾、胃经，具有滋阴补肾、养血明目、补脾益气、润肤乌发等功效。黄豆入脾、大肠经，有养血健脾、利水消肿、润泽肌肤的作用。大豆含有丰富的抗氧化剂，能清除体内的自由基，减缓皮肤老化进程，同时可促进细胞再生，有助于减少皮肤皱纹，保持肌肤的弹性和光泽，使皮肤光滑细腻、毛发润泽光亮，是美容保健的上等营养品。大豆含有的大豆异黄酮具有类似雌激素的作用，能够弥补女性雌激素分泌不足的缺陷，改善皮肤水分及弹性状况，缓解围绝经期综合征，从而延缓皮肤的衰老过程。②绿豆：又名青小豆，味甘，性凉，具有清热解毒、消暑利水的功效。绿豆煮食可调和五脏、安神补气、滋润皮肤；绿豆芽做菜，既可解毒，又可补充维生素；绿豆汤是夏季清暑的饮料，老少皆宜。③赤小豆：性平，味甘，微寒，有利水除湿、清热解毒的功效。药食两用，赤小豆富含维生素 E、维生素 $B_1$、维生素 $B_2$、膳食纤维及钾、镁、磷、锌、硒等矿物质，这些成分能够促进血液循环，增强新陈代谢，有助于肌肤的修复和保养，使肌肤更加红润有光泽。其还有辅助降糖、降脂、降压、除湿解毒的功效，久食可减肥。

**考点：豆类的营养价值特点和美容保健作用**

# 第 3 节　蔬菜类食物的营养价值与美容

## 一、蔬菜类食物的营养价值

蔬菜按其结构及可食部分不同，可分为叶菜类、根茎类、瓜茄类、鲜豆类和菌藻类。各种蔬菜所含营养成分因其种类不同，差异较大。

### （一）蔬菜的营养价值特点

新鲜蔬菜的特点都是含有大量的水分，含水量在 90%以上，碳水化合物含量不高。蛋白质含量少，脂肪含量更低，因此不能作为能量和蛋白质的来源，而是维生素和矿物质的主要来源。此外还含有较多的纤维素、果胶和有机酸，能刺激胃肠蠕动和消化液的分泌，因此它们还能促进食欲和帮助消化。蔬菜在体内的最终代谢产物呈碱性，对维持体内的酸碱平衡起重要作用。

**1. 叶菜类**　膳食中常见的蔬菜主要是叶菜类，如白菜、结球甘蓝（圆白菜）、菠菜、油菜等。叶菜类蛋白质含量较低，一般为 1%～2%，脂肪含量不足 1%，碳水化合物含量为 2%～4%，膳食纤维含量约为 1.5%。叶菜类是胡萝卜素、B 族维生素、维生素 C、矿物质及膳食纤维的良好来源。绿色蔬菜和橙色蔬菜的维生素含量较为丰富，特别是胡萝卜素的含量较高，维生素 $B_2$ 含量虽不是很丰富，但在我国居民膳食中仍是维生素 $B_2$ 的主要来源。B 族维生素缺乏症的发生，往往与食用绿色蔬菜不足有关。叶菜类维生素 C 的含量多在 35mg/100g 左右，其中花椰菜、西蓝花等含量较高，维生素 C 含量在 50mg/100g 以上；维生素 $B_1$、烟酸和维生素 E 的含量较谷类和豆类低；矿物质含量在 1%左右，种类较多，包括钾、钠、钙、镁、铁、锌、硒、铜、锰等，是膳食矿物质的主要来源。

**2. 根茎类**　根茎类蔬菜包括萝卜、藕、竹笋等。根茎类蔬菜的蛋白质含量为 1%～2%，脂肪含量不足 0.5%；碳水化合物含量相差较大，低者在 3%左右，高者可达 20%以上；膳食纤维的含量较叶菜类低，约为 1%；维生素和矿物质含量因种类不同差异较大。胡萝卜中 $\beta$-胡萝卜素含量尤为突出，可达4130μg/100g。硒的含量以洋葱中最高。

**3. 瓜茄类** 瓜茄类包括冬瓜、南瓜、丝瓜、黄瓜、茄子、番茄、辣椒等。瓜茄类因水分含量高，营养素含量相对较低。蛋白质含量为0.4%～1.3%，脂肪含量低，碳水化合物含量为0.5%～9.0%，膳食纤维含量在1%左右。在瓜茄类中，胡萝卜素含量以南瓜、番茄和辣椒最高，维生素C含量以辣椒、苦瓜较高。番茄中的维生素C含量虽然不是很高，但受有机酸保护，损失很少，且食入量较多，是人体维生素C的良好来源。辣椒中含有丰富的硒、铁和锌，是一种营养价值较高的食物。

**4. 鲜豆类** 鲜豆类包括毛豆、豇豆、菜豆、扁豆、鲜豌豆等，与其他蔬菜相比，营养素含量相对较高。蛋白质含量为2%～14%，平均4%，其中毛豆和上海出产的发芽豆可达12%以上；脂肪含量不高，除毛豆以外，均在0.5%以下，碳水化合物含量在4%左右，膳食纤维含量为1%～3%，胡萝卜素含量普遍较高，含量大约在200ng/100g，其中甘肃出产的龙豆和广东出产的毛豆胡萝卜素含量较高，可达500mg/100g以上。此外，还含有丰富的钾、钙、铁、锌、硒等矿物质。铁的含量以发芽豆、刀豆、鲜蚕豆、毛豆最高，含量在3mg/100g以上；锌的含量以鲜蚕豆、豌豆和芸豆较高，含量均超过1mg/100g；硒的含量以玉豆、龙豆、毛豆、豆角和鲜蚕豆最高，含量在2μg/100g以上。维生素$B_2$的含量与绿叶蔬菜相似。

**5. 菌藻类** 菌藻类食物包括食用菌和藻类食物。食用菌是指供人们食用的真菌，有500多个品种，常见的有蘑菇、香菇、银耳、黑木耳。藻类包括海带、紫菜、发菜等，富含蛋白质、膳食纤维、碳水化合物、维生素和微量元素。蛋白质含量以发菜、香菇和蘑菇最为丰富，干品蛋白质含量在20%以上。蛋白质氨基酸组成比较均衡，必需氨基酸含量占蛋白质总量的60%以上，脂肪含量低，在1.0%左右。碳水化合物含量差别较大，干品在50%以上，如蘑菇、香菇、银耳、黑木耳等；鲜品碳水化合物含量较低，如金针菇、海带等，不足7%。胡萝卜素含量差别较大，在紫菜和蘑菇中含量丰富，其他菌藻中含量较低。维生素$B_1$和维生素$B_2$含量也比较高。微量元素含量丰富，尤其是铁、锌和硒，其含量约为其他食物的数倍，甚至十余倍。在海产植物中，海带、紫菜等还含有丰富的碘，干海带中的碘含量可达36mg/100g。

### （二）蔬菜的特殊成分

蔬菜中常含有各种芳香性物质和色素，使食品具有特殊的香味和颜色，可赋予蔬菜良好的感官性状。

芳香性物质为油性挥发性化合物，亦称精油，主要成分为醇、酯、醛和酮等。有些芳香性物质是以糖苷或氨基酸状态存在的，必须经过酶的作用分解成精油才具有香味。

此外，蔬菜中还含有一些酶类、杀菌物质和具有特殊生理活性的植物化学物质。例如，萝卜中含有淀粉酶，生食有助于消化；苹果、洋葱、番茄等含有的类黄酮为天然抗氧化剂，除具有保护心脑血管、预防肿瘤等多种生物学作用外，还可保护维生素A、维生素E、维生素C等不被氧化破坏；南瓜、苦瓜已被证实有明显降低血糖的作用。但南瓜的GI值因品种和烹饪方式差异较大。嫩南瓜及西葫芦，GI较低，碳水化合物含量少，适合控糖；而老南瓜及板栗南瓜过量食用可能升高血糖。

### （三）蔬菜制品的营养价值

蔬菜制品包括脱水蔬菜、罐藏蔬菜、速冻蔬菜、腌制蔬菜和蔬菜汁等。

**1. 脱水蔬菜** 脱水蔬菜的水分含量通常在7%～10%，其中矿物质、碳水化合物、膳食纤维等成分得到浓缩。在脱水过程中，维生素C有部分损失，损失程度因干制方法的不同而异。一般来说，真空冷冻干燥法的营养素损失最小，而且由于浓缩效应，干制后的营养素含量升高。长时间的暴晒或烘烤则损失较大，维生素C的损失率最高可达100%。胡萝卜素不溶于水，不会随水流失，热稳定性较高，一般加工后的保存率可达80%～90%。但是胡萝卜素具有高度不饱和的结构，对氧化作用比较敏感。

**2. 罐藏蔬菜** 罐藏蔬菜中的维生素保存率随贮藏温度的升高和贮藏时间的延长而降低。罐藏蔬菜经过热烫、热排气、灭菌等工艺后，水溶性维生素和矿物质可能受热降解和随水流失。

**3. 速冻蔬菜** 速冻蔬菜经过清洗→烫→包冰衣→装袋→深冻等步骤处理后，水溶性维生素有一定损失，但胡萝卜素损失不大。

**4. 腌制蔬菜** 蔬菜腌制前往往要经过反复地洗、晒或热烫，其水溶性维生素和矿物质损失严重。因此，腌制蔬菜不是维生素C的良好来源。传统酱菜的盐含量可达10%以上，近年来出现了大量低盐腌菜，其盐含量在7%左右，但需加入防腐剂。

**5. 蔬菜汁** 蔬菜汁是混合汁，通常由多种蔬菜调配而成，包含了蔬菜中的主要营养成分，营养价值较高，但它除去了蔬菜中的大部分膳食纤维。

与新鲜蔬菜相比，蔬菜制品贮藏稳定性高，贮藏期长，消费方便，但是营养价值都有部分损失，故提倡多吃新鲜蔬菜。

## 二、蔬菜类食物的美容保健作用

蔬菜，作为我们日常饮食中的重要组成部分，不仅富含各种维生素、矿物质和膳食纤维，还在美容保健方面发挥着不可小觑的作用。它们以其独特的营养成分，为肌肤提供了全面的滋养与保护。主要有美白祛斑、补水保湿、抗氧化、延缓衰老、排毒养颜及提亮肤色的美容保健作用。

特定食物的美容保健作用。①黄瓜：味甘，性凉，入脾、胃、大肠经，具有清热解毒、滋阴止渴、利水消斑的作用。黄瓜含有多种维生素，如维生素$B_1$、维生素$B_2$、维生素C、胡萝卜素，以及多种矿物质和膳食纤维，是一种很好的美容保健品，既可滋养皮肤，又可消脂减肥。黄瓜汁敷面可护肤、保湿、祛斑。②南瓜：性味甘温，具有补中益气、润肠通便的作用，可辅助降脂、降压、降糖、润泽肌肤。③胡萝卜：味甘，性平，入脾、肺经。《本草纲目》中记载："下气补中，利胸膈肠胃，安五脏，令人健食，有益无损。"现代营养学研究发现，胡萝卜含有胡萝卜素及钙、磷、铁等矿物质，是一种价廉有效的美容食物，内服外用均可。日常饮用胡萝卜汁或与肉类搭配食用，可滋润皮肤，预防皮肤干燥、粗糙；外用胡萝卜汁揩面，可减轻色素沉着，减少皱纹形成，但过量食用胡萝卜可使皮肤黄染。④冬瓜：性味甘淡，微寒，具有利水消痰、清热解毒、止渴生津的作用。《食疗本草》中记载："欲得身体轻健者，则可长食之；若要肥，则勿食之"，说明冬瓜有减肥的功效。冬瓜含有胡萝卜素、B族维生素、维生素C等维生素及钙、磷、铁等矿物质。内服具有滋润、营养、减肥的作用；外用冬瓜肉熬膏，涂面按摩，久之可消斑净面。冬瓜确为减肥、美容保健的佳品。⑤豆芽：包括黄豆芽和绿豆芽，性味甘凉，具有清热解毒、润肌肤、行气血的功效。除保留豆类原有的蛋白质、脂肪、矿物质等成分外，其维生素$B_2$、维生素C等的含量则高出豆类2～4倍，是日常食用的优质蔬菜。常食豆芽既能降低胆固醇，防止动脉粥样硬化，又能提供丰富的维生素，尤其是维生素C，可营养皮肤、毛发，防治黄褐斑等皮肤色素沉着症。⑥丝瓜：味甘，性凉。鲜嫩时可作为蔬菜食用，具有清热解毒、行血脉、通经络的作用。丝瓜含有多种营养成分，如蛋白质、维生素、矿物质、木糖、膳食纤维等，常食用有减肥的功效；捣汁外用敷面，则有护肤除皱的作用。⑦番茄：性味甘、酸、平，具有生津止渴、健胃消食、凉血平肝、清热解毒的功效，营养丰富。其中所含的黄酮类物质具有辅助降脂、降压、促进血液循环的作用；膳食纤维可增加肠道的排毒作用，是一种良好的保健、减肥、美容蔬菜。⑧竹笋：性味甘，微寒，具有清热消痰、止渴生津、益气的功效，是一种营养丰富、高蛋白质、低脂肪、低淀粉、多膳食纤维的蔬菜。含有16种氨基酸，既具有辅助预防高血压、冠心病、糖尿病、肥胖症等保健功效，又有滋养、润泽皮肤的美容作用。⑨菌藻类：菇类性味甘平，具有养阴润肺、补血益气、健脑强身、降脂、降胆固醇、增强免疫力、润泽皮肤、抗老等作用；黑木耳、银耳性味甘平，具有补益气血、养阴润燥、通血脉、养颜润肤的功效。尤其黑木耳具有很高的营养价值，可辅助降脂、降胆固醇，具有良好地辅助防治心脑血管疾病及肥胖症的功效，是美容保健的上等佳品。

**考点：蔬菜的营养价值特点和美容保健作用**

# 第4节 水果类食物的营养价值与美容

## 一、水果类食物的营养价值

### （一）水果类食物的营养价值特点

水果种类很多，主要有苹果、柑橘、桃、梨、杏、葡萄、香蕉和菠萝等。水果和蔬菜一样，主要提供维生素和矿物质。蛋白质、脂肪含量一般不超过1%，碳水化合物含量差异较大，低者为5%，高者可达30%。维生素 $B_1$ 和维生素 $B_2$ 含量不高；胡萝卜素和维生素C含量因品种不同而异，其中胡萝卜素含量较高的水果为柑橘、西瓜、杏、鲜枣；维生素C含量丰富的水果有鲜枣、草莓、桂圆、荔枝、橙子、柑橘、柿等。矿物质含量除个别水果外，相差不大，如桃子钠含量较其他水果高出几十倍甚至上百倍，柠檬的钙含量高出其他水果几倍至几十倍。

### （二）水果的特殊成分

水果中含有纤维素、半纤维素和果胶，有促进肠蠕动的作用，是天然的缓泻剂。果胶是制备果酱不可缺少的胶冻，在山楂、苹果、海棠中含量较多。水果中还含有大量的酶和有机酸，如菠萝和无花果中含有蛋白酶。水果中的有机酸以苹果酸、柠檬酸和酒石酸为主，此外还有乳酸、琥珀酸、延胡索酸等，有机酸因水果种类、品种和成熟度的不同而异。未成熟的果实中琥珀酸和延胡索酸较多，柑橘类和浆果类水果中柠檬酸含量丰富。有机酸能刺激人体消化腺的分泌，增进食欲，有利于食物的消化。有机酸还可使食物保持一定的酸度，对维生素C的稳定性具有保护作用。

### （三）水果制品的营养价值

水果制品主要有罐头类和干果类。罐头类营养价值的变化同罐藏蔬菜。干果是新鲜水果经过加工晒干而成的，如葡萄干、杏干、蜜枣和柿饼等。由于加工的影响，维生素损失较多，尤其是维生素C。但干果便于储运，并具有一定风味，故有一定的食用价值。

## 二、水果类食物的美容保健作用

水果作为自然界中色彩斑斓、味道鲜美的天然食材，不仅满足了我们对美味的追求，更在美容保健领域发挥着重要作用。它们富含维生素、矿物质、膳食纤维及抗氧化物质，为肌肤和身体的健康提供了全面的滋养与呵护。通过合理搭配和适量摄入各种水果，我们可以享受到它们带来的美白淡斑、保湿补水、抗衰老、促进排毒、补充维生素及改善肤色等多重益处。

特定食物的美容保健作用如下。

**1. 苹果** 苹果味甘，性凉，具有生津润肺、和脾开胃、健肤驻颜等功效。苹果营养丰富，含钙、磷、铁等矿物质和维生素 $B_1$、维生素 $B_2$ 及山梨醇、有机酸等。尤其是含有丰富的膳食纤维、果胶。膳食纤维和果胶可促进肠蠕动，保持肠道湿润，防止便秘，减少肠道对有害物质的吸收，有利于皮肤健美，因此有健肤美容的作用，是一种价廉物美、四季皆宜的美容水果。

**2. 山楂** 山楂又名红果、山里红等，味酸、甘，性微温，具有消食化滞、健脾开胃、活血化瘀等功效。含有丰富的维生素C、山楂酸、柠檬酸、黄酮等，具有良好的降脂、改善微循环的作用，可辅助预防高血压、冠心病，还具有保肝、护肝、减肥瘦身及淡化皮肤色素沉着等功效。

**3. 柿** 柿味甘涩，性寒，入肺、胃、大肠经。具有清热润肺、去黑润肤等作用。柿除含丰富的糖分外，还含有膳食纤维，有润肠的功效。常食柿饼有乌发、祛斑、美容的作用。

**4. 柑橘** 柑橘味甘，性温，具有理气、化痰等功效。含有丰富的维生素 $B_1$、维生素C、烟酸、胡萝卜素和钙、磷、铁等矿物质，尤其含有大量的维生素 C，常食有祛除口臭、防治皮肤色素沉着的作用，但大量食用可使皮肤黄染，停用后可自行消退。

**5. 枣**　枣味甘，性温，入心、脾经。枣自古以来就是一种具有健脾安神、益气补血、悦泽容颜功效的滋补佳品。《本草备要》中记载："补中益气，滋脾土，润心肺，调营胃，缓阴血，悦颜色……"是说大枣可促进气血化生，气血足则面色红润、皮毛润泽、肌肉结实。

**6. 龙眼**　龙眼具有养血、补心脾、安神益智、悦泽容貌的功效。"当归龙眼酒"可安神补血，久服轻身不老。龙眼肉含有钾、钙、镁、磷、铁等微量元素及维生素 A、维生素 $B_2$、维生素 C 和烟酸等多种维生素，久用有明显的美容效果。

另外，梅子中有机酸和无机盐含量丰富，具有润肺生津的作用；香蕉低脂、含钾丰富，具有润肺通便的作用；西瓜水分高，可解暑利尿；梨可润肺生津、止渴降糖、润燥润肤，它们均是美容保健水果中的上品。

**考点：水果类的营养价值特点和美容保健作用**

# 第 5 节　坚果类食物的营养价值与美容

## 一、坚果类食物的营养价值

坚果以种仁为食用部分，因外覆木质或革质硬壳，故称坚果。按照脂肪含量的不同，坚果可分为油脂性坚果和淀粉类坚果，前者富含油脂，包括核桃、榛子、杏仁、松子、腰果、花生等。后者淀粉含量高而脂肪含量很少，包括栗、银杏、莲子等。

坚果蛋白质含量多在 12%～22%，其中有些蛋白质含量更高，如西瓜子和南瓜子中的蛋白质含量达 30%以上；坚果脂肪含量较高，多在 40%左右，其中松子、杏仁、榛子、葵花籽等达 50%以上，坚果中的脂肪多为不饱和脂肪酸，富含必需脂肪酸，是优质的植物性脂肪；碳水化合物含量较少，多在 15%以下，但栗、腰果、莲子中的含量较高，在 40%以上；坚果是维生素 E 和 B 族维生素的良好来源，包括维生素 $B_1$、维生素 $B_2$、烟酸和叶酸，黑芝麻中维生素 E 的含量可达 50.4mg/100g，在栗子和莲子中还含有少量的维生素 C；坚果富含钾、镁、磷、钙、铁、硒、铜等矿物质，黑芝麻中铁的含量最高，腰果中硒的含量最高，榛子中锰的含量最丰富，另外锌的含量在坚果中普遍较高。

## 二、坚果类食物的美容保健作用

坚果作为自然界的瑰宝，不仅以其丰富的营养价值赢得了人们的喜爱，更在美容保健领域展现出了独特的魅力。它们富含不饱和脂肪酸、蛋白质、维生素、矿物质及多种抗氧化物质，为肌肤和身体的健康提供了全面的支持。通过适量食用各种坚果，我们将获得抗氧化、滋养肌肤、促进代谢、减少炎症、缓解痘痘、美容去皱、补充矿物质及辅助抗衰老等多重益处。

特定食物的美容保健作用如下。

**1. 核桃**　又称胡桃，味甘、性温，具有润肠通便、补肾固精、润肤悦颜、生发乌发等功效。核桃仁营养丰富，含有蛋白质、脂肪、钙、磷、锌、锰等矿物质和微量元素及多种维生素。所含蛋白质中含有 18 种氨基酸。脂肪酸主要为不饱和的亚油酸，可营养肌肤，防止肌肤干燥，并有生发、润发、乌发的作用。久食能令体形消瘦者强健，同时也有健脑、益智的作用，是一种很好的美容佳品。

**2. 花生**　我国古人认为花生具有滋补、益寿的功能，被人们誉为"长生果"。花生味甘，性平，具有润肺和胃、滋养容颜、令人肥健的作用。花生富含蛋白质，尤其含有人体必需的 8 种必需氨基酸，且比例适宜；花生丰富的脂肪中 80%以上是不饱和脂肪酸，此外还富含维生素 A、B 族维生素、维生素 E、维生素 K 及钙、磷、铁等多种矿物质，这些都是有美容保健、抗衰防老功效的营养成分。常食花生可使消瘦者强健，使肌肤细腻光滑、毛发润泽。

**3. 黑芝麻** 富含蛋白质、脂肪、钙、磷，特别是铁含量极高，含铁量高达 50mg/100g。富含不饱和脂肪酸及维生素 A、维生素 D、维生素 E 等，这些营养特点使黑芝麻具有抗脂质过氧化、减少色斑形成、使皮肤富有弹性、促进毛发乌黑发亮等美容保健的功效。

**4. 莲子** 味甘涩，性平，具有养心、益肾、补脾、驻颜乌发的功效。《神农本草经》中赞其"养神，益气力。久服轻身不老，不饥延年"。莲子含有蛋白质、脂肪及铁、钙、磷等矿物质和多种维生素。莲子与大米或小米煮粥食用，可令人强健，乌发。

另外还有滋补肝肾、润肺明目、养发润肤的枸杞子；养心安神、润肠通便、补肾养肝、软化血管的柏子仁；滋阴养颜、补益润肠、抗衰老、轻身延年的松子等，均是瘦身美体、防病保健、美容驻颜的佳品。

坚果油脂含量高，不可多吃，否则易引起肥胖，每天摄入一小把，即 15g 左右为宜。

**考点：坚果的营养价值特点和美容保健作用**

# 第 6 节 畜禽肉类及水产类食物的营养价值与美容

## 一、畜禽肉类及水产类食物的营养价值

### （一）畜禽肉类及其制品的营养价值特点

畜禽肉类指畜类和禽类的肉，前者包括猪、羊、牛、兔、马、驴、鹿、骆驼等牲畜的肌肉、内脏及其制品，后者包括鸡、鸭、鹅、火鸡、鹌鹑、鸵鸟、鸽子等的肌肉及其制品。畜禽肉主要提供蛋白质、脂肪、矿物质和维生素。动物因其种类、年龄、肥瘦程度及部位不同，营养素分布各异。肥瘦程度不同的肉类中，脂肪和蛋白质的含量变动较大，瘦肉多含蛋白质，肥肉中大部分是脂肪，心脏、肝脏、肾脏等内脏器官脂肪含量少而蛋白质、维生素、矿物质和胆固醇含量较高。

**1. 畜禽肉类的营养价值特点**

（1）蛋白质　畜禽肉中的蛋白质主要存在于动物的肌肉组织和结缔组织中，含量一般为 10%～20%，因动物的种类、年龄、肥瘦程度及部位而异。在畜肉中，猪肉的蛋白质含量在 13.2%左右；牛肉、羊肉、兔肉、马肉、鹿肉和骆驼肉可达 20%左右。在禽肉中，鸡肉、鹌鹑肉的蛋白质含量较高，约为 20%；鸭肉约 16%；鹅肉约 18%。

畜禽不同部位的肉，因肥瘦程度不同，其蛋白质含量差异较大。例如，鸡胸肉的蛋白质含量约为 20%，鸡翅约为 17%；羊前腿肉的蛋白质含量约为 20%，后腿肉约为 18%，里脊肉和胸腹肉约为 17%；猪里脊肉的蛋白质含量约为 20%，后臀尖约为 15%，肋条肉约为 18%，前腿肉约为 16%。

畜禽内脏器官如心脏、肝脏、肾脏等的蛋白质含量较高，而脂肪含量较低。不同的内脏蛋白质含量也有差异。畜类动物的内脏中，一般肝脏含蛋白质较高，为 18%～20%，心脏和肾脏为 14%～17%；禽类动物的内脏中，一般胃的蛋白质含量较高，为 18%～20%，心脏和肝脏为 13%～17%。

畜禽的皮肤和筋腱主要由结缔组织构成。结缔组织的蛋白质含量为 35%～40%，其中大部分为胶原蛋白和弹性蛋白，如猪皮含蛋白质 28%～30%，其中 85%是胶原蛋白。由于胶原蛋白和弹性蛋白缺乏色氨酸和甲硫氨酸等，为不完全蛋白质，因此以猪皮和筋腱为主要原料的食物（如膨化猪皮、猪皮冻、蹄筋等）的营养价值较低，需要和其他食物配合，补充必需氨基酸。

畜禽血液中的蛋白质含量约为：猪血 12%、牛血 13%、羊血 7%、鸡血 8%、鸭血 8%。畜血浆蛋白质含有人体所需的必需氨基酸，营养价值高，其赖氨酸和色氨酸含量高于面粉，可作为蛋白质强化剂添加在各种食品中。

（2）脂肪　畜禽肉脂肪含量因动物的品种、年龄、肥瘦程度、部位等不同而有较大差异，低者

为 2%，高者可达 89%以上。在畜肉中，猪肉的脂肪含量最高，羊肉次之，牛肉最低。在禽肉中，火鸡和鹌鹑的脂肪含量较低，在 3%左右；鸡和鸽子在 9%～14%；鸭和鹅达 20%左右。

畜禽类内脏脂肪含量在 2%～11%；脑中含量最高，在 10%左右；猪肾、鸭肝、羊心和猪心中含量居中，在 5%～8%；其他在 4%以下。

畜肉脂肪组成以饱和脂肪酸为主，主要是硬脂酸、软脂酸和油酸等，熔点较高。如果使用人造黄油，则因其中含有相当多的反式脂肪酸，将对心血管健康造成威胁。此外，油炸食品中还存在蛋白质过热产生的致癌物质，以及碳水化合物受高热后产生的丙烯酰胺致癌物。因此油炸食品的生产和消费中应尽量避免高温处理和油脂加热对食物营养价值造成的不良影响。

禽肉脂肪含有较多的亚油酸，熔点低，易于消化吸收。胆固醇含量在瘦肉中较低，为 70mg/100g 左右；肥肉比瘦肉高 90%左右；内脏中更高，一般为瘦肉的 3～5 倍；脑中胆固醇含量最高，可达 2000mg/100g 以上。

动物脂肪所含的必需脂肪酸明显低于植物油脂，因此其营养价值也低于植物油脂。在动物脂肪中，禽类脂肪的必需脂肪酸含量高于畜类脂肪；畜类脂肪中，猪脂肪的必需脂肪酸含量又高于牛、羊等动物的脂肪。总的来说，禽类脂肪的营养价值高于畜类脂肪。

（3）碳水化合物　主要以糖原的形式存在于肌肉和肝脏，一般含量为 1%～5%。健康动物如宰前过度疲劳，糖原含量会降低。动物被宰杀后，畜肉在存放过程中由于酶的分解作用，糖原含量会下降，乳酸含量会相应增高，畜肉的 pH 逐渐变低。

（4）维生素　畜禽肉可提供多种维生素，以 B 族维生素和维生素 A 为主。内脏含量比肌肉中多，其中肝脏的含量最为丰富，富含维生素 A 和维生素 $B_2$，维生素 A 的含量以牛肝（20 220μg/100g）和羊肝（20 972μg/100g）中最高，维生素 $B_2$ 则以猪肝（2.08mg/100g）含量最丰富。暗色的肉中维生素 $B_1$ 和维生素 $B_2$ 的含量高于白色的肉。禽肉中还含有较多的维生素 E，维生素 E 具有抗脂肪氧化的作用，所以禽肉比畜肉不容易腐败。

（5）矿物质　肉类中所含矿物质的总量一般为 0.8%～1.2%，瘦肉中的含量高于肥肉，且多集中于内脏器官中。肉类为铁和磷的良好来源，同时也含有一些铜。肉类中铁以血红素的形式存在，不但消化吸收率较高，而且不易受食物中其他因素的干扰，以猪肝和鸭肝中含量最丰富。内脏还有丰富的锌和硒，牛肾和猪肾的硒含量很高。此外，畜禽肉还含有磷、钠、钾、硫、铜等，钙的含量虽然不高，但吸收利用率很高。

（6）水分　肌肉中的水分含量约为 75%，以结合水、不易流动水和自由水的形式存在。结合水约占肌肉总水分的 5%，在蛋白质分子表面借助极性基团与水分子的静电引力紧密结合，形成水分子层；不易流动水约占肌肉总水分的 80%，以不易流动水状态存在于肌丝、肌原纤维及肌膜之间；自由水约占肌肉总水分的 15%，存在于细胞外间隙，能自由流动。

（7）浸出物　是指除蛋白质、维生素、盐类外能溶于水的物质，包括含氮浸出物和无氮浸出物。

含氮浸出物为非蛋白质含氮物质，占肌肉化学成分的 1.65%，占总含氮物质的 11%。多以游离状态存在，包括原肌球蛋白、肌肽、肌酸、肌酐、嘌呤碱等，是肉类风味形成的主要成分。

无氮浸出物为不含氮的可浸出的有机化合物，包括糖类和有机酸，占肌肉化学成分的 1.2%。糖类在肌肉中含量很少，主要有糖原、葡萄糖、果糖、核糖，核糖是细胞中核酸的组成成分，葡萄糖是肌肉收缩的能量来源，糖原是葡萄糖的聚合体，是肌肉内糖的主要存在形式，动物宰杀后，肌糖原逐渐分解为葡萄糖，并经糖酵解作用生成乳酸。

**2. 畜禽肉类制品的营养价值特点**　畜禽肉类制品是指以畜禽肉类作为主要原料，经过进一步加工制成的产品。

（1）腌腊制品　是我国传统风味的肉制品之一，是将肉进行腌制、酱渍、晾晒、烘烤或熏烤等工艺制成的生或半生制品，食用前还需热加工。

腌腊制品的显著特点是其含盐量上升，水分含量明显下降。相对而言，脂肪和蛋白质含量由于水分减少而增高。在贮藏过程中，由于盐、酱和脂肪的氧化作用，产生特殊的风味。

（2）酱卤制品　也是我国传统风味的肉制品之一。酱卤肉制品制作过程中不额外添加油脂，肉中部分脂肪溶入卤汤中，致使产品脂肪含量降低。长时间炖煮后会使游离脂肪酸增多，饱和脂肪酸减少，并使B族维生素大量损失。

（3）熏烧烤制品　在熏制过程中，产品表面水分含量下降，并产生酚类、有机酸等物质，提高了肉制品的储藏性能。但高温熏制可产生较多的多环芳烃类致癌物。烤制过程中水分含量下降，脂肪部分流失。含硫氨基酸、色氨酸等较为敏感的氨基酸部分分解，降低了肉类的营养价值，其中色氨酸和谷氨酸的分解产物致癌性最强。因此在加工过程中应注意降低熏烤温度。

（4）干制品　是指将瘦肉先经热加工再成型干燥，或先成型再经热加工而制成的一大类水分含量很低的熟肉类制品。干制品加工过程中大幅度降低了水分含量，因此产品中蛋白质含量很高。其中不添加脂肪的肉松和肉干都是蛋白质的良好来源。加工过程中，脂肪有部分损失，含量下降，但油酥肉松脂肪含量较高。在炒制和干制过程中，B族维生素有一定损失，但因为浓缩效应，成品中维生素的绝对含量与原料相当。

（5）油炸制品　其脂肪含量大幅度升高，如果挂糊后油炸，则其碳水化合物含量也有所增加。油炸中如果使用富含不饱和脂肪酸的植物油，则油脂在油炸高温下会发生热氧化聚合、环化、水解后聚合等反应，可产生大量有毒物质和多环芳烃类致癌物质，必需脂肪酸含量下降；如果使用黄油、牛油、猪油等，则会显著增加产品中饱和脂肪酸和胆固醇的含量；如果使用人造黄油，则因其中含有相当多的反式脂肪酸，将对心血管健康造成威胁。此外，油炸食品中还存在蛋白质过热产生的致癌物质，以及碳水化合物受高热后产生的丙烯酰胺致癌物。因此油炸食品的生产和消费中应尽量避免高温处理和油脂加热对食物营养价值造成的不良影响。

（6）香肠制品　中式香肠需要加入较多的肥肉丁，以在低水分活度下保持较好口感，其脂肪含量往往高达40%以上；但蛋白质含量高于西式香肠，在20%以上；各种维生素和矿物质含量与原料肉水平相当。

（7）火腿制品　干腌火腿经长期的细菌和真菌作用，其中游离氨基酸含量大大增高，脂肪中游离脂肪酸含量升高，并有一定程度的脂肪氧化作用，对其独特风味的形成有所贡献。蒸煮火腿脂肪含量较低，蛋白质较为丰富，含盐量也大大低于干腌火腿。

（8）肉类罐头制品　肉类罐头须经高温长时间加热处理，其中B族维生素溶入汤汁，并有一定破坏损失。含硫氨基酸在加热中可能受到损失，所产生的硫化氢可能与罐头中的金属发生反应而变色。

（9）其他制品　包括肉糕和肉冻两大类。一般来说，肉糕、肉冻等产品含水量较高，脂肪中含有蔬菜等配料，脂肪含量相对较低。

### （二）水产类及其制品的营养价值特点

水产类包括各种鱼类和其他水产动物，如虾、蟹、贝类等。水产动物可提供优质蛋白质、不饱和脂肪酸、维生素A、维生素D、维生素E、维生素$B_2$、烟酸等多种维生素及钙、碘（海产类）、硒、铁、锌等多种矿物质。水产动物的含氮浸出物较多，有别于畜禽肉，滋味鲜美独特。鱼肉含水分多，肌肉纤维短细，比畜禽肉细嫩，更易消化吸收，营养价值很高。

水产类一般由水分（70%～85%）、蛋白质（15%～20%）、脂肪（1%～10%）、碳水化合物（0.5%～1.0%）及矿物质（1.0%～1.5%）等成分组成。水产品的营养素组成因动物的种类、年龄、性别、营养状况、肥瘦程度及捕获季节等不同而有较大的差异。

**1. 鱼类**

（1）蛋白质　鱼类蛋白质含量为15%～22%，平均为18%。蛋白质主要分布于肌浆和肌基质，肌浆主要含肌球蛋白、肌溶蛋白、可溶性肌纤维蛋白、肌结合蛋白和球蛋白；肌基质主要包括结缔组织和软骨组织，含有胶原蛋白和弹性蛋白。鱼类蛋白质的氨基酸组成较平衡，与人体需要接近，利用率较高，生物价可达85%～90%，但氨基酸组成中色氨酸含量偏低。

鱼肉蛋白质生物学价值仅次于鸡蛋，特别适合儿童和老人食用。鱼肌肉中的红肌含有丰富的氨基乙磺酸，它是一种含硫氨基酸，有利于胎儿、新生儿的大脑和眼睛发育，对防止高血压、动脉硬化及保护视力等都有重要作用。

（2）脂肪　鱼类含脂肪很少，一般为1%～3%。鱼的种类不同，脂肪含量差别也较大，如鲜鱼脂肪含量在1%以下，而河蟹脂肪含量高达10.8%。鱼类脂肪在肌肉组织中含量很少，主要分布在皮下和内脏周围。

鱼类脂肪多由不饱和脂肪酸组成（占80%），熔点较低，通常呈液态，消化吸收率可达95%，鱼类脂肪中含有长链多不饱和脂肪酸，如二十碳五烯酸（EPA）、二十二碳六烯酸（DHA），具有降低血脂、防治动脉粥样硬化的作用。

鱼类的胆固醇含量一般为100mg/100g。鲳鱼子中胆固醇含量比较高，为1070mg/100g。

（3）碳水化合物　鱼类碳水化合物含量较低，约为1.5%。有些鱼几乎不含碳水化合物，如鲳鱼、银鱼等。碳水化合物的主要存在形式为糖原。鱼类肌肉中的糖原含量与其死亡方式有关，捕后即杀者糖原含量最高；挣扎疲劳后死去的鱼类，体内糖原消耗严重，由于糖酵解作用强，鱼类肌肉中的糖原几乎全部变为乳酸，含量降低。除糖原外，鱼体内还含有多糖类，这些多糖类按有无硫酸基分为硫酸化多糖和非硫酸化多糖，前者如硫酸软骨素、硫酸乙酰肝素、硫酸角质素，后者如透明质酸、软骨素等。

（4）维生素　鱼肉中维生素的含量也非常丰富，如鱼贝肉中所含的维生素A、维生素D、维生素E均高于畜禽肉。海鱼肝脏富含维生素A和维生素E，可作为膳食及药用鱼肝油的维生素A的来源。鱼肉中B族维生素的含量也较丰富，螃蟹及鳝鱼含有较多的维生素$B_2$和烟酸，如鳝鱼中维生素$B_2$的含量为1～2mg/100g，是猪肉中维生素$B_2$含量的10倍。部分生鱼中含有硫胺素酶，在生鱼储存或生食时会分解维生素$B_1$，但加热可破坏此酶，因此鲜鱼应尽快加工烹制或冷藏以减少维生素$B_1$的损失。

（5）矿物质　鱼肉中矿物质的含量为1%～2%，高于畜禽肉，其中磷占40%，钙、钠次之。此外，鱼肉中钾、镁、铁、锌、碘、硒等含量都较丰富，其中钙、硒含量明显高于畜禽肉，海鱼中还含有钴。虾、蟹、贝类富含多种矿物质，如牡蛎是含锌、铜最高的海产品，其中铜含量高达30mg/100g。海鱼特别富含碘，为0.5～1mg/kg；而一般淡水鱼碘含量只有0.05～0.4mg/kg。

（6）含氮浸出物　鱼肉中含氮浸出物的含量大部分在2%～5%，主要有游离氨基酸、氧化三甲胺（TMAO）、肌酸、肌酐、肌肽、鹅肌肽、甜菜碱、牛磺酸和尿素等。在浸出物中，所有红色鱼肉中游离氨基酸的含量均较高，其中组氨酸的含量占大半；白色鱼肉中游离氨基酸的含量不高，只有甘氨酸及丙氨酸。TMAO广泛分布于海产动物组织中，淡水动物组织中几乎不含TMAO。TMAO带有淡甘味，鱼捕获后，TMAO在细菌的作用下被还原成三甲胺（TMA）。这是引起鱼肉特有腥臭的原因。鱼肉中肌酸含量较高，略有苦味；肌酐含量甚微，但肌酸可在体内转化为肌酐。淡水鱼肉中不含肌肽和鹅肌肽。硬骨鱼类肌肉中尿素含量极少，而软骨鱼类肌肉中尿素含量较高。软骨鱼在鲜度降低的过程中，由于细菌脲酶的作用，尿素被分解为氨，使其具有氨的刺激性气味。

（7）色素　鱼肉有白色和深色之分，深色肉含有较多的脂质、糖原、维生素、酶类和肌肉红色素（肌红蛋白和少量血红蛋白）等，味道较腥，一般活动性强的金枪鱼、鲣鱼、沙丁鱼等的暗色肉较多。白色肉腥味较轻，银鳕鱼、大黄鱼、比目鱼等的白色肉较多。鱼类的血液色素为血红蛋白，但软体动物的血液色素是含铜的铜蓝蛋白。鱼类皮肤含有黑色、黄色、红色及白色等多种色素细胞，主要色素有各种类胡萝卜素及胆汁色素。

**2. 其他水产动物**　其他水产动物是指软体动物和虾蟹类，其营养成分因品种不同差异较大。蛋白质含量略低于鱼类，为9%～18%，平均为15%；其中虾、黄螺等的含量较高，可达18%以上。甲壳类肌肉蛋白质中的色氨酸和赖氨酸含量低于鱼肉；贝类的甲硫氨酸、苯丙氨酸、组氨酸含量较鱼和甲壳类低，但精氨酸和胱氨酸含量却远比其他水产动物高。

其他水产动物的脂肪含量一般低于鱼类，一般均在1%以下。碳水化合物的含量一般高于鱼类，在3%左右，其中海蟹头、香海螺等可达10%以上。维生素以维生素$B_2$、烟酸、维生素A的含量较为丰富。在鲜淡菜、红螺、鲜扇贝和江虾中含有丰富的维生素E，矿物质中钙和硒的含量较高，尤其富含硒，含硒最高的是蟹、海参等，可达 80μg/100g 以上，是其他食物的数十倍。钙的含量以虾、螺中最高，石螺的含钙量可达 2458mg/100g。此外，还含有较多的锌、铁、磷、钾、钠等。虾子和蟹黄中胆固醇含量比较高，分别为 896mg/100g 和 500mg/100g。

其他水产动物也含有较多的含氮浸出物，滋味鲜美，深受人们喜爱。

**3. 水产制品的营养价值** 水产制品主要是干鱼类，水分含量减少，相对而言脂肪和蛋白质的含量增高，其他成分损失较少，一般便于贮藏，具有特殊风味和较高的食用价值。

## 二、畜禽肉及水产类食物的美容保健作用

### （一）畜禽肉类食物的美容保健作用

畜禽肉类作为人类饮食中的重要组成部分，不仅提供了丰富的能量和必需的营养素，还在美容保健方面发挥着不可忽视的作用。它们富含高质量的蛋白质、胶原蛋白、脂肪、维生素及多种矿物质，对于维护肌肤健康、促进身体机能平衡具有重要意义。通过适量摄入各种畜禽肉类，我们可以享受到它们带来的蛋白质补充（尤其是优质蛋白质的主要来源）、胶原蛋白供给、脂肪及维生素和矿物质补充、滋阴润燥、补血通乳及综合保健等多重益处，如果担心其导致肥胖而拒绝摄入，则不仅会影响身体健康，而且还会影响人体的美。但是，我们确实需要注意合理搭配和适量摄入的原则，避免过量食用导致的营养过剩或健康问题。

特定食物的美容保健作用如下。

**1. 猪肉** 猪肉性平，味甘，归脾、胃、肾经。能够滋养脾胃，补肾养血，同时不会对身体产生过于寒凉或燥热的影响，具有补肾滋阴、改善贫血、促进发育、保护视力、增强免疫力、润燥等多种功效。同时，猪肉含有人体所需的蛋白质、脂肪及钙、铁、磷等矿物质，猪肉中的蛋白质属于完全蛋白质，含有人体所需的各种氨基酸，且构成比例接近人体需要，具有丰富的营养价值。但是，在食用时应注意适量、选择新鲜猪肉、采用健康烹饪方式及特殊人群慎食等原则。例如，对于高血压、高血脂等慢性病患者来说，应慎食猪肉或选择瘦肉部分食用。同时，对于猪肉蛋白过敏的人群来说，应避免食用猪肉。

**2. 鸡肉** 鸡肉性平，味甘温，入脾、胃经，有温中益气、补虚填精等功效。对于虚劳瘦弱、中虚食少、泄泻、头晕、心悸等症有辅助治疗作用。鸡肉的肉质鲜嫩，肌纤维较为细腻，结缔组织也比较少，易于消化吸收，是滋补身体的良好选择。鸡肉具有增强体力、促进生长发育及病后康复、促进智力发育、改善贫血、补气益精、保护心血管、提高免疫力等功效。虽然鸡肉营养丰富，但也要适量食用。过量摄入会导致脂肪和热量过剩，不利于健康。对于感冒发热、内热偏旺、热毒疖肿和痰湿偏重者及过敏者来说，应慎食鸡肉或避免食用，以免加重不适症状。

### （二）水产类食物的美容保健作用

水产类食物品种较多，日常食用的有鱼、贝、虾、蟹类及海带、海藻等。而鱼、贝、虾、蟹类的共同特点是蛋白质含量高，均为优质蛋白质，易被人体消化、吸收和利用，脂肪含量低，且多为不饱和脂肪酸，胆固醇含量低，维生素、矿物质含量高，含有一些陆地动植物没有的成分，有利于营养的均衡，是美容保健的良好食品。例如，鱼类脂肪中的不饱和脂肪酸有利于皮肤、毛发健美，可预防心脑血管疾病的发生；鱼肉中还富含锌、磷、铁、镁、铜等微量元素和维生素 A、B 族维生素、维生素 D、维生素 E 等，有利于身体健康。另外海带、海藻类食物具有软坚散结、消痰利水、祛脂降压的功效，含有丰富的碘，可用于防治缺碘引起的甲状腺肿大，并含丰富的维生素 $B_1$、维生素 $B_2$ 及矿物质，是瘦身美体、乌发柔发、美容保健的常用食物。

综上所述，水产类食材在美容保健方面具有多方面的功效。通过适量摄入这些营养丰富的食物，我们可以有效地滋润皮肤、抗衰老、美发护发、补血养颜、补充蛋白质、调节内分泌、增强免疫力和促进新陈代谢等。因此，在日常饮食中应适量增加水产类食材的摄入量，以享受其带来的健康与美丽。

**考点：畜禽肉类及水产类食物的营养价值特点和美容保健作用**

# 第7节　蛋奶类食物的营养价值与美容

## 一、蛋类食物的营养价值

### （一）蛋类食物的营养价值特点

蛋类主要指鸡、鸭、鹅、鹌鹑、火鸡等的蛋。各种蛋的结构和营养价值基本相似，其中食用最普遍、食用量最大的是鸡蛋。蛋类在我国居民膳食构成中所占比例为 1.4%，主要提供营养价值高的蛋白质。蛋类制成的蛋制品有松花蛋、咸蛋、糟蛋、冰蛋等。

蛋类的结构基本相似，主要由蛋壳、蛋清和蛋黄三部分组成。蛋壳位于蛋的最外层，在蛋壳外有一层水溶性胶状黏蛋白膜，这层膜既能防止微生物进入蛋内，又能抑制蛋内水分及二氧化碳过度蒸发。当蛋被产出时，这层膜即附着在蛋壳的表面，使其外观无光泽，呈霜状，根据此特征，可鉴别蛋的新鲜程度。如蛋外表面呈霜状，无光泽而清洁，表明蛋是新鲜的；如无霜状物，且油光发亮、不清洁，则说明蛋已不新鲜。由于这层膜是水溶性的，在贮藏时要防潮，不能水洗或淋雨，否则会很快变质腐坏。

蛋壳的颜色因鸡的品种而异，由白色到棕色，与蛋的营养价值无关。蛋清包括两部分，即外层的稀蛋清和包在蛋黄周围的胶冻样的稠蛋清，蛋黄表面包有蛋黄膜，由两条韧带将蛋黄固定在蛋的中央。

蛋的微量营养成分受到品种、饲料、季节等多方面因素的影响，但蛋中宏量营养素的含量总体上基本稳定，各种蛋的营养成分有共同之处。

**1. 蛋白质**　蛋类蛋白质的含量约为 12.8%。蛋清中的蛋白质为胶状水溶液，由卵清蛋白、卵黏蛋白、卵球蛋白等 5 种蛋白质组成；蛋黄中的蛋白质主要是卵黄磷蛋白和卵黄球蛋白。鸡蛋蛋白质含有人体所需的各种氨基酸，而且氨基酸组成模式与合成人体组织蛋白所需模式相近，易被消化吸收，其生物学价值达 95，是最理想的天然优质蛋白质和高营养价值食品。在评价食物蛋白质营养质量时，常以鸡蛋蛋白质作为参考蛋白质。蛋白质中赖氨酸和甲硫氨酸含量较高，和谷类、豆类食物混合食用，可弥补后两者赖氨酸或甲硫氨酸的不足。

**2. 脂类**　蛋清中含脂肪极少，98%的脂肪存在于蛋黄中。蛋黄中的脂肪几乎全部以与蛋白质结合的良好乳化形式存在，因此消化吸收率高。

鸡蛋黄的脂肪含量为 28%～33%，其中，中性脂肪含量占 62%～65%，磷脂占 30%～33%，胆固醇占 4%～5%，还有微量脑苷脂类。蛋黄中性脂肪的脂肪酸中，以单不饱和脂肪酸油酸含量最为丰富，约占 50%，亚油酸约占 10%，其余主要是硬脂酸、棕榈酸和棕榈油酸，含微量的花生四烯酸。

蛋黄是磷脂的极好来源，所含磷脂酰胆碱具有降低血胆固醇的功效，并能促进脂溶性维生素的吸收。鸡蛋黄中的磷脂主要为磷脂酰胆碱和脑磷脂，此外还有神经鞘磷脂。各种禽蛋的蛋黄中总磷脂含量相似。它们使蛋黄具有良好的乳化性质，但因含有较多不饱和脂肪酸，容易受到脂肪氧化的影响。蛋中胆固醇含量极高，主要集中在蛋黄。其中鹅蛋黄胆固醇含量最高，达 1696mg/100g；其次是鸭蛋黄；鸡蛋黄略低，但也达 1510mg/100g；鹌鹑蛋黄最低。蛋类全蛋胆固醇含量为 500～700mg/100g，加工成咸蛋或皮蛋后，胆固醇含量无明显变化。蛋清中不含胆固醇。

**3. 碳水化合物**　蛋中碳水化合物含量较低，为 1%～3%，蛋黄略高于蛋清，加工成咸蛋或皮蛋后有所提高。碳水化合物以两种状态存在，一部分与蛋白质结合，含量约为 0.5%；另一部分游离存在，含量约为 0.4%，其中 98%为葡萄糖，其余为微量的果糖、甘露糖、阿拉伯糖、木糖和核糖。蛋清中主要是甘露糖和半乳糖，与蛋白质结合；蛋黄中主要是葡萄糖，大部分以与磷脂、磷蛋白结合的形式存在。

**4. 维生素** 蛋中维生素含量十分丰富，且品种较为完全，包括维生素A、维生素D、维生素E、维生素K、B族维生素和微量的维生素C，绝大部分存在于蛋黄中。鸭蛋和鹅蛋的维生素含量总体而言高于鸡蛋。此外，蛋中的维生素含量受到品种、季节和饲料中维生素含量的影响。

**5. 矿物质** 蛋中的矿物质主要存在于蛋黄中，蛋清中含量较低。其中，钙、碘、铁、锌、硒等含量丰富。蛋黄中的铁因与磷蛋白结合，吸收率不高。

### （二）蛋类中的特殊成分

在生鸡蛋蛋清中，含有抗生物素蛋白和抗胰蛋白酶。抗生物素蛋白能与生物素在肠道内结合，影响生物素的吸收，引起食欲缺乏、全身无力、毛发脱落、皮肤发黄、肌肉疼痛等生物素缺乏的症状；抗胰蛋白酶能抑制胰蛋白酶的活力，妨碍蛋白质的消化吸收，故不可生食蛋清。烹调加热可破坏这两种物质，消除它们的不良影响。但是蛋不宜过度加热，否则会使蛋白质过分凝固，甚至变硬、变韧，形成硬块，反而影响食欲及消化吸收。

### （三）蛋制品的营养价值

蛋类的主要制品包括松花蛋、咸蛋、糟蛋、五香蛋、蛋粉、冰蛋、蛋黄酱等。其中，松花蛋、咸蛋、糟蛋和五香蛋为我国特有的传统风味食品，而蛋粉、冰蛋、蛋黄酱为国外引入的蛋制品，其中蛋粉和冰蛋主要用作食品加工的原料，而蛋黄酱则被用作调味品。

**1. 松花蛋** 指鲜蛋经过碱性物质处理而成的产品，维生素$B_1$和维生素$B_2$受到较为严重的破坏，含硫氨基酸含量减少，镁、铁等微量元素的生物利用率下降，但钠和配料中所含的矿物质含量增加。

**2. 咸蛋** 由于盐的作用，蛋黄中蛋白质发生凝固变性并与脂类成分分离，蛋黄中的脂肪聚集并形成出油现象。在腌渍水中加入白酒可使咸蛋出油量增加，可能是因为酒精促进了蛋白质的变性。用酒精处理的同时可以增加咸蛋的风味，蛋黄中的类胡萝卜素会溶于油脂中，使蛋黄油呈现鲜艳的色泽。咸蛋制作过程对蛋的营养价值影响不大，但是钠含量大幅度上升，所以需要控制食盐摄入量的高血压、心血管疾病和肾病患者应注意，不要经常食用咸蛋。

**3. 糟蛋** 是鲜蛋经糯米酒糟腌渍而成的产品，主要用鸭蛋作为加工原料。糟蛋的加工原理是酒精与鸡蛋内容物发生作用，使蛋清和蛋黄中的蛋白质变性凝固，并抑制微生物的生长。加工过程中加入的食盐具有防腐和调味的作用，可促进蛋清和蛋黄的凝固，并帮助蛋黄出油。因此，糟蛋可以不经加热直接食用，其营养素含量与鲜蛋差别不大。

**4. 冰蛋** 是指将蛋液杀菌后装罐冷冻的蛋类产品，分为冰全蛋、冰蛋清和冰蛋黄3种。可用于糕点、饼干、面包、冰激凌、糖果及肉制品等的生产中，其营养价值与鲜蛋差别不大。

**5. 蛋粉** 蛋清、蛋黄和全蛋经巴氏消毒后，可以用喷雾干燥、冷冻干燥等方法脱水制成蛋粉，用于各种食品的配料，也可用于提取蛋黄油、磷脂酰胆碱等成分。制作蛋粉对蛋白质利用率无影响，但如果蛋粉在室温下贮藏9个月，其中的维生素A可损失75%以上，B族维生素约损失45%，其他维生素基本稳定。

**6. 卤蛋类** 市售卤蛋软罐头是鹌鹑蛋或鸡蛋经过预煮、去壳或敲壳和卤制后，装罐或装袋灭菌制成的食品。在卤蛋产品的生产过程中，卤液中加有多种调味料，渗入蛋体内后可使产品具有独特香味，常用配料有食盐、味精、白糖、酱油、大茴香、小茴香、桂皮、花椒、陈皮、良姜、丁香等。腌制后于65℃干燥，经真空包装后微波杀菌即为成品。蛋的卤制过程中主要造成B族维生素的损失和钠含量的增加，蛋壳中钙和部分微量元素部分溶出，提高了蛋白部分的矿物质含量，但蛋白质和脂类等营养素基本保持稳定。

**考点：蛋类的营养价值特点和美容保健作用**

## 二、奶类食物的营养价值

### （一）奶类食物的营养价值特点

奶类是指动物的乳汁，经常食用的是牛乳和羊乳。奶类经浓缩、发酵等工艺可制成乳制品，如乳粉、酸乳、炼乳等。奶类及其制品具有很高的营养价值，不仅是婴儿的主要食物，也是老弱病患的营养品。奶类为水、脂肪、蛋白质、乳糖、矿物质、维生素等组成的复杂乳胶体。奶类味微甜，并具有由低分子化合物如丙酮、乙醛、二甲硫、短链脂肪酸和内酯形成的特有香味。奶类食物主要提供优质蛋白质、维生素 A、维生素 $B_2$ 和钙。除牛乳外，还有羊乳和马乳。

**1. 蛋白质** 牛乳中的蛋白质含量比较恒定，约为 3.0%；羊乳中的蛋白质含量为 1.5%，低于牛乳；人乳中的蛋白质含量为 1.3%，低于牛乳和羊乳。牛乳中的蛋白质主要由 79.6%的酪蛋白、11.5%的乳清蛋白和 3.3%的乳球蛋白组成。酪蛋白属于结合蛋白，与钙、磷等结合，形成酪蛋白胶粒，以胶体悬浮液的状态存在于牛乳中，其结合方式是一部分钙与酪蛋白结合成酪蛋白钙，再与胶体状态的磷酸钙形成酪蛋白钙-磷酸钙复合胶粒，该结合蛋白对酸敏感。乳清蛋白属热敏性蛋白，受热时发生凝固，对酪蛋白具有保护作用。乳球蛋白与人体免疫功能有关。奶类蛋白质的消化吸收率为 87%～89%，生物价为 85，属优质蛋白，容易被人体消化吸收。

**2. 脂肪** 奶类脂肪含量约为 3.0%，以微粒状的脂肪球分散在乳浆中，吸收率达 97%。奶类脂肪中脂肪酸组成复杂，水溶性脂肪酸（如丁酸、己酸、辛酸）含量较高，这是奶类脂肪风味良好且易于消化的原因。油酸占 30%，亚油酸和亚麻酸分别占 5.3%和 2.1%，此外还有少量的磷脂酰胆碱、胆固醇。

**3. 碳水化合物** 奶类碳水化合物的含量为 3.4%～7.4%，人乳含量最高，羊乳次之，牛乳最少。碳水化合物的主要存在形式为乳糖。由于乳糖可促进钙等矿物质的吸收，也为婴儿肠道内双歧杆菌的生长所必需的物质，因此对于幼儿的生长发育具有特殊的意义。但对于部分不经常饮乳的成人来说，其体内乳糖酶活性过低，大量食用乳制品可能导致乳糖不耐受。用固定化乳糖酶将乳糖水解为半乳糖和葡萄糖可以解决乳糖不耐受问题，同时可提高产品的甜度。

**4. 维生素** 牛乳中含有几乎所有种类的维生素，包括维生素 A、维生素 D、维生素 E、维生素 K、B 族维生素和微量的维生素 C，只是这些维生素的含量差异较大。总体来说，牛乳是 B 族维生素的良好来源，特别是维生素 $B_2$。

**5. 矿物质** 牛乳中的矿物质含量为 0.7%～0.75%，富含钙、磷、钾。牛乳中的钙含量为 104mg/100ml，且吸收率高，是钙的良好来源。牛乳中铁含量低，用牛乳喂养婴儿时，应注意铁的补充。

### （二）奶类中的特殊成分

**1. 酶类** 牛乳蛋白质部分为血液蛋白转化而来，其中含有大量酶类，主要是氧化还原酶、转移酶和水解酶。水解酶包括淀粉酶、酯酶、蛋白酶、磷酸酯酶等。各种水解酶可以帮助消化营养物质，对幼儿的消化吸收功能具有重要意义。溶菌酶对牛乳的保存也有重要意义。牛乳中溶菌酶含量为 10～35μg/100ml。由于溶菌酶的抗菌能力，新鲜未经污染的牛乳可以在 4℃条件下保存 36h 之久。

乳过氧化物酶是一种含血红素的糖蛋白，也具有一定的抗菌作用，它与过氧化氢和硫氰酸盐组成具有抑菌和杀菌作用的体系，对革兰氏阳性菌具有抑制作用，对大肠杆菌等一些革兰氏阴性菌具有杀灭作用。

牛乳中的碱性磷酸酶常用作热杀菌的指示酶，通过加热后测定此酶活性可推知加热的效果。酯酶的存在会使牛乳中的脂肪缓慢水解而酸败。

**2. 有机酸** 牛乳的 pH 在 6.6 左右，其中有机酸含量较低。奶类的有机酸中，90%为柠檬酸，能促进矿物质在乳中的分散，其含量随乳牛营养和泌乳期的不同而变化。此外，牛乳中还含有微量的丙酮酸、尿酸、丙酸、丁酸、乙酸、乳酸等。丁酸也称酪酸，是牛乳脂肪中的代表性成分之一。

丁酸对包括乳腺癌和肠癌在内的一系列肿瘤细胞的生长和分化有抑制作用，可诱导肿瘤细胞的凋亡，防止癌细胞的转移，可能与促进DNA的修复、抑制促肿瘤基因的表达、促进肿瘤抑制基因的表达有关。某些肠道细菌发酵碳水化合物后可以产生丁酸，对预防大肠癌的发生有益。

**3. 其他生物活性物质** 奶类中含有大量的生理活性物质，其中较为重要的有乳铁蛋白、免疫球蛋白、生物活性肽、共轭亚油酸、激素和生长因子等。

乳铁蛋白在牛乳中的含量为20～200μg/mL，其作用除调节铁代谢、促进生长外，还具有多方面的生物学功能，如调节巨噬细胞和其他吞噬细胞的活性、抗炎、促进肠黏膜细胞的分裂更新、阻断氧自由基的形成、刺激双歧杆菌的生长等，此外还具有抗病毒效应。乳铁蛋白经蛋白酶水解后形成的片段也具有一定的免疫调节作用。

活性肽类是奶类蛋白质在人体肠道消化过程中产生的蛋白酶水解产物，包括具有吗啡样活性或抗吗啡样活性的镇静安神肽、血管紧张素转移酶抑制肽、抑制血小板凝集和血纤维蛋白原结合到血小板上的抗血栓肽、刺激巨噬细胞吞噬活性的免疫活性肽、促进钙吸收的酪蛋白磷酸肽、促进细胞合成DNA的促进生长肽、抑制细菌生长的抗菌肽等。

## （三）乳制品的营养价值

乳制品主要包括消毒鲜乳、乳粉、炼乳、酸乳、奶油、干酪等。

**1. 消毒鲜乳** 消毒鲜乳是将新鲜生牛乳经过过滤、加热杀菌后，分装出售的饮用乳。消毒鲜乳除维生素$B_1$和维生素C有损失之外，营养价值与新鲜生牛乳差别不大，市售消毒鲜牛乳中常强化了维生素D和维生素$B_1$等营养素。

**2. 乳粉** 乳粉是经脱水干燥制成的粉。根据食用目的，可制成全脂乳粉、脱脂乳粉、调制乳粉等。

（1）全脂乳粉　是将鲜乳浓缩除去70%～80%的水分后，经喷雾干燥或热滚筒法脱水制成的。喷雾干燥法制得的乳粉粉粒小、溶解度高、无异味、营养成分损失少、营养价值较高；热滚筒法制得的乳粉颗粒大小不均、溶解度小、营养素损失较多。一般全脂乳粉的营养成分约为鲜乳的8倍。

（2）脱脂乳粉　是将鲜乳脱去脂肪，再经上述方法制成的乳粉。此种乳粉的脂肪含量仅为1.3%，脱脂过程使脂溶性维生素损失较多，其他营养成分变化不大。脱脂乳粉一般供腹泻婴儿及需要少油膳食的患者食用。

（3）调制乳粉　又称“母乳化乳粉”，是以牛乳为基础，参照人乳组成的模式和特点，进行调整和改善，使其更适合婴儿的生理特点和需要而制得的乳粉。调制乳粉主要减少了牛乳粉中的酪蛋白、甘油三酯、钙、磷和钠的含量，增加了乳清蛋白、亚油酸和乳糖含量，并强化了维生素A、维生素D、维生素$B_1$、维生素$B_2$、维生素C、叶酸和微量元素铁、铜、锌、锰等。

**3. 炼乳** 炼乳是浓缩乳的一种，分为淡炼乳和甜炼乳。

（1）淡炼乳　鲜乳在低温真空条件下浓缩，除去约2/3的水分，再经灭菌制成的炼乳，称为淡炼乳。因受加工的影响，维生素遭受一定的破坏，因此常添加维生素加以强化，按适当的比例冲稀后，营养价值基本与鲜乳相同。淡炼乳在胃酸作用下，可形成凝块，便于消化吸收，适合婴儿和对鲜乳过敏者食用。

（2）甜炼乳　是在鲜乳中加入约15%的蔗糖后按上述工艺制成的。其糖含量可达45%左右，利用渗透压的作用抑制微生物的繁殖。因糖分过高，需经大量水冲淡，营养成分相对下降，不适合婴儿食用。

**4. 酸乳** 酸乳是在消毒鲜乳中接种乳酸菌并使其在控制条件下生长繁殖而制成的乳制品。牛乳经乳酸菌发酵后游离的氨基酸和肽增多，因此更易于消化吸收，乳糖减少，使乳糖酶活性低的成人易于接受。维生素A、维生素$B_1$、维生素$B_2$等的含量与鲜乳相似，但叶酸含量增加了1倍，胆碱含量也明显增加。此外。酸乳的酸度增加，由于维生素的保护，乳酸菌进入肠道后可抑制一些腐败菌的生长，调整肠道菌群，防止腐败胺类对人体的不良作用。

**5. 奶油** 奶油是由牛乳中分离的脂肪，一般含脂肪80%～83%，而含水量低于6%，主要用于佐餐和面包、糕点的制作。

**6. 干酪** 干酪为一种营养价值很高的发酵乳制品，是在原料乳中加入适量的乳酸菌发酵剂 或凝乳酶，使蛋白质发生凝固，并加盐、压榨排出乳清后制成的产品。

干酪中的蛋白质大部分为酪蛋白，经凝乳酶或酸的作用而形成凝块。但也有一部分清蛋白和球蛋白包含于凝块之中。此外，经过发酵作用，干酪中还含有胺类、氨基酸和非蛋白氮成分。除少数品种外，大多数品种的蛋白质中包裹的脂肪占干酪固形物的 45%以上，而脂肪在发酵过程中的分解产物使干酪具有特殊的风味。在干酪的制作过程中，大部分乳糖会随乳清流失，而少量留存的乳糖在发酵过程中可促进乳酸发酵，这对抑制杂菌的繁殖具有重要作用。干酪含有原料中的各种维生素，其中脂溶性维生素大多保留在蛋白质凝块中，而水溶性维生素部分损失，但含量仍不低于原料乳。原料乳中微量的维生素 C 几乎全部损失。干酪外皮部分中的 B 族维生素含量高于中心部分。

硬质干酪是钙的极佳来源，软干酪含钙量较低。镁在干酪制作过程中也被浓缩，硬质干酪中的镁含量约为原料乳含量的 5 倍。钠含量因品种不同而异，农家干酪因不添加盐，钠含量仅为 0.1%；而法国羊乳干酪中的盐含量可达 4.5%～5.0%。

此外，成熟干酪中含有较多的胺类物质。它们是在后熟过程中游离氨基酸经脱羧作用形成的产物，包括酪胺、组胺、色胺、腐胺、尸胺和苯乙胺等。其中以酪胺含量最高，如切达干酪中的酪胺含量达 35～109mg/100g。

## 三、蛋奶类食物的美容保健作用

### （一）蛋类食物的美容保健作用

蛋类含有丰富的蛋白质、磷脂、维生素 A、维生素 $B_1$、维生素 $B_2$、维生素 D 及多种常量和微量元素，其所含蛋白质在质量、种类、组成属最优质的蛋白质之一，所含氨基酸比例非常适合人体需要。例如，鸡蛋，蛋清性味甘凉，蛋黄性味甘平，具有滋阴润燥、补益中气、养血安神、润肤白面、除皱祛斑的作用。《千金要方》中记载：“酒浸鸡子三枚，密封四七日成，敷面，白如雪”，可见鸡蛋不论内服外用都有美容作用。外用蛋清制成面膜，有消炎、清洁、营养、保湿、柔嫩肌肤的作用。此外，其他禽蛋如鹌鹑蛋、鸽蛋等也可选用。

### （二）奶类食物的美容保健作用

奶类有牛乳、羊乳等。乳味甘，性平，入脾、胃经，具有补虚益胃、生津润肤的作用。牛乳的营养成分丰富而又全面，含有人体所需的蛋白质、脂肪、乳糖、维生素及钙、磷、铁等矿物质，特别是牛乳蛋白为完全蛋白质，含有各种人体必需的氨基酸，尤其富含植物蛋白质中所缺的甲硫氨酸和赖氨酸，既是一种滋补强身的理想食物，又具有很好的美容作用。常饮牛乳，可使皮肤光滑细腻、富有弹性、毛发润泽、肌肉结实。外用牛乳洗面，亦能使皮肤光泽白皙，对皮肤干燥、粗糙、弹性不足等均有很好的调理作用。

**考点：奶类的营养价值特点和美容保健作用**

# 第 8 节 营养强化食品、保健食品、特殊医学用途配方食品与美容保健

## 一、营养强化食品

### （一）营养强化食品的作用和意义

除母乳以外，几乎没有任何一种天然食品能完全满足人体所需各种营养素的需要，而且食品在

烹调、加工、贮存等过程中往往有部分营养素损失。因此，为了弥补天然食品的营养缺陷，以及补充食品在烹调、加工、贮存过程中营养素的损失，满足不同人群对营养素的需要，有必要对有关食品进行营养强化。

根据不同人群的营养需要，将一种或多种营养素添加到食品中，用以提高食品营养价值，从而提高食用人群相应营养素摄入的方法，称食品营养强化。这种经过强化处理的食品称为营养强化食品，所添加的营养素（包括天然的和合成的）称为营养强化剂。营养强化剂都是公认的营养素，常用的营养强化剂主要包括维生素类（如维生素 A、B 族维生素、维生素 C 及维生素 E 等）、矿物质类（如碘、铁、钙、锌等）、必需氨基酸类（如赖氨酸、甲硫氨酸等）和功能因子（如 DHA、EPA、乳铁蛋白、酪蛋白磷酸肽、低聚果糖等）四类。

### （二）营养强化食品的合理选择

强化食品不是保健食品，是在现代营养科学的指导下，根据居民营养状况，针对不同区域、不同工作、不同生长发育期人群的营养缺乏水平和营养需要，以人群广泛消费的食品作为载体，加入特定营养素生产的食品，用以补充人群所缺乏的营养素且不改变人群的饮食习惯。我国自 20 世纪 90 年代起推行食盐加碘强化政策，目前市场上常见的营养强化食品还包括添加了钙、铁、锌等矿物质，以及维生素 A 或维生素 D 等营养素的食品。

选购营养强化食品时，应注意以下几个方面。

**1. 有针对性地选择营养强化食品，避免盲目选用** 选购营养强化食品时应该首先了解食用者的健康状况，最好通过医学检测确认对某种营养素缺乏后，再选用相应的营养强化食品。如果同时存在多种营养素缺乏，则先强化补充缺乏最严重的那一种营养素。

**2. 购买选用经国家批准、卫生部门验收合格且在保质期内的营养强化食品** 普通人最好选择国家营养改善项目推广的强化食品。要仔细阅读食品标签，不要重复选择强化同一种营养素的不同食品。

**3. 不能以营养强化食品代替日常普通食品** 人体所需的各种营养素的主要来源和最佳来源还是日常合理的膳食，故营养强化食品食用是有时间限制的，不适合长期当作普通食品来吃，不能以营养强化食品代替日常普通食品，否则会造成某种营养素过多而导致不良后果。在强化补充某种营养素的同时，还应该注意与其他营养素之间的平衡，避免造成体内各营养素失衡。

## 二、保 健 食 品

### （一）保健食品的作用和意义

保健食品是指声称并具有特定保健功能或者以补充维生素、矿物质为目的的食品，即适宜特定人群食用，具有调节人体功能，不以治疗疾病为目的，并且对人体不产生任何急性、亚急性或者慢性危害的食品，包括特定保健功能食品和营养素补充剂。

2023 年 9 月，国家市场监管总局、国家卫生健康委、国家中医药局联合发布《允许保健食品声称的保健功能目录 非营养素补充剂（2023 年版）》（以下简称《功能目录》）及配套文件。该《功能目录》中，非营养素补充剂允许保健食品声称的保健功能为 24 项，即有助于增强免疫力、有助于抗氧化、辅助改善记忆、缓解视觉疲劳、清咽润喉、有助于改善睡眠、缓解体力疲劳、耐缺氧、有助于控制体内脂肪、有助于改善骨密度、改善缺铁性贫血、有助于改善痤疮、有助于改善黄褐斑、有助于改善皮肤水分状况、有助于调节肠道菌群、有助于消化、有助于润肠通便、辅助保护胃黏膜、有助于维持血脂（胆固醇/甘油三酯）健康水平、有助于维持血糖健康水平、有助于维持血压健康水平、对化学性肝损伤有辅助保护作用、对电离辐射危害有辅助保护作用、有助于排铅。同时取消了促进泌乳、改善生长发育、改善皮肤油分等 3 种共识程度不高、健康需求不明晰的保健功能。

保健食品与普通食品的区别在于其特定的保健功能，能调节人体的功能，适用于特定人群食用，而且只有食用者存在某种功能异常时，保健功能才能体现。另外，保健食品虽然有保健功能，但其营养价值并不一定很高，人体所需的各种营养素还必须从一日三餐中获得。保健食品与药品有严格的区分，其不是为治疗疾病而设计的，不能直接用于治疗疾病，只是人体机能调节剂、营养补充剂，且不允许有副作用。也就是说，保健食品是食品，但不含全面的营养素，不能代替其他食品，要坚持正常饮食；也不是药物，不能代替药物治疗疾病。

### （二）保健食品的合理选择

保健食品按食用对象不同分为两大类：一类以健康人群为对象，主要是为了补充营养素，满足生命周期不同阶段的需求；另一类主要供给某些生理功能异常的人食用，强调其在预防疾病和促进康复方面的调节功能。保健食品应有与功能作用相对应的功能因子（也称功效成分）及其最低含量。功能因子主要包括：①功能性碳水化合物，如植物多糖、藻类多糖、膳食纤维、功能性低聚糖等；②蛋白质、活性肽和氨基酸，如牛磺酸、精氨酸等；③功能性脂类，如亚油酸、$\alpha$-亚麻酸、EPA、DHA、磷脂类等；④其他植物成分，如酚类、黄酮类化合物、生物碱类、类胡萝卜素等；⑤益生菌类，如嗜酸乳杆菌、保加利亚乳杆菌、双歧杆菌等；⑥微量营养素，如硒、维生素 E、维生素 D、钙、锌等。

选购保健食品的时候应注意：①认准产品包装上的保健食品标志（蓝帽子）及保健食品批准文号，依据其功能有针对性地进行选择，并按推荐剂量服用，切忌超剂量服用。②通过正规的渠道购买，切忌通过传销和会议销售等途径购买。网上选购时，要通过正规的电商平台，仔细核对其食品经营许可证和保健食品注册证书或备案凭证信息。③检查保健食品包装上是否注明生产企业名称及其生产许可证号。正规进口保健品一样也须有国产保健品标准要求。

## 三、特殊医学用途配方食品

### （一）特殊医学用途配方食品的作用和意义

特殊医学用途配方食品是为了满足进食受限、消化吸收障碍、代谢紊乱或特定疾病状态人群对营养素或膳食的特殊需要，专门加工配制而成的配方食品，包括适用于 0～12 月龄的特殊医学用途婴儿配方食品和适用于 1 岁以上人群的特殊医学用途配方食品。我国对特殊医学用途配方食品实行严格的注册审批管理，该类产品必须在医生或临床营养医（技）师指导下，单独食用或与其他食品配合食用。

特殊医学用途配方食品作为一种为患者或者特殊医学状况人群提供营养支持治疗的食品，在改善患者营养状况、纠正代谢失衡、增强人体抵抗力、促进患者康复、缩短住院时间、降低住院患者死亡率、减少再入院率、节省医疗费用等方面发挥了巨大作用。

### （二）特殊医学用途配方食品的合理选择

根据不同临床需求和适用人群，《食品安全国家标准 特殊医学用途配方食品通则》（GB29922—2013）将特殊医学用途配方食品分为三类，即全营养配方食品、特定全营养配方食品和非全营养配方食品。患者应严格按照医生或临床营养师的指导意见选购特殊医学用途配方食品，不能自行决定购买使用。购买产品后要重点阅读掌握标签上标示的食用方法和使用说明，了解如果配制和使用不当可能引起的健康危害警示说明。使用过程中如出现不适症状，或未达到预期效果，应及时向医生或者临床营养医（技）师咨询。

**1. 全营养配方食品** 该类产品中包含了人体所需的全部必需营养素，包括氨基酸/短肽型、整蛋白型全营养配方食品，可以作为口服或者管饲患者的饮食替代或者营养补充。

**2. 特定全营养配方食品** 该类产品是在全营养配方食品的基础上，依据特定疾病的病理生理变化而对部分营养素进行适当调整，可作为单一营养来源满足目标人群的营养需要，如糖尿病全营养配方食品、肾病全营养配方食品、难治性癫痫全营养配方食品等。

**3. 非全营养配方食品** 该类产品可满足目标人群部分营养需求，需与其他特殊医学用途配方食品或普通食品配合使用。包括蛋白组件（乳清蛋白、酪蛋白、大豆蛋白等）、脂肪酸组件（长链脂肪酸、中链脂肪酸等）、碳水化合物组件（麦芽糊精、低聚糖、果糖、乳糖等）、电解质配方、增稠组件、流质配方、氨基酸代谢障碍配方等。

# 第 9 节 食品安全与美容

## 一、食品安全的概念

食品安全是指食品无毒、无害，符合应当有的营养要求，对人体健康不造成任何急性、亚急性或者慢性危害。食品安全是一个大的综合概念，它涉及食品卫生、食品质量、食品营养等相关方面的内容，以及食品（食物）种植、养殖、加工、包装、贮藏、运输、销售、消费等环节。食品安全事故，指食源性疾病、食品污染等源于食品，对人体健康有危害或者可能有危害的事故。

## 二、食品污染及其预防

食品污染途径涉及多个方面，主要有食品容器和包装材料的污染、农药和有机毒物污染、腐败变质产生的有害物质污染等。

### （一）食品容器和包装材料的污染

**1. 食品容器和包装材料的概念** 食品容器和包装材料是指用于包装、盛放食品用的纸、竹、木、金属、搪瓷、陶瓷、玻璃、塑料、橡胶、天然或人工合成纤维、各种复合材料和接触食品的涂料等。

**2. 食品容器和包装材料的卫生问题** 良好的食品容器和包装材料不仅可起到美化食品、促进食欲的作用，而且还可起到保护食品免遭污染、延长食品的货架寿命，以及有利于食品运输、储存和销售等作用。但是，食品容器和包装材料中的有害物质也可能造成食品的污染，从而危害人体健康。

（1）竹、木、纸、布等传统材料 主要特点是表面不光洁，质地疏松，渗水性强，故容易吸水和被微生物污染，包装食品的保藏期较短。此外，还应注意印刷油墨和颜料污染等问题。包装纸还有荧光增白剂和劣质石蜡（浸蜡包装纸）污染的问题。

（2）金属、搪瓷、陶瓷、玻璃 主要特点是质地坚硬，表面光洁，不渗水，主要卫生问题是其中有害金属（铅、镉等）可能溶出到盛装的食品中。

（3）高分子化合物 如塑料、合成橡胶、化学纤维、涂料等。安全性问题主要来源于：①未聚合的游离单体和聚合不充分的低聚合物。②添加剂或加工助剂残留。③低分子降解产物。

**3. 影响食品被容器和包装材料污染的因素**

（1）食品本身的性质 酸性食品，如醋、果汁等可溶解金属、搪瓷、陶瓷等容器中的铅、镉等有害金属而造成食品污染；食品中的酒精、油脂等可溶解容器和包装材料中的某些脂溶性有机物。

（2）时间 食品接触容器和包装材料的时间越长，被污染的可能性越大。

（3）温度 通常温度越高，食品容器和包装材料中的有害物质越易溶出。

（4）食品容器和包装材料的理化性质和完整性 理化性质不稳定和杂质含量较高的食品容器和包装材料，易使食品受到污染；不完整或受损的容器，如搪瓷容器瓷釉脱落、罐头盒内皮镀锡不完整或不均匀等，均易造成食品污染。

### （二）农药和有机毒物污染

食品农药残留是指由于使用农药而在食品中出现的农药及其毒性衍生物的残留。食品中农药残留的主要来源有以下几方面。

1. 施用农药对农作物的直接污染。
2. 施用农药和农药生产过程中排出的“三废”（废气、废水、废渣）污染空气、水和土壤。
3. 通过食物链污染食品，如因饲料污染而导致肉、奶、蛋出现农药残留。
4. 其他来源的污染，如禽、畜饲养场所使用农药对动物性食品的污染，食品加工、运输、储存和销售过程中的污染，事故性污染等。
5. 食物烹调过程的污染，如烧烤、煎炸等烹调方法可产生多环芳烃化合物和杂环胺，油炸土豆可产生丙烯酰胺等，从而造成食品污染。

食品中上述有机污染物含量一般很低，但长期摄入亦可导致慢性中毒，并可能产生“三致”作用，如亚硝胺、苯并芘、杂环胺等都是强致癌物，二噁英是强致畸物和致癌物。

### （三）腐败变质产生的有害物质污染

**1. 食品腐败变质的概念**　食品腐败变质指在以微生物为主的各种因素作用下，食物成分和感官性状发生改变，从而使食品的食用价值降低或完全丧失的一切变化。例如，鱼、畜禽肉、蛋发生腐臭，粮谷霉变，蔬菜水果溃烂和油脂酸败等。

**2. 食品腐败变质发生的原因和影响因素**　腐败变质是以食品本身的组成和性质为基础，在环境因素的影响下，主要由微生物的作用所引起的，是微生物、环境因素和食物本身三方面相互影响和综合作用的结果。

（1）微生物因素　是影响食品腐败变质最主要的因素，即食品腐败变质主要由微生物的作用而引起。许多细菌、酵母和霉菌都可以引起食品腐败变质，但在一般情况下，食品中的细菌常比酵母和霉菌占优势，故细菌的作用往往更为重要。不同的细菌可引起不同类型的腐败变质，如假单胞菌常引起鱼肉类等富含蛋白质食品的腐败变质；弧菌、嗜盐菌等常引起鱼类等水产品和盐腌食品的腐败变质；芽孢菌主要引起罐头食品的腐败变质等。

（2）环境因素　包括温度、湿度、紫外线和光照、氧和空气等。环境温度高、湿度大则容易发生腐败变质；紫外线和氧可加速食品成分分解，是导致油脂酸败的主要因素。

（3）食品因素　包括食品的营养成分、酶和水分含量、pH、渗透压等，由于可影响食品中微生物的增殖和食物成分的分解速度，故对腐败变质也有很大影响。破损或绞碎的食物（如表皮损伤的水果、生肉馅、肉泥、果菜泥等）更易发生腐败变质。

**3. 食品腐败变质对健康和美容的影响**

（1）腐败变质可使食品的营养成分破坏，使其营养价值和美容价值降低，造成食物资源的浪费。

（2）腐败变质可使食品固有的色、香、味、形等感官性状发生明显改变，使人厌恶，使其食用价值降低甚至完全丧失。

（3）腐败变质食品中微生物数量增多，致病性微生物存在的可能性也大大增加，可引起食物中毒和其他食源性疾病。

（4）腐败变质过程产生的许多产物（如过氧化脂质、胺类、醛类、酮类、硫化氢、硫醇、吲哚等）对人体健康和美容有不同程度的毒性作用。

### （四）食品安全指导

**1. 把好采购关**

（1）购买正规渠道商品。

（2）不买劣质食物，不买处理食物，不买过期食物。

（3）新鲜食物是优选。

**2. 合理加工与烹调**

（1）蔬菜水果要充分清洗，可除去表面的大部分农药残留。

（2）适当的烹调方法，食品的烹调过程可破坏某些农药和有机毒物，但应注意避免高温长时间处理食品，尤其是烧烤、煎炸等“干热式”烹调方法会产生较多的反式脂肪酸、过氧化脂质、多环芳烃、杂环胺和丙烯酰胺等有机污染物。煎炸油不宜反复使用。

（3）注意膳食平衡，避免偏食、挑食，多吃蔬菜水果（其中的许多成分有抗氧化、抗衰老、抗癌、抗突变作用），少吃烧烤、煎炸食品。

**3. 预防食品容器和包装材料的污染**

（1）购买食品容器和包装材料时应注意质量，如塑料袋和保鲜膜等必须是食品级的而不能是工农业用的或垃圾袋等；不应购买用回收材料（如再生纸、回收金属和塑料等）生产的食品容器和包装材料；购买金属、搪瓷、陶瓷、玻璃容器应注意表面的光洁度，并尽可能在正规的商店购买知名厂家产品。

（2）金属、搪瓷、陶瓷类容器不宜长时间存放酸性食品，如醋、果汁等；高分子材料如塑料容器等不宜长期存放酒精、油脂类食品。

（3）各类包装食品尽可能在低温下存放，且存放时间不宜过长。

（4）禁止用非食品容器和包装材料（如报纸和其他纸张的印刷面、包装药物或其他化学物质的容器等）包装和储存食品。

（5）不宜使用不完整或破损的容器，如搪瓷层和釉层受损的容器、涂层脱落的不粘锅等。

**4. 食品合理储存，预防食品腐败变质** 主要是针对引起食品腐败变质的各种因素，采取各种合理的加工处理和食品保藏措施。使用合理的食品保藏方法不仅可延缓食品腐败变质的发生，还能起到改善食品风味、丰富食品花色品种、便于食品携带运输等作用。可以采用的食品保藏和加工方法有冷藏、加热、盐腌和干燥、酸渍和酸发酵等。

（1）冷藏 即使用冰箱保藏食品，对食品质量影响不大且相对安全。低温可降低微生物的繁殖速度和降低化学反应速度。食品冷藏方法可分为冷却和冷冻两类。冷却是指使食品温度适当降低（一般降至 0～4℃）的保藏方法（即普通冰箱的冷藏室），而冷冻则是指在 0℃以下使食品冻结的保藏方法（即普通冰箱的冷冻室）。

食品冷藏应注意“急冻缓化”，即冷冻食品时应尽快使温度降至冰点以下，而解冻时应缓慢进行，这样对食品组织结构的影响很小，可使食品品质基本完全恢复；要注意冰箱的清洁卫生，防止交叉污染；注意各类食品都有适当的保藏期，冷藏只能延缓而不能完全阻止食品的腐败变质，各类食品在不同温度下的保藏期可有很大差异。例如，在 0℃左右冷藏，鲜蛋可保存数月，鲜肉可保存 1～2 周，而鲜鱼和鲜奶仅能保存 1～2 日。

（2）加热 食品加热至 60℃以上即属于热处理。例如，63℃左右、30min 的传统巴氏消毒法能杀死繁殖型微生物，包括常见致病菌，同时可最大限度保持食品结构和营养素，多用于鲜奶、啤酒、酱油和某些饮料的杀菌。食品热处理最常用的温度是 100℃（即煮沸，以常压下水沸为标志），可消除绝大多数病原微生物，同时也是习惯上认为食物生熟的界限温度。100～121℃属于高温杀菌，必须借助高压方可达到，多用于家庭制作罐头等需长期无菌保藏的食品。

家庭食品加热处理除传统烹调外，还可使用微波加热和电磁炉等。微波属于高频电磁波，其加热的特点是使食品内水分子产热，故升温快且受热均匀，杀菌效果好（如大肠杆菌 15s 可被全部被杀灭），营养素损失少，且节省能源，适用于水分分布均匀食品的加热和再加热。但应注意加热温度太高和加热时间太长可能产生一些有毒性的化学物质，反复加热的煎炸油中含大量的过氧化物、低分子降解产物、脂肪酸的二聚体和多聚体等有害物质。

（3）盐腌和干燥 盐腌保藏食品使用的食盐浓度应达到 10%以上，并应注意在盐渍初期要严防食品污染与腐败变质。盐腌后加以干燥处理可加强其防腐作用，如香肠、腊肉等。干燥后的食品也应注意密闭包装或低温保存，防止吸水。

（4）酸渍或酸发酵　酸渍指用乙酸或食醋浸泡食品，其乙酸浓度达到1.7%以上（pH2.5以下）。酸发酵主要指利用乳酸杆菌等微生物进行的乳酸发酵和乙酸发酵（如酸泡菜、酸乳等），可抑制大多数腐败菌的生长。

**5. 腐败变质食品的处理**　腐败变质的食品不能食用。食品腐败变质的鉴别一般可从感官、理化性质和微生物等方面加以鉴别，但家庭和普通消费者实际使用的主要依赖感官鉴别。

（1）感官鉴别　①富含蛋白质食品腐败变质的鉴定：目前仍以感官指标最为灵敏，气味改变和发臭是鉴定蛋白质腐败变质最敏感的指标。此外，食品本身的硬度和弹性下降，组织失去原有的坚韧度，食品外形和颜色发生变化或出现异常，也有助于鉴别食品的腐败变质。②富含油脂食品的鉴别：脂肪酸败具有特有的刺激性“哈喇”味。油脂酸败分氧化酸败和水解酸败两种。前者由自由基激发，是由于油脂的不饱和成分受空气中氧、水分或霉菌的作用发生自动氧化，生成过氧化物进而降解为挥发性醛、酮、羧酸的复杂混合物，并产生难闻的气味。后者则是在水分、酶或微生物作用下，脂肪分解为甘油和脂肪酸，部分脂肪酸发生氧化，导致油脂带有特殊的刺激性臭味、脂肪变黄等，这些是鉴定油脂酸败较好的感官指标。③富含碳水化合物的食品鉴别：发酵、变酸、长斑点、产气等，是鉴别其腐败变质的可靠指标。

（2）送检　如挥发性盐基总氮含量升高是鉴别鱼肉类食品蛋白质腐败变质的主要理化指标；过氧化物值和酸价升高是鉴别油脂和富含脂肪的食品腐败变质的主要理化指标。腐败变质的食品，菌落总数、大肠菌群和致病菌等数量可明显增加，如长斑点食物。

**6. 做好厨房安全措施**

（1）注意厨房工具的卫生，刀、案板要勤洗或晒干，避免霉菌。

（2）生熟案板、刀具要分开。

（3）洗刷用布（网）要经常换和晾晒。

**考点：食品腐败变质的原因、影响因素和预防**

**链接**　“四个最严”保障消费者“舌尖上的安全”

近年来，为了保障消费者的权益，我国不断加大食品安全监管力度，提出了“四个最严”措施。这四个最严包括最严标准、最严监管、最严惩罚和最严责任。通过实施这些最严措施，旨在提高食品安全水平，保障消费者“舌尖上的安全”，让消费者吃得放心、用得安心。这些措施的出台，显示了政府对食品安全问题的高度重视和决心，也为消费者提供了更多的安全保障和权益保障。

## 三、食源性疾病

### （一）食源性疾病的概念、特点和分类

食源性疾病，指食品中致病因素进入人体引起的感染性、中毒性疾病等，包括食物中毒。食源性疾病的发生发展有三个基本特征。

1. 在食源性疾病暴发流行过程中，食物本身并不致病，只是起了携带和传播病原物质的媒介作用。

2. 导致人体罹患食源性疾病的病原物质是食物中所含有的各种致病因子。

3. 人体摄入食物中所含有的致病因子可以引起以急性中毒或急性感染两种病理变化为主要发病特点的各类临床综合征。

食源性疾病既包括急性中毒和慢性中毒，也包括食源性肠道传染病（如伤寒）和寄生虫病。食源性疾病按致病因子分为细菌性食源性疾病、食源性病毒感染、食源性寄生虫感染、食源性化学性

中毒、食源性真菌毒素中毒、动物性毒素中毒和植物性毒素中毒。按发病机制分类分为食源性感染和食源性中毒。我们通常讲的食物中毒即属食源性疾病的范畴，是食源性疾病中最为常见的疾病。

**考点：食源性疾病的概念、特点和分类**

## （二）食物中毒

食物中毒是一类最重要的食源性疾病，指摄入含有生物性、化学性有毒有害物质的食品或把有毒有害物质当作食品摄入后所出现的非传染性的急性、亚急性疾病。食物中毒不包括因暴饮暴食引起的急性胃肠炎、食源性肠道传染病（如伤寒）和寄生虫病（如旋毛虫病）；也不包括因一次大量或长期少量多次摄入某些有毒、有害物质而引起的以慢性毒害为主要特征（如致癌、致畸、致突变）的疾病。

**1. 食物中毒的特点** 食物中毒发生的病因各不相同，但发病具有以下共同特点。

（1）季节性 食物中毒的季节性与食物中毒的种类有关，细菌性食物中毒多发生在夏季，化学性食物中毒全年均可发生。

（2）暴发性 发病潜伏期短，来势急剧，短时间内可能有多人发病，发病曲线呈突然上升趋势。

（3）相似性 患者有食用同一食物史，临床表现基本相似，多数以恶心、呕吐、腹痛、腹泻为主要症状。

（4）非传染性 流行波及范围与污染食物供应范围相一致，停止污染食物供应后，流行即告终止，人与人之间无直接传染。

**2. 食物中毒的分类** 食物中毒通常是由于食用了被致病菌或毒素污染的食品，被有毒化学品污染的食品，或食品本身含有有毒成分。一般按病原分为以下几类。

（1）细菌性食物中毒 指食用被致病菌或毒素污染的食品引起的食物中毒，是食物中毒中最常见的类型。其特点是发病率通常较高，但病死率较低；发病有明显的季节性，5～10 月最多见；引起细菌性食物中毒的主要食品为畜肉及畜肉制品，禽、鱼、乳、蛋也占一定比例。根据我国国家食品安全风险评估中心的资料，导致细菌性食物中毒的细菌或细菌毒素包括为沙门菌属、变形杆菌、金黄色葡萄球菌肠毒素、副溶血弧菌、蜡样芽孢杆菌、肉毒梭菌、致病性大肠杆菌以及其他细菌或细菌毒素。

（2）真菌及其毒素食物中毒 指食用被真菌及其毒素污染的食物引起的食物中毒。一般烹调加热方法不能破坏食品中的真菌毒素，发病率较高，死亡率也较高，发病有明显的季节性和地区性，如霉变甘蔗中毒常见于初春的北方，赤霉病麦中毒常发生于 5～7 月，且多见于长江中下游地区。

（3）动物性食物中毒 指食用动物性有毒食品引起的食物中毒，发病率及死亡率均较高。引起动物性食物中毒的食品主要有两种：①将天然含有有毒成分的动物当作食物，如河鲀毒素中毒；②在一定条件下可产生大量有毒成分的动物性食品。

（4）有毒植物中毒 指食用植物性有毒食品引起的食物中毒，如毒蕈、未炒熟的菜豆、木薯等引起的食物中毒。发病特点因导致中毒的食物而异，最常见的为毒蕈中毒，春秋暖湿季节及丘陵地区多见，病死率较高。

（5）化学性食物中毒 是指因食用被化学性有毒物质污染的食品或含化学性毒素的食品而引发的中毒，如有机磷农药、鼠药、重金属（或类金属）化合物、亚硝酸盐等有毒物质导致的食物中毒。发病无明显的季节性和地区性，死亡率较高。

**考点：食物中毒的概念、特点和分类**

**3. 食物中毒的预防**

（1）吃新鲜卫生的食物 食物放置时间过长会引起变质，可能产生对人体有毒有害的物质。另外，食物中还可能含有或混入各种有害因素，如致病微生物、寄生虫和有毒化学物质等。所以，吃新鲜卫生的食物是防止食源性疾病、实现食品安全的根本措施。

正确采购食物是保证食物新鲜卫生的第一关。一般来说，正规的商场和超市、知名品牌的食品企业比较注重产品的质量，也更多地接受政府和消费者的监督，在食品卫生方面具有较大的安全性。购买预包装食品还应当留心查看包装和食品标签，应特别关注生产日期、保质期和生产单位；也要注意食品颜色是否正常，有无酸臭异味，形态是否异常等，以便判断食物是否腐败变质。烟熏食品及有些加色食品可能含有苯并芘或亚硝酸盐等有害成分，不宜多吃。

（2）食物合理储藏　可以保持食物新鲜，避免其受到污染。高温加热能杀灭食物中的大部分微生物，延长保存时间；冷藏温度一般不能杀灭微生物，只适于短期贮藏；而冻藏温度可抑制微生物生长，保持食物新鲜，适于长期储藏。

（3）合理烹调加工　烹调加工过程是保证食物卫生、安全的一个重要环节。需要注意保持良好的个人卫生及食物加工环境和用具的洁净，避免食物烹调时的交叉污染。对动物性食物应当注意加热熟透，煎炸、烧烤等烹调方式如使用不当容易产生有害物质，应尽量少用。食物腌制要注意加足食盐，避免高温环境，但一定要少吃。

**链接**　躬身一线，做食品安全的“守护者”

史文祥，当阳市市场监督管理局玉泉监管所牵头负责人。他投身食品安全领域 30 余载，始终坚守一线，以刮骨疗毒的决心，坚决守护人民群众的食品安全。他坚持每日凌晨三点半起床，穿上制服开始一天的巡检工作。他亲自到屠宰场、蔬菜批发市场、学校附近的摊点、超市的食品专柜、各菜市场、大餐饮店等地进行抽查。这种高强度、高密度的工作模式、这种勤勉尽责的精神，赢得了群众的广泛赞誉和信赖。这个故事不仅展现了史文祥个人对食品安全的执着追求和无私奉献精神，也体现了中国食品安全领域广大工作者们的共同信念和使命担当。他们用自己的实际行动守护着人民群众的身体健康和生命安全，是值得我们尊敬和学习的时代楷模。

## 目标检测

### 一、选择题

**A1 型题**

1. 以下哪种食物含有丰富的抗氧化剂（　　）。
   A. 牛奶　　B. 鸡蛋
   C. 苹果　　D. 薯条
   E. 牛肉
2. 下列哪种水果因富含维生素 C 而著称，对肌肤美白有显著作用（　　）。
   A. 香蕉　　B. 柠檬
   C. 西瓜　　D. 葡萄
   E. 梨
3. 哪种蔬菜因其高含量的抗氧化物质（如类胡萝卜素）而备受推崇，有助于抵抗自由基，延缓衰老（　　）。
   A. 土豆　　B. 番茄
   C. 白菜　　D. 菠菜
   E. 豆荚
4. 蛋白质对于维持肌肤弹性和紧致度至关重要，以下哪类食物是优质蛋白质的重要来源（　　）。
   A. 巧克力　　B. 豆腐
   C. 糖果　　D. 面条
   E. 奶油
5. 适量摄入哪种类型的脂肪酸，有助于保持皮肤的光泽度和水分平衡（　　）。
   A. 多不饱和脂肪酸（如 $\omega$-3）
   B. 饱和脂肪酸
   C. 单不饱和脂肪酸
   D. 反式脂肪酸
   E. 顺式脂肪酸
6. 海鲜中富含哪些微量元素，对提升皮肤免疫力、减少炎症有积极作用（　　）。
   A. 钙与镁　　B. 铁与锌
   C. 硒与碘　　D. 铜与锰
   E. 钙和铁

**X 型题**

7. 坚果不仅美味，还富含健康油脂，有助于维持皮肤油脂平衡。以下哪些坚果含有对皮肤有益的不饱和脂肪酸（　　）。
   A. 核桃　　B. 杏仁
   C. 巴西坚果　　D. 开心果
   E. 花生
8. 海鲜富含多种微量元素，对美容保健大有裨益。以下哪些微量元素常通过食用海鲜获得（　　）。

A. 锌　B. 硒
C. 碘　D. 钙
E. 铁

9. 谷物是日常饮食的重要组成部分，对肠道健康有积极影响。以下哪些谷物尤其值得推荐（　　）。
A. 燕麦　B. 糙米
C. 藜麦　D. 白米
E. 白面

10. 蛋白质对于维持肌肤弹性和修复组织至关重要，以下哪些食物是优质蛋白的来源（　　）。
A. 鸡胸肉　B. 鱼类
C. 豆腐　D. 牛奶
E. 花生

## 二、简答题

1. 请推荐至少 5 种有抗氧化作用的食物。
2. 请列举至少 3 种对皮肤有不利影响的食物。

（赵　琼）

# 第4章 合理营养与美容

学习目标

**1. 素质目标** 培养营养工作的规范观念、培养为人民服务的职业态度；培养健康的审美情趣，树立以顾客为先，让顾客满意的服务意识。

**2. 知识目标** 掌握膳食结构、膳食指南、营养调查、营养评价、食谱的概念；一般人群膳食指南的八条准则、平衡膳食宝塔各层具体内容；询问法膳食调查的内容和步骤、体重指数、腰臀比，体脂率的计算方法及评价标准，膳食评价的方法及步骤；编制食谱的方法与步骤。熟悉营养调查的原理和方法、人体测量的常用指标及意义；编制食谱的原则、编制食谱的理论依据。了解人体测量的方法、营养状况、实验室检查常用指标、营养相关疾病的临床检查。

**3. 能力目标** 能应用膳食结构与膳食指南的理论开展人群营养指导；能对人群开展膳食调查；能判读人体测量数据及身体成分测定报告；能撰写营养评估报告；能为不同需求的顾客编制科学的食谱，帮助顾客达到美容健体的目标。

## 第1节 合理营养的概念与要求

### 一、合理营养与平衡膳食的概念

**1. 合理营养** 合理营养是指人体每天从食物中摄入的能量和各种营养素的量及相互间比例能满足人体在不同生理阶段、不同劳动环境及不同劳动强度下的需要，并使人体处于良好的健康状态。合理营养强调食物的多样性和营养的全面性，确保摄入足够的能量和各种营养素。因为各种不同的营养素在人体代谢过程中均有其独特的功能，一般不能互相替代，因此，营养素的种类应该齐全；同时，在数量上要充足，能满足人体对各种营养素及能量的需要；另外，各种营养素彼此间有着密切的联系，起着相辅相成的作用，因此，各种营养素之间还要有一个适宜的比例。

**2. 营养不良** 营养不良是指由于一种或一种以上营养素的缺乏或过剩所造成的人体健康异常或疾病状态。营养不良包括营养缺乏和营养过剩。人体的免疫系统靠膳食营养来滋养。营养不良不仅会对人们身体发育和认知发展造成负面影响，还会损害免疫系统，增加对传染性和非传染性疾病的易感性，不利于人类发挥潜能，降低生产力，甚至威胁健康和生命。

**3. 平衡膳食** 平衡膳食又称合理膳食，是指根据人体的生理需求和生活方式，科学地选择多种食物，经过适当搭配，制作出的能满足人们对能量及各种营养素的需求，保持健康和良好的生理功能的膳食。平衡膳食是能满足合理营养要求的膳食模式，是合理营养的具体体现。从食物中摄入的能量和营养素需处于动态平衡过程，在饮食中各类食物的搭配要科学合理，以保证营养素的摄入比例适宜，避免过多或不足。合理营养是健康的物质基础，平衡膳食是实现合理营养的根本途径，也是反映现代人类生活质量的一个重要标志。平衡膳食要注意以下几个方面。

（1）多样性 食物种类要丰富，包括谷类、蔬菜、水果、蛋白质来源食物（如肉类、鱼类、豆类、奶制品）等。

（2）适量性　要根据个人的年龄、性别、活动量和健康状况，适量摄入各类食物，避免过量或不足。

（3）平衡性　主要是比例要平衡，保证碳水化合物、蛋白质和脂肪的摄入比例合理，通常建议碳水化合物占总能量的50%～65%，蛋白质占10%～20%，脂肪占20%～30%。

（4）营养性　注意选择富含维生素、矿物质和膳食纤维的食物，减少高糖、高脂、高盐的食物摄入。

## 二、合理营养的要求

**1. 科学性**　依据科学研究和指南，科学地选择合适的膳食模式和食物；同时，科学地加工和烹调。

食物多样是平衡膳食模式的基本原则。人类需要的基本食物一般可分为谷薯类、蔬菜水果类、畜禽鱼蛋奶类、大豆坚果类和油脂类五大类。不同食物中的营养素及有益膳食成分的种类和含量不同。除供6月龄内婴儿的母乳外，没有任何一种食物可以满足人体所需的能量及全部营养素。因此，只有多种食物组成的膳食才能满足人体对能量和各种营养素的需要。每日膳食应包含五大类食物，每天摄入12种以上食物，每周摄入25种以上食物，而且在数量上要满足各类食物适宜的摄入量。同时，注意动物性食物与植物性食物之间或之内的比例要适宜，从而保证能量与各营养素之间的比例适宜。

食物经科学加工与烹调的目的在于消除食物中的抗营养因子和有害微生物，提高食物的消化率，改变食物的感官性状并促进食欲。因此，加工与烹调时，应最大限度地减少营养素的损失，提高食物的消化吸收率，改善食物的感官性状以增进食欲，消除食物中的抗营养因子、有害化学物质和微生物污染。例如，为了减少蔬菜中维生素的流失，可先洗后切、急火快炒、开汤下菜、炒好即食；淘洗米的次数不宜过多，以免维生素、矿物质等丢失过多。

**2. 全面性**　确保摄入各种必需的营养素，包括宏量营养素（碳水化合物、蛋白质、脂肪）和微量营养素（维生素、矿物质）；同时，提供的能量要合理，各种营养素除了种类齐全，还要保证数量充足、比例合适。摄入的能量和营养素的数量、种类应该能够维持人体的新陈代谢、组织修复、生长发育等基本生命活动，并能满足人体从事各种劳动和活动的能量消耗所需。

**3. 平衡性**　从食物种类的角度讲，除了摄入量外，种类的比例也要达到几个平衡：①植物性与动物性食物比例的平衡；②植物性食物中谷类、薯类、豆类、坚果类、水果蔬菜等之间的比例的平衡；③动物性食物中畜禽肉类、鱼虾类、蛋类、奶类之间的比例的平衡。

从能量和营养素的角度讲，有几个比例也要达到平衡：①产能营养素供能比例的平衡；②与能量代谢有关的B族维生素与能量消耗之间比例的平衡；③优质蛋白与总蛋白质之间的比例的平衡，以保证必需氨基酸之间比例的平衡；④必需脂肪酸与总能量摄入之间的比例的平衡；⑤饱和、单不饱和及多不饱和脂肪酸之间的比例的平衡；⑥复合碳水化合物与总碳水化合物之间比例的平衡；⑦钙与磷的比例，以及其他矿物质之间的比例的平衡。

**4. 适宜性**　根据个人的生理特征、生活方式、劳动强度、作业环境和健康状况，制订合理的膳食制度，调整饮食结构，合理安排餐次及食物的质和量。同时养成良好的饮食习惯。合理的进餐制度有助于促进食欲和保证消化液定时分泌，使食物能得到充分消化、吸收和利用。成年人应采用一日三餐制，并养成不挑食、不偏食、不暴饮暴食等良好的饮食习惯。此外，还要有一个良好的用餐环境和愉快的进餐情绪。

**5. 安全性**　确保所摄入的食物安全、无害。食物不得含有对人体具有危害的各种有害因素且应保持食物的新鲜、干净卫生，以确保居民的生命安全。食品中的微生物及其毒素、食品添加剂、化学物质及农药残留等均应符合食品安全国家标准的规定。一旦食物受到有害物质污染或发生腐败变质，食物中营养素就会受到破坏，不仅不能满足人体的营养需要，还会造成人体急、慢性危害，甚至致癌。

**考点：合理营养的概念和要求**

## 三、不合理营养对人体的影响

合理营养和均衡膳食是保持健康的重要基础，科学的饮食习惯能有效促进身体健康，预防疾病。而膳食营养不合理将会产生以下不利影响。

**1. 营养不良**　营养不良包括缺乏某些必需营养素（如维生素及矿物质缺乏导致的佝偻病、贫血等）或过量摄入某些营养素（如能量过剩导致的肥胖、糖尿病，高钠摄入导致的高血压等）。

**2. 免疫功能下降**　营养不足可能导致免疫系统功能减弱，增加感染的发生风险。

**3. 生长发育受限**　儿童和青少年时期的营养不良会影响生长发育，可能导致身高和智力的发育受限。

**4. 慢性病风险增加**　长期不合理饮食会增加心血管疾病、糖尿病、肿瘤等慢性病的发生风险。

**5. 心理健康问题**　饮食不当可能与焦虑、抑郁等心理健康问题有关。

# 第 2 节　膳食结构与膳食指南

**案例 4-1**

李女士，35 岁，舞蹈演员，长期追求轻盈体态与肌肤光彩，日常饮食偏好素食与低脂食品，几乎不碰奶制品，深信“自然素食”能带来内外兼修的美。然而，近期她发现自己频繁出现关节疼痛，跳舞时多次发生骨折，影响工作与生活。

问题：1. 李女士可能存在的饮食问题有哪些？

2. 李女士经医院确诊为轻度骨质疏松，现要对其进行营养宣教，你会准备哪些资料或宣教工具。

## 一、膳 食 结 构

膳食结构又称膳食模式，是指膳食中各类食物的数量及其在膳食中所占的比重。膳食结构的组成是否合理是根据各类食物所能提供能量及各种营养素的数量和比例来衡量的。膳食结构的形成与人类自然进化、生产力发展水平、文化、科学知识水平，以及自然环境条件等多方面的因素有关。一个国家、民族或人群的膳食结构具有相对稳定性和传承性，不会在短期内迅速发生重大的改变。

膳食结构是研究一个国家或一个人群饮食特点和营养状况的基础，通过分析比较不同国家或地区膳食结构的差异和变化，能够了解和发现其饮食文化和习惯的变化规律，以及可能存在的健康风险，为制订相应的膳食指南营养指导提供科学依据。

**考点：膳食结构概念**

### （一）全球典型的膳食结构

依据动、植物食物在膳食构成中的比例不同，一般将全球各国的膳食结构划分为三种类型。除此之外，还有一些具有特色的膳食结构或模式，如地中海膳食结构、东方健康膳食结构、生酮饮食等。

**1. 动物性食物为主的膳食结构**　以多数欧美发达国家或地区为代表，如美国、西欧、北欧等，属于营养过剩型膳食模式。其结构特点为红肉、加工肉制品、黄油、油炸食品、高脂肪乳制品、甜食、精致谷物、土豆和高糖饮料摄入较多，粮谷类食物数量相对较少，即动物性食物比例较大，具有“三高一低”的特点，即高能量、高脂肪（供能比＞40%）、高蛋白（供能比＞25%）和低膳食纤维。主要营养问题是膳食提供的能量过剩，容易造成肥胖、高脂血症、糖尿病、心血管疾病、肿瘤等慢性病的发生。

**2. 植物性食物为主的膳食结构**　以亚洲、非洲部分国家和地区为代表，如印度、巴基斯坦、孟加拉国及尼日利亚等，也称温饱型膳食结构。其特点是蔬菜、水果、坚果和全谷物食品摄入丰富，较少摄入精加工谷类、高糖食品、红肉和加工肉制品，即以植物性食物为主，以动物性食物为辅。这类膳食模式的能量可基本满足人体需要，植物性食物提供的能量占总能量近 90%，蛋白质、脂肪的摄入量较低，蛋白质来源中动物性蛋白仅占总蛋白的 10%～20%。主要营养问题是营养缺乏病，某些矿物质和维生素摄入不足，导致免疫力下降，感染性疾病风险增加。

**3. 动植物食物平衡的膳食结构** 以日本居民的典型膳食模式为代表，也称为日本模式或营养均衡型模式。其特点为膳食中的动物性食物与植物性食物的比例适当，鱼虾等海产品、大米、蔬菜、豆类、绿茶摄入较多，能量摄入适中。日本传统膳食模式介于典型的东、西方膳食模式之间。既避免了东方膳食中三低一高（低能量、低蛋白、低脂肪、高碳水化合物）的问题，又避免了西方膳食中三高一低（高能量、高蛋白、高脂肪、低膳食纤维）饮食的弊端。经过几十年的改进，传统日本膳食模式增加了水果、奶制品、鸡蛋和肉类的摄入量，使三大营养素的供给能量比例合适，膳食纤维比较丰富，有利于避免营养缺乏和营养过剩引起的疾病的发生，促进健康，成为世界各国调整膳食结构的参考。

**4. 地中海膳食结构** 以希腊、西班牙、法国和意大利南部等处于地中海沿岸的南欧、西欧各国为代表。其特点为蔬菜、水果、全谷类、豆类和坚果摄入量较高；适量摄入奶制品，且多为奶酪和酸奶；适量摄入红酒和鱼类等海产品；畜禽肉类及其制品摄入量较低；食物加工程度低而新鲜度高；橄榄油为主要食用油，形成高膳食纤维、高维生素、高单不饱和脂肪酸和低饱和脂肪酸的营养特点。大量调查研究发现，地中海饮食可以减少心血管疾病、2 型糖尿病、代谢综合征、认知障碍和某些肿瘤的发病风险，被认为是一种健康的膳食模式，被许多国家采用和推荐。

**5. 东方健康膳食结构** 以我国浙江、上海、江苏、福建等地区为主要代表，膳食特点为以食物多样、清淡少油为主，尤其以丰富蔬菜水果、多鱼虾海产品、多奶类和豆类为主要特征。该地区的慢性病发病率和死亡率较低，预期寿命较高。《中国居民膳食指南（2022）》首次给予定义和推荐东方健康膳食结构。

**6. 其他特殊类型膳食模式** 近年来，出于对疾病的恐慌和某些疾病治疗的需要，多种膳食模式在网络上传播兴起，如低碳水化合物饮食、生酮饮食、轻食、辟谷等。这些模式并不适用于健康人群，也没有证据表明长期采用这些膳食模式更有利于健康。

低碳膳食是指碳水化合物的供能比低于正常，而脂肪或蛋白质供能比较高的膳食。目前对低碳膳食还没有统一的定义，一般认为碳水化合物供能比低于 25%，即每日碳水化合物低于 125g/2000kcal 即为低碳膳食。

生酮饮食是低碳膳食的极端，若碳水化合物供能比低于 10%，即每日碳水化合物低于 50g/2000kcal 就可认为是生酮饮食。生酮饮食中有 75%～80%的能量来自脂肪，碳水化合物供能比只占不到 10%，且要求这些碳水化合物来源于水果和非淀粉类蔬菜，以及坚果等食物，从而最大限度阻止碳水化合物成为供能物质。人体由以葡萄糖作为能量来源转变为以脂肪酸和酮体作为能量来源。

**考点：膳食结构的分类**

## （二）中国居民的膳食结构

**1. 中国居民传统的膳食结构特点** 20 世纪 80 年代以前，中国居民的传统膳食以植物性食物为主，谷类、薯类和蔬菜的摄入量较高，肉类的摄入量比较低，豆制品总量不高且因地区差异而不同，奶类摄入量在多数地区处于较低水平。具有高碳水化合物、高膳食纤维、低动物脂肪的特点。

**2. 中国居民的膳食结构现状及变化趋势** 当前中国居民的膳食仍然以植物性食物为主，动物性食品为辅。由于中国幅员辽阔，各地区、各民族及城乡之间的膳食构成存在很大差别，富裕地区与经济发展相对滞后地区差别较大。但是，随着社会经济发展，我国居民膳食结构逐渐向“富裕型”

膳食结构方向转变。历年全国营养调查或监测数据显示，我国居民逐渐趋向于消费动物性食物，尤其是畜肉类食物（表 4-1）。虽然谷类食物仍然是我国居民的主要食物，但其提供能量占膳食总能量的比例从 1982 年的 71.2%降到 2015～2017 年的 51.5%。

表 4-1　我国各类食物摄入量变化（g/标准人日）

| 年份 | 谷类 | 薯类 | 蔬菜 | 水果 | 畜禽鱼蛋 | 奶类及其制品 | 食用油 |
|---|---|---|---|---|---|---|---|
| 1982 | 498.0 | 163.0 | 298.0 | 28.0 | 64.3 | 9.0 | 18.0 |
| 1992 | 439.9 | 86.6 | 310.3 | 49.2 | 98.4 | 14.9 | 29.5 |
| 2002 | 365.3 | 49.1 | 276.2 | 45.0 | 127.2 | 26.5 | 41.6 |
| 2010～2012 | 337.3 | 35.8 | 269.4 | 40.7 | 135.2 | 24.7 | 42.1 |
| 2015～2017 | 305.8 | 41.9 | 265.9 | 38.1 | 135.6 | 25.9 | 43.2 |

数据来源：1982～2017 年五次全国营养调查或监测数据。

**3. 中国居民膳食结构存在的主要问题**　中国地域广阔，人口众多，各地区经济发展水平和生产力布局存在显著差异，城市与农村居民的膳食结构相比存在较大的差异，因此存在的问题也各不相同，需要针对各自的特点进行合理的调整与改善。《中国居民膳食指南科学研究报告（2021）》显示，我国居民膳食结构的主要问题包括：①高油高盐摄入仍普遍存在，含糖饮料消费逐年上升。②全谷物、深色蔬菜、水果、奶类、鱼虾类和大豆类摄入不足。③饮酒行为较为普遍，一半以上的男性饮酒者过量饮酒。

**考点：中国居民膳食结构的特点**

## 二、膳食指南

膳食指南是政府部门或学术团体为了引导国民合理饮食、维持健康而提出的饮食建议，是基于营养学原理，结合国情，引导人民群众采用平衡膳食，以达到合理营养、促进健康目的的指导性意见。

### （一）中国居民膳食指南

**1. 中国居民的膳食指南发展历史**　我国第一版膳食指南发布于1989年，至今已做了四次修订，在不同时期对指导居民通过平衡膳食改变营养健康状况、预防慢性病、增强健康素质发挥了重要作用，第五版膳食指南于 2022 年发布（表 4-2）。均衡营养是中国居民膳食指南的理论基础，中国居民膳食指南的核心是提倡平衡膳食与合理营养以达到促进健康的目的，即现代生活中提倡的均衡营养的概念。

表 4-2　历年中国居民膳食指南比较

| 版次 | 发布时间 | 构成 | 核心内容 |
|---|---|---|---|
| 第一版 | 1989 | 我国居民膳食指南 | （8 条）①食物要多样②饥饱要适当③油脂要适量④粗细要搭配⑤食盐要限量⑥甜食要少吃⑦饮酒要节制⑧三餐要合理 |
| 第二版 | 1997 | 中国居民膳食指南<br>中国居民平衡膳食宝塔 | （8 条）①食物多样、谷类为主②多吃蔬菜、水果和薯类③常吃奶类、豆类或其制品④经常吃适量鱼、禽、蛋、瘦肉；少吃肥肉和荤油⑤食量与体力活动要平衡，保持适宜体重⑥吃清淡少盐的膳食⑦如饮酒应限量⑧吃清洁卫生、不变质的食物 |
| 第三版 | 2007 | 6 岁以上一般人群膳食指南<br>6 个特定人群膳食指南<br>平衡膳食宝塔 | （10 条）①食物多样，谷类为主，粗细搭配②多吃蔬菜水果和薯类③每天吃奶类、大豆或其制品④常吃适量的鱼、禽、蛋、瘦肉⑤减少烹调油用量，吃清淡少盐的膳食⑥食不过量，天天运动，保持健康体重⑦三餐分配要合理，零食要适当⑧每天足量饮水，合理选择饮料⑨如饮酒应限量⑩吃新鲜卫生的食物 |

续表

| 版次 | 发布时间 | 构成 | 核心内容 |
|---|---|---|---|
| 第四版 | 2016 | 2岁以上一般人群膳食指南<br>9个特定人群膳食指南<br>平衡膳食模式及实践 | （6条）①食物多样，谷类为主②吃动平衡，健康体重③多吃蔬果、奶类、大豆④适量吃鱼、禽、蛋、瘦肉⑤少盐少油，控糖限酒⑥杜绝浪费，兴新食尚 |
| 第五版 | 2022 | 2岁以上一般人群膳食指南<br>9个特定人群膳食指南<br>平衡膳食模式 | （8条）①食物多样，合理搭配②吃动平衡，健康体重③多吃蔬果、奶类、全谷、大豆④适量吃鱼、禽、蛋、瘦肉⑤少盐少油，控糖限酒⑥规律进餐，足量饮水⑦会烹会选、会看标签⑧公筷分餐、杜绝浪费 |

**链接** 世界上最早的膳食指南

《黄帝内经》是我国现存最早的医学文献典籍，历代医学著作都可以从中找寻自己的理论渊源。它不仅是一部珍贵的医学著作，更是一部蕴含着中国生命哲学之宗的思想著作，其内容涉及天文、历法、地理等多个方面，尤其是朴素的辩证思想，提出了许多至今仍然是十分有益的见解。《黄帝内经》包括《素问》和《灵枢》两个部分，在《素问·脏气法时论》中提出："毒药攻邪，五谷为养，五果为助，五畜为益，五菜为充。气味合而服之，以补精益气。"精辟、纲领性地向人们提示了饮食的要义，可以认为是世界上最早而又全面的饮食指南。

**2. 中国居民膳食指南（2022）** 《中国居民膳食指南（2022）》是在2016版的基础上，依据营养学原理，结合我国居民膳食消费和营养状况的实际情况制定。由一般人群膳食指南、特定人群膳食指南、平衡膳食模式和膳食指南编写说明三部分组成。与前一版相比，增加了"高龄老年人"指导准则；突出了食物量化概念和营养的结合，更加强调了膳食模式、食物分量、分餐、不浪费等启迪新饮食方式变革的倡导。一般人群膳食指南共有8条指导准则，是以食物为基础的膳食指南，适用于2岁以上的健康人群，提供有关食物、食物类别和平衡膳食模式的建议，健康/合理的膳食指导，以促进全民健康和慢性疾病预防。具体内容如下。

（1）食物多样，合理搭配　坚持谷类为主的平衡膳食模式；每天的膳食应包括谷薯类、蔬菜水果、畜禽鱼蛋奶类和大豆坚果类食物；平均每天摄入12种以上食物，每周25种以上，合理搭配；每天摄入谷类食物200～300g，其中包含全谷物和杂豆类50～150g；薯类50～100g。

（2）吃动平衡，健康体重　各年龄段人群都应天天进行身体活动，保持健康体重；食不过量，保持能量平衡；坚持日常身体活动，每周至少进行5日中等强度身体活动，累计150min以上；主动身体活动最好每天6000步；鼓励适当进行高强度有氧运动，加强抗阻运动，每周2～3日；减少久坐时间，每小时起来动一动。

（3）多吃蔬果、奶类、全谷、大豆　蔬菜、水果、奶类和大豆及其制品是平衡膳食的重要组成部分；推荐餐餐有蔬菜，保证每天摄入不少于300g的新鲜蔬菜，深色蔬菜应占1/2；推荐天天吃水果，保证每天摄入200～350g的新鲜水果，果汁不能代替鲜果；吃各种各样的奶制品，摄入量相当于每天300ml以上液态奶；经常吃全谷物、豆制品，适量吃坚果。

（4）适量吃鱼、禽、蛋、瘦肉　鱼、禽、蛋类和瘦肉摄入要适量，平均每天120～200g；每周最好吃鱼2次或300～500g，蛋类300～350g，畜禽肉300～500g；少吃深加工肉制品；鸡蛋营养丰富，吃鸡蛋不弃蛋黄；优先选择鱼，少吃肥肉、烟熏和腌制肉制品。

（5）少盐少油，控糖限酒　培养清淡饮食习惯，少吃高盐和油炸食品。成年人每天摄入食盐不超过5g，烹调油25～30g；控制添加糖的摄入量，每天不超过50g，最好控制在25g以下；反式脂肪酸每天摄入量不超过2g；不喝或少喝含糖饮料；儿童青少年、孕妇、乳母以及慢性病患者不应饮酒。成年人如饮酒，一天饮用的酒精量不超过15g。

（6）规律进餐，足量饮水　合理安排一日三餐，定时定量，不漏餐，每天吃早餐；规律进餐、饮食适度，不暴饮暴食、不偏食挑食、不过度节食；足量饮水，少量多次。在温和气候条件下，低身体活动水平成年男性每天喝水 1700ml，成年女性每天喝水 1500ml；推荐喝白水或茶水，少喝或不喝含糖饮料，不用饮料代替白水。

（7）会烹会选，会看标签　在生命的各个阶段都应做好健康膳食规划；认识食物，选择新鲜的、营养素密度高的食物；学会阅读食品标签，合理选择预包装食品；学习烹饪、传承传统饮食，享受食物天然美味；在外就餐，不忘适量与平衡。

（8）公筷分餐，杜绝浪费　选择新鲜卫生的食物，不食用野生动物；食物制备生熟分开，熟食二次加热要热透；讲究卫生，从分餐公筷做起；珍惜食物，按需备餐，提倡分餐不浪费；做可持续食物系统发展的践行者。

**考点：《中国居民膳食指南（2022）》的准则**

## （二）平衡膳食可视化图示

为了方便记忆和理解，在我国居民平衡膳食模式研究的基础上，结合中国居民膳食的实际情况，中国营养学会制作了膳食指南的可视化图示，包括中国居民平衡膳食宝塔、中国居民平衡膳食餐盘等，以阐释平衡膳食的主旨思想和食物组成结构。

**1. 中国居民平衡膳食宝塔**　是根据中国居民膳食指南的核心内容和推荐，把平衡膳食的原则转化为各类食物的数量和比例的图形化表示。宝塔体现了在营养上较理想的基本食物构成，共分 5 层（图 4-1），各层面积大小不同，体现了谷薯类、蔬菜、水果、畜禽鱼蛋奶类、大豆和坚果类及烹调用油盐五大类食物和食物量。五大类食物摄入量是根据 1600～2400kcal 的不同能量需要量水平设计，宝塔旁边的文字注释，标明了一段时间内成年人每人每天各类食物摄入量的建议值范围。

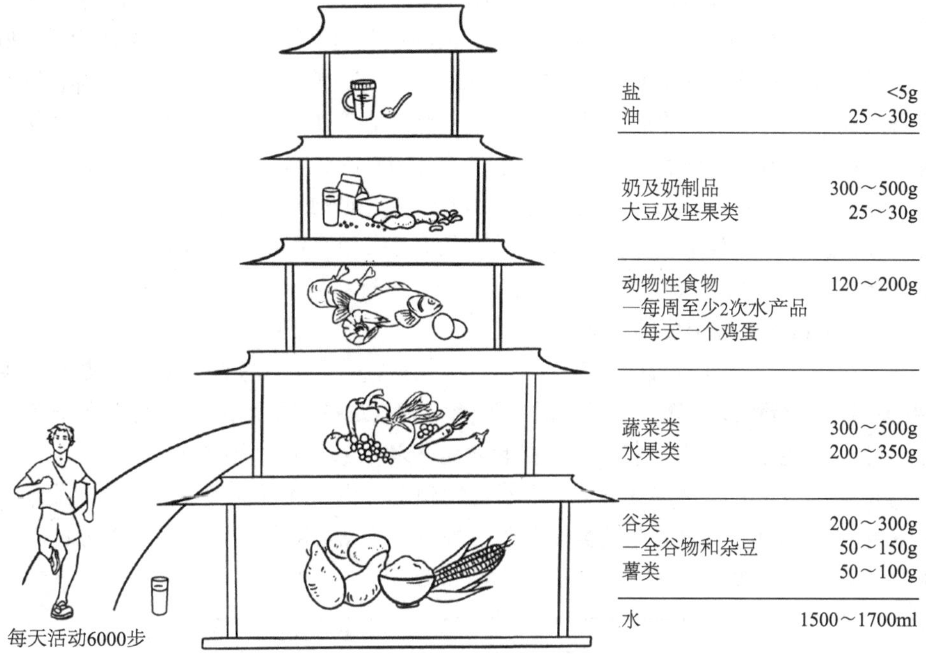


图 4-1　中国居民平衡膳食宝塔（2022）

（1）第一层（底层）——谷薯类食物　膳食能量的主要来源，也是多种微量营养素和膳食纤维的良好来源。谷类包括小麦、稻米、玉米、高粱等及其制品，如米饭、馒头、烙饼、面包、饼干、麦片等。全谷物保留了天然谷物的全部成分，是理想膳食模式的重要组成，也是膳食纤维和其他营养素的来源。杂豆包括大豆以外的其他干豆类，如红小豆、绿豆、芸豆等。2 岁以上人群都应保证全谷物的摄入量，以此获得更多营养素、膳食纤维和健康益处。薯类包括马铃薯、甘薯等，可替代部分主食。

（2）第二层——蔬菜水果　膳食指南鼓励多摄入这两类食物。蔬菜水果是膳食纤维、微量营养素和植物化学物的良好来源，包括嫩茎、叶、花菜类、根菜类、鲜豆类、茄果瓜菜类、葱蒜类、菌藻类及水生蔬菜类等。深色蔬菜是指深绿色、深黄色、紫色、红色等有颜色的蔬菜，每类蔬菜提供的营养素略有不同，深色蔬菜一般富含维生素、植物化学物和膳食纤维，推荐每天占总体蔬菜摄入量的 1/2 以上。水果多种多样，包括仁果、浆果、核果、柑橘类、瓜果及热带水果等。推荐吃新鲜水果，在鲜果供应不足时可选择一些含糖量低的干果制品和纯果汁。

（3）第三层——鱼、禽、肉、蛋等动物性食物　膳食指南推荐适量食用这类食物。新鲜的动物性食物是优质蛋白质、脂肪和脂溶性维生素的良好来源，建议每天畜禽肉的摄入量为 40～75g，且少吃加工类肉制品，应尽量选择瘦肉或禽肉。常见的水产品包括鱼、虾、蟹和贝类，此类食物富含优质蛋白质、脂类、维生素和矿物质，推荐每天摄入量为 40～75g，有条件的可以优先选择。蛋类包括鸡蛋、鸭蛋、鹅蛋、鹌鹑蛋、鸽子蛋及其加工制品，蛋类的营养价值较高，推荐每天 1 个鸡蛋（相当于 50g 左右），吃鸡蛋不能丢弃蛋黄，蛋黄含有丰富的营养成分，如胆碱、卵磷脂、胆固醇、维生素 A、叶黄素、锌、B 族维生素等，无论对多大年龄人群都具有健康益处。

（4）第四层——奶类、大豆和坚果　膳食指南鼓励多摄入的食物。奶类、大豆和坚果是蛋白质和钙的良好来源，营养素密度高。我国居民乳制品消费量较低，建议多吃各种各样的乳制品，提高奶类摄入量。大豆包括黄豆、黑豆、青豆，其常见的制品如豆腐、豆浆、豆腐干及千张等，豆制品摄入量需按蛋白质含量与大豆进行折算。坚果包括花生、葵花籽、核桃、杏仁、榛子等，部分坚果的营养价值与大豆相似，富含必需脂肪酸和必需氨基酸。坚果无论作为菜肴还是零食，都是食物多样化的良好选择，建议每周摄入 70g 左右（相当于每天 10g 左右）。

（5）第五层——烹调油和盐　油盐作为烹饪调料必不可少，但建议尽量少用。烹调油包括各种动植物油，如花生油、大豆油、猪油、牛油等，且其他食物中也含有脂肪，因此在满足平衡膳食模式中其他食物建议量的前提下，烹调油需要限量。为满足人体对各种脂肪酸的需要，烹调油应多样化，经常更换种类。盐摄入量高与高血压关系密切，限制食盐摄入量是我国长期行动目标，同时还需要注意控制隐形高盐食品的摄入。除此之外，酒和添加糖不是膳食组成的基本食物，应尽量避免摄入。

（6）身体活动和饮水　膳食宝塔中包含身体活动和水的图示，强调增加身体活动和足量饮水的重要性。水是膳食的重要组成部分，是一切生命活动必需的物质，饮水不足或过多都会对人体健康带来危害。在高温或高身体活动水平的条件下，应适当增加饮水量。身体活动是能量平衡和保持身体健康的重要手段。鼓励天天运动，推荐成年人每天进行相当于快步走 6000 步以上的身体活动，每周最好进行 150min 中等强度的运动。

**考点：平衡膳食宝塔各层的内容**

**2. 中国居民平衡膳食餐盘**　中国居民平衡膳食餐盘是按照平衡膳食原则，在不考虑烹调用油及盐的前提下，描述了一个人一餐中膳食的食物组成和大致比例（图 4-2）。

餐盘分成 4 部分，分别是谷薯类、动物性食物和富含蛋白质的大豆及其制品、蔬菜和水果，餐盘旁的一杯牛奶提示其重要性。此餐盘适用于 2 岁以上人群，即便是素食者，也可将肉类替换为豆类，以获得充足的蛋白质。

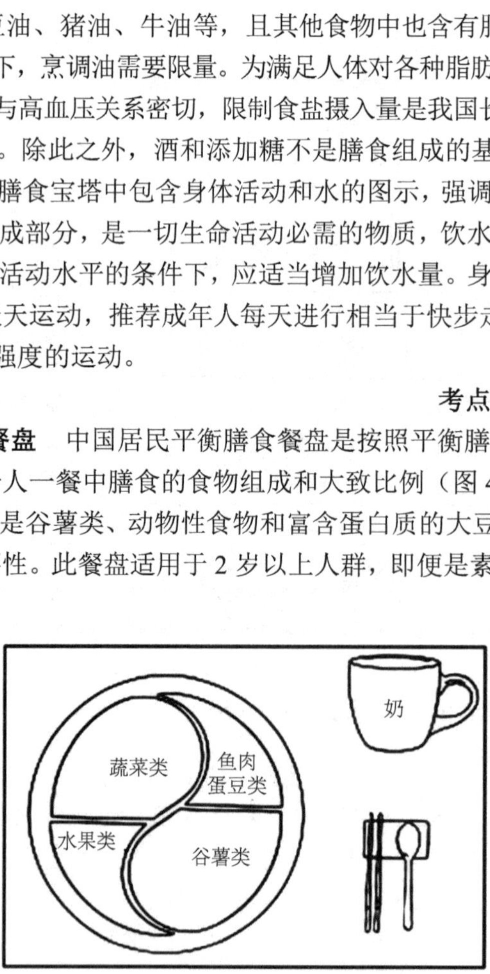


图 4-2　中国居民平衡膳食餐盘

# 第 3 节　营养调查与评价

**案例 4-2**

赵女士，32 岁，公司职员，她常常因为工作繁忙而选择快速简便的餐食，如外卖快餐、零食等。近期，赵女士发现自己虽然体重稳定，但时常感到疲惫不堪，皮肤也失去了往日的光泽，脱发也变得严重，开始意识到可能与自己的饮食习惯有关，来进行营养咨询。

问题：1. 若要找出赵女士存在的营养问题，你认为应该做些什么？

2. 如果要设计一份问卷了解赵女士的营养状况，你认为应该包括哪些内容？

## 一、营养调查与评价的定义

### （一）营养调查的定义

营养调查是指运用各种手段准确地了解某人群或特定个体各种营养指标的水平，以判断其营养和健康状况。全面的营养调查工作，包括 5 个组成部分，即一般情况调查、膳食调查、体格测量、营养状况实验室检查、营养相关疾病的临床检查。这五部分调查工作相互联系、相互验证，通常同时进行。

人群营养与健康状况是一个国家或地区经济发展、卫生健康水平和人口素质的综合反映，因此很多国家都有计划地开展全国或重点地区的营养调查。我国曾于 1959 年、1982 年、1992 年、2002 年、2010～2012 年和 2015～2017 年分别开展了六次全国营养调查。依据我国国情，从 2002 年第四次全国营养调查起，将营养调查、肥胖、高血压及糖尿病作为一项国家级综合调查项目，即“中国居民营养与健康状况调查”。2010 年卫生部决定将每 10 年开展一次的“中国居民营养与健康状况调查”作为常规性营养监测工作，在一个监测周期中完成营养与慢性病监测，并以监测数据为依据形成营养与健康的发展报告。故国家在 2010～2012 年、2015～2017 年全国营养调查的同时，进行了“中国居民营养与健康状况监测”。

### （二）营养评价的定义

营养评价是对营养调查各部分内容进行全面评价，分别采用不同的方法和指标对调查结果进行分析，发现人群中的营养与健康问题，分析造成营养与健康问题的原因和影响因素。通过营养调查分析上述内容，可以对个体进行营养状况的综合判定，也可以对人群营养水平、营养问题、营养干预措施进行分析研究，为我国制定卫生和农业等相关政策提供十分有价值的参考依据。

**考点：营养调查与评价的概念**

## 二、营养调查的内容

### （一）膳食调查

膳食调查是指调查在一定时间内人群或个体消费食物的名称和数量等信息。膳食调查方法有多种，各种方法在调查时限、研究人群、操作方式、食物量测量方法等方面具有不同的特点。没有任何一种方法对所有研究目的都适合，需根据研究目的与目标人群特点选择适宜的调查方法。通常采用的膳食调查方法有膳食回顾法、食物频率问卷、称重法、记账法和化学分析法等。

**1. 膳食回顾法**　属于膳食询问法的一种，通过询问调查对象过去 24h 内的膳食摄入情况（包括早、中、晚三餐及加餐和零食），获得个人每日各种食物摄入量，然后通过食物成分表或营养计算器等工具计算出调查对象一日能量和营养素的摄入量。通常调查记录连续 3 天各种主副食物摄入情况（包括在外就餐）。该方法简便易行，适合大规模调查，从 1992 年开始在全国营养调查中使用，但所得资料比较粗略，有时需要借助食物模具或食物图谱来提高其准确性。但该调查法主要依靠被调查者的记忆来回忆、描述他们的膳食，可能存在回忆偏倚，导致回顾膳食不全面，对结果有较大的影响。因此，该法不适合于年龄≤7 岁的儿童和年龄≥75 岁的老人。

开展 24h 膳食回顾法调查时，要求调查对象回顾并描述过去 24h 内所摄入的所有食物的种类和数量。食物量通常用家用量具、食物模型或食物图谱进行估计。询问采集信息的方式有：面对面询问、开放式表格或事先编码的调查表（表 4-3），可以通过电话、社交软件等交流工具进行。膳食信息是通过调查员引导性提问获得的，可以使用食物清单等工具辅助被调查者回忆一天内所消耗的所有食物，以免遗漏。对家庭共用菜肴的膳食信息采集时，需掌握每人实际的摄入情况。

表 4-3 24h 膳食回顾法膳食调查表

| 进餐时间 | 食物名称 | 原料名称 | 原料编码 | 原料重量（g） | 可食部 |
|---|---|---|---|---|---|
| | | | | | |

**2. 食物频率问卷** 亦属于询问法的一种，是收集被调查对象过去一段时间（数周、数月或数年）内各种食物消费频率及消费量，从而获得个人长期食物和营养素平均摄入量。食物频率问卷可快速得到个人或群体每日、每周、每月，甚至每年所摄入的各种食物的种类和数量，可反映长期膳食行为，其结果可作为研究慢性病与膳食模式关系的依据，也可供膳食咨询指导之用。但该方法需要对过去的食物摄入情况进行回忆，所列食物的数量、复杂性，以及量化过程对调查对象来说存在一定的困难；与其他方法相比，对食物份额大小的量化不准确。另外，编制和验证食物频率调查表会需要一定时间和精力，该方法不能反映每日膳食信息之间的差异；当前的食物模式还可能影响对过去的膳食回顾，从而产生偏倚。

实施食物频率问卷时，收集问卷包括两个基本部分。①食物清单：一般具有三个特点。第一，人群中有相当比例被调查对象经常食用这些食物；第二，研究的目标营养素在这些食物中含量丰富；第三，这些食物的食用情况在人与人之间有一定的差异。②食用某种食物的频率：在实际应用中分为定性、定量和半定量的食物频率法。定性调查通常是调查每种食物特定时期内（几日、1 周、1 个月、3 个月、1 年）所吃的次数，而不收集食物量、份额大小的资料。定量调查需要收集被调查者所吃食物的数量，通常借助测量辅助物，可以得到不同人群食物和营养素的摄入量，并分析膳食因素与疾病的关系。半定量调查需要提供标准（或准确）食物份额大小的参考样品，供被调查对象在应答时作为估计食物量的参考，如调查目的是了解某些特定营养素（如钙、维生素 A）的摄入量，则要调查富含这些营养素的食物，按照估计的平均食物份额大小，根据食物成分表推算营养素摄入量。

**3. 称重法** 可用于个人、家庭或集体单位，该方法细致准确，但比较耗费人力、物力。由于我国的食物成分表是以食物原料的生重为基础，因而在称重调查中多数食物要利用生熟比换算成原料生重，以便计算各种营养素摄入量。值得注意的是，目前我国食物成分表中也分析了一些熟食成品的食物成分含量，这类食物可直接利用熟食的重量进行调查和分析，但要考虑烹调方式的影响。

实施称重法时，调查人员需要准确掌握两方面的资料：①需称量厨房各种食物可食部的生重和烹调后的熟重，由此计算生熟比，即生熟比=可食部的生重/烹调后的熟重。②称量每人摄入的熟食重量，根据熟食重量乘以生熟比计算食物生重，从而得出调查对象摄入的各种原料的量（表 4-4）。之后，通过查询食物成分表或录入营养计算器得出每人每天摄入的能量和各种营养素摄入量。为了更全面准确地了解调查对象的膳食情况，称重法应连续调查 3～7 日（包括一个休息日）。

表 4-4　称重法记录表

| 餐别 | 食物名称 | 生重（kg） | 熟重（kg） | 生熟比 | 熟食剩余量 | 实际消耗 | | 就餐人数 |
|---|---|---|---|---|---|---|---|---|
| | | | | | | 熟重（kg） | 生重（kg） | |
| 早餐 | | | | | | | | |
| 中餐 | | | | | | | | |
| 晚餐 | | | | | | | | |

**4. 记账法**　适用于有详细伙食账目的集体单位或家庭，过程相对简便，节省人力、物力，但调查结果只能得到全家或集体中人均的摄入量，难以分析个体膳食摄入状况，因此，该方法适合于家庭调查，也适用于托幼机构、中小学校或部队的调查。该法通过查账或记录本单位一定时间内各种食物消耗总量和同一时期的进餐人数，计算出平均每人每日的食物摄入量。为减小误差，可尽量延长查账期限，一般可统计 1 个月，一年四季各进行一次。如果被调查对象在年龄、性别、劳动强度上差别较大时，需折算成“标准人”（体重 60kg 从事轻体力劳动的成年男子），计算每人每日各种食物摄入量。

实施记账法时，调查人员需要采集三方面资料：①食物消耗量，开始调查前记录家庭结存或集体就餐单位库存的食物，然后详细记录每日购入的各种食物和每日各种食物的废弃量。在调查周期结束后再记录所有剩余的食物。记录液体、半固体及碎块状食物的容积可用标准量的杯、匙、盘和碗。糖或包装饮料可用食品标签上重量或容积，在调查过程中，注意要称量或根据食物成分表转换各种食物的可食部。②进餐人员登记，家庭调查要记录每日每餐进食人数，然后计算总人日数。为了对被调查对象所摄入的食物及营养素进行评价，还要了解进餐人的性别、年龄、劳动强度及生理状态。③营养素摄入量的计算，相关公式如下。

进餐人日数=早餐餐次总数×早餐餐次比+午餐餐次总数×午餐餐次比+晚餐餐次总数×晚餐餐次比

总标准人日数=Σ[（能量摄入量/该性别年龄身体活动水平能量需要量）×人日数]

实际消费量=食物结存量+购进食物总量–废弃食物总量–剩余食物总量

人均每日某种食物摄入量=实际消费量/总人日数

**5. 化学分析法**　收集调查对象一日膳食中所摄入的全部主副食品，通过实验室化学分析法来测定其营养素含量。根据样品的收集方法不同分为双份饭法和双份原料法两种。该方法考虑到了食物加工、烹调过程中的营养成分的变化，测定得到的各种营养素数据比较可靠，但成本高，常用于小规模的膳食调查，特别是代谢实验和专门的课题研究。

**考点：各种膳食调查方法的优缺点、适用对象**

## （二）人体测量

人体测量是指对人体有关部位长度、宽度、厚度和围度的测量。人体测量数据是评价个体或群体营养状况的有用指标，是营养调查中的重要组成部分。常用测量指标包括身高、体重、体成分、腰围、臀围、上臂围、上臂肌围、小腿围及皮褶厚度等。

**1. 身高**　指站立位足底到头部最高点的垂直距离，是反映人体骨骼生长发育和人体纵向高度的主要形态指标。身高受种族、遗传和环境等因素的影响较为明显，受营养的短期影响不明显，但与长期营养状况有关。

**2. 体重**　指人体总重量（裸重），它反映人体骨骼、肌肉、皮下脂肪及内脏器官的发育情况，同时反映人体的营养状况。成年人的身高基本稳定，当蛋白质和能量供应不足或过量时，体重变化更加灵敏，因此体重常用于评价成年人蛋白质和能量的摄入情况。

**3. 体成分**　指人体的构成成分，包括水分、蛋白质、脂肪、碳水化合物和矿物质等。身体的各个组成成分的含量与分布可有效反映人体内在结构比例特征，各组分比例失调是许多慢性病发生发展的根源，对体成分进行分析可以了解全身营养状态及目前的健康状况。

常见的测量方法包括双能X射线吸收法、生物电阻抗法、水下称重法、超声检测法、计算机断层扫描法、核磁共振法。双能X射线吸收法是测定身体脂肪含量的“金标准”，可用于扫描全身组织成分，能够分析各种体重被测者，包括体重>150kg的严重肥胖者，是临床体成分测定的标准技术。但因其方法学缺陷而无法直接测定肌肉量，且检测昂贵、存在放射损伤等。近三十年来迅速发展起来的生物电阻抗技术，因设计简便、无创且快速、廉价而成为目前大规模人群调查中应用最为广泛的体成分测量手段。该技术以欧姆定律为基础，利用人体内脂肪组织、去脂组织、体内水分等不同成分的电阻特性，结合水含量、体密度，以及年龄、种族和性别等相关生物学特性，得出身体各组分含量。

**4. 腰围和臀围** 腰围指腋中线肋弓下缘和髂嵴连线中点的水平位置处体围周长，在一定程度上反映腹部皮下脂肪的厚度与营养状态，结合体脂百分率是反映腹部脂肪分布的重要指标。臀围指经臀峰点水平位置处体围周长，反映了髋部骨骼和肌肉的发育情况，结合腰围可判断腹型肥胖。

**5. 上臂围和上臂肌围** 上臂围一般测量左上臂肩峰至鹰嘴连线中点的臂围长，可反映人体营养状况，且与体重密切相关。上臂肌围=上臂围－3.14×肱三头肌皮褶厚度，可较好地反映蛋白质含量变化，与血清白蛋白含量密切相关。

**6. 小腿围** 指小腿腿肚最粗处的水平周长，反映人体腿部肌肉发育水平及发达程度。小腿围的标准为30～40cm，男性小腿围比女性小腿围大约5cm。

**7. 皮褶厚度** 指皮肤和皮下脂肪组织的厚度，是衡量个体营养状况和肥胖程度较好的指标。《人群健康监测人体测量方法》（WS/T424—2013）推荐测量点为上臂肱三头肌、肩胛下角和髂前上棘，可分别反映个体肢体、躯干、腰腹等部分的皮下脂肪堆积情况，对判断肥胖和营养不良有重要价值。肱三头肌皮褶厚度的正常参考值：男性为11.3～13.7mm，女性为14.9～18.1mm。肩胛下皮褶厚度的正常参考值：男性为10～40mm，女性为20～50mm。腹部皮褶厚度的正常参考值：男性为5～15mm，女性为12～20mm。在现场人群调查时，常用皮褶厚度来推算体脂成分，其回归方程式如下：

$$\begin{aligned}\text{身体脂肪（\%）} &= 0.91137\times\text{肱三头肌皮褶厚度（mm）}+0.17871\times\text{肩胛下皮褶厚度（mm）}\\ &+0.15383\times\text{髂部皮褶厚度（mm）}-3.60146\end{aligned}$$

## （三）美容营养相关的实验室检查

人体营养水平的实验室检查指的是借助生化、生理实验手段，发现人体营养储备水平低下、营养不足或营养过剩等状况，通常能够先于临床症状前发现营养失调，以便采取必要的预防措施。同时，人体营养水平的实验室检查与膳食调查、临床检查资料结合进行综合分析，对协助营养相关疾病的诊断、病情观察、防治措施制定等均有重要意义。

评价人体营养水平的实验室测定方法基本上可分为：①测定血液中的营养成分或其标志物水平；②测定尿中营养成分排出或其代谢产物；③测定与营养素有关的血液成分或酶活性的改变；④测定血、尿中因营养素不足而出现的异常代谢产物；⑤进行负荷、饱和及放射性核素实验。人体营养水平的实验室检查目前常测定的样品为血液、尿等。常用指标包括血红蛋白、血清铁、血清铁蛋白、血脂、血清甲状腺激素、血清维生素A、尿负荷试验等。美容相关的营养状况包括蛋白质、血脂、多种矿物质及维生素水平评价等（表4-5）。

表4-5 美容相关营养状况的实验室检查常用指标

| 营养素 | 检测指标 |
|---|---|
| 蛋白质 | 血清总蛋白、血清白蛋白（A）、血清球蛋白（G）、白/球（A/G）、空腹血中氨基酸总量/必需氨基酸、尿羟脯氨酸系数、游离氨基酸、必要的氮损失等 |
| 血脂 | 总脂、甘油三酯、α脂蛋白、β脂蛋白、胆固醇（包括胆固醇酯）、游离脂肪酸、血酮等 |

续表

| 营养素 | 检测指标 |
| --- | --- |
| 钙、磷及维生素 D | 血清钙（包括游离钙）、血清无机磷、血清钙磷乘积、血清碱性磷酸酶、血浆 25-OH-$D_3$、血浆 1,25-$(OH)_2$-$D_3$ 等 |
| 锌 | 发锌、血浆锌、红细胞锌、血清碱性磷酸酶活性 |
| 铁 | 全血血红蛋白浓度、血清转铁蛋白饱和度、血清铁、血清铁蛋白、血液血细胞比容（HCT 或 PCV）、红细胞游离原卟啉、平均红细胞体积（MCV）、平均红细胞血红蛋白含量（MCH）、平均红细胞血红蛋白浓度（MCHC）等 |
| 维生素类 | 维生素 A：血清视黄醇、血清胡萝卜素<br>维生素 $B_2$：红细胞谷胱甘肽还原酶活性系数、5mg 负荷试验<br>烟酸：50mg 负荷尿试验<br>维生素 C：血浆维生素 C 含量、500mg 负荷尿试验 |
| 其他 | 尿糖、尿蛋白、尿肌酐、尿肌酐系数、全血丙酮酸等 |

### （四）美容营养相关疾病的临床检查

营养相关疾病的临床症状和体征检查是营养调查的重要组成部分，也是诊断和评价治疗效果的重要依据。临床评价中既包括营养缺乏病的临床症状和体征检查，也包括营养相关慢性病临床症状和体征检查。

营养缺乏病是由人体内长期缺乏某一种或几种营养素而引起的一系列临床症状。其原因大致为营养素摄入不足、消化道对某些营养素吸收障碍、人体代谢障碍、人体需要量增加四个方面。常见的营养缺乏病有蛋白质-能量营养不良、维生素 A 缺乏症、佝偻病、脚气病、癞皮病、维生素 C 缺乏症、贫血、碘缺乏等。常见的美容相关临床体征与可能缺乏的营养素关系见表 4-6。

表 4-6　美容相关临床体征与缺乏营养素的关系

| 部位 | 症状、体征 | 缺乏营养素 |
| --- | --- | --- |
| 全身 | 消瘦、发育不良<br>贫血 | 碳水化合物、脂类、蛋白质、维生素、锌<br>蛋白质、铁、叶酸、维生素 $B_{12}$、维生素 $B_6$、维生素 C |
| 皮肤 | 毛囊角化病<br>皮炎（红斑摩擦疹）<br>脂溢性皮炎<br>出血 | 维生素 A<br>维生素 PP，其他<br>维生素 $B_2$<br>维生素 C、维生素 K |
| 眼 | 角膜干燥、夜盲症<br>角膜边缘充血<br>睑缘炎、畏光 | 维生素 A<br>维生素 $B_2$<br>维生素 $B_2$、维生素 A |
| 唇 | 口唇炎、口角炎、口角裂 | 维生素 $B_2$、维生素 PP |
| 骨 | 鸡胸、串珠肋、膝内翻（O 形腿）、膝外翻（X 形腿）、骨软化症 | 维生素 D、维生素 C |
| 组织间隙 | 水肿 | 维生素 $B_1$、蛋白质 |
| 其他 | 甲状腺肿<br>肥胖症 | 碘<br>各种营养素失调 |

## 三、营养调查结果的评价

### （一）膳食调查的结果评价

膳食调查评价是一种为了解人群摄入食物的种类和数量、营养素摄入状况，以及膳食特点和饮食习惯，通过各种膳食调查方法得到准确的食物消费数据，并对数据进行计算分析，从而对人群膳食摄入状况作出客观评价的方法。包括膳食模式评价、能量与营养素摄入量评价、能量与蛋白质的食物来源评价及各餐次能量分配评价等。

**1. 膳食模式评价** 可将膳食调查采集的食物进行归类，各分类中计算累计食物摄入量，即该类食物的总摄入量。食物类别的划分可根据研究需要确定，也可参照食物成分表进行。在计算分类食物摄入量时，应注意有些食物要进行折算才能相加，如奶制品需按照与鲜奶等量的蛋白质量进行折算，豆制品需按照与大豆等量的蛋白质量进行折算，计算公式如下。

奶制品折算为鲜奶的量=奶制品的摄入量×100g 奶制品的蛋白质含量÷3.0

豆制品折算为大豆的量=豆制品的摄入量×100g 豆制品的蛋白质含量÷35.0

《中国居民膳食指南（2022）》中的平衡膳食宝塔是根据中国居民膳食指南并结合膳食结构特点设计的，它提出了一个营养上较理想的膳食模式，因此，实际应用中常依据中国居民平衡膳食宝塔，对不同劳动强度的被调查者各类食物的摄入量进行评价，见表 4-7。

表 4-7 中国居民不同能量下的平衡膳食模式及各类食物组成

| 食物种类（g/d） | 不同能量需要量（kcal/d）水平 | | | | | | | | | | |
|---|---|---|---|---|---|---|---|---|---|---|---|
| | 1000 | 1200 | 1400 | 1600 | 1800 | 2000 | 2200 | 2400 | 2600 | 2800 | 3000 |
| 1 谷类 | 85 | 100 | 150 | 200 | 225 | 250 | 275 | 300 | 350 | 375 | 400 |
| —全谷物 | 适量 | | | 50～150 | | | | | 125～200 | | |
| 薯类 | 适量 | | | 50 | | 75 | | 100 | 125 | | |
| 2 蔬菜 | 200 | 250 | 300 | 300 | 400 | 450 | 450 | 500 | 500 | 500 | 600 |
| —深色蔬菜 | 占所有蔬菜的 1/2 | | | | | | | | | | |
| 3 水果 | 150 | 150 | 150 | 200 | 200 | 300 | 300 | 350 | 350 | 400 | 400 |
| 4 畜禽肉类 | 15 | 25 | 40 | 40 | 50 | 50 | 75 | 75 | 75 | 100 | 100 |
| 5 蛋类 | 20 | 25 | 25 | 40 | 40 | 50 | 50 | 50 | 50 | 50 | 50 |
| 6 水产品 | 15 | 20 | 40 | 40 | 50 | 50 | 75 | 75 | 75 | 100 | 125 |
| 7 乳制品 | 500 | 500 | 350 | 300 | 300 | 300 | 300 | 300 | 300 | 300 | 300 |
| 8 大豆和坚果 | 5 | 15 | | 25 | | | 35 | | | | |
| 9 烹调用油 | 15～20 | 20～25 | | 25 | 25 | 25 | 30 | 30 | 30 | 35 | 35 |
| 10 烹调用盐 | <2 | <3 | <4 | <5 | <5 | <5 | <5 | <5 | <5 | <5 | <5 |

**2. 能量与营养素摄入量评价** 参照食物成分表或借助营养计算器，对膳食调查采集的食物信息进行处理，算出调查人群每日各种营养素的摄入量，与中国居民膳食营养素参考摄入量 DRIs 进行比较，从而判断居民营养素和能量摄入量是否适宜。对个体膳食进行评价时，个人的真正需要量和日常摄入量的比较只能是一个估算结果，对个体膳食适宜性评价都是不精确的。对结果进行解释需要谨慎，必要时应当结合该个体其他方面的数据，如体格测量或生化测定结果进行综合评价，以确定某些营养素的摄入量是否足够。

**3. 能量与蛋白质的食物来源评价** 包括两方面的评价：三大供能营养素的供能比和蛋白质的食物来源。评价三大供能营养素所提供的能量占总能量的构成比，可以判断能量来源是否合理。评价豆类、动物性食物提供的优质蛋白质占总蛋白质的比例，可以判断摄入蛋白质的食物来源是否适宜。DRIs 推荐成年人膳食中碳水化合物提供的能量应占总能量的 50%～65%，脂肪应占 20%～30%，蛋白质应占 10%～20%。年龄越小，脂肪供能比应适当增加，但成年人脂肪供能比不应超过 30%。18 岁及以上居民每日蛋白质的推荐摄入量为男性 65g，女性 55g，一般要求动物性食物和大豆来源蛋白质应占膳食蛋白质总量的 30%～50%。

**4. 各餐次能量分配评价**　中国居民膳食指南建议合理安排一日三餐，定时定量，一般人群三餐能量分配应为，早餐提供全天总能量的 25%～30%，午餐占 30%～40%，晚餐占 30%～35%。参照食物成分表算得三餐能量和全天总能量，与推荐的三餐供能比进行比较，评价三餐结构是否适当。此外，零食作为一日三餐之外的营养补充，可以合理选用，尽量选择一些营养素含量高而能量低的食物，如新鲜水果、奶类等，注意来自零食的能量应计入全天能量摄入之中。

**5. 其他评价**　根据不同调查目的，还可判断被调查者是否存在动物性食物过多所致的肥胖症；评价营养素摄入不足或过剩与营养相关疾病的因果关系；分析是否存在过多摄取方便食品、快餐食品等；评价食物来源、储存条件、烹调加工方法、就餐方式等饮食习惯与营养状况的关系。

**考点：膳食评价基本步骤及标准**

## （二）体格测量的评价

体格测量数据是评价个体或群体营养状况的有用指标。不同年龄和性别的人群其评价方法不同，特别是儿童评价方法较多，其评价标准各国也不一致。成年人营养状况评价常用指标包括体重指数、腰臀比、体脂率等。

**1. 理想体重**　亦称标准体重，一般用来衡量成人实测体重是否在适宜范围内。

计算公式如下。

Broca 改良公式：理想体重（kg）=身高（cm）–105

平田公式：理想体重（kg）=[身高（cm）–100] × 0.9

我国多采用 Broca 改良公式。结合实际体重可以计算肥胖度：（实际体重–理想体重）/理想体重，实际体重位于理想体重的±10%为正常范围，±（10%～20%）为超重/瘦弱，±20%以上为肥胖/极瘦弱，+20%～+30%为轻度肥胖，+30%～+50%为中度肥胖，+50%以上为重度肥胖。理想体重的概念虽容易被接受，但其“真值”难以估计，故理想体重的准确性有时会受到质疑，作为判断标准已较少使用。

**2. 体重指数**（body mass index，BMI）　是一种计算身高别体重的指数。是目前评价人群营养状况的常用指标。它不仅能较敏感地反映体型胖瘦程度，且与皮褶厚度、上臂围等营养状况指标的相关性也较高。BMI 的计算公式为：

$$\text{BMI}（\text{kg/m}^2）=体重（\text{kg}）/[身高（\text{m}）]^2$$

依据 WHO 建议，成年人 BMI 的判定标准：18.5～24.9kg/m$^2$ 为正常范围，＜18.5kg/m$^2$ 为低体重（营养不足），25.0～29.9 kg/m$^2$ 为超重，≥30kg/m$^2$ 为肥胖；2003 年“中国肥胖问题工作组”根据我国 20 多个地区流行病学数据与 BMI 的关系分析，提出我国成人 BMI 标准：BMI＜18.5kg/m$^2$ 为消瘦，18.5～23.9kg/m$^2$ 为正常，24.0～27.9kg/m$^2$ 为超重，≥28.0kg/m$^2$ 为肥胖。该划分方法于 2013 年形成卫生行业标准《成人体重判定》（WS/T 428—2013）。《肥胖症诊疗指南（2024 年版）》根据 BMI 将肥胖分成 4 个等级：28.0kg/m$^2$≤BMI＜32.5kg/m$^2$ 为轻度肥胖，32.5kg/m$^2$≤BMI＜37.5kg/m$^2$ 为中度肥胖，37.5kg/m$^2$≤BMI＜50.0kg/m$^2$ 为重度肥胖，BMI≥50.0kg/m$^2$ 为极重度肥胖。

**3. 腰围**　根据《成人体重判定》（WS/T 428—2013），男性腰围≥90cm，女性腰围≥85cm 判定为向心性肥胖。

**4. 腰臀比**　腰臀比（waist-to-hip ratio，WHR）即腰围与臀围之比。正常成年人 WHR：男性＜0.9，女性＜0.85，超过此值为向心性肥胖，又称为腹型/内脏型肥胖。

**5. 腰围身高比**（waist-to-height ratio，WHtR）　即腰围与身高之比，也称腰高比，反映内脏脂肪的堆积程度。该指标在多年前被 WHO 提出可用于肥胖筛查，但此前绝大多数肥胖或减重相关指南并未采用。近年来多项研究表明，腰高比对心血管疾病等慢病风险筛查有较好的预测价值，2022 年《中国居民肥胖防治专家共识》中提出使用该指标，《肥胖患者的长期体重管理及药物临床应用指南（2024 版）》采用该指标评价腹型肥胖，其诊断标准为：正常成年人 WHtR＜0.5，当此值≥0.5 时为腹型肥胖。

**6. 体脂率** 过多的体脂肪沉积是肥胖的主要特征，因此体脂率被认为是一种判定肥胖的方法。WHO 规定，成年男性体脂率≥25%，成年女性体脂率≥35%，则判定为肥胖。中国居民膳食指南建议，健康体脂范围为：成年男性 15%～20%，成年女性 25%～30%。

**考点：体格测量指标的评价标准**

### （三）综合评价

综合营养评价应结合膳食调查、人体测量、实验室检查及体征检查评价结果进行综合评估，营养师应给予相应建议，出具营养诊断报告书。在营养不良情况较轻时，营养师可给予膳食及生活行为习惯上的指导，帮助被调查对象改善营养不良的情况；严重营养不良的情况，应及时就医并同时进行一定的膳食调整，逐渐养成良好的膳食习惯。针对某些特定人群可使用综合营养评价工具，如临床营养状况评价中常用到的主观全面评定（SGA）、肿瘤患者营养状况评价使用的患者参与的主观全面评定（PG-SGA）、老年人营养状况评价使用的微型营养评价（MNA）等。

# 第 4 节 营养食谱的编制

**案例 4-3**

患者李某，女性，20 岁，大学生，身高 162cm，体重 54kg，感觉自己单眼皮不美丽，3 日前到整形医院做了双眼皮手术。

问题：1. 请利用计算法、食物交换份法、计算机软件法编制她的食谱。

2. 食谱设计过程中，需注意的原则有哪些？

## 一、食谱的定义及格式

**1. 食谱的定义** 将每日各餐主、副食的品种、数量、烹调方法、用餐时间排列成表，称为食谱。食谱有一日食谱、一周食谱和一月食谱等。

**考点：食谱的定义**

**2. 食谱的格式** 食谱一般用表格表示。集体用餐食谱的格式大致相同，内容一般包括就餐时间和餐次、食物名称、原料名称与定量、费用或计价、营养目标量等基本内容，并注明就餐人数和食谱制定人、执行人和监督人。个人用餐食谱编制报告可略有区别，主要是表格设计不同，而饭菜品种、定量、营养提供目标量等表示方式大致相同。

## 二、编制食谱的原则

**1. 满足每日膳食营养素及能量的供给量** 要根据用膳者的年龄、生理特点、劳动强度，选用食物并计算其用量，使一周内平均每日能量及营养素摄入量能达到膳食供给量标准，以满足人体的需要。

**2. 各营养素之间比例适当** 除了全面达到能量和各种营养素的需要量外，还要考虑到各营养素之间的合适比例，充分利用不同食物中营养素之间的互补作用，使其发挥最佳协同作用。

**3. 食物多样** “中国居民平衡膳食宝塔”将食物分成谷薯、蔬菜、水果、豆类、奶、瘦肉（含鱼虾）、蛋、油脂（含坚果）等八类，每天应从这八大类食物的每一类中选用 1～3 种适量食物，一天总共达到 12 种食物组成平衡膳食。对同一类食物可更换品种和烹调方法，注意主食和副食、杂粮与精粮、荤与素、酸性与碱性等食物的平衡搭配。

**4. 食物安全无害**　食物要新鲜卫生，符合国家卫生标准；注意防止食物再污染。

**5. 减少营养素的损失**　选择食物烹调方法时，除了注意菜肴的色、香、味、形外，要尽量减少营养素的损失。

**6. 餐次分配合理**　应该定时定量进餐，成人一般为一日三餐，特殊人群可酌情加餐。三餐食物分配的比例可以为 1/3、1/3、1/3 或 1/5、2/5、2/5；也可以午餐占全天总能量的 40%，早、晚餐各占 30%；或者早餐占 25%～30%，晚餐占 30%～35%。

**7. 及时更换调整食谱**　食谱执行一段时间后应对其效果进行评价，不断调整食谱。

**8. 其他因素**　考虑用膳者饮食习惯、饭菜口味、进餐环境、用膳目的和经济能力，结合当时季节情况、市场供应情况、食堂的设备条件和厨师的烹饪技术等因素，以编制切实可行的食谱。

**考点：食谱编制的原则**

## 三、编制食谱的理论依据

**1. 中国居民膳食营养素参考摄入量（DRIs）**　编制食谱时，首先需要以营养素的 RNI 为依据确定需要量，一般以能量需要量为基础。制定出食谱后，还需要以各营养素的 RNI 为参考评价食谱的制定是否合理，如果与 RNI 相差不超过 10%，说明编制的食谱合理可用，否则需要加以调整。

**2. 中国居民膳食指南**　《中国居民膳食指南（2022）》本身就是合理膳食的基本规范，包含 2 岁以上一般人群膳食指南，以及 9 个特定人群的膳食指南，其核心是倡导平衡膳食和合理营养以达到促进健康的目的。膳食指南的原则就是食谱设计的原则，营养食谱的制定需要根据膳食指南考虑食物种类、数量的合理搭配。

**3. 中国居民平衡膳食宝塔**　中国居民平衡膳食宝塔（2022）是《中国居民膳食指南（2022）》的准则和核心推荐，把平衡膳食原则转化为各类食物的数量和所占比例进行图形化表示。体现了一个在营养上比较理想的膳食模式，它还提出了实际应用时的基本建议，如同类食物互换的方法，对食谱编制具有实际指导作用。根据平衡膳食宝塔，我们可以很方便地制订出营养合理、搭配适宜的食谱。

**4. 中国食物成分表**　食物成分表（FCT）是描述食物成分及其含量数据的表格，是营养配餐工作必不可少的工具，要开展好营养配餐工作，必须了解和掌握食物的营养成分。中国疾病预防控制中心出版了新的《中国食物成分表》（标准版第 6 版），食物中所有的营养素含量均以“每 100g 可食部食物”表达。通过食物成分表，我们在编制食谱时才能将对营养素的需要量转换为对食物的需要量，从而确定食物的品种和数量。在评价食谱所含营养素摄入量是否满足需要时，同样需要参考食物成分表中各种食物的营养成分数据。

**5. 营养平衡理论**

（1）膳食中三种产能营养素需要保持一定的比例，才能保证膳食平衡　膳食中蛋白质占 10%～20%，脂肪占 20%～30%，碳水化合物占 50%～65%。

（2）膳食中优质蛋白质与一般蛋白质保持一定的比例　在膳食结构中要注意将动物性蛋白质、一般植物性蛋白质和大豆蛋白质进行适当的搭配，并保证优质蛋白质占蛋白质总供给量的 1/3 以上。

（3）饱和脂肪酸、单不饱和脂肪酸和多不饱和脂肪酸之间的平衡　饱和脂肪酸可使血胆固醇含量升高，不饱和脂肪酸特别是必需脂肪酸以及鱼贝类中的二十碳五烯酸（EPA）和二十二碳六烯酸（DHA）则具有多种有益的生理功能。因此必须保证食物中多不饱和脂肪酸的比例。

**考点：食谱编制的理论依据**

## 四、编制食谱的方法与步骤

目前编制食谱的方法主要有三种，即计算法、食物交换份法和计算机软件法，下面以案例 4-3

午餐食谱编制为例，介绍用计算法和食物交换份法来编制食谱的方法与步骤。

## （一）计算法

### 1. 食谱编制的方法与步骤

（1）确定每日能量需要量　用查表法确定李某的能量供给量为 8.79MJ（约 1700kcal）。

（2）计算三大产能营养素每日所提供的能量　三大产能营养素能量供能比分别确定为蛋白质占 15%，脂肪占 25%，碳水化合物占 60%。三大产能营养素每日所提供的能量分别是：

蛋白质供能（kcal）≈1700 × 15%=255

脂肪供能（kcal）≈1700 × 25%=425

碳水化合物供能（kcal）≈1700 × 60%=1020

（3）计算三大产能营养素每日需要量　三大产能营养素的能量系数分别是 4kcal、9kcal 和 4kcal。李某每日所需的产能营养素分别是：

蛋白质需要量（g）=255 ÷ 4≈63.8

脂肪需要量（g）=425 ÷ 9≈47.2

碳水化合物需要量（g）=1020 ÷ 4=255

（4）计算三大产能营养素每餐需要量　按早餐 30%、午餐 40%、晚餐 30%，由此计算出李某三大产能营养素每餐需要量。

早餐：蛋白质需要量（g）=63.8×30%≈19.1

脂肪需要量（g）=47.2×30%≈14.2

碳水化合物需要量（g）=255×30%=76.5

午餐：蛋白质需要量（g）=63.8×40%≈25.5

脂肪需要量（g）=47.2×40%≈18.9

碳水化合物需要量（g）=255×40%=102

晚餐：蛋白质需要量（g）=63.8×30%≈19.1

脂肪需要量（g）=47.2×30%≈14.2

碳水化合物需要量（g）=255×30%=76.5

（5）确定每日主食的品种和数量　碳水化合物的主要食物来源是谷薯类，因此主食的品种、数量主要根据各类主食原料中碳水化合物的含量确定。需要注意，在实际工作中，计算主食碳水化合物进食量时，还应考虑含有一定量碳水化合物的其他类食物，如南瓜、藕、胡萝卜等根茎类蔬菜碳水化合物含量较高，因此，在计算主食需要量时需减去其所提供的碳水化合物的量。

如李某一日午餐中应提供碳水化合物 102g，若以米饭为主食，查食物成分表得知，每 100g 米饭含碳水化合物为 25.9g，则：

米饭供给量（g）=102÷25.9%≈394，根据稻米与米饭的生熟比 1∶2.5，可知米饭 394g 需大米 157.6g。

（6）确定每日副食的品种和数量　副食主要考虑蛋白质的食物来源，蛋白质广泛存在于动植物性食物中，除了主食提供的非优质蛋白以外，各类动物性食物和大豆及其制品是优质蛋白质的主要来源。因此，副食品种和数量的确定应在已确定主食用量的基础上，依据副食应提供的蛋白质数量确定。

第一步，计算主食中蛋白质供给量。查食物成分表得知，100g 米饭含蛋白质 2.6g，则：

主食中蛋白质供给量（g）=394 × 2.6%≈10.2

第二步，计算副食中蛋白质供给量。

副食中蛋白质供给量（g）=25.5–10.2=15.3

第三步，计算优质蛋白食物用量。

根据设定副食中蛋白质的 2/3 由动物性食物供给，1/3 由大豆及豆制品供给，因此：

动物性食物蛋白质供给量（g）=15.3 × 2/3=10.2

大豆及豆制品蛋白质供给量（g）=15.3 × 1/3=5.1

若选择的动物性食物和大豆及豆制品分别为泥鳅和内酯豆腐，由食物成分表可知，每 100g 泥鳅中蛋白质含量为 17.9g，每 100g 内酯豆腐中蛋白质含量为 5.0g，则：

泥鳅供给量（g）=10.2 ÷ 17.9%≈56.9

内酯豆腐供给量（g）=5.1 ÷ 5.0%=102

第四步，确定蔬菜的品种和数量。

蔬菜的品种选择常用的、可以获得的、应季的，或考虑与副食配菜的需要来确定。根据平衡膳食宝塔的推荐（表 4-7），李某蔬菜每日摄入的数量约 350g，水果 200g。结合用餐者的饮食习惯分配到一日三餐中，注意确定蔬菜品种时还应考虑与副食的配菜问题，此处午餐可选择小白菜 150g，水果可选择苹果 200g。

（7）确定每日烹调油用量　烹调油的摄入以植物油为主，有一定量动物脂肪摄入。由食物成分表可知每日摄入各类食物提供的脂肪含量，将需要的脂肪总含量减去食物提供的脂肪量即为每日植物油供给量。

已知李某午餐脂肪需要量为 18.9g，查食物成分表知每 100g 米饭含脂肪 0.3g，每 100g 泥鳅中脂肪含量为 2.0g，每 100g 内酯豆腐中脂肪含量为 1.9g，则：

主食中脂肪含量（g）=394×0.3%≈1.2

副食中脂肪含量（g）=56.9×2.0%+102g×1.9%≈3.1

午餐烹调油供给量（g）=18.9–（1.2+3.1）=14.6

（8）粗配食谱　根据上面确定的主副食品种及数量，粗配午餐食谱如下：米饭 394g（大米 157.6g 蒸熟），红烧泥鳅（泥鳅 56.9g），小白菜豆腐汤（小白菜 150g、内酯豆腐 102g），橄榄油 14.6g，苹果 200g。

**2. 食谱的评价与调整**

（1）食谱实际供给量与目标需要量进行比较　在计算食谱时不要求供给量与需要量完全吻合，一般认为能量和营养素的供给量在需要量的±10%范围内即为合格。如超出此范围，则需要对食谱进行重新调整。

（2）食谱内容与中国居民平衡膳食宝塔进行比较　主要评价食物的种类是否齐全、膳食结构是否合理。评价时需要先将食谱中的所有食物进行分类、合计。

（3）能量来源的评价　即宏量营养素的供能比例是否恰当。

（4）蛋白质评价　主要评价优质蛋白质的比例、优质蛋白质中动物性蛋白质与大豆蛋白质的比例。

（5）脂类的评价　主要评价饱和脂肪酸、单不饱和脂肪酸与多不饱和脂肪酸的比例，$\omega$-3 与 $\omega$-6 脂肪酸的比例，对高胆固醇血症、动脉粥样硬化等患者还需要评价胆固醇的供给量。

（6）微量营养素的评价　对微量营养素有特殊需求时，还应对相应的矿物质和维生素供给量和来源进行评价，如对高血压患者应评价食谱中钠、钾的供给量，对缺铁性贫血患者应评价食谱中铁的供给量及其来源。

（7）餐次的评价　主要评价餐次制定是否合理、各餐的供能比例是否合理。

最后，根据营养素需要量与实际供给量之间的差距，对食谱进行调整，以使其尽量接近能量和营养素目标。调整食谱时应考虑以下因素：①食物的重量；②食物的种类；③加工、烹饪方法；④地域、季节、宗教、经济等因素。

## （二）食物交换份法

**1. 食物交换份法原理**　食物交换份是将食物按照类别、营养特征分类，按照所提供能量或某营养成分相近的原则，进行同类食物之间交换的质量换算表。按食物主要原料分为谷薯杂豆类，蔬菜类，水果类，肉蛋水产品类，坚果类，大豆、乳及其制品类，油脂类及调味料，共 8 类。每份食物指的是相当于提供 90kcal 能量的食物质量。每份调味料指的是相当于提供 1g 盐或 400mg 钠的质量。

食物交换份法是用于膳食设计和营养配餐的一种简便方法。在已有的膳食设计或新建的配餐方法的基础上，根据各类食物交换表，确定食物种类及所需质量，做好不同能量需求下的合理膳食搭配。

**2. 食谱编制的方法与步骤**

（1）确定每日能量需要量　同计算法。

（2）确定每日所需食物交换份数　根据每日供能总量，计算出相应的食物交换的总份数。根据李某一日所需能量为 1700kcal，则：

$$每日所需食物总份数=1700\div 90\approx 19（份）$$

也可查表 4-9 确定所需食物的份数。

（3）确定三大营养素的份数　三大产能营养素能量供能比分别为蛋白质占 15%，脂肪占 25%，碳水化合物占 60%，则：

$$碳水化合物份数=总份数\times 60\%=19\times 60\%\approx 11（份）$$
$$脂肪份数=总份数\times 25\%=19\times 25\%\approx 5（份）$$
$$蛋白质份数=总份数\times 15\%=19\times 15\%\approx 3（份）$$

（4）确定食物的交换份数　根据《中国居民膳食指南（2022）》和中国居民平衡膳食宝塔（2022），主要提供碳水化合物的食物及相应的份数（11 份）可分配为：蔬菜类 1 份、水果类 1 份、谷薯杂豆类 9 份；主要提供脂肪的食物及相应的份数（5 份）可分配为：油脂 2 份、坚果类 1 份、肉蛋水产品类 2 份；主要提供蛋白质的食物及相应的份数（3 份）可分配为：大豆、乳及其制品类 2 份、肉蛋水产品类 1 份。也可根据表 4-9 查询各类食物的份数。

（5）确定食物份数的餐次分配　全天食物按早餐 30%、午餐 40%、晚餐 30%分配，则：

$$早餐：19\times 30\%\approx 6（份）$$
$$午餐：19\times 40\%\approx 8（份）$$
$$晚餐：19\times 30\%\approx 6（份）$$

第 4 步确定了李某的谷薯杂豆类 9 份，按 3∶4∶3 分配，早餐 2.7 份，午餐 3.6 份，晚餐 2.7 份。李某早餐需要 6 份，建议谷薯杂豆类 3 份，大豆、乳及其制品类 1 份，肉蛋水产品类 1 份，坚果类 1 份；李某午餐需要 8 份，建议谷薯杂豆类 3 份，大豆、乳及其制品类 1 份，肉蛋水产品类 2 份，蔬菜类 0.5 份，水果类 0.5 份，油脂类 1 份；李某晚餐需要 6 份，建议谷薯杂豆类 3 份，肉蛋水产品类 1 份，蔬菜类 0.5 份，水果类 0.5 份，油脂类 1 份。

（6）将食物份数换算为具体食物重量　在合理膳食模式下，对照表 4-10～表 4-16 按份选择各类食物的具体种类和质量；调味料根据表 4-17 换算相当于盐的质量。

李某一日食谱见表 4-8。

**表 4-8　李某一日食谱**

| 餐次 | 食物名称 | 原料及用量（g） |
| --- | --- | --- |
| 早餐 | 全脂牛奶 | 全脂牛奶 150 |
| | 煮鸡蛋 | 鸡蛋 60 |
| | 煮紫甘薯 | 紫甘薯 300 |
| | 腰果 | 腰果 20 |

续表

| 餐次 | 食物名称 | 原料及用量（g） |
| --- | --- | --- |
| 午餐 | 米饭 | 大米 75 |
| | 南豆腐白菜汤 | 南豆腐 150<br>大白菜 165 |
| | 葱油焖鸡 | 鸡肉 100 |
| | 柚子 | 柚子 100 |
| | 花生油 | 花生油 10 |
| 晚餐 | 小米粥 | 小米 75 |
| | 煮菠菜 | 菠菜 150 |
| | 清蒸鲈鱼 | 鲈鱼 75 |
| | 猪油 | 猪油 10 |
| | 石榴 | 石榴 75 |

**表 4-9　不同能量膳食食物份数分配表**

| 总能量（kcal） | 总交换（份） | 谷薯组（份） | 果蔬组（份） | 肉蛋组（份） | 能量组（份） |
| --- | --- | --- | --- | --- | --- |
| 1200 | 13.5 | 6 | 2 | 4 | 1.5 |
| 1400 | 16 | 8 | 2 | 4 | 2 |
| 1600 | 18 | 10 | 2 | 4 | 2 |
| 1800 | 20 | 12 | 2 | 4 | 2 |
| 2000 | 22 | 13.5 | 2 | 4 | 2.5 |
| 2200 | 24.5 | 15.5 | 2 | 4.5 | 2.5 |
| 2400 | 27 | 17 | 2.5 | 4.5 | 3 |

**表 4-10　谷薯杂豆类食物交换表（/份）**

| 食物种类 | | 质量（g） | 提供能量和营养成分 | | | | 食物举例 |
| --- | --- | --- | --- | --- | --- | --- | --- |
| | | | 能量（kcal） | 蛋白质（g） | 脂肪（g） | 碳水化合物（g） | |
| 谷物（初级农产品） | | 25 | 90 | 2.5 | 0.5 | 19.0 | 大米、面粉、玉米面、杂粮等（干、生、非加工类制品） |
| 主食制品 | 面制品 | 35 | 90 | 2.5 | 0.4 | 18.0 | 馒头、花卷、大饼、烧饼、面条(湿)、而包等 |
| | 米饭 | 75 | 90 | 2.0 | 0.2 | 19.4 | 粳米饭、籼米饭等 |
| 全谷物 | | 25 | 90 | 2.5 | 0.7 | 18.0 | 糙米、全麦、玉米粒（干）、高粱、小米、荞麦、黄米、燕麦、青稞等 |
| 杂豆类 | | 25 | 90 | 5.5 | 0.5 | 15.0 | 绿豆、赤小豆、芸豆、蚕豆、豌豆等 |
| 粉条、粉丝、淀粉类 | | 25 | 90 | 0.3 | 0.0 | 21.2 | 粉条、粉丝、团粉、玉米淀粉等 |
| 糕点和油炸类 | | 20 | 90 | 1.4 | 2.6 | 13.0 | 蛋糕、江米条、油条、油饼等 |
| 薯芋类* | | 100 | 90 | 1.9 | 0.2 | 20.0 | 马铃薯、甘薯、木薯、山药、芋头、大薯、豆薯等 |

注：*每份薯芋类食品的质量为可食部质量。

表 4-11 蔬菜类食物交换表[a]（/份）

| 食物种类 | | 质量（g） | 提供能量和营养成分 | | | | 食物举例 |
|---|---|---|---|---|---|---|---|
| | | | 能量（kcal） | 蛋白质（g） | 脂肪（g） | 碳水化合物（g） | |
| 蔬菜类（综合）[b] | | 250 | 90 | 4.5 | 0.7 | 16.0 | 所有常见蔬菜（不包含干、腌制、罐头类制品） |
| 嫩茎叶花菜类 | 深色[c] | 300 | 90 | 7.3 | 1.2 | 14.0 | 油菜、芹菜、乌塌菜、菠菜、鸡毛菜、香菜、萝卜缨、茴香、苋菜等 |
| | 浅色 | 330 | 90 | 7.2 | 0.5 | 14.2 | 大白菜、小白菜、圆白菜、娃娃菜、花椰菜、白笋、竹笋等 |
| 茄果类 | | 375 | 90 | 3.8 | 0.7 | 18.0 | 茄子、番茄、柿椒、辣椒、西葫芦、黄瓜、丝瓜、南瓜等 |
| 根茎类 | | 300 | 90 | 3.2 | 0.5 | 19.2 | 胡萝卜、萝卜等（不包括马铃薯、芋头） |
| 蘑菇类 | 鲜 | 275 | 90 | 7.6 | 0.6 | 14.0 | 鲜香菇、草菇、平菇、白蘑、金针菇、牛肝菌等鲜蘑菇 |
| | 干 | 30 | 90 | 6.6 | 0.8 | 17.0 | 干香菇、木耳、茶树菇、榛蘑等干制品 |
| 鲜豆类 | | 250 | 90 | 6.3 | 0.7 | 15.4 | 豇豆、扁豆、菜豆、刀豆等 |

注：a 表中给出的每份食品质量均为可食部质量。
b 如果难以区分蔬菜种类（如混合蔬菜），可按照蔬菜类（综合）的质量进行搭配。
c 深色嫩茎叶花菜类特指胡萝卜素含量≥300μg/100g 的蔬菜。

表 4-12 水果类食物交换表[a]（/份）

| 食物种类 | 质量（g） | 提供能量和营养成分 | | | | 食物举例 |
|---|---|---|---|---|---|---|
| | | 能量（kcal） | 蛋白质（g） | 脂肪（g） | 碳水化合物（g） | |
| 水果类（综合）[b] | 150 | 90 | 1.0 | 0.6 | 20.0 | 常见新鲜水果（不包括干制、糖渍、罐头类制品） |
| 柑橘类 | 200 | 90 | 1.7 | 0.6 | 20.0 | 柑橘、甜橙、柚、柠檬 |
| 仁果、核果、瓜果类 | 175 | 90 | 0.8 | 0.4 | 21.0 | 苹果、梨、桃、李、杏、樱桃、甜瓜、西瓜、哈密瓜等 |
| 浆果类 | 150 | 90 | 1.4 | 0.5 | 20.0 | 葡萄、石榴、柿、桑葚、草莓、无花果、猕猴桃等 |
| 枣和热带水果类 | 75 | 90 | 1.1 | 1.1 | 18.0 | 各类鲜枣、芒果、荔枝、龙眼、菠萝、香蕉、榴莲、火龙果等 |
| 果干类 | 25 | 90 | 0.7 | 0.3 | 19.0 | 葡萄干、杏干、苹果干等 |

注：a 表中给出的每份食品质量均为可食部的质量。
b 如果难以区分水果种类（如混合水果），可按照水果类（综合）的质量进行搭配。

表 4-13 肉蛋水产品类食物交换表[a]（/份）

| 食物种类 | 质量（g） | 提供能量和营养成分 | | | | 食物举例 |
|---|---|---|---|---|---|---|
| | | 能量（kcal） | 蛋白质（g） | 脂肪（g） | 碳水化合物（g） | |
| 畜禽肉类（综合）[b] | 50 | 90 | 8.0 | 6.7 | 0.7 | 常见畜禽肉类 |
| 畜肉类（脂肪含量≤5%） | 80 | 90 | 16.0 | 2.1 | 1.3 | 纯瘦肉、牛里脊、羊里脊等 |

续表

| 食物种类 | 质量（g） | 提供能量和营养成分 | | | | 食物举例 |
| --- | --- | --- | --- | --- | --- | --- |
| | | 能量（kcal） | 蛋白质（g） | 脂肪（g） | 碳水化合物（g） | |
| 畜肉类（脂肪含量 6%～15%） | 60 | 90 | 11.5 | 5.3 | 0.3 | 猪里脊、羊肉（胸脯肉）等 |
| 畜肉类（脂肪含量 16%～35%） | 30 | 90 | 4.5 | 7.7 | 0.7 | 前臀尖、猪大排、猪肉（硬五花）等 |
| 畜肉类（脂肪含量≥85%） | 10 | 90 | 0.2 | 8.9 | 0 | 肥肉、板油等 |
| 禽肉类 | 50 | 90 | 8.8 | 6.0 | 0.7 | 鸡、鸭、鹅、火鸡等 |
| 蛋类 | 60 | 90 | 7.6 | 6.6 | 1.6 | 鸡蛋、鸭蛋、鹅蛋、鹌鹑蛋等 |
| 水产类（综合） | 90 | 90 | 14.8 | 2.9 | 1.7 | 常见淡水鱼，海水鱼，虾、蟹、贝类、海参等 |
| 鱼类 | 75 | 90 | 13.7 | 3.2 | 1.0 | 鲤鱼、草鱼、鲢鱼、鳙鱼、黄花鱼、带鱼、鲳鱼、鲈鱼等 |
| 虾蟹贝类 | 115 | 90 | 15.8 | 1.5 | 3.1 | 河虾、海虾、河蟹、海蟹、河蚌、蛤蜊、蛏子等 |

注：a 表中给出的每份食品质量均为可食部的质量，必要时需进行换算。

b 如果难以区分畜禽肉类食物种类（如混合肉），可按照畜禽肉类（综合）的质量进行搭配。

内脏类（肚、舌、肾、肝、心、肫等）胆固醇含量高，食物营养成分差异较大，如换算每份相当于 70g，换算后需复核营养素的变化是否符合要求。

表 4-14 坚果类食物交换表[a]（/份）

| 食物种类 | 质量（g） | 提供能量和营养成分 | | | | 食物举例 |
| --- | --- | --- | --- | --- | --- | --- |
| | | 能量（kcal） | 蛋白质（g） | 脂肪（g） | 碳水化合物（g） | |
| 坚果（综合） | 20 | 90 | 3.2 | 5.8 | 6.5 | 常见的坚果、种子类 |
| 淀粉类坚果（碳水化合物含量≥40%） | 25 | 90 | 2.5 | 0.4 | 16.8 | 板栗、白果、芡实、莲子 |
| 高脂类坚果（脂肪含量≥40%） | 15 | 90 | 3.2 | 7.7 | 2.9 | 花生仁、西瓜子、松子、核桃仁、葵花籽、南瓜子、杏仁、榛子、开心果、黑芝麻等 |
| 中脂类坚果类（脂肪含量为 20%～40%） | 20 | 90 | 3.2 | 6.5 | 5.3 | 腰果、亚麻子、核桃仁（鲜）、白芝麻等 |

注：a 表中给出的每份食品质量均为可食部的质量。

表 4-15 大豆、乳及其制品食物交换表（/份）

| 食物种类 | | 质量（g） | 提供能量和营养成分 | | | | 食物举例 |
| --- | --- | --- | --- | --- | --- | --- | --- |
| | | | 能量（kcal） | 蛋白质（g） | 脂肪（g） | 碳水化合物（g） | |
| 大豆类 | | 20 | 90 | 6.9 | 3.3 | 7.0 | 黄豆、黑豆、青豆 |
| 豆粉 | | 20 | 90 | 6.5 | 3.7 | 7.5 | 黄豆粉 |
| 豆腐 | 北豆腐 | 90 | 90 | 11.0 | 4.3 | 1.8 | 北豆腐 |
| | 南豆腐 | 150 | 90 | 9.3 | 3.8 | 3.9 | 南豆腐 |

续表

| 食物种类 | | 质量（g） | 提供能量和营养成分 | | | | 食物举例 |
|---|---|---|---|---|---|---|---|
| | | | 能量（kcal） | 蛋白质（g） | 脂肪（g） | 碳水化合物（g） | |
| 豆皮、豆干 | | 50 | 90 | 8.5 | 4.6 | 3.8 | 豆腐干、豆腐丝、素鸡、素什锦等 |
| 豆浆 | | 330 | 90 | 8.0 | 3.1 | 8.0 | 豆浆 |
| 液态乳 | 全脂 | 150 | 90 | 5.0 | 5.4 | 7.4 | 全脂牛奶等 |
| | 脱脂 | 265 | 90 | 9.3 | 0.8 | 12.2 | 脱脂牛奶等 |
| 发酵乳（全脂） | | 100 | 90 | 2.8 | 2.6 | 12.9 | 发酵乳 |
| 乳酪 | | 25 | 90 | 5.6 | 7.0 | 1.9 | 奶酪、干酪 |
| 乳粉 | | 20 | 90 | 4.0 | 4.5 | 10.1 | 全脂奶粉 |

表 4-16 油脂类交换表（/份）

| 食物种类 | 质量（g） | 提供能量和营养成分 | | | | 食物举例 |
|---|---|---|---|---|---|---|
| | | 能量（kcal） | 蛋白质（g） | 脂肪（g） | 碳水化合物（g） | |
| 油脂类 | 10 | 90 | 0 | 10.0 | 0 | 猪油、橄榄油、菜籽油、大豆油、玉米油、葵花籽油、稻米油、花生油等 |

表 4-17 调味料类盐含量交换表（/份）

| 食物种类 | | 重量（g） | 盐含量（g） | 钠含量（mg） | 主要食物 |
|---|---|---|---|---|---|
| 食用盐 | | 1 | 1 | 400 | 精盐、海盐等 |
| 鸡精 | | 2 | 1 | 400 | 鸡精类 |
| 味精 | | 4.8 | 1 | 400 | 味精类 |
| 酱类 | 豆瓣酱等（高盐） | 6 | 1 | 400 | 豆瓣酱、辣椒酱、蒜蓉辣酱等 |
| | 黄酱等（中盐） | 16 | 1 | 400 | 黄酱、甜面酱、海鲜酱等 |
| 酱油 | | 6.5 | 1 | 400 | 酱油、生抽、老抽等 |
| 蚝油 | | 10 | 1 | 400 | 蚝油类 |
| 咸菜类 | | 13 | 1 | 400 | 榨菜、酱八宝菜、腌芥菜、腌萝卜干等 |
| 腐乳 | | 17 | 1 | 400 | 红腐乳、白腐乳、臭腐乳等 |

**3. 食谱的评价与调整** 从能量平衡、食物多样性、搭配合理等方面进行评价和调整，还需注意同类食物不同种类间可以直接互换，非同类食物间的食物不宜互换。

## （三）计算机软件法

**1. 计算机营养配餐软件功能概述** 随着计算机技术的广泛应用，营养食谱的编制和评价也可以通过计算机软件来实现。食谱编制软件具有简单、方便的特点，根据不同的软件设计，只需要输入相关的个人信息，就可以得到相关的食谱，但软件设计的食谱需要核实和调整，软件中的数据库、标准设定及相关依据也需要及时更新。营养配餐管理系统软件有很多种，一般营养配餐管理系统软件都具有如下功能。

（1）提供自动挑选食物种类界面，将挑选出的食物自动编制出代量食谱，计算出各类食物的用量并自动将其合理地分配到一日三餐中。

（2）进行食谱营养成分的分析计算，并根据计算结果进行调整。

（3）分析膳食的食物结构和计算分析各种营养素的摄入量、能量和蛋白质的食物来源等。

许多软件采取开放的计算机管理方式，可随时扩充食物品种及营养成分。有的软件还可对个体和群体的膳食营养状况做出综合评价，针对儿童、青少年还可实现生长发育状况的评价。另外，特殊营养配餐应用软件还有减肥配餐的设计功能及常见病患者膳食的设计功能，如糖尿病患者的食品交换单位数据库，大大方便了医院营养科工作人员的计算工作。

**2. 计算机营养配餐软件编制食谱的方法**　利用食谱编制软件系统进行食谱编制包含固定编排、自动编排和手工编排。

（1）固定编排　是将编制好的食谱预先放置在数据库中，用时只需要调出即可，按各季节食物来源的不同，可将食谱按7日或30日分为一个单元，常用于一些变化不大的集体单位等。

（2）自动编排　是在营养配餐软件中储存几十种菜肴的食谱，将食谱的名称及原料的名称中各种原料的用量进行限定，将原料的重量、烹饪方法等输入食谱中。如需要更改，则要重新输入，计算机直接将该食谱的营养素含量计算、储存起来。食谱编制时，只需将不同就餐人员的基本资料（年龄、性别、劳动强度等）输入，计算机将自动折算成“标准人”的能量需要系数，再根据此系数确定相应的营养素供给量；通过计算机的随机抽取，就可得出供给量基本符合膳食营养素参考摄入量的食谱。自动编排对程序的编写要求比较高，在程序编写时相关的因素考虑得越多，则越完善，编制的食谱质量也越高。例如，将人们的生活膳食习惯、原料生产的季节、价格等因素编入程序，编制的食谱既能符合营养学的要求，也能比较符合实际生活，因而食谱的可操作性也比较强。特别是目前许多营养配餐软件操作方法简单，特别适合营养师使用。

（3）手工编排　一般营养配餐软件均提供编制食谱的程序，根据就餐者的生理状况和营养需要的特点，结合食物的色、香、味、形等要求，编制出一日或数日食谱。手工编排食谱时对软件使用者的要求相对比较高，既要有营养学的专业基础知识，又要对计算机的使用和操作比较熟练，并有一定的程序设计能力，这样才能不断地根据就餐者的状况对食谱进行调整，以更加满足就餐者的各种需要。

此外，一些软件还专门建立了查询系统，以便于在进行手动编排过程中查询所遇到的问题。例如，食物营养素的含量、膳食的种类、食物原料的分类、烹调方法等；有的系统还提供了一套完整的营养咨询工具和完备的营养资料，供营养配餐人员随时查阅和咨询。

以某种营养配餐软件为例，介绍其编制步骤。

第一步：确定分析对象是膳食分析和营养评价的第一步工作。在系统启动时，会首先弹出选择分析对象窗口。可选择为个体对象或者团体人群配餐；配餐周期为一天或者一周。

第二步：输入配餐对象的姓名、年龄、性别、身高、体重及劳动强度等基本情况，如果是疾病人群还可以输入身体条件和饮食限制，如患有高血压疾病需要低钠摄入。

第三步：系统自动计算该配餐对象所需要的各种营养素指标。

第四步：进入食物选择界面，选择增加或删除食物。

第五步：选定完食物后，单击“配平”按钮，出现配平窗口，单击“开始配平”按钮，开始配平进程。配平完成后，显示各种营养素的贡献比例窗口，其中显示食谱中各种食物对各种营养素的贡献比例，可以据此进行必要的手工微调。

第六步：根据需要，可以单击打印食谱按钮，打印完整的食谱报告。

**考点：食谱编制的方法与应用**

## 目标检测

### A1 型题

1. 我国第一版膳食指南发布于（　　）。
   A. 1998 年　B. 2008 年　C. 1989 年　D. 2007 年　E. 2022 年
2. 全面的营养调查工作，包括（　　）。
   A. 膳食调查
   B. 体格测量
   C. 营养状况实验室检查
   D. 营养相关疾病的临床检查
   E. 以上都是
3. 美国的膳食结构属于（　　）。
   A. 动物性食物为主的膳食结构
   B. 植物性食物为主的膳食结构
   C. 动植物食物平衡的膳食结构
   D. 地中海膳食结构
   E. 西方健康膳食结构
4. 能够反映长期膳食行为，可用于研究慢性病与膳食模式关系的膳食调查方法是（　　）。
   A. 称重法　B. 食物频率法　C. 膳食回顾法　D. 化学分析法　E. 记账法
5. 适用于有详细账目的集体单位的膳食调查方法是（　　）。
   A. 称重法　B. 食物频率法　C. 膳食回顾法　D. 化学分析法　E. 记账法
6. 全面了解人群或特定个人膳食结构和营养状况的重要手段是（　　）。
   A. 膳食调查　B. 实验室检查　C. 体格检测　D. 临床检查　E. 营养调查
7. 中国居民平衡膳食宝塔的第一层是（　　）。
   A. 谷薯类　B. 蔬果类　C. 奶豆类　D. 动物性食物　E. 油盐类
8. 按照中国居民平衡膳食宝塔（2022）的要求，我国居民每日应摄入动物性食物（　　）。
   A. 15～50g　B. 25～50g　C. 50～100g　D. 120～200g　E. 200～300g
9. 《中国居民膳食指南（2022）》建议的我国居民每日食盐摄入量不超过（　　）。
   A. 6g　B. 5g　C. 4g　D. 3g　E. 2g
10. 中国居民膳食指南建议合理安排一日三餐，定时定量，一般人群三餐能量分配应为午餐提供全天总能量的（　　）。
    A. 25%～30%　B. 30%～35%　C. 30%～40%　D. 50%～65%　E. 10%～20%
11. 描述食谱编制原则在保证营养平衡方面错误的是（　　）。
    A. 满足每日膳食营养素及能量的供给
    B. 可以不考虑各营养之间比例
    C. 注意荤素搭配
    D. 食物尽可能多样
    E. 遵循膳食宝塔各层中各类食物的大体比例
12. 编制食谱的理论依据不包括（　　）。
    A. 营养素分类
    B. 中国居民膳食营养素参考摄入量
    C. 中国居民膳食指南
    D. 中国居民膳食宝塔
    E. 中国食物成分表
13. 食物交换份法是以（　　）作为等量交换的。
    A. 种类　B. 数量　C. 能量　D. 蛋白质　E. 脂肪
14. 食物交换份法常将食物划分为（　　）大类。
    A. 动物性食物、植物性食物、蔬菜类、水果类、油脂
    B. 谷薯杂豆类，蔬菜类，水果类，肉蛋水产品类，坚果类，大豆、乳及其制品，油脂
    C. 谷类和薯类、肉蛋奶豆类及其制品、蔬菜类、水果类、油脂
    D. 谷类和薯类、动物性食物、蔬菜类、水果类、油脂
    E. 谷类和薯类，大豆、乳及其制品，蔬菜水果类

### X 型题

15. 不合理营养对人体的影响包括（　　）。
    A. 营养不良　B. 心理健康问题　C. 慢性病风险增加　D. 免疫功能下降　E. 遗传性疾病增加
16. 合理营养的要求包括（　　）。
    A. 科学性　B. 全面性　C. 适宜性　D. 单一性　E. 安全性

（赵　琼　龚　琬　郭艳东）

# 第5章 人体组成与营养

学习目标

**1. 素质目标** 培养学生健康的审美情趣，树立责任心及良好的人文、社会科学素养。

**2. 知识目标** 掌握胶原蛋白的功能、血液的组成、血浆蛋白质的主要功能；熟悉组成皮肤蛋白质的种类、蛋白质和水对肌肉组织的作用、骨质的组成；了解肝脏在物质代谢中的作用。

**3. 能力目标** 能判断人体组织是否健康，帮助顾客达到健康美的目标。

## 第1节 皮肤组织与营养

**案例5-1**

患者王某，女性，45岁，每天在烈日下无防晒工作数小时，曝光部位常出现红斑、水肿、灼热感，自觉皮肤干燥、失去弹性、老年斑严重，近日因皮肤问题入院治疗。

问题：1. 请分析皮肤问题的主要原因。

2. 如何保持皮肤健康？

皮肤是人体的外在器官，它既是保护人体免受损害的第一道屏障，也是各种外来损害因素的第一位受害者，人体内部各系统和器官的功能状态反过来可以影响皮肤的状态与功能，因此皮肤是一面反映人体整体健康的“镜子”。判断皮肤是否健康的标准主要包括皮肤的色泽（肤色）、光洁度、纹理、湿润度、弹性及其功能。皮肤差异的产生主要与遗传、性别、年龄、内分泌变化、营养健康状况及后天保养等因素有关。皮肤的组成成分主要有水、蛋白质、脂类、矿物质和糖类（表5-1），其中蛋白质和水对皮肤的健康起着重要作用。

表5-1 健康成年人皮肤组成（%）

| 成分 | 比例（%） |
|---|---|
| 水 | 60～75 |
| 蛋白质 | 30～35 |
| 脂类 | 2.5～3.0 |
| 矿物质 | 0.3～0.5 |
| 糖类 | 2 |

### 一、蛋白质

#### （一）纤维蛋白

**1. 角蛋白** 是皮肤角质化过程中产生的蛋白。角蛋白分为软质角蛋白（如表皮角质层蛋白）和硬质角蛋白[如毛发、指（趾）甲]，能对皮肤起保护作用。位于皮肤最外面的是表皮，表皮主要由角蛋白构成。角蛋白的周期性很强，生成后 27～28 日就变成角质脱离人体，这就是人们日常生活中看到的身上掉下来的皮屑。

**2. 张力丝** 具有与角蛋白相似的坚韧性和弹性，以维护表皮与毛发各层细胞之间内外张力的平衡。

**3. 胶原蛋白** 又称胶原，是人体皮肤的主要组成成分。皮肤内胶原蛋白的类型及含量随年龄增长而变化（表 5-2）。成年人皮肤中的胶原蛋白占皮肤干重的 70%～80%，其中 I 型胶原蛋白占 80%左右，其他类型占很小比例。胶原蛋白可在结缔组织、弹性蛋白及多糖蛋白相互交织形成的网状结构中产生一定的机械强度，可作为承托人体曲线、体现挺拔体态的物质基础。

**表 5-2 不同年龄皮肤胶原蛋白组成的变化**

| 不同年龄皮肤 | 胶原蛋白类型 | |
|---|---|---|
| | Ⅰ型 | Ⅱ型 |
| 儿童 | 30% | 70% |
| 青年 | 逐渐增多 | 减少 |
| 成年 | 为主 | 很少 |

**4. 网状蛋白** 数量较少，与胶原蛋白共同维持皮肤的定型，对酸、碱和消化酶的耐受性较强。

**5. 弹性蛋白** 是一种存在于皮肤内的结构蛋白，相当于肌肤支架的“黏合剂”，是防止肌肤老化的必要生理活性成分，能紧缩和稳固皮肤中的支架结构、提高肌肤弹性和紧缩毛孔，在对抗肌肤弹力衰退方面发挥着重要作用。

### （二）核蛋白

核蛋白是皮肤细胞的一种重要组成成分，由蛋白质与核酸组成，参与蛋白质的合成。

**考点：组成皮肤的蛋白质的分类**

## 二、水

皮肤是储存水分的重要器官之一，其储水量仅次于肌肉。正常情况下，皮肤中的水分占人体所含水分的 18%～20%，大部分水分储存于真皮内。女性皮肤的储水量较男性多。

皮肤中的水分同样保持着动态平衡：一方面不断通过毛细血管壁从体内摄取，另一方面又不断地通过显性（出汗）及非显性（蒸发）方式排出体外。

正常角质层含水量为 10%～20%，以维持皮肤的柔软和弹性。当外界相对湿度低于 60%时，皮肤角质层含水量可降到 10%以下，此时皮肤会出现干涩的紧绷感，皮肤表面会有细小的脱屑，继而会形成细小的皱纹。长期缺水的皮肤会干裂而变得敏感。此时外用任何天然油类，虽能减少水分的蒸发，但无法补充角质层缺失的水分，故难以改善皮肤干燥状态，只有预先给角质层补充水分，再外用封闭剂锁住水分，才能有效改善皮肤缺水的状况。

水对皮肤非常重要，但人体每时每刻都在不自觉地“失水”，因此补水保湿也是美容的重要内容之一。补水是直接补给皮肤角质层细胞所需要的水分，滋润肌肤；保湿则是防止肌肤水分的蒸发，在滋润肌肤的同时，改善微循环，增强肌肤湿润度。正确的补水保湿的顺序应该是：先补水再保湿。皮肤补水的作用机制如图 5-1 所示。

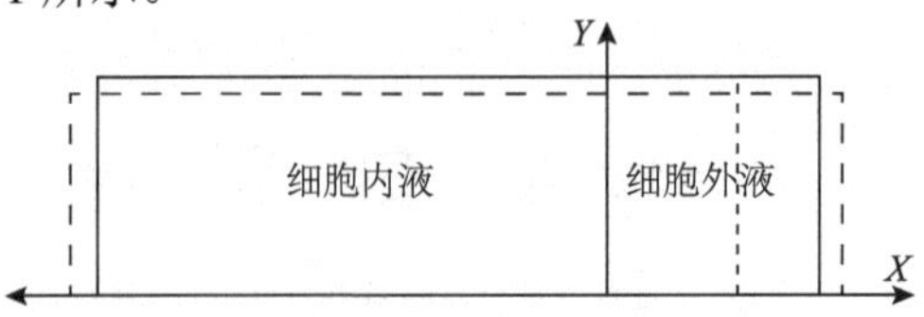


图 5-1 体液生理状态：Darrow-Yannet 图

*X*. 细胞内、外溶液量；*Y*. 渗透压

**考点：水对皮肤的作用**

# 第 2 节　肌肉组织与营养

皮肤位于人体表层，关乎个人形象，人们常常将注意力集中在皮肤上，对其呵护备至是很自然的事。但恰如一栋宏伟美观的大厦必须建立在坚固的地基与结构基础上一样，人体外在美同样要求建立在人体结构的坚固与健康的基础之上。求美者切不可以为皮肤就是一切，只做“表面文章”而忽视了深层次的架构问题。

皮肤下面是肌肉组织，其外观依赖肌肉的衬垫作用，若肌肉老化或萎缩、肌肉量减少或松弛，皮肤也必定会随之松弛；若肌肉僵硬或僵直，皮肤也自然会失去弹性和光泽。故欲求皮肤美，必须重视肌肉美。

怎样才算肌肉美？日本相关学者提出的衡量标准是：富有弹性，能显示出人体形态的强健、协调，全身肌肉均衡、发达，体态丰满，没有臃肿感。过胖或过瘦、肌肉松软、肩臂细小无力，以及由于某种原因造成身体某部分肌肉过于瘦弱或肥大，都不能称作美。肌肉美的两大特点为结实和弹性好；松弛与僵硬是肌肉美的大敌。

全身肌肉重量占人体体重的比例：男性约为 40%，女性约为 35%；肌肉的化学组成约 3/4 是水，约 1/4 是固体物质，其中最主要的成分为蛋白质。骨骼肌的组成成分如图 5-2 所示。

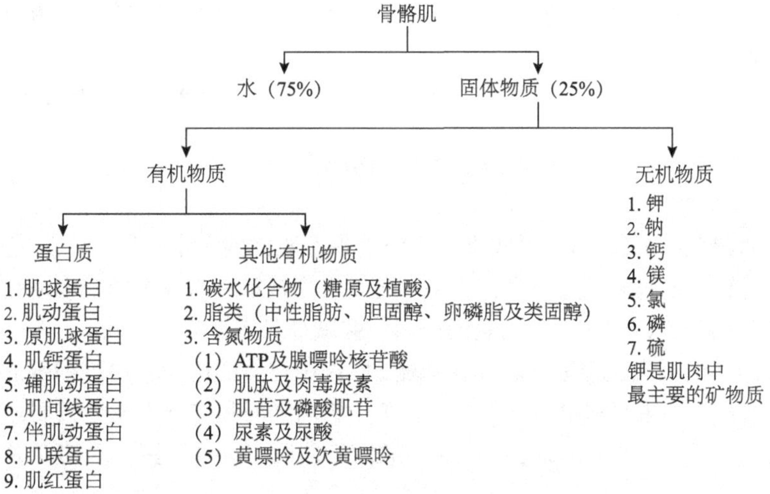


图 5-2　骨骼肌组成成分

## 一、蛋　白　质

驱动人体运动的根本动力是肌肉的收缩，而组成肌肉组织的基本物质是胶原蛋白，尤其是肌腱，几乎都是由胶原蛋白构成的。肌腱是将骨骼肌与骨骼相连接的组织，是驱动身体的最关键组织。人体的肌肉从 30 岁时开始减少，人体中的胶原蛋白也随着年龄而变化（表 5-3）。

表 5-3　人体胶原蛋白随年龄变化的情况

| 年龄段 | 体内胶原蛋白含量 |
|---|---|
| 0～19 岁 | 逐渐增多 |
| 20～29 岁 | 保持不变 |
| 30～49 岁 | 胶原蛋白含量递减，从 30 岁起，肌肉总量开始自然下降 |
| 50～59 岁 | 大幅减少 |
| 60～69 岁 | 真皮层厚度平均较年轻时降低 25%～30%，女性变化尤为明显 |
| 70 岁以上 | 最小含量 |

### （一）肌肉组成与生长

肌肉中，蛋白质主要有3类：肌原纤维蛋白、肌浆蛋白、结缔组织和细胞器内所含的蛋白质，这些都是肌肉组成与生长所必需的结构蛋白和功能蛋白。

### （二）肌肉能量的供给

正常情况下，蛋白质并非肌肉的主要能源物质，其主要功能在于构建肌肉和参与新陈代谢。但是当糖原储存量降低及脂肪消耗过量时，人体将通过分解氨基酸获取能量，因此也会对肌肉的力量和耐力产生负面影响。

### （三）肌肉的修复

肌肉的不断运动，会让肌肉受到磨损，使肌细胞膜产生微小孔洞，健康肌细胞可释放许多小囊泡，将重要的化学物质送到破损处，自行修复破洞。肌细胞的这种修复速度快得惊人，10～30s就能将破洞修补好。

每个人都需要强健的肌肉，只有肌肉强健才有良好的肌肉力量，才能保护身体关节，更重要的是能够帮助维持正确的姿势，减轻因长时间工作、学习造成的不适现象。蛋白质的适量补充及日常的锻炼，可以让肌肉更健康。日常饮食中应注意增加优质蛋白的摄入，如肉类和奶类，有助于改善和维持肌肉的结构及功能。因蛋白质不足引起的肌无力、肌萎缩患者可通过食用蛋白质补充品，如乳清蛋白来改善治疗效果。

**考点：肌肉组织中蛋白质的作用**

## 二、水

肌肉组织含水量为75%，适当摄取水分不但能保证肌肉的正常收缩，而且能维持理想的肌肉张力。水分不仅能够帮助肌肉更好地进行收缩，还能阻止减重时易发生的肌肉退化。此外，水分具有清除肌细胞产生的废物、运送营养物质的作用，并减少肌肉恢复的时间。

即使是少量的体液损失也会影响肌肉的功能。肌肉中溶解的电解质通过细胞的传递，产生神经电信号刺激肌肉收缩。如果水和电解质的含量降低，肌肉强度和控制力就会减弱。含水丰富的肌肉细胞内，蛋白质的合成增加、分解减少；反之，肌肉细胞脱水会抑制蛋白质的合成，促进蛋白质的分解。

**考点：肌肉组织中水的作用**

# 第3节　骨骼与营养

骨质是由骨基质（有机物）和骨矿物质（无机物）构成的。骨基质的主要成分是胶原蛋白（90%以上）；骨矿物质的主要成分是羟基磷酸钙和少量的羟基磷酸镁。骨质成分构成比见表5-4。

表5-4　骨质成分构成比例

| 成分 | 比例 |
| --- | --- |
| 胶原蛋白 | 25% |
| 钙质 | 25% |
| 其他成分 | 50% |

骨质的生成，首先是合成胶原蛋白（Ⅰ型和Ⅲ型胶原蛋白，成人主要是Ⅰ型胶原蛋白，婴幼儿

则以Ⅲ型胶原蛋白为主），胶原蛋白纤维织成基质网，钙和磷以羟基磷酸钙的形式沉积黏附在胶原蛋白基质网的网眼空隙中。胶原蛋白纤维基质网就像钢筋架，形成基本结构且具有韧性，但是缺乏强度；而羟基磷酸钙就像混凝土，沉积黏附在“钢筋架”上以后，使整个结构不但具有韧性，还具有强度。所以人体骨骼既有韧性，又有硬度和强度。

骨质的结构可分为皮质骨和松质骨：皮质骨决定骨的硬度，松质骨决定骨的弹性。骨组织看起来似乎是静态的，实则处于不断地新陈代谢之中，通过不断地更新，完成骨的重构。随着年龄的变化，骨骼中有机物和无机物所占的比例有所不同（表 5-5），儿童及青少年的骨骼中，有机物的含量比无机物高，因此他们的骨骼柔韧度及可塑性比较高；老年人的骨骼中，无机物的含量比有机物高，因此他们的骨骼脆性比较高，容易折断。人体骨质减少到一定程度就不能保持骨质结构的完整性了。骨总量的丢失，首先是骨胶原的劣化和减少，使承载钙、磷的基础变得薄弱。没有足够的骨胶原，羟基磷酸钙就无处沉积。

**表 5-5　不同年龄段的骨骼变化情况**

| 年龄段 | 骨骼变化情况 |
|---|---|
| 0～19 岁 | 骨质生长发育阶段 |
| 20～29 岁 | 骨质仍在不断地增加 |
| 30～39 岁 | 骨质密度含量达到最高水平 |
| 40 岁以上 | 骨质开始逐渐减少 |

骨质中的胶原赋予骨骼弹性和抗折性，人体骨骼是依靠其中相互交叉的胶原蛋白保持其硬度和弹性的。人体在遭受具有破坏性的外力冲击和压迫时，胶原蛋白之间的相互结合就会被破坏，从而使骨骼发生断裂。破坏性的外力消失后，胶原蛋白纤维会通过自我修复重建分子间连接，也就是骨伤愈合。由此可以看出，骨质的强弱、修复功能的优劣，都与人体胶原蛋白的含量有关。

**考点：骨质的构成**

钙是人体中含量最丰富的元素之一，亦是骨骼中最重要的营养素，占人体体重的 1.5%～2.0%，其中约 99%储存于骨骼、牙齿中，而血钙仅占 1%左右。青少年骨骼正处于生长期，需要供给大量钙质，如果钙摄入不足，会导致明显的生长发育不良等。25～30 岁时，骨量达到一生中的最大值（骨峰值），此时钙的沉积与流失基本平衡，骨转换率（骨骼更新速度）较低，流失速度缓慢（每日钙流失量为摄入或沉积量的 5%～10%）；30～50 岁，骨峰值开始缓慢下降，钙流失速度逐渐超过沉积速度，但整体仍较平缓，普通成年人（不分性别）每年骨量流失 0.3%～0.5%。女性绝经前后（45～55 岁），由于卵巢功能衰退，雌激素水平骤降（雌激素可抑制破骨细胞活性，减少钙流失），钙流失速度大幅提升，绝经后 5～10 年内每年骨量流失可达 1%～3%（是绝经前的 3～5 倍），部分女性甚至更高。绝经 10 年后，每年骨量流失速度减缓至 1%～2%，但仍高于男性。至 70 岁后流失速度可能维持在每年 0.5%～1.0%。男性 50 岁后，随年龄增长，睾酮水平逐渐下降（睾酮对骨骼有保护作用），钙流失速度逐步上升。50～70 岁，每年骨量流失达 0.5%～1.0%，显著低于同龄女性绝经后初期。70 岁后，睾酮水平进一步降低，流失速度加快至每年 1%左右，与老年女性接近。80 岁以上的高龄老人（不分性别），此阶段骨骼代谢能力下降，骨转换率降低，钙流失速度略有放缓，但由于前期长期流失，骨量已显著减少，骨折风险极高。年龄越大，骨质疏松就越严重，所以治疗老年性的骨折已成为全世界医学界的难题。

维持健康的骨骼，既要补充胶原蛋白，又要补充钙质。在适量补充这两种物质的同时，如何加强利用也是关键。“吸收”只是维持骨钙-血钙平衡，使人体钙丢失速度减慢，因而属于“存量”水平；“利用”可增加骨密度，从而达到“增量”水平。骨骼对钙质的利用，除了要有充分的钙质来源，还需要维生素、蛋白质等物质的辅助作用。成年人每日应摄入 800mg 的钙。人体自身不能合成钙，全部需要通过饮食来获取。奶及奶制品，虾、鱼、蟹等水生动物及其制品，海带、紫菜、海藻等海生植物，芝麻及其制品，坚果，豆类及绿色蔬菜含钙丰富，是优质的钙来源。受多种因素的影响，钙的吸收率较低，一般在30%～40%。

**考点：骨质中钙的作用**

# 第4节　血液与营养

关于人体体液分布，有3个“2/3”；即人体60%（约2/3）的体重为水的重量；人体约2/3的水在细胞内液，约1/3的水在细胞外液；约75%的细胞外液为组织间液，约25%的细胞外液在血管内（约3∶1，接近2/3与1/3的简化表述）。人类血液占体重的6%～8%，其含量有性别差异；男性平均为5000ml；女性略少，约为4500ml。新生儿的血液量只有450ml，随着年龄增长，血液量也逐渐增加，至青春期可达到4500～5000ml。血液由两种成分组成：血细胞（红细胞、白细胞、血小板）和血浆，前者约占45%，后者约占55%。

**考点：血液的组成**

## 一、血　浆

血浆为浅黄色液体，其中水分占92%～93%，固体物质占7%～8%，固体物质包括有机物质和无机物质两大类（图5-3）。

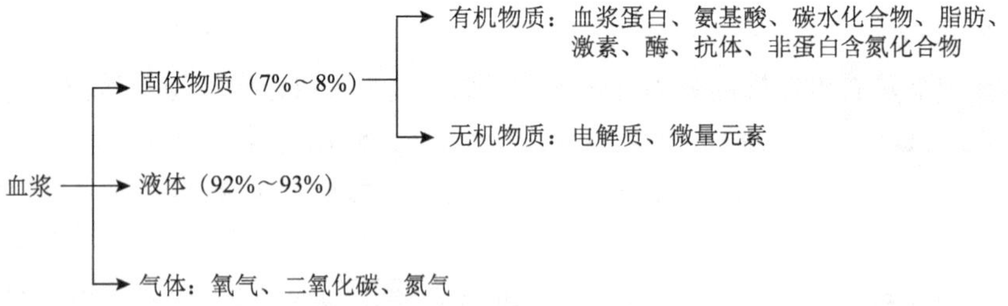


图5-3　血浆的组成成分

### （一）蛋白质

血浆中的蛋白质包括清蛋白（35～50g/L）、球蛋白（20～35g/L）和纤维蛋白原（2～4g/L）等。血浆蛋白质的主要功能如下。

**1. 形成血浆胶体渗透压**　清蛋白分子量最小，含量最多，对于维持正常血浆胶体渗透压起主要作用。当肝脏合成减少或经尿大量排出体外时，血浆清蛋白含量下降，胶体渗透压也下降，从而导致全身水肿。

**2. 免疫作用**　球蛋白包括$\alpha_1$、$\alpha_2$、β和γ等类型，其中γ（丙种）球蛋白含有多种抗体，能与抗原（如细菌、病毒或异种蛋白）结合，从而帮助人体消除致病因素。补体也是血浆中的一种蛋白质，它可与免疫球蛋白结合，共同作用于病原体或异物，破坏其结构，具有溶菌或溶细胞的作用。

**3. 运输作用**　血浆中的蛋白质可与多种物质结合成化合物，如一些激素、维生素、$Ca^{2+}$和$Fe^{2+}$可与球蛋白结合，许多药物和脂肪酸则与清蛋白结合而实现在血液中运输。此外，血液中还有许多酶类，如蛋白酶、脂肪酶和氨基转移酶等，都可通过血浆的运输被送到各种组织细胞中。

**4. 凝血作用**　血浆中的纤维蛋白原和凝血酶等因子是引起血液凝固的成分。

**5. 维持酸碱平衡**　血浆蛋白质，特别是清蛋白在维持酸碱平衡中发挥着重要作用。

**考点：血浆蛋白质的功能**

### （二）脂类与碳水化合物

血浆中所含的脂肪类物质，统称血脂，包括磷脂、甘油三酯和胆固醇等。这些物质是构成细胞成分、合成激素等物质的原料。血脂含量与脂肪代谢有关，也受食物中脂肪含量的影响。

血浆中含的糖类主要是葡萄糖，简称血糖。其含量与糖代谢密切相关。正常人空腹血糖含量比较稳定，在 3.9～6.1 mmol/L 范围内。血糖过高称高血糖，过低称低血糖，都可导致人体功能障碍。

**考点：空腹血糖的正常范围**

### （三）无机盐

血浆中的无机物，绝大部分以离子状态存在。阳离子以 $Na^+$浓度最高，此外还有 $K^+$、$Ca^{2+}$和 $Mg^{2+}$等；阴离子以 $Cl^-$浓度最高，$HCO_3^-$次之，此外还有 $HPO_4^{2-}$ 和 $SO_4^{2-}$ 等。各种离子都有其特殊的生理功能。例如，NaCl 对维持血浆晶体渗透压和保持人体血量有重要作用。血浆 $Ca^{2+}$参与很多重要的生理活动，如维持神经肌肉的兴奋性，在肌肉兴奋收缩偶联中起着重要作用。血浆中还有微量的铜、铁、锰、锌、钴和碘等元素，是构成某些酶类、维生素或激素的必要原料，与某些生理功能有关。

## 二、血　细　胞

### （一）红细胞

正常成熟的红细胞没有细胞核，也没有高尔基复合体和线粒体等细胞器，所以红细胞不能进行三羧酸循环。红细胞内含有丰富的血红蛋白，血红蛋白约占细胞重量的 32%，水占 64%，其余 4%为脂类、糖类和各种电解质。

红细胞的主要功能是运输 $O_2$ 和 $CO_2$，将 $O_2$ 从肺运输到组织，又将 $CO_2$ 从组织运输到肺；此外还在酸碱平衡中起一定的缓冲作用；并参与血型的区分。前两项功能都是通过红细胞中的血红蛋白来实现的。如果红细胞破裂，血红蛋白被释放并溶解于血浆中，即丧失上述功能。血红蛋白由珠蛋白和亚铁血红素结合而成，血液呈红色就是因为其中含有亚铁血红素。

### （二）白细胞

白细胞是人体防御系统的重要组成部分。它可通过吞噬和产生抗体等方式来抵御和消灭入侵的病原微生物。包括中性粒细胞、嗜酸性粒细胞和嗜碱性粒细胞，以及单核细胞和淋巴细胞。白细胞主要功能如下所述。

**1. 吞噬作用**　是生物体最古老，也是最基本的防卫机制之一。如果其要消灭的对象无特异性，则在免疫学中称为非特异性免疫作用。中性粒细胞和单核细胞的吞噬作用很强，嗜酸性粒细胞虽然游走性很强，但吞噬能力较弱。

**2. 特异性免疫功能**　淋巴细胞也称免疫细胞，在人体特异性免疫过程中起主要作用。淋巴细胞针对某一种特异性抗原，产生与之相对应的抗体或进行局部细胞反应，从而消除特异性抗原。根据发生和功能的差异，可将淋巴细胞分为 T 淋巴细胞和 B 淋巴细胞两类，T 淋巴细胞起细胞免疫作用，B 淋巴细胞起体液免疫作用。

### （三）血小板

血小板无色、无核，但有复杂的结构和组成。血小板膜为附着或镶嵌有蛋白质的双分子层脂膜，膜中含有多种糖蛋白，其中糖蛋白Ⅰb 与黏附作用有关，糖蛋白Ⅱb/Ⅲa 与聚集作用有关，糖蛋白Ⅴ是凝血酶的受体。血小板膜外附着着由血浆蛋白、凝血因子及与纤维蛋白溶解系统有关的分子组成的血浆层（血小板的外覆被）。血小板内散在两种颗粒：α 颗粒和致密颗粒，α 颗粒中含有纤维蛋白原、酸性水解酶等，致密颗粒中含有钙离子、抗纤溶酶等。血小板具有促进止血、加速凝血、营养和支持血管等作用。

**考点：血细胞的分类及功能**

# 第5节　肝脏与营养

肝脏是消化系统最重要脏器之一，是体内的主要代谢器官、各种物质代谢的中心，有合成、储存、分解、排泄、解毒和分泌等多种功能。各种营养素被肠道吸收后，由血液运送到肝脏发生生化反应，变成人体可利用的物质，提供人体活动所需要的能量。故肝脏发生病变时，人体的新陈代谢，特别是营养代谢会发生障碍。

## 一、肝脏与碳水化合物代谢

肝脏是碳水化合物储存及分布的中心部位。肝脏通过4个主要途径来维持碳水化合物代谢的平衡：糖原储存、糖原异生、糖原分解和糖脂转化。维持血糖的恒定，是肝脏碳水化合物代谢中的主要作用。

## 二、肝脏与脂肪代谢

肝脏为甘油三酯、磷脂及胆固醇代谢的场所，肝脏分泌的胆汁酸盐，可促进脂肪的乳化及吸收，并活化脂肪酶，促进脂溶性维生素如维生素A、维生素D、维生素E、维生素K等的吸收。

## 三、肝脏与蛋白质代谢

肝脏是合成蛋白质的主要场所，人体每天合成清蛋白12～18g。食物中的蛋白质，在胃肠道经各种蛋白酶的作用分解成氨基酸，氨基酸从门静脉被输送到肝脏，其中80%的氨基酸在肝中合成蛋白质，如急性期反应蛋白、血浆蛋白及某些补体成分等。

## 四、肝脏与维生素代谢

肝脏能储存多种维生素，如维生素A、维生素D、维生素K、维生素$B_1$、维生素PP、维生素$B_6$、维生素$B_2$等在体内主要储存于肝脏。其中，肝脏中维生素A的含量占体内总量的95%。肝脏除了分泌胆汁酸盐协助脂溶性维生素的吸收外，还直接参与多种维生素的代谢转化，如将β-胡萝卜素转变为维生素A，将维生素$D_3$转变为25-(OH)$D_3$。多种维生素在肝脏参与辅酶的合成，如烟酸（维生素PP）转化为烟酰胺腺嘌呤二核苷酸（$NAD^+$）及烟酰胺腺嘌呤二核苷酸磷酸（$NADP^+$），泛酸合成辅酶A，维生素$B_6$合成磷酸吡哆醛，维生素$B_2$合成黄素腺嘌呤二核苷酸（FAD），以及维生素$B_1$合成硫胺素焦磷酸（TPP）等，对人体内的物质代谢起着重要作用。

## 五、肝脏与激素代谢

肝脏能将许多激素分解，使其失去活性，称为激素的“灭活”。严重肝病患者不能有效地灭活雌激素，使之在肝内积蓄，可引起性征改变，如男性乳房发育；雌激素还能扩张小动脉，使局部小血管扩张、扭曲形成蜘蛛痣；引起醛固酮和糖皮质激素灭活障碍，使水和钠在体内潴留，引起水肿。

**考点：肝脏在物质代谢中的作用**

## 目 标 检 测

### A1 型题

1. 人体皮肤中最多的蛋白质是（　　）。
   A. 胶原蛋白　B. 球状蛋白
   C. 网状蛋白　D. 角蛋白
   E. 弹性蛋白
2. 人体肌肉中含量最多的矿物质是（　　）。
   A. 钙
   B. 钾
   C. 钠
   D. 碘
   E. 磷
3. 肌肉中，蛋白质主要有（　　）。
   A. 1 类　B. 2 类
   C. 3 类　D. 4 类
   E. 5 类
4. 肌肉组织含水量为（　　）。
   A. 15%　B. 25%
   C. 50%　D. 65%
   E. 75%
5. 成人骨质中主要的胶原蛋白类型是（　　）。
   A. Ⅰ型　B. Ⅱ型
   C. Ⅲ型　D. Ⅳ型
   E. Ⅴ型
6. 成年人每日应摄入的钙是（　　）。
   A. 300mg　B. 500mg
   C. 600mg　D. 800mg
   E. 1000mg
7. 血浆蛋白质的主要功能不包括（　　）。
   A. 免疫作用　B. 运输作用
   C. 凝血作用　D. 维持酸碱平衡
   E. 维持血浆晶体渗透压
8. 正常人空腹血糖的范围是（　　）。
   A. 3.1～3.5mmol/L
   B. 3.9～6.1mmol/L
   C. 4.2～6.1mmol/L
   D. 3.9～7.2mmo1/L
   E. 3.6～3.9mmol/L
9. 碳水化合物储存及分布的中心部位是（　　）。
   A. 心脏　B. 胃
   C. 肝脏　D. 口腔
   E. 小肠
10. 人体每天大约合成清蛋白（　　）。
   A. 5g　B. 15g
   C. 20g　D. 25g
   E. 30g

（郭艳东）

# 第 6 章
# 皮肤衰老与营养

学习目标

**1. 素质目标** 培养学生分析、解决问题的能力及服务他人的意识；培养学生耐心、细致的职业精神。

**2. 知识目标** 掌握衰老皮肤的营养膳食；熟悉皮肤衰老的原因、皮肤衰老的预防；了解衰老的发生机制。

**3. 能力目标** 能够根据衰老皮肤的特点对老化性肌肤进行辨别，并提出营养及日常养护指导建议。

## 第 1 节　衰老与营养

**案例 6-1**

李女士，37 岁，某通讯公司外勤员工。因自觉鼻唇沟明显至专业美容机构寻求帮助，经皮肤检测确定为衰老皮肤并制定了相应的皮肤养护方案。

问题：1. 李女士日常饮食原则有哪些？

2. 李女士可选择哪些食物？

衰老是人类普遍存在、不可抗拒的渐进过程。我们通常能够注意到衰老，是因为外部形态的变化，但其实衰老还伴随着内在组织结构的改变和器官功能的减退，甚至会带来不同程度精神、心理的变化。人人都会老去，但是合理的养护可以延缓衰老的进程，减轻衰老带来的外部及内在影响。

### 一、衰老的发生机制

人体衰老是人体功能退行性下降及紊乱的综合变化。衰老的发生机制及所涉及的学说众多，总体来说，衰老是多因素综合作用的结果。

**1. 自由基学说** 所谓自由基是指在电子轨道上带有不成对电子的原子或分子，自由基性质非常活跃，会夺取其他物质的电子，使自己形成稳定的物质，这种现象被称为“氧化”。自由基学说认为，人体的衰老过程其实是一个氧化过程。生物体内的自由基主要是氧自由基，具有强氧化性，可损害人体的组织和细胞，进而引起衰老。

**2. 代谢失调学说** 该学说认为衰老受遗传的控制，通过代谢来表达。该学说认为人体代谢会随年龄的增加而逐渐减弱，各器官的生理功能也随之下降，从而导致人体衰老。

**3. 细胞分裂极限学说** 该学说认为细胞“端粒”长度是衡量人体细胞衰老程度的生物学标志之一，以该学说为基础的相关研究表明，坚持以蔬果为主的饮食及适度运动的健康生活方式，或者坚持以蔬菜、水果、豆类、全谷物、橄榄油、适量海产品、适量饮酒（特别是葡萄酒）为特征的地中海饮食能够改善端粒长度，从而延缓衰老。

**4. 损伤学说** 该学说认为生物体在体内外各种损害和应激因素下，其遗传物质如 DNA 会受到损伤，随着年龄增加，DNA 的自我修复能力下降，DNA 损伤累积，有些基因不能正常表达，则引起人体各种功能下降，最终导致衰老及各种疾病。

**5. 神经内分泌失调学说** 该学说认为内分泌受下丘脑-垂体-内分泌器官组成的神经内分泌轴调控，随着年龄的增加，内分泌系统合成、分泌、调节功能都出现紊乱和衰退，从而加速人体衰老。

**6. 营养失衡学说** 该学说认为营养素是人体代谢的物质基础，营养素摄入不足、过量或不平衡都能导致衰老。著名的"麦卡效应"则更是证明了限制能量的摄入可有效延缓衰老。

**链接** "麦卡效应"

20 世纪 30 年代，美国营养学家麦卡（McKay）完成了一项著名的实验，发现与自由饮食相比，在保证微量营养素供给的条件下，减少能量供给，可使节食小鼠寿命延长 50%。这就是"麦卡效应"。古人云"饱生众疾"，现代科学研究证实减少能量摄入可抗衰老，这可能与能量摄入减少从而使产生的自由基减少，最终延缓衰老有关。

除了以上学说，衰老的发生还与遗传因素、环境因素（社会、经济、营养、生活环境）及精神心理因素等有关。

## 二、衰老的表现及对营养的影响

人体衰老的表现，既有外部形态的变化，也有内在组织结构的改变和器官功能的减退，同时伴有不同程度的精神心理变化。

衰老是一个循序渐进的过程，其带来的分子和细胞损伤会引起人体渐进性、全身性的结构和生理功能的改变，营养失衡也随之发生，具体表现在以下几个方面。

**1. 内分泌系统** 衰老引起的内分泌改变最主要表现为激素合成、代谢和转运能力的下降，组织对激素的敏感性减弱，从而影响人体的代谢功能。在所有激素中，女性雌激素受年龄影响最大，受内分泌系统变化的影响，老年人常表现为夜尿频繁、糖耐量下降、骨质疏松等，尤其是老年女性人群，由于甲状旁腺激素分泌增加，骨骼中钙的释放增多，加上雌激素减少，骨质疏松症的发生率更高。

**2. 消化系统** 随着年龄增加，牙龈逐渐退化萎缩、牙齿松动脱落、牙釉质磨损加重，因此，老年人常表现为对酸、冷、热的食物刺激更加敏感，咀嚼能力下降；由于消化道消化液的分泌量减少及胃肠道蠕动减弱，更容易出现消化不良、消化吸收功能减弱，使得部分矿物质如钙、铁和 B 族维生素等营养素的吸收减少。

同时，随着人体衰老，肠道菌群的种类和比例发生改变，肠道菌群参与 B 族维生素和维生素 K 的合成及多种营养物质的代谢，如双歧杆菌可促进氨基酸、脂类和维生素代谢，以及蛋白质、钙、铁、镁、锌的吸收。人体衰老时，肠道双歧杆菌丰度和物种多样性减少，这也是老年人容易面临营养相关问题的原因之一。

**3. 泌尿系统** 肾脏是衰老引起的解剖和生理变化最显著的器官。衰老导致肾脏清除人体内各种代谢产物的能力下降、肾小管重吸收功能降低，有害物质易在体内蓄积，葡萄糖、氨基酸、维生素等营养物质易通过尿液排出体外而引起营养不良。

**4. 神经系统** 衰老引起的神经系统的变化主要表现为脑组织萎缩、脑细胞减少及敏感性下降，神经系统衰退可引起记忆力变差，并出现精神和情绪的改变；还会引起运动功能失调。此外，神经系统衰退还可引起感觉功能下降，导致食欲减退，从而增加了营养不良的发生风险。随着年龄的增长，味觉神经和味蕾会逐渐萎缩，对酸苦甘鲜咸等味道的感知能力下降，五味中尤其以对咸味的感受退化最为严重，因此会出现口味越吃越咸，增加高血压和脑卒中的风险。

**5. 运动系统** 进入老年期后，随着年龄增长，骨骼中矿物质含量、骨基质含量和骨密度开始下降，骨脆性增加，骨骼重塑时间延长，绝经期女性更加明显。由于骨关节的退行性变化及关节周围滑液减少，老年人通常表现为关节僵硬、行动迟缓，并逐渐出现肌肉萎缩退化。运动功能的下降又进一步加重了食欲不振，并影响营养素的吸收，尤其不利于骨密度的维持。

**6. 免疫系统** 免疫细胞的功能随年龄的增长而减退，因此，老人通常抵抗力较弱，又称免疫衰老。由于抵抗力低下，衰老人群通常更易遭受疾病侵袭，且病程长、易反复，这也会在一定程度上影响营养素的吸收和利用。

**7. 循环系统** 衰老使得心肌收缩力降低、血管硬化程度逐渐加重，因此，心脏搏出量减少，供血能力降低，血压上升。另外，衰老引起的消化系统的变化导致铁的吸收利用能力下降和造血功能减退，血红蛋白含量减少，常出现缺铁性贫血。贫血还可能与老年人铁、维生素 $B_{12}$、维生素 $B_6$ 及叶酸等摄入量不足、蛋白质合成减少等有关。

# 第 2 节 皮肤衰老的原因

皮肤衰老，是指在外源性因素或内源性因素的影响下，皮肤的外部形态、内部结构及生理功能出现衰退的现象。

皮肤是人体最大的器官，直接同外界环境接触，具有保护、排泄、调节体温和感受外界刺激等作用。随着年龄的增长，人体的皮肤与其他器官一样，也会逐渐衰老，老化的皮肤在保持水分、维持皮肤润泽度、弹性等方面的功能都会显著减弱。老化是皮肤状态发展的自然规律，但是合理的营养膳食能够有效改善皮肤的营养状态，从而延缓皮肤的衰老进程。

## 一、皮肤衰老原因的现代论述

现代医学对皮肤衰老原因的论述可分为内部因素和外部因素两大类。

### （一）内部因素

**1. 器官功能减退** 皮肤的附属器官如汗腺、皮脂腺随着年龄的增长，其功能会自然减退，分泌功能减弱，分泌物减少，使皮肤的皮脂膜、角质层缺乏滋润而变得干燥，出现干纹、脱皮等现象。

**2. 新陈代谢减慢** 随着年龄的增长，皮肤新陈代谢速率减慢，真皮内的保湿因子减少，真皮层弹力纤维和胶原纤维合成减少及功能减退，造成皮肤张力、弹力减弱，使皮肤柔韧性变差，出现皱纹。

**3. 营养素缺乏** 皮肤的张力、弹性主要与真皮层中结缔组织息息相关，皮下组织中脂肪在充盈皮肤及维持皮肤的弹性方面也有重要作用。当人体营养素缺乏时，由于结缔组织形成障碍、脂肪流失，皮肤的弹性、韧性下降，就会出现松弛、皱纹，引起皮肤衰老。

**4. 自由基学说** 人体代谢过程会不断产生自由基，人体内也存在清除自由基的体系，如体内的抗氧化酶类和抗氧化剂。可是，随着年龄的增长及其他各种不良因素的影响，人体内清除自由基的酶类活性逐渐降低，造成大量自由基蓄积从而引起皮肤衰老。超氧自由基更会引发体内脂质过氧化，加快皮肤的衰老进程，并可诱发皮肤病变等。

**5. 激素变化** 女性在孕期、月经周期、围绝经期等阶段，激素水平变化会影响皮肤健康。

### （二）外部因素

**1. 养护不当** 缺乏对皮肤的护理，或不正确的皮肤护理方法，如选用了不适合的护肤品、化妆品等引起皮肤过敏、干痒、脱屑、红肿，久而久之皮肤的屏障功能受损，就会出现皮肤衰老。

**2. 环境因素** 长期生活在布满粉尘颗粒的环境中，使得皮肤的各项功能减退，或长时间的紫外线照射等原因，导致真皮层胶原结缔组织受损，从而引发皮肤衰老。

**3. 生活习惯** 生活不稳定、长期睡眠不足、生活不规律等使皮肤细胞的各种调节活动功能失常；长期吸烟、饮酒等不良的生活习惯也会影响皮肤的正常功能，加速皮肤的衰老。

**4. 缺乏锻炼或减肥过快** 强健有力的肌肉组织可支撑皮肤，使皮肤充盈、强健。长期缺乏体育锻炼，皮下肌肉组织萎缩，支撑作用减弱，皮肤松弛而显得衰老。此外，不当的减肥方式，如短时间内减肥过快，也会因为皮肤营养缺乏及失去皮下脂肪的充填而出现皮肤松弛。

**5. 其他因素**　如过于丰富的面部表情、长期情志抑郁、过度劳累、性情暴躁等因素都可加速皮肤的衰老。

**链接**　紫外线与皮肤防护

日常防晒主要是防阳光中的紫外线，紫外线可分为长波紫外线（UVA）、中波紫外线（UVB）和短波紫外线（UVC）。其中 UVA 的透射力可达人体皮肤真皮层，长时间的累积刺激可使体内的氧化游离基（自由基）增多，导致弹性纤维变性、断裂并刺激黑色素细胞，引起皮肤松弛、下垂、皱纹及色斑等；UVB 的透射力仅达皮肤表层，过度照射易引起皮肤红肿、疼痛，严重时可产生水疱、红斑等炎症反应；UVC 基本不会对皮肤产生危害。但需注意，适度的紫外线照射可以促进人体维生素 D 的合成，尤其是生长发育阶段的儿童和青少年每日应坚持足够的户外活动量。作为美容从业人员，应对求美者进行正向的宣教及引导，不可因为求美而误入健康的陷阱。

## 二、中医对皮肤衰老原因的论述

中医认为人体以心、肝、脾、肺、肾五脏为中心，以气、血、津液为生命活动的物质基础，故人体衰老与五脏衰弱、气血失和均有关系。

**1. 肾精虚衰**　肾主藏精，为先天之本，肾中所藏之精是构成人体和促进人体生长发育的基本物质，人体生长、发育、衰老的过程均受肾精充盈度的影响，肾精虚衰则人体各项功能减弱，衰老就会加速到来。

**2. 脾胃虚损**　脾主运化，胃主受纳，脾胃为后天之本，气血生化之源，脾胃不足则后天生化乏源，导致全身气血不足，出现面色枯槁不荣、肌肉松弛等衰老状态。

**3. 心肺不足**　心主血脉，其华在面，心气可推动血液在脉管中运行，心气充沛则面色红润有光泽；肺主皮毛，通过宣发、肃降作用将气血精微输送到全身，肺的功能正常则皮肤荣润、毛发光亮。心肺不足时，肌肤由于失去气血的濡养而出现干燥、粗糙、缺乏光泽及弹性下降等衰老表现。

**4. 肝脏衰惫**　肝藏血，主疏泄，肝的疏泄功能具有调畅气机的作用，肝失疏泄则影响食物的消化吸收，致气血生化不足。肝在体为筋，《黄帝内经・素问・上古天真论》说："七八，肝气衰，筋不能动"，即说明人体衰老的标志之一——活动障碍，是由肝气虚衰而引起的。

**5. 气血失和**　气血是人体生命活动的物质基础，气血的生成有赖于脏腑功能的正常发挥，反之，气血的病变也将影响到脏腑，气血失调则脏腑功能受损，精无以化生则发为衰老。

衰老皮肤的特点主要表现在皮肤变薄、弹性降低、光泽变差、出现皱纹、肤色暗黄、色素分布不均匀甚至出现色斑、皮肤及皮下组织结构松弛、下垂等。不仅如此，皮肤衰老还会影响其生理功能的正常发挥，如皮肤的屏障功能减弱，易受外界各种因素刺激而出现过敏等不适反应；由于衰老皮肤的代谢功能减慢，其自我修复能力下降，参与其他各类物质代谢的过程也显著降低；衰老皮肤由于新陈代谢下降、血液供应量减少，再生能力明显下降，当皮肤出现破损时，修复时间也显著延长；此外，衰老皮肤的吸收功能、分泌排泄功能及感觉功能等都有不同程度降低。

**考点：皮肤衰老的原因**

# 第 3 节　皮肤美容与膳食

## 一、与皮肤衰老有关的营养素

皮肤由水、蛋白质、脂类、碳水化合物（糖类）、矿物质等营养素构成，这些物质在人体皮肤中有其特定的构成比例，它们共同参与了人体皮肤的新陈代谢活动。

### （一）蛋白质

蛋白质是参与细胞构成的重要物质，真皮层中参与结缔组织构成的弹力蛋白、网状蛋白、胶原蛋白等的合成也都需要充足的蛋白质，蛋白质在维持皮肤弹性、韧性等方面具有重要作用。如果长期饮食中缺乏蛋白质，不但会影响人体器官的功能，降低机体对各种致病因子的抵抗力，还会导致皮肤的生理功能减退，使皮肤弹性下降、韧性差，出现皮肤松弛、下垂、失去光泽，引发肌肤早衰。

### （二）维生素

**1. 维生素 A** 能在生物体系中作为反应链阻断型抗氧化剂，与有机过氧自由基组合，抑制脂质过氧化，延缓皮肤衰老。此外，维生素 A 还能够促进黏膜细胞中糖蛋白的生物合成，从而影响黏膜的正常结构。维生素 A 缺乏时，在皮肤可表现为表皮细胞增生、过度角化及脱屑，由于皮脂腺分泌减少，上皮细胞变性、干燥、皱缩、弹力下降等，进而加速皮肤衰老。

**2. 维生素 E** 是细胞膜内重要的抗氧化物和膜稳定剂，可以保护细胞膜免受过氧化物和自由基的损害，有良好的抗氧化活性。同时，维生素 E 还能促进人体新陈代谢，加速沉积物排出，改善皮肤弹性，促进蛋白质的合成，提高蛋白质的功能。因此，维生素 E 在延缓细胞衰老进程中具有一定的作用。

**3. 维生素 C** 是体内重要的水溶性抗氧化剂，维生素 C 与维生素 E 具有明显的协同抗氧化作用，维生素 C 可增强维生素 E 对膜脂质的保护功能，减少氧化剂对皮肤的损害。另外，维生素 C 还能促进人体皮肤中胶原纤维和弹力纤维的形成。缺乏维生素 C 可使胶原蛋白合成障碍，导致皮肤弹性降低、皮肤及黏膜干燥，出现皱纹。

**4. B 族维生素** 主要作用为参与人体能量代谢过程，所以 B 族维生素缺乏往往容易引发肥胖等损害形体美容的疾病。但 B 族维生素中的维生素 $B_2$ 不仅参与脂肪的代谢，还可以促进皮肤细胞的生长，影响皮脂腺的分泌功能，维生素 $B_2$ 缺乏时，可能引起脂溢性皮炎，不仅影响皮肤美观，还会加速皮肤衰老。

### （三）矿物质

矿物质中与皮肤衰老关系密切的微量元素有铁、锌、硒等。

铁是人体造血的重要原料，缺铁会引起缺铁性贫血，出现面色苍白、缺乏光泽、倦怠乏力等，影响健康进而加速皮肤衰老。

锌是人体内多种酶的重要成分之一，参与人体核酸及蛋白质的合成，锌对皮肤具有保护作用，缺锌可引起皮肤粗糙和上皮角化，而干燥、粗糙的皮肤通常被认为是皮肤老化的表现之一。

硒的生理作用主要是通过硒蛋白发挥的，硒在人体内作为良好的抗氧化剂，具有清除自由基和过氧化氢的作用，人体硒水平的高低直接影响了人体的抗氧化能力，硒与维生素 E 的协同作用起到了抗氧化、减缓老化进程的作用。

### （四）生物活性物质

许多种类的生物活性物质都具有较强的抗氧化作用，如多酚类化合物、大豆异黄酮、番茄红素、花色苷、叶黄素、原花青素等。

**1. 多酚类化合物** 在所有植物化学物中，多酚类化合物清除自由基的能力是最强的，多酚类化合物是所有酚类衍生物的总称，主要指酚酸和黄酮类化合物，如原儿茶酸、绿原酸、茶多酚等。

**2. 大豆异黄酮** 是一种酚类化合物，主要存在于豆科植物中，具有弱雌激素效应，可以与不同组织器官的雌激素受体结合，发挥类雌激素或拮抗内源性雌激素的作用，其抗氧化作用主要表现在抑制活性氧自由基产生、抑制过氧化氢生成、减少 DNA 氧化损伤及抑制脂质过氧化。

**3. 番茄红素**　是一种不含氧的类胡萝卜素，番茄红素不仅具有抗氧化作用，还可降低心血管疾病的发病风险、抑制肿瘤。

**4. 花色苷**　为黄酮类化合物，可清除各种自由基，保持氧化还原系统与游离自由基之间的平衡。其对自由基的清除能力大于维生素 E，此外，还可升高细胞内超氧化物歧化酶和谷胱甘肽转换酶的活性，减轻氧化应激损伤。

**5. 叶黄素**　不仅具有较强的抗氧化能力，还具有视网膜保护作用。

**6. 原花青素**　属于多酚类黄烷醇化合物，它是活性氧的有效清除剂，可以防止自由基的攻击，尤其是可抑制脂质过氧化作用，原花青素也可减少其他抗氧化营养素的损失，从而减少氧化产物的形成，提高人体的总体抗氧化能力。原花青素广泛分布于植物性食物中，尤其是植物的核、皮、籽当中，如葡萄籽中原花青素含量尤其高。

蛋白质、维生素、矿物质等维持人体健康和美容的营养素广泛地分布在各类食物中，合理的膳食不仅可以补充人体健康和美容所必需的营养素，又可防治各种不利于人体健康和美容的疾病并延缓衰老，因此，全面合理的膳食，是健体美容、延缓衰老最重要的物质保障。

**考点：与皮肤衰老有关的营养素**

## 二、与皮肤衰老有关的食物

**1. 谷薯类食物**　谷物中的抗氧化剂主要为矿物质、维生素、类胡萝卜素、植酸等，这些成分主要位于麸皮和胚芽中，因此，谷物类食物的抗氧化、防衰老作用受加工方式影响较大，一般来说，加工越精细的谷物，其中的抗氧化成分含量越低。薯类中抗氧化成分主要为维生素 C、胡萝卜素、多酚类和硒元素。紫甘薯、黑米、红米、马铃薯中除含淀粉、蛋白质和脂肪外，还含有丰富的维生素 A、胡萝卜素、维生素 C、花青素和硒等抗氧化成分。

**2. 蔬菜水果类食物**　蔬菜水果中的天然抗氧化剂如类胡萝卜素、维生素 C、锌、类黄酮等，具有协同保护细胞和组织的作用。不同种类的果蔬抗氧化活性各不相同，研究发现草莓的抗氧化能力高于李、甜橙、猕猴桃、葡萄等水果；甘蓝、菠菜、西蓝花等蔬菜的抗氧化能力明显高于甜菜、洋葱、玉米、莴苣等品种。

蔬菜水果中含有的类胡萝卜素可转换成维生素 A，含类胡萝卜素丰富的食物有菠菜、胡萝卜、苋菜、韭菜、南瓜等。维生素 C 主要来源于新鲜的蔬菜、水果，如柿子椒、柚、花椰菜、酸枣等。花青素主要来自植物的花朵、果实、叶子，人类摄入的花青素主要来源于深色浆果，如桑葚、杨梅、黑布林（黑李）、黑加仑（黑茶藨子）、中国李、山楂、葡萄等，蔬菜中的紫甘蓝、茄子、紫苏、红菜薹等也含有较高含量的花青素。

**3. 畜禽肉及鱼类食物**　肉类食物中的抗氧化剂主要为维生素 A、维生素 E、硒等，其中鱼类及鱼油中的不饱和脂肪酸也具有降低脂质过氧化的作用，但需注意，肉类食物过多摄入可导致肥胖，还可干扰内分泌系统，从而加速衰老。

**4. 蛋类、奶类食物**　蛋类、奶类及奶制品中含有丰富的蛋白质，此外其中含有的维生素 E、硒等营养素也有良好的抗衰老作用。

**5. 豆类食物**　大豆是人体获取大豆异黄酮的主要食物来源，黑豆、红豆、绿豆中含有丰富的花青素，这些成分都具有较强的抗氧化功效。

**6. 其他**　坚果中富含不饱和脂肪酸及多种抗氧化成分，如杏仁含有类黄酮，花生和开心果中富含白藜芦醇，核桃中含有多种多酚类物质及维生素 E 等，这些抗氧化物彼此协同作用，促进人体的抗氧化反应，延缓皮肤衰老。

此外，咖啡、蜂蜜及茶等，都是良好的抗氧化食品。尤其是茶，其中含有的儿茶素和多酚能够有效降低脂质氧化。

**考点：与皮肤衰老有关的食物**

## 三、衰老皮肤的营养膳食

### （一）膳食原则

对于衰老性皮肤，可以选择具有强身健体、延缓皮肤衰老等功效的食物。

**1. 增加蛋白质的摄入** 蛋白质是产能营养素，同时也是人体组织细胞的重要成分之一。皮肤真皮层胶原结缔组织的形成依赖于食物中的蛋白质。多食用蛋白质含量丰富的食物可以促进人体新陈代谢，使皮肤柔嫩光泽、富有弹性，防止皮肤过早松弛，延缓皮肤衰老。富含蛋白质的食物有瘦肉、蛋类、奶类、豆类及鱼类等。

**2. 多吃富含维生素 E 的食物** 维生素 E 具有抗氧化作用，可以清除体内的氧自由基，对胶原纤维和弹力纤维有一定的修复作用。因此，充足的维生素 E 的摄入可以抑制体内黑色素的合成，淡化色斑，还可促进皮肤血液循环，维持皮肤弹性，使皮肤光滑有弹性，从而延缓皮肤衰老。维生素 E 在绿叶蔬菜、各种坚果（如核桃仁、杏仁、花生、榛子）、麦胚及植物油中含量丰富。

**3. 多食用富含维生素 C 的食物** 维生素 C 具有较强的抗氧化活性，不仅能抑制黑色素的合成、淡化色斑，还能促进真皮层胶原蛋白的合成，从而预防色素沉着，防止黄褐斑、老年斑的发生，以及增强皮肤的弹性，延缓皮肤衰老。维生素 C 主要分布在蔬菜、水果中，如柠檬、猕猴桃、柑橘、柚、冬枣、柿子椒、花菜等。但应注意，天然的维生素 C 的稳定性较差，不耐受光、热、氧、碱等因素，因此，应选择新鲜的蔬菜、水果。

**4. 多吃富含铁、锌、碘、硒等矿物质的食物** 铁的主要生理功能为参与造血，充足的血液不仅能使皮肤光泽红润，还能增加皮肤的营养供应；锌以辅酶形式参与体内各种生理活动，与蛋白质的合成、碳水化合物的合成、维生素 A 的代谢，以及性腺的活动有密切关系，锌还能维持皮肤的健康，缺锌会导致皮肤伤口愈合延迟；碘在人体内主要分布在甲状腺，参与甲状腺激素的合成，而甲状腺激素参与三大产能营养素的代谢，缺碘会导致人体新陈代谢速度减慢，皮肤的血液循环减弱而缺乏光泽和弹性；硒参与构成谷胱甘肽过氧化物酶，具有清除自由基和过氧化氢的作用，保护细胞和细胞膜免受过氧化物的损害，是体内良好的抗氧化剂。此外，硒还具有抗衰老作用，被广泛应用于各种保健食品中。

含铁丰富的食物如动物肝脏、全血制品、瘦肉等；含锌丰富的食物如牡蛎、动物内脏、全谷类、坚果、蛋类等；含碘丰富的食物主要为各种海产品，如海带、紫菜、石莼、海参等；食物中硒的含量随地域不同而异，富硒土壤中种植出来的农作物一般都含有较丰富的硒，日常生活中，可以从谷类、肉类、奶类和蛋类及香菇、木耳、芝麻等食物中获取硒元素。

**5. 增加生物活性物质的摄入** 多酚类化合物、番茄红素、大豆异黄酮、花青素等生物活性物质可通过抗氧化作用发挥延缓皮肤衰老作用。颇具我国特色的茶，如绿茶中含量丰富的茶多酚，具有良好地清除氧自由基的作用，还能抑制肿瘤细胞 DNA 的合成，可防癌、抑癌；番茄红素是类胡萝卜素中抗氧化活性最强的化合物，除了番茄外，番茄红素还存在于西瓜、南瓜、李、柿、胡椒、桃、木瓜、芒果、番石榴、葡萄、葡萄柚、茶、胡萝卜等食物中。

被称为植物雌激素的异黄酮是黄酮类化合物中的一种，是植物生长过程中形成的一类次级代谢产物。异黄酮对雌激素水平具有双向调节作用，女性在绝经前后，由于卵巢功能减退，体内雌激素水平下降，易出现各种不适症状，此时若能在饮食中增加富含异黄酮类食物的摄入可以有效缓解这些症状。此外，异黄酮还具有预防、改善骨质疏松的作用，大豆异黄酮的雌激素样作用可使女性皮肤光滑、细腻、柔嫩、富有弹性，从而延缓衰老。异黄酮主要存在于豆科植物中，尤其以大豆中含量较高。

**考点：衰老皮肤的膳食原则**

### （二）衰老皮肤膳食指导

**1. 增加水分摄入** 每天至少饮用 1500ml 水（约 8 杯），保持身体水分充足，有助于维持皮肤的水润和弹性。可以选择喝一些富含抗氧化剂的天然草本茶，如绿茶、菊花茶等。

**2. 多样化饮食**　尝试不同的蔬菜和水果，以获得多种维生素和矿物质。例如，可以加入甜椒、紫甘蓝、苹果等。定期更换蛋白质来源，如豆腐、豆类、瘦肉和海鲜，以确保摄入多样化的氨基酸。

**3. 控制糖分和加工食品**　尽量避免高糖和高加工食品，这些食品可能会加速衰老和引发皮肤问题。选择自然甜味的食物如水果作为甜点。

**4. 适量摄入健康脂肪**　增加富含 $\omega$-3 脂肪酸的食物摄入，如亚麻籽、奇亚籽、核桃等，有助于改善皮肤状况。

**5. 适合的零食选择**　在正餐之间，张女士可以选择一些健康的零食，以帮助维持能量并提供营养，如新鲜水果（苹果、橙子、梨、草莓等）、坚果和种子（杏仁、核桃、南瓜子等，注意适量）、酸奶（选择低糖或无糖酸奶，可以添加新鲜水果或少量蜂蜜）、切菜盘（胡萝卜、黄瓜、芹菜等生吃，搭配低脂肪的酸奶酱或鹰嘴豆泥）。

### （三）衰老皮肤的食谱举例

张女士，58 岁，身高 162cm，体重 59kg，皮肤皱纹较多，皮肤较粗糙，请为其制订一日带量食谱。

**早餐：**燕麦粥（50g 燕麦）、牛奶一盒（250ml）、香蕉 1 根（约 180g）、坚果（混合坚果，15g）。

**午餐：**糙米饭（糙米 100g）、清蒸鱼（鲈鱼 150g）、西蓝花（100g）、胡萝卜（50g）、橄榄油（10g，调味用）。

**下午加餐：**酸奶（低糖酸奶 150g）、水果（蓝莓 50g）。

**晚餐：**蔬菜汤（番茄、菠菜、洋葱等，约 200g）、鸡蛋（50g）、全麦面包 2 片（约 60g）、菠菜（100g）。

该食谱可提供能量 1368kcal，蛋白质 76.5g、脂肪 49.2g、碳水化合物 172g。该食谱对抗衰老有益的营养素有：维生素 C（来自西蓝花、胡萝卜、蓝莓、香蕉等）、维生素 E（来自坚果、橄榄油等）、类胡萝卜素（来自胡萝卜、番茄等）等抗氧化剂；$\omega$-3 脂肪酸（来自清蒸鱼，有助于减少炎症和促进皮肤健康）；纤维素（来自燕麦、糙米、各种蔬菜等，有助于消化和维持健康体重）；蛋白质可促进皮肤的修复与再生。

# 第 4 节　皮肤衰老的预防

## 一、预防皮肤衰老的措施

### （一）健康饮食

**1. 增加抗氧化食物摄入**　抗氧化营养素能够降低 DNA 损伤，抵抗自由基对皮肤的损害，延缓皮肤衰老，如富含维生素 A、维生素 E、维生素 C、多酚和黄酮类化合物的食物等。

**2. 摄取足够的蛋白质**　蛋白质是皮肤细胞的重要组成部分，充足的蛋白质摄入有助于维持皮肤的弹性。

**3. 控制糖分摄入量**　过多的糖分摄入会加速皮肤糖化，促进体内氧自由基的产生，导致皮肤松弛和皱纹的产生。

合理的膳食结构、充足的营养素摄入是人体各项功能正常发挥的重要保证。预防皮肤衰老的饮食措施不仅要做到膳食结构合理，还应注意保持良好的膳食制度，饮食规律，不暴饮暴食。

### （二）规律作息

**1. 保证充足的睡眠**　夜间休息时段，是皮肤修复和再生的关键时期，保证充足的睡眠有助于维持皮肤的健康和年轻态。

**2. 避免熬夜** 长期熬夜会干扰人体内分泌系统，导致内分泌紊乱，进而加速皮肤衰老。

### （三）合理养护

**1. 做好防晒** 阳光中的紫外线可破坏表皮细胞，使表皮的锁水能力下降而出现皮肤干燥，此外，紫外线还会破坏真皮层弹力纤维，引起皮肤弹性下降、皱纹增多而加速皮肤衰老。日常皮肤养护中应注意做好防晒，防晒方式分物理防晒、化学防晒等，可根据情况灵活选择。

**2. 适当使用抗衰老护肤品** 可选择含有抗衰老成分的护肤品，如维生素 C、维生素 E、超氧化物歧化酶等，这些成分有助于抗氧化、提升皮肤弹性，延缓皮肤衰老。

### （四）适度运动

适度的运动可增强人体的新陈代谢，促进血液循环，为皮肤提供更多的养分，从而保持皮肤的健康和年轻态。此外，运动还可强健肌肉，丰厚的肌肉可为皮肤提供支撑，也可减轻皮肤皱纹、避免皮肤处于松弛状态。

### （五）其他

**1. 保持良好的心态** 人有怒、喜、思、悲、恐、惊、忧七情，七情本身是人体对外界刺激做出的正常反应，但过久、过强的情绪刺激会诱发疾病，加速衰老，因此，要保持良好的心态，情绪不畅时要设法及时排解。

**2. 摒弃不良的生活习惯** 戒烟限酒，过量饮酒不仅会引起酒精中毒性肝硬化，还会诱发其他多种疾病；长期抽烟不仅会损害人体健康，干扰部分营养素的吸收，还可导致皮肤晦暗、松弛，引发皮肤早衰，因此，应尽量戒除这些不良的生活习惯。

**3. 中医预防皮肤衰老的措施**

（1）固肾保精 肾精是生命的根本，过度纵欲可致肾精枯竭而早衰，因此，应注意节欲保精，以防衰老加速、加深。

（2）起居有常 中医认为，人的生活起居要顺应自然节律，同时，还要注意劳逸结合，劳神、劳力过度均会损害健康，加速人体及皮肤衰老。

（3）饮食有节 “人受气于谷”，饮食是保障健康、预防衰老的后天物质基础，饮食有节一方面指饮食结构合理，另一方面还强调食物的摄入量要适宜，不能偏食偏嗜，做到“谨和五味”，即食物的酸苦甘辛咸五种味道要调和适宜，同时要养成良好的饮食习惯，饮食要有规律，不暴饮暴食，防止因饮食失节而损伤脾胃。此外，还应注意饮食的清洁卫生。

（4）辟邪防病 中医将各种外来致病因素统称为邪气，中医认为邪气是衰老的重要外在因素，“治未病”的中医养生保健思想即是防病抗衰的主要宗旨。包括“未病先防”及“既病防变”两个方面。

（5）药物调养 运用药物预防衰老是中医在抗衰老方面的一大特色。具有补益气血津精、提高脏腑机能的药物（如人参、鹿茸等），经现代药理学研究证实具有良好的抗衰老效果。但在使用中药预防衰老时，应注意根据个人体质状况辨证施补，不宜急于求成，更不能偏听偏信，误入中医养生骗局。

**考点：预防皮肤衰老的措施**

## 二、衰老皮肤的保养

### （一）衰老皮肤的保养原则

**1. 调整饮食结构** 及时调整不当的饮食结构，做到营养均衡、合理搭配，同时要注意制订合理的膳食制度并长期坚持。

**2. 适当增加运动**　尽可能选择有氧运动，并持之以恒。运动前应注意热身，以减少运动损伤的发生，运动后不宜一次性大量饮水，可少量、多次饮水，出汗量大时还应注意钠、钾的补充，饭后不宜立即运动。老年人运动应注意量力而行，不能盲目追求高强度运动。

**3. 纠正作息习惯**　作息规律，不熬夜，中医养生学认为作息还应顺应四时阴阳，如《黄帝内经》"春三月……夜卧早起……；夏三月……夜卧早起……；秋三月……早卧早起……；冬三月……早卧晚起……"。

**4. 科学养护皮肤**　根据衰老皮肤的特点选择科学合理的护肤方法，不盲信广告推销，必要时可选择专业的皮肤养护机构咨询。

### （二）衰老皮肤的保养方法

**1. 保湿滋润**　表皮本身具有保湿功能，同时，皮肤表面的皮脂膜也具有锁水的能力，但随着年龄的增长，表皮的保湿能力会逐渐下降，皮肤的分泌功能减退也会间接影响皮脂膜的锁水能力，而衰老皮肤的特征之一即皮肤干燥，因此，需要在皮肤护理中进行保湿滋润。含有天然保湿成分如透明质酸、甘油等的护肤品，可为皮肤补充水分，此外，还应注意富含油脂的护肤品的使用，其可以减少皮肤水分的流失，尤其是在干燥的秋冬季节，更应注意皮肤的保湿滋润。

**2. 防晒隔离**　日常应避免在紫外线强烈的时段进行户外活动，若必须外出可根据活动地点、活动时间等选择防晒系数值合适的防晒霜，并确保用量足够。

**3. 定期去角质**　表皮层角质堆积过多会导致皮肤粗糙，并影响护肤品有效成分的吸收，去角质能够使皮肤光滑细腻，但应注意去角质的频率和力度，避免过度去角质而引起皮肤受损。

**4. 局部去皱紧肤**　如光子嫩肤、局部药物注射去皱、注射填充术、手术去皱等，但应注意选择正规的医疗美容机构，避免不当的治疗方式影响美容效果甚至引起严重并发症。

**5. 补充营养**　摄取足够的维生素 C、维生素 E 和大豆异黄酮、花青素、茶多酚等植物活性物质，这些食物成分均具有较强的抗氧化活性，可清除体内氧自由基，减缓皮肤衰老进程。此外，多喝水也有助于保持皮肤的水分平衡，减少皮肤干燥、松弛，但应注意多喝水不等于无限制饮水。

**考点：衰老皮肤的保养方法**

## 目标检测

**A1 型题**

1. 衰老引起甲状旁腺激素分泌增加，会增加（　　）的发生率。
   A. 贫血　B. 消化不良
   C. 夜尿频繁　D. 骨质疏松
   E. 食欲不振
2. 以下属于引起皮肤衰老的内部因素的是（　　）。
   A. 营养素缺乏　B. 养护不当
   C. 环境因素　D. 过度劳累
   E. 缺乏运动
3. 缺乏时可使胶原蛋白合成障碍，导致皮肤弹性降低、皮肤及黏膜干燥、出现皱纹的营养素是（　　）。
   A. 维生素 A　B. 维生素 E
   C. 维生素 C　D. 维生素 $B_2$
   E. 维生素 K
4. 具有良好抗氧化、防衰老功效的矿物质是(　　)。
   A. 钙　B. 铁
   C. 锌　D. 硒
   E. 碘
5. 不属于衰老皮肤饮食原则的是（　　）。
   A. 多食用富含蛋白质的食物
   B. 多吃富含维生素 C 的食物
   C. 多吃富含维生素 E 的食物
   D. 多吃富含油脂的食物
   E. 多吃含铁丰富的食物

**X 型题**

6. 具有抗氧化延缓衰老功效的营养素有（　　）。
   A. 维生素 A　B. 维生素 $B_2$
   C. 维生素 C　D. 维生素 E
   E. 硒
7. 皮肤衰老的形成原因包括（　　）。
   A. 过度日晒　B. 养护不当

C. 环境因素　　D. 营养缺乏
E. 年龄

8. 引起皮肤衰老的外部因素包括（　　）。
A. 营养缺乏　　D. 养护不当
C. 环境因素　　D. 过度劳累
E. 代谢减慢

9. 矿物质中与皮肤衰老有关的包括（　　）。
A. 铁　　B. 钙
C. 锌　　D. 硒
E. 碘

10. 预防皮肤衰老的措施包括（　　）。
A. 合理膳食　　B. 规律作息
C. 适度运动　　D. 科学养护
E. 保持健康心态

（吴　梅　练雪梅）

# 第 7 章 美容相关疾病与营养

## 学习目标

**1. 素质目标** 培养学生对患者的关爱和尊重，让学生意识到营养治疗在改善患者生活质量和外貌方面的重要性；激发学生对营养学在美容医学领域应用的兴趣，增强其专业责任感；使学生树立预防为主的健康观念和健康美的理念，理解日常生活中的营养均衡对预防损容性疾病的意义；培养善于沟通、细致严谨的职业素质。

**2. 知识目标** 掌握不同损容性疾病与营养的关系，营养相关疾病的防治原则。熟悉损容相关疾病的病因；了解损容相关疾病的疾病概要。

**3. 能力目标** 能够根据损容性疾病患者的具体情况，制订简单的营养干预方案。

## 第 1 节 皮 肤 病

**案例 7-1**

小美是一名 25 岁的上班族，由于工作需要，她经常熬夜加班，并且饮食不规律，喜欢吃辛辣油腻的食物，喜欢喝碳酸饮料。最近，她发现自己的脸上开始频繁出现痤疮，皮肤也变得油腻、粗糙，毛孔粗大。起初，小美并没有太在意，只是用一些化妆品来遮盖。然而，随着时间的推移，痤疮越来越多，皮肤问题也越来越严重，这让小美感到非常苦恼和焦虑。

问题：1. 小美脸上出现痤疮、皮肤油腻粗糙等问题可能是哪些原因引起的？

2. 从营养角度出发，小美应该如何调整自己的饮食来改善皮肤状况？

### 一、痤 疮

#### （一）痤疮概述

**1. 定义** 痤疮是一种累及毛囊皮脂腺单位的慢性炎症性皮肤病，各年龄段人群均可患病，以青少年发病率为高。

**2. 临床表现** 多发于 15～30 岁青年男女，皮损好发于面颊、额部，其次是胸部、背部及肩部，多为对称性分布，常伴有毛孔粗大和皮脂溢出。各型皮损包括毛囊口处的粉刺、炎性丘疹、脓疱，以及结节、囊肿及瘢痕等。本病一般自觉症状轻微，炎症明显时可有疼痛。痤疮病程慢，时轻时重，多数患者病情至中年期逐渐缓解，部分可遗留红色印记和色素沉着、肥厚性或萎缩性瘢痕。

#### （二）痤疮的发病原因

**1. 常见病因** 痤疮发病机制仍未完全阐明，但遗传、雄激素诱导的皮脂大量分泌、毛囊皮脂腺导管角化、痤疮丙酸杆菌繁殖、免疫炎症反应等因素都可能与之相关。部分患者的发病还受遗传、免疫、内分泌、情绪及饮食等因素影响。

**2. 营养素与痤疮的关系** 痤疮形成的最主要原因是雄激素水平过高，刺激皮脂腺分泌过多，阻塞皮肤毛孔而继发感染。饮食中缺乏维生素A会使得皮肤细胞过度角化并造成皮肤充血。维生素A及锌缺乏会导致皮肤抵抗感染的能力下降，同样，体内缺乏有益菌（过量服用抗生素所致）也会造成机体抗感染能力下降。最佳的营养学方案有助于平衡体内性激素的水平，并降低被感染的可能性。

### （三）痤疮的营养预防与治疗

**1. 均衡饮食** 对痤疮最重要的营养物质包括维生素A、B族维生素（特别是维生素$B_6$）、维生素C、维生素E及锌。烟酸可以提升面部的红润度，维生素E则有助于伤口的愈合，均可选择使用。因此痤疮患者的均衡饮食应多样化，合理搭配营养素，避免过度喜好某一类食物，同时控制食物的摄入量，避免暴饮暴食。

**2. 控制总能量的摄入** 对于痤疮患者，控制总能量的摄入很重要，要根据年龄、性别、身体活动水平、体重和身高来计算每日所需的能量。

**3. 调整饮食结构**

（1）增加蔬菜水果摄入 蔬菜可以选西蓝花、菠菜、胡萝卜、芹菜、番茄等，富含维生素、矿物质和膳食纤维。水果需选择低糖水果，如苹果、梨、柚、草莓等，可提供丰富的维生素C和抗氧化物质。另外，痤疮患者的皮肤多油，可多食柠檬、柚、苹果等水果，此类水果多酸涩、收敛，能减少油脂分泌。

（2）选择优质的蛋白质 瘦肉如鸡肉（去皮）、火鸡肉、瘦牛肉等，富含必需氨基酸；富含脂肪酸的鱼类如三文鱼、鳕鱼等，具有抗炎作用；豆类和豆制品，如黑豆、红豆、豆腐等，是植物性优质蛋白的良好来源。需控制乳制品的摄入，减少牛奶、奶油、黄油等高脂肪乳制品的食用。

（3）全谷物代替精细粮 选择复杂碳水化合物，如全麦面包、糙米、燕麦等，它们富含膳食纤维，消化吸收相对缓慢，不会引起血糖的急剧上升。减少简单碳水化合物的摄入，如白面包、白糖、糕点等，这些食物容易导致血糖波动，可能间接影响痤疮状况。全谷物还富含B族维生素。

（4）限制高糖和高升糖指数食物 避免糖果、甜点、甜饮料等高糖食品。避免高盐、高油的零食，如薯片、方便面等加工食品。

（5）控制辛辣和刺激性食物 减少食用辛辣食物，避免过度刺激导致炎症加重。

（6）其他 优先选择不饱和脂肪酸，限制饱和脂肪酸和反式脂肪酸的摄入。

### （四）痤疮患者的食谱举例

患者小王，女，18岁，高中学生。小王自诉面部反复出现痤疮一年余，主要集中在额头、脸颊和下颌部位。痤疮表现为红肿的丘疹、脓疱，部分痤疮消退后还留下了深色的痘印，这让小王感到非常苦恼和自卑。小王平时学业压力较大，经常熬夜学习，睡眠不足。饮食方面，喜欢吃甜食和油炸食品，还经常喝碳酸饮料。由于痤疮的问题，小王情绪变得焦虑，月经也出现了不规律的情况。就诊时，医生仔细观察了小王的面部皮肤，发现痤疮分布广泛，部分有炎症表现，同时还存在一些粉刺。完善相关检查后，医生为其制订了详细方案，经过三个月的治疗和生活方式的调整，小王的痤疮明显好转，炎症得到控制，新的痤疮不再出现，为预防复发，医生要求护士为其做好饮食指导，请为该患者设计1日食谱。参考食谱如下。

**早餐：** 燕麦粥（燕麦50g），水煮蛋（鸡蛋50g），蓝莓50g，无糖豆浆200ml。

**上午加餐：** 苹果一个（约150g）。

**午餐：** 清蒸鱼（鲈鱼100g），凉拌黄瓜（黄瓜150g），糙米饭（糙米100g）。

**下午加餐：** 无糖酸奶100g，坚果（杏仁10颗）。

**晚餐：** 番茄鸡肉丸子汤（鸡肉80g、番茄1个100g、绿叶蔬菜100g），玉米一个（200g）。

全天油30g，盐5g。

该食谱总热量约 1415kcal，蛋白质约 70g，脂肪约 61.3g，碳水化合物约 157g。

**考点：痤疮的临床表现及营养防治原则**

## 二、脂溢性皮炎

### （一）脂溢性皮炎概述

**1. 定义** 脂溢性皮炎是一种常见于头面、胸背等皮脂溢出部位的慢性、复发性、炎症性皮肤病。

**2. 临床表现** 好发于皮脂溢出部位，以头面、胸背部等处多见。伴有不同程度瘙痒。本病可反复发作，颜面部好发于眉弓、鼻唇沟及胡须区域，常扩展至发际边及耳后，呈红斑及油腻性脱屑。头皮损害主要有两种类型。①鳞屑型：常呈红斑并有小片糠秕状脱屑，头发稀疏或脱落；②结痂型：多见于肥胖者，头皮可见厚积的片状、黏着油腻性痂，痂下炎症明显。

### （二）脂溢性皮炎的发病原因

**1. 常见病因** 目前病因不完全清楚，可能与马拉色菌定植、脂质增多、皮肤屏障功能受损、免疫反应及个体易感性相关。

**2. 营养素与脂溢性皮炎的关系**

（1）皮脂代谢异常 脂溢性皮炎患者往往存在皮脂分泌过多的情况。饮食中的高糖、高脂肪食物可能刺激皮脂腺过度分泌皮脂，而某些营养素的缺乏，如 B 族维生素、锌等，可能影响皮脂的正常代谢。

（2）马拉色菌感染 马拉色菌在脂溢性皮炎的发病中扮演着重要角色。营养素如维生素 A、维生素 E 等，具有抗氧化和免疫调节作用，有助于抵抗马拉色菌感染。

（3）免疫功能失调 营养不良可能导致免疫功能下降，使人体更容易发生炎症反应。充足的蛋白质、维生素 C、锌等营养素对于维持正常的免疫功能至关重要。

### （三）脂溢性皮炎的营养预防与治疗

**1. 均衡饮食** 摄入多样化的食物，包括谷类、蔬菜、水果、奶类、豆类、鱼肉、禽肉、蛋类等，以保证各种营养素的充足供应。

**2. 控制皮脂分泌相关食物**

（1）减少高糖食物的摄入，如糖果、糕点、饮料等，以避免血糖波动刺激皮脂分泌。

（2）限制高脂肪食物，如动物内脏、油炸食品、奶油等，防止皮脂分泌增加。

**3. 增加有益营养素的摄入**

（1）B 族维生素 如蛋黄、奶类、蔬菜、麦胚和谷类等富含 B 族维生素的食物，有助于调节皮脂分泌。

（2）锌 缺锌也可引起脂溢性皮炎，应在膳食中补充含锌高的食物，如牡蛎、瘦肉、禽类、坚果类等，以纠正人体内锌含量的相对不足，可改善皮肤代谢。

（3）维生素 A 类 多吃富含维生素 A 及维生素 A 原的食物，如肝脏、胡萝卜、蛋黄、南瓜、鱼肝油等，以纠正毛囊皮脂角化异常，防止毛囊堵塞、角化，且有助于维持上皮组织的正常结构和功能。

（4）维生素 E 类 植物油、坚果、绿叶蔬菜等富含维生素 E 的食物，具有抗氧化作用，可减轻炎症反应。

（5）必需脂肪酸 如深海鱼、亚麻籽油等食物，具有抗炎作用，有助于改善皮肤炎症。

**4. 避免刺激性食物** 减少辛辣食物、酒精等刺激性食物的摄入，以减轻皮肤炎症。

**5. 避免高碘食物的摄入** 高碘饮食可使毛囊角化或堵塞，要控制海带、紫菜等海产品的摄入。

**6. 其他** 建议注意做好皮肤清洁，避免抓挠皮肤，减少外界刺激。

### （四）脂溢性皮炎患者的食谱举例

患者小李，男性，30 岁，程序员。自诉头皮和面部频繁出现红斑、油腻性鳞屑一年余。由于工作繁忙，经常加班熬夜，压力较大，且饮食不规律，喜欢吃油炸食品和甜食。就诊时，医生观察到小李的头皮有大片红斑，头发油腻，头皮屑明显增多。面部的额头、鼻翼两侧及下巴处也有泛红，覆盖着厚厚的油腻性鳞屑，部分区域因搔抓而出现破损。医生对小李进行了详细的检查，包括真菌镜检，结果显示马拉色菌阳性。同时，进行了血常规、血糖、血脂等检查，未发现明显异常。医生诊断小李为脂溢性皮炎，并为他制订了综合治疗方案，为预防复发医生要求护士为其做好饮食指导，请为该患者设计 1 日食谱。参考食谱如下。

**早餐：**燕麦粥（燕麦 50g），水煮蛋（鸡蛋 50g），蔬菜沙拉（蔬菜 100g）。

**上午加餐：**苹果一个（150g）。

**午餐：**清蒸鱼（鳕鱼 100g），蔬菜（西蓝花、菠菜各 100g），糙米饭（糙米 100g）。

**下午加餐：**香蕉一个（100g），坚果（扁桃仁 10 颗）。

**晚餐：**番茄鸡肉丸子汤（鸡肉 100g、番茄 1 个 100g、绿叶蔬菜 100g），玉米一个（200g）。

全天油 25g，盐 5g。

该食谱总热量约 1334kcal，蛋白质约 78.5g，脂肪约 46.4g，碳水化合物约 168g。

**考点：脂溢性皮炎的临床表现及营养防治原则**

## 三、化妆品接触性皮炎

### （一）化妆品接触性皮炎概述

**1. 定义** 化妆品接触性皮炎是皮肤接触化妆品后在接触部位发生的急性炎症，包括刺激性接触性皮炎和变应性接触性皮炎。

**2. 临床表现** 皮损形态多样性，急性期表现为程度不等的红斑、丘疹、水疱，破溃后可有糜烂、渗出、结痂等，慢性期表现为程度不等的浸润和增厚。自觉局部皮损灼热或疼痛，瘙痒少见。

### （二）化妆品接触性皮炎的原因

**1. 常见病因** 能够引起化妆品变应性接触性皮炎的原因相当多，包括香料、防腐剂、乳化剂、抗氧化剂、表面活性剂、化学防晒剂、植物添加剂等。最常见的是香料和防腐剂。

**2. 营养素与化妆品接触性皮炎的关系** 营养素在维持皮肤健康和预防化妆品接触性皮炎方面扮演着至关重要的角色。首先，维生素 C 和维生素 E 等具有抗氧化作用，能够帮助减轻皮肤的氧化应激，增强皮肤的抵抗力，当皮肤缺乏这些营养素时，可能更容易受到化妆品中某些刺激性成分的伤害，从而增加接触性皮炎的发生风险。其次，必需脂肪酸对于保持皮肤的屏障功能至关重要，如果体内缺乏这些必需脂肪酸，使用化妆品后，皮肤可能无法有效抵御刺激，增加接触性皮炎的发生概率。再次，矿物质如锌和硒也对皮肤健康有重要影响，锌参与皮肤细胞的代谢和修复，硒具有抗氧化和免疫调节功能，缺乏这些矿物质可能导致皮肤的自我修复能力下降，使化妆品中的有害物质更易引发化妆品接触性皮炎。最后，蛋白质是皮肤组织的主要成分，如胶原蛋白、弹性蛋白等，蛋白质摄入不足会使皮肤变薄、松弛，降低皮肤的屏障功能，使化妆品中的化学物质更容易渗透进入皮肤，引发过敏反应。

### （三）化妆品接触性皮炎的营养预防与治疗

**1. 营养缺乏加重化妆品刺激** 当身体缺乏某些营养素时，皮肤的抵抗力下降，化妆品中的刺激成分更容易引发炎症反应。例如，维生素 C 和维生素 E 缺乏的皮肤，在接触含香料的化妆品时，更容易出现红肿、瘙痒等症状。

**2. 补充营养增强皮肤耐受性**　充足的营养素摄入可以增强皮肤的屏障功能和自我修复能力，提高机体对化妆品中潜在刺激成分的耐受性。例如，摄入足够的必需脂肪酸可以改善皮肤的保湿性，减少化妆品引起的干燥和刺激。

**3. 注意饮食**　避免食用辛辣、油腻、海鲜等可能加重炎症的食物。

**4. 正确选择化妆品**　应尽量选择温和、无刺激的产品，并注意皮肤的反应，如有不适及时停止使用并寻求医疗帮助。

### （四）化妆品接触性皮炎患者的食谱举例

患者张女士，32 岁，职业白领，主诉面部发红、肿胀 1 周。张女士一直注重护肤和化妆，近期购买并使用了一款新的面霜，使用 3 日后，患者面部开始出现不适症状。起初，面部皮肤感觉轻微的瘙痒和发红。随着时间的推移，症状逐渐加重，出现了红斑、肿胀，并且瘙痒难忍，在红斑区域还出现了密集的小丘疹和水疱，部分水疱破裂后有渗出液。张女士前往皮肤科就诊，医生详细询问了她的病史和近期使用的化妆品情况，并为张女士进行了斑贴试验，结果显示患者对该面霜中的某种成分呈阳性反应，医生为患者开具了相关药物并为该患者制订 1 日食谱，参考食谱如下。

**早餐：**山药红枣粥（山药 50g，红枣 5 颗，大米 30g），水煮鸡蛋一个（鸡蛋 50g）。

**上午加餐：**梨一个（约 100g）。

**午餐：**冬瓜排骨（冬瓜 150g、排骨 100g），蒜蓉西蓝花（西蓝花 150g），糙米饭（糙米 100g）。

**下午加餐：**无糖酸奶 100g，坚果（杏仁 10 颗）。

**晚餐：**番茄豆腐汤（番茄 100g、豆腐 100g），清蒸鱼（鲈鱼 100g），炒胡萝卜（胡萝卜 100g），玉米一根（200g）。

全天油 30g，盐 5g。

该食谱总热量约 1471kcal，蛋白质约 69.4g，脂肪约 64.9g，碳水化合物约 159g。

**考点：化妆品接触性皮炎的临床表现及营养防治原则**

## 四、黄　褐　斑

### （一）黄褐斑概述

**1. 定义**　黄褐斑是发生于颜面的淡褐色或褐色的原因不明的色素沉着斑，为一种常见的色素沉着性、损容性皮肤病。

**2. 临床表现**　好发于中年女性，男性也可患病。皮损常对称分布于颜面颧部及颊部而呈蝴蝶形，亦可累及前额、鼻、口周等。皮损为大小不一、边缘清楚的黄褐色或褐色斑片，日晒后色素加深，常在春夏季加重，在秋冬季减轻。患者无自觉症状，病程不定，可持续数月或数年。

### （二）黄褐斑的发病原因

**1. 常见病因**　多种原因可导致黄褐斑，如紫外线照射、化妆品、妊娠、内分泌紊乱、种族及遗传等。黑色素代谢障碍、表皮通透屏障功能受损、炎症反应、血流淤积是本病发生的主要机制。

**2. 营养素与黄褐斑的关系**　维生素 C 是一种强大的抗氧化剂，能够抑制黑色素的合成，还可以将多巴醌还原为多巴，从而减少黑色素的形成。同时，维生素 C 有助于促进胶原蛋白的合成，增强皮肤的抵抗力，缺乏时可能影响皮肤的抗氧化能力和新陈代谢，导致黑色素代谢异常，形成黄褐斑。维生素 E 也是一种抗氧化剂，能够对抗自由基对皮肤的损伤，减少脂质过氧化反应，从而减轻黄褐斑的症状，它还可以调节内分泌，改善皮肤的新陈代谢，缺乏时可能增加皮肤对紫外线的敏感性，促进黑素细胞活化，导致黄褐斑。谷胱甘肽能抑制酪氨酸酶的活性，减少黑色素的生成，同时，它还参与体内的抗氧化防御系统，保护细胞免受氧化应激的伤害。维生素 A 可以调节上皮细胞的生长和分化，维持皮肤的正常结构和功能，缺乏维生素 A 可能导致皮肤干燥、粗糙，增加黄褐斑的发生风险。铜离子是酪氨酸酶的辅基，过多的铜可能会促进黑色素的合成，但缺锌可能影响皮肤的正常代谢，加重黄褐斑。铜参与黑色素合成，铁影响皮肤血液循环和新陈代谢，锌调节内分泌系统功能。缺乏这些微量元素也可能导致黄褐斑的形成。

### （三）黄褐斑的营养预防与治疗

**1. 增加抗氧化营养素摄入** 从营养学的角度治疗本病主要是内服和外用抗氧化剂，以强化皮肤的抗氧化、修复能力，加强光防护效果。例如，谷胱甘肽和超氧化物歧化酶有较强的抗氧化、清除自由基和抑制酪氨酸酶活性的能力；维生素 C、维生素 E、维生素 A、锌、铜、硒等抗氧化营养素，可减轻皮肤的氧化损伤，帮助皮肤修复、减少紫外线所致的色素沉着等。此外，生物类黄酮等多酚类物质，属于植物性抗氧化剂，也具有很好的抗氧化活性。例如，绿茶、葡萄、豌豆、黄豆芽、橄榄等食物中含有的类黄酮等植物性抗氧化剂均可酌情选用。也可在医生指导下，口服维生素 C、维生素 E 等营养素补充剂。

**2. 保证足够的蛋白质** 摄入优质蛋白质，如鱼、禽、蛋、奶、豆类等，有助于维持皮肤的正常结构和功能。

**3. 摄入富含谷胱甘肽的食物** 如芦笋、西瓜、洋葱等，谷胱甘肽可以抑制黑色素生成。

**4. 补充矿物质** 适当补充锌等矿物质，锌有助于维持皮肤的健康，含锌丰富的食物有牡蛎、瘦肉等，但要注意控制铜的摄入量，避免过多。

**5. 多喝水** 保持身体水分充足，促进新陈代谢。

### （四）黄褐斑患者的食谱举例

李女士，35 岁，公司职员。主诉发现面颊两侧出现对称分布的淡褐色斑片两年余。患者由于工作压力大，经常熬夜加班，睡眠质量不佳。平时户外活动较多，但防晒措施做得不够到位。就诊时，医生观察到李女士的黄褐斑主要集中在颧骨部位，呈不规则形状，边界较清晰，近半年颜色逐渐加深。完善检查后医生为患者制订了治疗方案，并建议李女士需保持良好的生活和饮食习惯，请为该患者制订 1 日参考食谱。参考食谱如下。

**早餐：**红豆薏仁粥（红豆 20g、薏仁 20g、大米 30g），水煮鸡蛋一个（鸡蛋 50g）。

**上午加餐：**猕猴桃一个约 100g。

**午餐：**土豆炖鸡肉（土豆 150g、鸡肉 100g），清炒蔬菜（蔬菜 150g），黑米饭（黑米 100g）。

**下午加餐：**无糖豆浆 100ml，红枣 3 颗。

**晚餐：**白菜豆腐汤（白菜 100g、豆腐 100g），清蒸虾（虾 100g），炒豆角（豆角 100g），玉米一根（200g）。

全天油 30g，盐 5g。

该食谱总热量约 1440 kcal，蛋白质约 67g，脂肪约 62g，碳水化合物约 153g。

**考点：黄褐斑的临床表现及营养防治原则**

## 五、湿　疹

### （一）湿疹概述

**1. 定义** 湿疹是由多种内、外因素引起的真皮浅层及表皮炎症，临床上急性期皮损以丘疱疹为主，有渗出倾向，慢性期以苔藓样变为主，易反复发作。

**2. 临床表现** 根据病程和临床特点可分为急性、亚急性和慢性湿疹，代表了炎症动态演变过程中的不同时期。临床上，湿疹可从任一个阶段开始发病，并向其他阶段演变。临床上急性期常表现为红斑基础上的针头至粟粒大小的丘疹、丘疱疹，严重时可出现小水疱，常融合成片，边界不清楚，皮损周边丘疱疹逐渐稀疏，常因搔抓形成点状糜烂面，伴明显浆液性渗出，自觉瘙痒剧烈，搔抓、热水洗烫可加重皮损；亚急性期表现为红肿及渗出减轻，但仍可有丘疹及少量丘疱疹，皮损呈暗红色，可有少许鳞屑及轻度浸润；仍自觉有剧烈瘙痒；慢性期表现为患部皮肤浸润性暗红斑上有丘疹、抓痕及鳞屑，局部皮肤肥厚、表面粗糙，有不同程度的苔藓样变、色素沉着或色素减退。自觉明显瘙痒，常呈阵发性。

### （二）湿疹的原因

**1. 常见病因**　现代医学认为本病的病因尚不清楚，可能与多种原因有关。过敏体质，外来的各种物理、机械、化学、药物及羊毛、羽绒等刺激，以及精神紧张、过度劳累、感染病灶、内分泌失调、代谢障碍、进食鱼虾海鲜及牛羊肉等发物，均可引起本病。

**2. 营养素与湿疹的关系**　营养素与湿疹的关系密切且复杂，通过合理的饮食和适当的营养补充，维持身体的营养平衡，对于预防和改善湿疹具有重要作用。B 族维生素参与物质的代谢和合成，有助于其他营养素发挥作用。它们还可以缓解患者的压力和紧张情绪，从而有助于减轻湿疹症状，维生素 $B_1$ 有维持神经功能的作用，对皮损的痒感有一定的作用；维生素 $B_6$ 参与氨基酸和脂肪代谢，对减少皮脂渗出、减缓对皮损的刺激有益；维生素 C 能影响毛细血管的通透性，有益于减少皮损渗出，维生素 C 还有抗炎作用，可以帮助减轻湿疹引起的炎症和瘙痒。胡萝卜素是一种抗氧化剂，可以增强皮肤和黏膜的免疫力，提高抵抗感染的能力。且胡萝卜素还可以转化为维生素 A，有助于维护皮肤健康。此外，湿疹患者可以通过摄入足够的蛋白质来促进皮肤修复和提高免疫力。钙离子可促进并维持血管平滑肌收缩，增加血管壁的致密性，减少致敏物质的渗出，可以降低身体对瘙痒的敏感度，同时有助于镇静情绪，促进血液凝固和伤口愈合，钙、锌的缺乏可能影响皮肤的免疫功能和修复能力，进而诱发湿疹。必需脂肪酸缺乏，会影响皮肤细胞膜完整性和正常生理功能，容易引发湿疹。长期蛋白质摄入不足可能导致皮肤免疫力下降，增加湿疹风险。

### （三）湿疹的营养预防与治疗

**1. 选择正确的食物**　不论何种类型的湿疹，皆是由湿热引起，所以，应选用食性偏凉而具有利湿功能的食品；饮食以清淡易消化为宜，油腻肥甘食物会助湿生热而加重病情，应尽量避免食用；各类辛辣刺激性食物可能会导致病情加重或复发，应尽量不食用。谷物、豆类、薯类一般都可以选用，其中薏苡仁清热利水，绿豆、赤小豆清热解毒，更为适宜。蔬菜一般都可食用，苋菜清热利水，黄瓜、冬瓜清热利湿，丝瓜、鲜藕凉血解毒，应尽量选用。水果清热利湿的品种很多，西瓜是十分理想的选择，梨、苹果、枇杷、柑橘、甜橙、柿、草莓等都可选用，但要少吃或不吃荔枝、桂圆、菠萝等。其他：蛋、奶类，只要不发生过敏，均可选用。尽量不喝咖啡、浓茶，调味品应尽量少用，尤其是花椒、胡椒、芥末、茴香、桂皮等；烹调过程中尽量少用料酒、酒糟、酒酿等辅助用料的食物，避免加重炎症反应而引起瘙痒等不适。

**2. 避免摄入致敏食物**　避免鸡蛋、牛奶等高蛋白质的食物，以及海鲜、牛肉、羊肉等食物，以免诱发过敏反应。平时应注意观察患者对何种食物过敏，如果能确认某种食物会促进发病或加重病情，就要尽量避免接触。

**3. 做好维生素和矿物质的补充，控制糖分和盐分的摄入。**

**4. 养成良好的生活习惯**　戒烟限酒，规律作息，保证充足的睡眠，以提升机体免疫力，辅助疾病治疗。平时要穿宽大、透气、清洁柔软的棉质衣服，保持环境适宜的温度和湿度，室温可维持在 20℃左右，湿度保持在 40%以上，洗澡不宜过勤。

需要注意的是，营养素的辅助作用无法替代正规治疗，湿疹患者应在医生的指导下进行综合治疗。

### （四）湿疹患者的食谱举例

小明，男，8 岁，发现湿疹 3 年余，家属诉患者每年春季和秋季都会出现皮肤湿疹的症状。主要表现为手臂、腿部和背部出现红斑、丘疹，伴有剧烈的瘙痒，夜间尤为严重，导致睡眠质量不佳。

并且孩子平时比较挑食，不爱吃蔬菜和水果，喜欢吃油炸食品和甜食。家庭卫生状况良好，但小明的皮肤较为敏感，容易对花粉、尘螨等过敏。就诊时，医生观察到小明皮肤多处有抓伤的痕迹，湿疹部位皮肤干燥、粗糙。经过过敏原检测，发现小明对花粉、尘螨和部分食物（如虾、蟹）过敏。医生开具相关医嘱后并告知患者需保持良好的生活和饮食习惯，请为该患者制订1日参考食谱。参考食谱如下。

**早餐：**山药薏米粥（山药50g、薏米20g、大米30g）、煮鸡蛋一个（鸡蛋50g）、清炒胡萝卜丝（胡萝卜100g）。

**上午加餐：**苹果一个（100g）。

**午餐：**番茄鸡蛋汤（番茄100g、鸡蛋50g）、清蒸鲈鱼（鲈鱼100g）、炒时蔬（白菜、菠菜等150g）、玉米一根（200g）。

**下午加餐：**无糖酸奶100g。

**晚餐：**冬瓜排骨（冬瓜150g、排骨100g）、蒜蓉油麦菜（油麦菜150g）、甘薯米饭（甘薯50g、大米50g）。

全天油25g，盐3g。

该食谱总热量约1375kcal，蛋白质约68.2g，脂肪约53.7g，碳水化合物约168g。

**考点：湿疹的临床表现及营养防治原则**

# 第2节　其他疾病或症状

**案例7-2**

患者李某，男性，46岁，身高171cm，体重90kg，平日喜食肉类、甜点、油炸食品等，经常和朋友聚餐饮酒。没有长期坚持的运动爱好，体力活动较少。查体：中度脂肪肝，血压151/90mmHg。

问题：1. 请计算并判断其肥胖程度。

2. 请对该患者进行膳食营养指导。

## 一、肥　　胖

肥胖是一种由遗传和环境因素共同导致的脂肪组织过度积累或分布的状态。随着我国经济水平的发展和人们生活方式的改变，肥胖的患病率呈明显上升趋势，《中国居民营养与慢性病状况报告（2020年）》显示，2018年中国成年居民超重率和肥胖率分别为34.3%和16.4%。有研究预测，到2030年，中国成年人超重与肥胖合并患病率将达到70.5%，未来中国超重和肥胖率还将持续增加，肥胖防控问题急需全社会关注。

### （一）概述

**1. 肥胖的分类**　肥胖按发生原因可分为三类。

（1）遗传性肥胖　主要指遗传物质变异（如染色体缺失、单基因突变）导致的一种极度肥胖，比较罕见。

（2）继发性肥胖　主要指由于下丘脑-脑垂体-肾上腺轴发生病变、内分泌紊乱或其他疾病、外伤引起的内分泌障碍而导致的肥胖。

（3）单纯性肥胖　主要是指排除由遗传性肥胖、代谢性疾病、外伤或其他疾病所引起的继发性、病理性肥胖，而单纯由于营养过剩所造成的全身性脂肪过量积累，是一种由基因和环境因素相互作用导致的复杂性疾病，常表现为家族聚集倾向。

**2. 肥胖的诊断**　目前判定肥胖的标准和方法有很多，常用的方法可分为三大类，分别为人体测量法、物理测量法和化学测量法。

（1）人体测量法　包括对身高、体重、胸围、腰围、臀围和皮褶厚度等参数的测量。测量方法见第 4 章。根据人体测量数据不同可以有不同的肥胖判定标准和方法，常用的有身高标准体重法、BMI、腰围与腰臀比和皮褶厚度等方法。部分判断标准见表 7-1。

注意皮褶厚度一般不单独作为判定肥胖的标准，而是与身高标准体重结合起来判定。判定方法是：凡肥胖度≥20%，两处的皮褶厚度（肱三头肌+肩胛下）≥第 90 百分位数（$P_{90}$），或其中一处皮褶厚度≥第 95 百分位数（$P_{95}$）者可判定为肥胖；凡肥胖度＜10%，无论两处的皮褶厚度如何，均判定为体重正常者；肥胖度 10%～19%且皮褶厚度略高（如≥$P_{75}$）者判定为超重。

（2）物理测量法　是指根据物理学原理测量人体成分，进而推算体脂含量的方法。详见第 4 章。诊断标准见表 7-1。

（3）化学测量法　理论依据是中性脂肪不结合水和电解质，因此人体的组织成分可用无脂的成分为基础来计算。若人体去脂体质（也称瘦体质）的组成恒定，通过分析其中一种组分（如水、钾或钠）的含量就可以估计去脂体质的多少，然后用体重减去去脂体质的重量即为体脂量。化学测定法包括稀释法、$^{40}$K 计数法、尿肌酐测定法等。

**表 7-1　中国人群肥胖的常用诊断标准及优缺点**

| 项目 | 检测方法 | 正常标准 | 肥胖标准 | 优缺点 |
| --- | --- | --- | --- | --- |
| BMI | 体重（kg）/[身高（m）]$^2$ | 正常 18.5～23.9kg/m$^2$ | 超重 24.0～27.9kg/m$^2$<br>肥胖≥28.0kg/m$^2$ | 操作简单，适用性广，是目前最常用的诊断指标。但不能反映身体成分和脂肪分布 |
| 腰围 | | 男正常＜85cm<br>女正常＜80cm | 男腹型肥胖≥90cm<br>女腹型肥胖≥85cm | 可以部分反映脂肪的分布，衡量腹型肥胖，操作简单，适用性广。但测量误差较大，使用中需注意正确的测量方法 |
| 腰臀比 | 腰围/臀围 | 男正常 0.85～0.90<br>女正常 0.75～0.80 | 男腹型肥胖≥0.90<br>女腹型肥胖≥0.85 | |
| 腰高比 | 腰围/身高 | 正常＜0.5 | 腹型肥胖≥0.5 | |
| | 生物电阻抗，双能 X 射线吸收法 | 男正常 10%～20%<br>女正常 15%～25% | 男肥胖≥25%<br>女肥胖≥30% | 测量较为准确，其中 CT 评估内脏脂肪面积是诊断腹型肥胖的金标准。但需要专门设备，操作较为复杂，价格较高 |
| 内脏脂肪面积 | CT、MRI | 正常＜80cm$^2$ | 腹型肥胖≥80cm$^2$ | |

注：建议所有从事肥胖诊疗的医疗机构合理配置体重秤、软尺及体脂分析仪，对所有超重和肥胖患者（包括腹型肥胖）均应测量 BMI 及腰围；如条件许可，尽可能评估体脂率或内脏脂肪。

**考点：肥胖的判断**

**3. 肥胖对健康和美容的影响**　肥胖与糖尿病、高血压、高脂血症、高尿酸血症、心脑血管疾病、癌症、骨关节炎、骨软骨病、月经异常、妊娠和分娩异常等多种疾病有明显的关系，而且肥胖可增加死亡的危险性。近年来，随着儿童肥胖率的增加，肥胖对儿童健康的影响也引起了人们的广泛关注与重视。

（1）肥胖对儿童健康的危害

1）肥胖对儿童的身体形态和器官功能的影响：儿童肥胖会向成年期延续，包括肥胖体型的延续、与肥胖相关的行为和生活方式的延续及其健康危害的延续。

2）肥胖对儿童心理行为的影响：肥胖儿童由于运动能力受限，对外界的感知、注意和观察能力下降，学习能力降低，反应速度、阅读量、大脑工作能力指数等下降，自我意识受损、自我评价低、不合群，更容易焦虑，幸福感和满足感较差。肥胖男生更易引起抑郁倾向、情绪不稳定，肥胖女生则有自卑倾向。

（2）肥胖对成年人健康的危害　肥胖与人体死亡率之间有明显的关系。肥胖导致死亡率增加的原因是肥胖增加了许多慢性病的发病风险。肥胖不仅导致人体代谢发生障碍，而且会影响多个器官的功能。

1）代谢综合征：肥胖可引起脂类及糖代谢紊乱，表现为血脂升高和胰岛素敏感性降低；肥胖可促进氧化应激、慢性炎症的发生，并导致一些激素代谢紊乱和脂肪组织分泌的一些细胞因子代谢紊乱。因此，肥胖者易患高脂血症、胰岛素抵抗和糖尿病、高尿酸血症和痛风等。

2）心血管疾病：肥胖是引发心脑血管疾病重要的独立危险因素，能够增加罹患高血压、冠心病、充血性心力衰竭、脑卒中及静脉血栓的风险，导致心脑血管疾病患病率和死亡率均显著增加。

3）呼吸系统疾病：肥胖者的胸壁和腹部脂肪组织大量堆积，使膈肌运动受限和胸腔顺应性下降，进而影响肺部的功能，导致阻塞性睡眠呼吸暂停低通气综合征和肥胖低通气综合征，增加哮喘发病率，加重哮喘的病情，从而导致难治性哮喘及降低哮喘治疗的反应性。

4）肿瘤：肥胖也是肿瘤发病的重要危险因素，肥胖能够增加食管癌、直肠癌、结肠癌、肝癌、胆囊癌、胰腺癌、肾癌、白血病、多发性骨髓瘤和淋巴瘤等多种肿瘤的发病风险。女性肥胖者易增加子宫内膜癌、宫颈癌、卵巢癌及绝经后乳腺癌的发病率；男性肥胖者易增加前列腺癌的发病率。

5）骨关节疾病：肥胖者躯体重量大，会加重脊柱、骨盆及下肢所承担的重量，导致循环功能减弱，对末梢循环供血不足，关节易出现各种退行性病变，增加骨性关节炎的发病率及严重程度。

6）消化系统疾病：肥胖者由于大量脂肪在肝脏组织内堆积，胆固醇的合成和分泌增加，导致胆汁排出的胆固醇增加，并常伴有高胰岛素血症，可加剧脂肪肝及非酒精性脂肪性肝病、胆囊疾病、胃食管反流疾病及食管旁裂孔疝等的发生。

7）生殖系统疾病：肥胖可导致女性月经失调、不育症、女性多毛症及多囊卵巢综合征等疾病的发生，增加妊娠期妇女患妊娠糖尿病、子痫的风险，引发流产、难产、巨大胎儿、新生儿呼吸窘迫综合征和畸胎等问题。

8）其他疾病：肥胖还能引起一系列其他的健康问题，如颅内压增高、蛋白尿、皮肤感染、淋巴水肿、麻醉并发症和牙周病等。

9）精神、心理问题和社会适应能力：肥胖容易引起自卑、焦虑和抑郁等精神和心理问题，导致人际关系敏感，社会适应性和活动能力降低，影响正常的工作和生活。

（3）肥胖对美容的影响　①皮肤问题：肥胖可能会导致皮肤油腻、长痘和其他皮肤疾病，影响肤色和质感。②面部轮廓变化：体重增加可能导致面部脂肪堆积，从而改变面部轮廓，可能使人看起来更臃肿。③发质变化：肥胖可能与头发稀疏和脱发有关。④穿衣选择和自信心：肥胖可能限制穿衣选择，并影响个人的自信心和自我形象。

## （二）营养与肥胖的关系

肥胖的发生是遗传因素和环境因素共同作用的结果，其根本原因是人体的能量摄入大于人体的能量消耗，从而导致多余的能量以脂肪形式储存。因此，膳食营养因素在肥胖发生的过程中发挥着重要的作用。

**1. 生命早期营养对成年后肥胖发生的影响**　生命早期是指胎儿期、哺乳期和断乳后的一段时间（一般指 3 岁以内，亦称“窗口期”）。此时人体处于旺盛的细胞分裂、增殖、分化和组织器官形成阶段，对外界各种刺激非常敏感，并且会产生记忆，这种记忆会持续到成年，对成年后的肥胖及相关慢性病的发生、发展有着重要影响。其中，膳食营养因素是生命早期人体接触最早、刺激频率最高、刺激时间最长的外界因素。生命早期不良的饮食因素，包括妊娠期妇女营养缺乏或过剩、完全人工喂养、过早断乳、过早添加辅食，以及婴幼儿期营养过剩等，不仅可直接影响婴幼儿体重及健康，还会增加成年后肥胖及相关慢性病的发病风险。相反，母乳喂养则有利于预防成年后肥胖的发生。

**2. 膳食能量过剩对肥胖的影响**　人体的能量主要通过摄入食物获得。若人体摄食量过大、能量摄入过多，并超过人体能量的消耗，就会导致能量摄入过剩，进而引发肥胖。导致摄食量过大、能量摄入过多的因素很多，主要包括以下几方面。

（1）遗传因素　一些人由于遗传因素的作用，摄食量比一般正常人大。

（2）基础代谢　每个人的基础代谢率不同，这意味着即使摄入相同的热量，体重变化也可能有所不同。基础代谢率受遗传、年龄、性别和身体成分等因素影响。

（3）社会、环境及心理因素　经济发展水平、科学知识水平、宗教、文化、习俗、社会及个人心理因素等均能够影响食量及能量摄入。

（4）个人饮食习惯　进食速度过快，咀嚼次数过少，暴饮暴食；进食时间过长；吃零食、吃夜宵等；三餐分配不合理，晚餐过饱；过量摄入高热量食物（如快餐、糖分高的饮料和零食）等，这些习惯均会导致体重增加。

**3. 宏量营养素对肥胖的影响**　肥胖是能量摄入大于能量消耗的结果，因此任何产能营养素摄入过多都可能导致总能量摄入增加，从而导致肥胖。食物中的能量来源主要是宏量营养素，包括碳水化合物、脂肪和蛋白质，饮食中碳水化合物、蛋白质和脂肪的比例会影响体重。

（1）脂肪与肥胖　膳食中脂肪（尤其是动物脂肪）摄入增加是导致近年来肥胖率不断升高的重要原因，这主要是由于脂肪能够提高食物的能量密度，导致能量摄入过多。

（2）碳水化合物与肥胖　碳水化合物是人体主要的供能物质，传统理论认为，膳食结构中碳水化合物的含量对肥胖只起到次要作用。但是近年来研究发现，伴随脂肪供能比的降低、碳水化合物供能比的上升，肥胖的发生率也在增加，目前学术界还存在较大争议。

（3）蛋白质与肥胖　在控制总能量的情况下，高蛋白饮食能够增加饱腹感和促进肌肉生长，从而提高基础代谢率，降低热量摄入和储存，短期内对肥胖者有减轻体重的作用，但长期摄入高蛋白饮食可能对人体产生危害作用。

**4. 维生素和矿物质对肥胖的影响**　目前关于维生素和矿物质与肥胖的关系研究比较多，很多研究发现，肥胖人群中普遍存在多种维生素与矿物质的缺乏，如肥胖人群中钙、镁、铁、锌、铬、维生素 D、维生素 C 摄入不足，但其与肥胖的因果关系还不明确。目前还没有确切的证据证明某种维生素或矿物质的营养状况能够导致肥胖的发生。

**5. 膳食纤维对肥胖的影响**　膳食纤维具有吸水膨胀的作用，可以使各种营养成分的吸收减慢，具有防止肥胖的作用。膳食纤维还具有吸附胆酸、胆固醇的作用，能降低血浆胆固醇水平，防止肥胖。大多数富含膳食纤维的食物只含有少量的脂肪，能量密度小，可控制膳食能量的摄入；同时，该类食物体积较大，可替代性地减少其他食物的摄入；另外，膳食纤维能延缓糖类的吸收并降低食物的消化率，也能起到控制体重的作用。所以，高糖、高脂肪的饮食可能导致更快的体重增加。高纤维饮食（如水果、蔬菜、全谷物）可以增加饱腹感，减少总热量摄入，有助于控制体重。

**6. 水对肥胖的影响**　水分和肥胖的关系也很密切，脂肪组织中的含水量远远低于其他组织，肥胖者体内水的储备量比常人少很多。如果体内水分不足，就无法对脂肪进行充分代谢，从而造成脂肪储存在体内，故肥胖者需要及时适量补充水分。

除了膳食营养因素外，肥胖还与遗传因素、缺乏运动、精神心理因素、睡眠习惯、疾病和药物因素、环境和社会因素等有关系。

### （三）肥胖的生活方式干预

根据《肥胖患者的长期体重管理及药物临床应用指南（2024 版）》，生活方式干预是长期体重管理（无论是强化治疗期还是治疗维持期）的基石，包括饮食管理、运动干预、行为管理和社会心理支持等。

**1. 饮食管理**　饮食管理的意义不仅在于通过减少能量摄入来有效减轻体重，更在于能够调节血糖、血压、血脂等代表指标，并改善胰岛素抵抗等代谢异常。限制总热量摄入、维持人体摄入与消耗之间的负平衡状态，是实现有临床意义减重的关键。而饮食结构、进食方式和进食时间同样是影响减重效果的重要因素。

（1）限能量饮食　根据《成人肥胖食养指南（2024 年版）》，限能量饮食是指限制每日能量摄入目标小于所需的能量，推荐每日能量摄入平均降低 30%～50%或降低 500～1000kcal，或推荐每日能量摄入男性 1200～1500kcal、女性 1000～1200kcal 的限能量平衡膳食，更严格的极低能量饮食是限能量饮食的特殊类型，只将能量摄入水平控制在 800kcal/d 以内。宏量营养素的供能比例符合平衡膳食模式，即碳水化合物占 50%～60%，蛋白质占 15%～20%，脂肪占 20%～30%。一日三餐合理分配饮食，推荐早中晚三餐供能比为 3∶4∶3。这种饮食能有效降低体重、脂肪含量，改善胰岛素抵抗等代谢综合征组分，降低心血管疾病的发生风险。

（2）低碳水化合物饮食　通常指每天碳水化合物供能比占每天总能量 20%～40%的饮食模式。极低碳水化合物饮食亦称生酮饮食，是低碳水化合物饮食的特殊类型，只将碳水化合物供能比控制在 20%以内。低碳水化合物饮食在短期内应用可以显著降低肥胖患者的体重，并能有效改善血糖、血脂等指标，但低碳水化合物饮食的依从性较低，较少有研究评估其长期减重效果及不良后果。

（3）高蛋白饮食　通常是指每天蛋白质供能比超过每天总能量的 20%，但一般不超过每天总能量 30%的饮食模式。这种饮食有助于降低体重，并改善血糖、血脂等心血管疾病危险因素。部分研究证据表明，高蛋白饮食可以减弱肠道脂质吸收，阻止脂肪增加，是一种防止体重反弹的有效策略。

（4）间断性节食　可分为三种类型。①隔日节食：包括正常进食日和节食日交替进行，在进食日患者可以自由进食，对食物的种类或数量没有限制，在节食日，患者仅摄入其能量需求的 0%～25%（500～800kcal），节食日的一餐可以一次性摄入，也可以分散在一天中摄入，不会影响减肥效果。②5∶2 间断性节食：是隔日节食的改良版，每周 5 个正常进食日和 2 个节食日，而节食日可以连续或者不连续。③时间限制性节食：将每天的进食时间限制在特定的时间内（通常是 4～12h），而不能限制能量摄入，在非进食时间窗里仅能饮用零卡饮料。间断性节食可在短时间内（8～12 周内）实现轻中度的体重减轻（比基线下降 3%～8%）。间断性节食可能改善心脏代谢风险因素，如血压、血脂、胰岛素抵抗和糖化血红蛋白。

（5）地中海饮食　地中海饮食模式尚无统一的标准，其主要特点是多摄入橄榄油、坚果、全谷物、水果和蔬菜，适量饮用红酒，减少红肉或加工食品的摄入。这种饮食模式可有效减轻体重，缩小腰围。

（6）终止高血压饮食　终止高血压饮食模式强调适量增加蔬菜、水果、低脂奶（或脱脂奶）的摄入，选择全谷类食物，减少红肉、油脂、精制糖及含糖饮料的摄入，并进食适量坚果。这种饮食方法提供了丰富的钾、镁、钙等矿物质，以及膳食纤维，增加了优质蛋白、不饱和脂肪酸的摄入，可有效降低肥胖患者的体重、血压、血糖、血脂，同时改善胰岛素抵抗。

**2. 运动干预**　是长期体重管理中综合生活方式干预的重要组成部分，包括有监督或无监督的锻炼、职业活动、家务、个人护理、通勤和休闲活动。而运动干预包括有氧运动、抗阻运动、有氧合并抗阻运动等。尽管单纯运动只能达到轻度的体重减轻（体重约下降 2.4%），而运动在长期体重维持和生活质量维持时不可或缺，在减少肥胖相关代谢及心血管并发症中存在额外获益。但应注意关节等运动器官的保护，严防运动相关损伤。此外，肥胖相关关节炎及痛风性关节炎可能阻碍运动或锻炼，从而影响患者的运动干预效果。

**3. 行为管理**　是减重计划的重要组成部分和减重成功的必要环节，也是难点。需特别重视，需要专业人员指导患者对热量的摄入量、体育活动时间和自我监测频率设定具体的目标值，帮助肥胖患者在饮食、活动和相关行为方面做出客观、可衡量的改变。自我监测可以帮助患者确定自己的饮食模式，也可以帮助患者选择减少热量摄入的目标。习惯的养成过程中需要重视高频率的面访、个体化治疗及体重减轻长期维持。根据《体重管理指导原则（2024 年版）》，对于大多数超重或轻度肥胖者（$24.0kg/m^2 \leqslant BMI < 32.5kg/m^2$），建议初始时设立每周减轻体重 0.5～1kg 的目标，每月减轻 2～4kg，6 个月内减轻当前体重的 5%～15%并维持；对于中、重度肥胖者（$BMI \geqslant 32.5kg/m^2$），建议设立周、月

目标，定期评估，按减轻现体重的5%、10%、15%划分阶段性减重目标，周期为3～6个月。

减重速度应因人而异，一般分为3种情况：第一种是体重平稳下降，每周减0.5～1kg；第二种是减重初期的1～2个月体重无明显变化，之后体重才开始下降，而且下降速度较快；第三种是体重最初下降较快，每周下降 1～2kg，随后体重停止下降，进入为期数周甚至数月的平台期，突破平台期后体重继续下降。为避免减重速度过快对机体造成损害，同时也增加减重者的信心，建议在减重初始阶段设立每周0.5kg的减重目标，但随着机体非脂肪组织的减少，机体对能量变化的反应减弱，需要增加能量消耗或进一步限制能量摄入来继续减轻体重。

**4. 社会心理支持** 评估是肥胖治疗中必不可少的一环，必要时应配合药物、心理、认知行为治疗。以家庭为基础的行为体重管理有利于帮助患者形成良好的饮食、运动和生活习惯，可能带来5%～20%的体重减轻。在临床实践中，针对患者的个体特征，必要时纳入社会支持，来自家庭成员、亲戚朋友、医护人员及其他社会群体（如肥胖患者互助群）的支持，对肥胖患者长期坚持健康行为非常重要。

肥胖症治疗有多种手段，除了以上手段外，还有药物治疗、外科手术治疗及中医药治疗等。此外，近年来数字健康工具，如可穿戴设备、移动健康应用程序、远程监测设备等在肥胖症管理中得到研究和应用。需要注意的是，药物治疗、外科手术治疗及中医药治疗应严格把握适应证。

**链接** 全谷物与体重调节

全谷物有助于维持正常体重，减少体重增长，但对超重/肥胖人群，研究结果未证明全谷物对体重有影响。全谷物可减少体重增长风险及相关危险因素，综合评价等级为B级。meta分析显示，全谷物摄入量≥48g/d的人群比摄入量＜8g/d的，BMI低0.630kg/m$^2$，腰围少2.7cm，腰臀比低0.023，可能与膳食纤维摄入增加、总脂肪和饱和脂肪摄入下降有关。对13岁以上青少年和成人而言，摄入精制谷物或不摄入全谷物可引起皮下脂肪和内脏脂肪增长，增加全谷物摄入不会增长或降低体重，对保持青春期正常体重有一定益处。

考点：肥胖的营养防治

### （四）一日食谱举例

患者李某，男性，46岁，身高171cm，体重90kg，被诊断为中度脂肪肝，请为其制订一日食谱。

**早餐：**荞麦馒头（荞麦面粉50g），煮鸡蛋（鸡蛋60g），豆芽拌海带（绿豆芽75g，海带25g）。

**加餐：**脱脂牛奶250ml。

**午餐：**红米饭（大米50g、红米25g），茭白炒肉（茭白100g、瘦猪肉75g），炒油菜（油菜100g）。

**加餐：**苹果200g。

**晚餐：**蒸玉米（玉米100g），蒸甘薯（甘薯100g），白菜炖豆腐（大白菜100g、豆腐100g），冬瓜虾仁（冬瓜100g、虾仁30g）。

全日烹调油10g，盐5g。

该食谱可提供热量约1296.0kcal，蛋白质约68.8g，脂肪约21.1g，碳水化合物约196.9g，膳食纤维约20.0g。

## 二、消　瘦

**案例7-3**

患者何某，女性，28岁，身高161cm，体重38kg，自诉偏食、挑食，不爱吃菜，尤其不爱吃肉食，主食以干饭拌酱为主，食量少，平素身体素质较差，容易感冒等。查体：一般状态好，体型消瘦。血常规正常。

问题：1. 该患者消瘦的原因是什么？

2. 如何对该患者进行膳食调理？

## （一）概述

消瘦通常是指由多种因素导致体重低于正常范围的一种状态，包括异常体重下降、皮肤粗糙无弹性、皮下脂肪显著减少，严重消瘦者的皮下脂肪可完全消失，肌肉萎缩，皮肤紧贴于骨骼表面，甚至可能伴有类似恶病质样表现。根据《消瘦诊治与管理专家共识（2025）》，满足以下任一条件即可诊断为消瘦。

**1. 动态标准** 即在未刻意减重的情况下，过去 6 个月或更短时间内体重在原有基础之上下降 5%及以上，多见于疾病早期或慢性疾病，常用于老年或住院患者的营养状态评估与干预。

**2. 静态标准** 即体重指数（BMI）$<18.5\ kg/m^2$（70 岁以下）、$20.0\ kg/m^2$（70 岁及 70 岁以上）或低于标准体重 10%以上，以强调体重下降的严重程度，常需多维度、多学科共同评估与管理。

3. 对于无法准确给出体重下降具体数值的个体，符合以下 3 项指标中的 2 项亦可诊断为消瘦。

（1）具有衣服尺寸明显变大的证据。

（2）亲人或朋友证实其体重减轻。

（3）患者自己对体重减轻有一定的量化感知。

参考《学龄儿童青少年营养不良筛查标准》（WS/T 456—2014），BMI 低于筛查标准的年龄别 BMI 界值的儿童和青少年可诊断为消瘦。根据《7 岁以下儿童生长标准》（WS/T 423-2022），7 岁以下儿童 BMI 低于相应年龄组别 BMI 中位数的 2 倍标准差为消瘦，低于 3 倍标准差为重度消瘦。

消瘦的病因和发病机制涉及生理、心理和社会等多个层面，可分为刻意性消瘦、非刻意性消瘦和特殊人群消瘦。刻意性消瘦通常由个体主动控制饮食和增加运动引起；而非刻意性消瘦则涉及多种原因，包括器质性疾病、非器质性疾病、不明原因消瘦等；特殊人群如儿童、青少年和老年人，除了刻意及非刻意性因素外，由于生理特征和社会心理行为因素等更易发生或加重消瘦。发病机制方面，西医认为消瘦与能量代谢异常、营养摄入不足及消化吸收障碍、激素水平及遗传等因素密切相关，中医则强调脾胃功能及情志因素对消瘦的影响。

**考点：消瘦的诊断**

## （二）营养与消瘦的关系

消瘦的发生与机体能量及营养物质代谢密切相关，各种原因引起机体的营养物质摄入减少、消耗增加或消化、吸收、利用障碍，导致可提供能量代谢的营养物质不足以满足机体需求，造成能量供需失衡及负氮平衡，从而引发消瘦。此外，遗传因素和个体体质差异亦是消瘦发生的重要因素。具体机制可因个体差异和基础疾病不同而有所不同。若消瘦是缓慢发生的，通常可能与慢性器质性疾病有关；若消瘦发生迅速，则可能与严重感染或恶性肿瘤相关。

**1. 营养物质（能量）摄入不足**

（1）吞咽困难 常见于口腔、消化系统疾病，机体无法经口摄取营养物质。

（2）食欲下降 常见于消化、神经系统疾病及慢性消耗性疾病。

（3）年龄 老年人味觉减退、胃容受性下降和瘦素增加等导致食欲下降。

（4）心理行为因素 主动限制饮食（如减肥）或社会心理因素（如压力、不健康饮食认知）影响进食行为。压力会激活交感神经系统，导致去甲肾上腺素释放增加，抑制食欲。偏食，挑食，进食不规律等行为会导致食物摄入不足。

（5）药物 如双胍类、$\alpha$-糖苷酶抑制剂、胰高血糖素样肽 1 受体激动剂等药物可抑制食欲或干扰营养物质吸收。

（6）不良嗜好 酗酒、药物依赖等不良嗜好损害营养物质摄入。

（7）食物中热量缺乏　长期低脂低糖高纤维的饮食，导致摄入的热量不足，无法满足身体的基本需求，导致体重下降。

**2. 营养物质（能量）消耗增加**

（1）慢性疾病或炎症 恶性肿瘤、慢性阻塞性肺疾病、重症结核等通过炎症反应增加代谢，导致负氮平衡及肌肉分解。

（2）肿瘤细胞快速生长分裂，消耗大量营养。此外，肿瘤分泌的胰岛素生长因子结合蛋白可以通过阻断胰岛素/胰岛素样生长因子信号和促进胰岛素抵抗来刺激营养丰富组织的分解代谢，蛋白质分解因子可以直接刺激肌肉中蛋白质的分解。此外，ATP-泛素-蛋白酶体途径及由肿瘤产生的脂质动员因子亦可能促发肌肉及脂肪组织消耗。

（3）甲状腺功能亢进等代谢性疾病加速能量消耗。

（4）过度运动导致能量需求增加。

（5）激素异常，如压力、应激、肿瘤分泌生长分化因子 15（GDF-15）等刺激下丘脑-垂体肾上腺轴，导致皮质醇过高，引起脂肪和肌肉分解。

**3. 营养物质利用障碍**

（1）消化系统疾病（如炎症、肿瘤、手术）导致消化液不足，影响营养物质消化吸收。

（2）因患糖尿病等疾病致使胰岛素缺乏或抵抗，导致细胞无法利用糖分。

**4. 遗传和个体差异**　家族遗传因素及个人体质可通过基因多态性引起消瘦：某些个体的静息能量消耗相对较高，可能与体内甲状腺激素水平升高相关。携带瘦肉型基因与肥胖型基因，能量代谢相关基因以及食欲调节相关基因等影响个体的脂肪分布和肌肉质量，从而导致消瘦。

**5. 基础代谢率**　一些人天生基础代谢率较高，即使摄入相同数量的食物，也可能因迅速代谢而导致体重下降。

**6. 中医观点**　消瘦，中医中又称“羸瘦”“身瘦”“脱形”。因先天不足，素体虚弱或饮食偏嗜，饥饱无常，营养摄入不足，或情志抑郁，忧虑过度，致肝失疏泄，脾失健运，饮食营养不能化生气血，或恣情纵欲，耗损真阴，致肾经不足，精不化血，皆可导致气血亏虚，不能滋养肌肤，发为消瘦。

## （三）消瘦对健康和美容的影响

**1. 消瘦对健康的影响**

（1）消瘦对儿童的危害　严重的消瘦对儿童危害极大。正常新生儿体重为 3kg 左右，体重低于 2.5kg 的新生儿称为低出生体重儿（又称营养不良儿）。这种新生儿体质不良，中枢神经系统发育不完善，死亡率高，到了学龄期，约有 30%出现神经系统异常或智力低下，记忆力差，反应迟钝，生长发育迟缓。这是因为大脑发育过程中营养物质（特别是蛋白质）供应不充足，造成脑细胞发育不良。

除了神经系统外，严重消瘦还会影响儿童的消化及运动系统的发育，其免疫系统功能常常低下，抵抗力较弱，容易感染疾病。严重营养不良的小儿还常伴有维生素缺乏症。

（2）消瘦对成人的危害

1）活动能力减弱：消瘦患者没有足够的能量储备，稍有活动就自觉劳累乏力，且疲劳感也不易恢复，往往不能坚持参加正常的生活活动，动作缓慢、步履蹒跚、精神憔悴、上下楼梯非常吃力，特别容易摔跤，更不能完成各种运动。

2）免疫力下降：营养不良会削弱免疫系统，增加感染和疾病的风险。

3）肌肉萎缩：长期消瘦可能导致肌肉量减少，影响力量和耐力。

4）骨质疏松：缺乏营养特别是钙和维生素 D，可能导致骨密度降低，骨质疏松风险增加。

5）情绪问题：消瘦可能与心理健康问题相互影响，形成恶性循环。

6）水肿：可出现不同程度的水肿，初期表现在下肢和面部，严重者可出现全身水肿。

7）心脏问题：极度消瘦可能导致心脏功能减弱，甚至引发心律失常等问题。血压常偏低，易出现头晕或晕厥；心率减慢，有时可降到 50 次/分以下，由于血液循环不良，冬季手脚温度低，易生冻疮。

8）严重消瘦者的消化功能会减退，消化液分泌减少，胃酸降低，易引起消化不良，从而陷入“营养不良—消瘦”的恶性循环。

9）激素水平变化：消瘦可能影响内分泌系统，导致激素分泌紊乱，影响代谢、月经周期等。男性可出现性功能减退。女性常出现月经紊乱、经量减少或闭经不育，这与女性的生殖功能对营养状况的高度依赖密切相关。

10）对炎热和寒冷适应力降低：瘦弱者缺少脂肪来维持正常体温，可能出现怕冷怕热，伏暑和寒冬时患病风险增加。

11）伤口愈合缓慢：人体在大面积伤口愈合时，需要较多的能量和蛋白质，而饮食中往往不能提供所需的全部营养素。因此，缺乏营养素储备的消瘦者，其组织修复和愈合过程缓慢，如长期卧床的消瘦患者，发生皮肤压疮时，不仅难以愈合，更易继发感染。

12）孕期妇女缺乏营养时，容易发生胎儿畸形，与正常体重的妊娠妇女相比，流产、死产的发生率也明显上升。

13）孕妇、哺乳期妇女可因营养不良而发生骨软化病，即成人佝偻病，常表现为四肢及背部酸痛、行走困难，容易发生骨折和骨盆畸形，当再度受孕分娩时，因骨盆畸形可能引发难产。

（3）消瘦对寿命的影响　过于消瘦者常免疫功能低下，易患肺结核、肝炎、肺炎等多种疾病。手术时，消瘦者的麻醉危险性也较大；手术后，伤口愈合不良且容易发生感染。

**2. 消瘦对美容的影响**　①皮肤健康：营养不足可能导致皮肤缺乏弹性，出现干燥、皱纹等老化迹象；缺乏营养素可能导致肤色暗淡、无光泽。②头发与指甲：营养不良会影响头发的生长，导致脱发或发质差；缺乏营养素会导致指甲变得脆弱易断。③整体形象：虽然适度的消瘦在某些文化中被视为美，但过度消瘦可能导致不健康的形象，影响个人自信。④心理影响：消瘦可能影响个体的自我认同感和自信心，尤其是在面对社会标准和审美观时。

### （四）消瘦的营养治疗

体型消瘦的人要想健壮起来，消除皮肤皱褶，改变肌肉纤弱的形象，变得丰满而匀称、结实而健美，需要通过合理饮食、适度锻炼、规律起居、良好的精神状态相结合，方可达到理想效果。改善消瘦的关键在于日常生活中饮食要科学。体型消瘦的人摄入的能量应大于消耗的能量，为此必须做到以下几点。

**1. 评估消瘦原因**　消瘦的营养治疗首先应评估患者是否存在消瘦，排除无实际体重下降证据的主诉情况；其次要进行详细的病史采集，了解患者的发病情况及特点、伴随症状、诊疗经过、既往史、家族史、个人史等，初步判断疾病是器质性还是非器质性；还应进行全面体格检查及选择性辅助检查。最后，综合以上信息明确导致消瘦的具体原因。

**2. 确定目标**　设定合理的体重增长目标，可设定为每周 0.5～1.0 kg，同时改善身体功能和营养状况，如提高血清蛋白水平、增强肌肉力量等。

**3. 热量计算**　依据患者的基础代谢率、活动水平及体质量增长目标来确定每日所需热量。为了达到体重增长和体成分改善的目标，每日热量摄入应高于其能量消耗，通常建议热量盈余为500～1000kcal/d。

根据上述因素，消瘦患者的热量需求可以按以下方式估算。

久坐少动的患者：需要 30～35kcal/（kg·d）。

轻度至中度活动的患者：需要 35～40kcal/（kg·d）。

高度活动的患者：需要 40～45kcal/（kg·d）或更多。

若体重增长过缓，可在此基础上增加 500～1000 kcal/d。

**4. 营养成分分配**

（1）蛋白质　蛋白质的补充是改善消瘦的有效干预手段。消瘦患者需要增加蛋白质的摄入量，以促进肌肉生长和维持身体正常功能。应优先选择优质蛋白质，如牛奶、蛋类、鱼类等，将蛋白质摄入量分散到各餐中，避免空腹补充蛋白和一次性摄入过多，以使其更好地吸收和利用。推荐动物性蛋白总摄入量不低于 120g/d；液态奶或等量的奶制品总摄入量 300～500ml/d；大豆是植物蛋白中唯一的优质蛋白，建议摄入量不低于 15g/d。

（2）碳水化合物 碳水化合物是重要的能量来源，消瘦人群应以谷物为主，谷薯类食物所提供的能量应占膳食总能量的 60%。推荐一日三餐都要摄入充足的谷类食物，不低于 250g/d。

（3）脂肪 消瘦患者需要适量增加脂肪摄入，以提供额外的能量，帮助增加体重，但同时应避免过量，以免增加心血管疾病的发生风险，建议脂肪供能占总能量 18%～25%。不推荐摄入反式脂肪酸和饱和脂肪酸。建议选择富含优质脂肪的食物，如杏仁、核桃等坚果 10～15 粒/日；三文鱼、鳕鱼等富含 $\omega$-3 脂肪酸的鱼类，每周 200～400g。

**5. 膳食安排**

（1）增加餐次 可从每日三餐改为五餐或六餐，以少量多餐的形式保证营养持续供给并提高消化吸收率。例如，除早、中、晚三餐外，上午和下午各加一次点心餐，晚上睡前可适当加餐。

（2）保证食物多样性 每天摄入 12 种以上食物，每周 25 种以上，食物种类涵盖谷薯类、蔬菜水果类、畜禽鱼蛋奶类、大豆坚果类等。

**6. 改进烹调技术** 食物的烹调加工也要讲究科学。通过科学的加工使食物的色香味俱佳，以刺激食欲。对于肉类食品以蒸煮为好，仅食肉、不喝汤的做法是不科学的。平时要尽量少吃煎炸食物，少食辣椒、姜、蒜、葱，以及虾、蟹等助火散气的食物。在用餐时应极力避免思考不愉快的事情，以免影响消化功能。

**7. 制订运动计划** 进行力量训练，如举重、深蹲等，刺激肌肉生长。进行适量有氧运动，可提高心肺功能，但应避免过度消耗热量。

**8. 改善生活习惯** 保证充足睡眠，减少压力，戒烟限酒。

**9. 排除疾病因素** 如经努力仍无法增重，应及时就医检查，排除疾病导致的消瘦。

**10. 营养补充剂** 根据患者具体营养缺乏情况，合理补充维生素（如维生素 D、维生素 C 等）、矿物质（如钙、铁、锌等）及其他营养素。例如，对于维生素 D 缺乏的患者，可补充适量的维生素 D 制剂；对于缺铁性贫血的消瘦患者，补充铁剂并搭配维生素 C 以促进铁吸收。无法保证规律日常饮食或存在咀嚼、吞咽等部分消化道功能障碍的患者，可处方全胃肠营养补充剂或特殊配方营养制剂。肠外营养仅在经消化道摄入营养物质严重受限的患者中推荐使用，且应积极治疗原发病，尽早恢复消化道功能。

除了营养防治，消瘦患者还应进行适度的运动锻炼，从而改善食欲、强壮肌肉、健美体魄。除了疾病所致的继发性消瘦需要治疗原发病以外，对于一般消瘦者也可以辅助用药，如维生素类药物、助消化药物、激素类药物等，但应在专业医生指导下使用。同时注意精神调理及生活调摄，良好的精神状态有利于神经系统和内分泌系统对各器官的调节，胸怀宽阔、乐观豁达的心态能增进食欲，增强胃肠道的消化吸收功能。此外，保持规律的作息时间、充足的睡眠，坚持运动健身，养成良好的卫生习惯等，均是改善消瘦的关键。

**考点：消瘦的营养治疗**

### （五）消瘦的食谱举例

18 岁男性中学生，身高 175cm，体重 51kg，考虑到其身体发育和学习活动的需要，请为其制订一日食谱。

**早餐：**牛奶 250ml，全麦面包 2 片（约 50g），鸡蛋 1 个（约 50g），苹果 1 个（约 200g）。

**午餐：**米饭（大米 150g），红烧鸡腿（鸡腿约 150g），清炒西蓝花（西蓝花 100g），豆腐汤 1 碗（豆腐 50g）。

**下午加餐：**酸奶 150ml，坚果（杏仁 30g）。

**晚餐：**番茄面（干面条 100g，番茄 1 个约 80g），清蒸鱼（鲈鱼 150g），清炒菠菜（菠菜 100g）。

全天烹调油 20g，盐 5g。

该食谱可提供热能约 2100kcal，蛋白质约 134.4g，脂肪约 81.2g，碳水化合物约 208g。

建议根据活动量和个体差异，适当调整食谱和热量摄入，确保营养均衡。此外，增加一些高能量食物（如坚果、乳制品等）也能帮助提升热量摄入，同时保持营养丰富。

## 三、维生素 D 缺乏病

**案例 7-4**

患儿谢某，男性，8 岁，学生，自诉自幼饮食睡眠不佳，自汗，动则气短，体质较差，易生病。查体：腹部膨隆、韧带松弛，肝脾稍肿大，方颅，肋骨外翻，胸骨柄前凸。

问题：1. 该患者产生上述症状的原因是什么？

2. 请对该患者进行膳食调理。

### （一）概述

**1. 定义** 维生素 D 缺乏病是缺乏维生素 D 导致机体钙、磷代谢障碍引起的全身性代谢性骨病。若发生在生长发育中的婴幼儿和儿童，称佝偻病，若发生在成人，则称骨软化症。佝偻病是人体内维生素 D 不足引起钙、磷代谢紊乱，产生的一种以骨骼病变为特征的全身、慢性、营养性疾病。2 岁以内婴幼儿中较常见。其中最常见的分型是维生素 D 缺乏性佝偻病。以正在生长的骨骺端软骨板不能正常钙化，造成骨骼病变为其特征。

**2. 发病特点及预后** 维生素 D 缺乏病是严重危害儿童、青少年乃至成人身体健康，以及形体美观性的一种慢性病。佝偻病常发于冬春两季，2 岁以内，尤其以 6～12 月龄婴儿发病率较高，人工喂养的婴儿发病率高于母乳喂养者。个别成人亦可患维生素 D 缺乏病，被称为骨软化症。本病北方地区发病率高于南方地区，工业城市发病率高于农村。本病轻者如治疗得当，预后良好，重者如失治、误治，易导致骨骼畸形，留有后遗症，影响儿童正常生长发育和成人形体美观。

### （二）营养与维生素 D 缺乏病的关系

**1. 儿童佝偻病**

（1）围生期维生素 D 不足　母亲妊娠期尤其是妊娠晚期维生素 D 缺乏，若合并严重营养不良、肝肾疾病、慢性腹泻等情况，可导致胎儿通过胎盘获取的维生素 D 不足；此外，早产、双胎等因素可使婴儿体内维生素 D 储存量先天不足。

（2）生长速度快　如早产儿、双胎婴儿出生后生长发育速率快，对维生素 D 的需求量大，加之体内储存的维生素 D 不足，易发生营养性维生素 D 缺乏性佝偻病。重度营养不良婴儿生长迟缓，发生佝偻病者不多。

（3）日照不足　因紫外线不能通过玻璃窗，婴幼儿若长期过多地留在室内活动，将导致内源性维生素 D 生成不足。大城市高大建筑可阻挡日光照射，大气污染如烟雾、尘埃可吸收部分紫外线。气候的影响，如冬季日照时间短，紫外线较弱，亦可影响部分内源性维生素 D 的生成。

（4）食物中补充维生素 D 不足　天然食物中维生素 D 含量普遍较低；母乳中维生素 D 含量较低，所以纯母乳喂养的婴儿若未及时补充或户外活动少，亦易患佝偻病。

（5）疾病影响　胃肠道或肝胆疾病会影响维生素 D 吸收，如婴儿肝炎综合征、先天性胆道狭窄或闭锁、脂肪泻、胰腺炎、慢性腹泻等，肝、肾严重损害可致维生素 D 羟化障碍，1,25-$(OH)_2$-$D_3$ 生成不足而引起佝偻病。长期服用某些药物，如苯妥英钠、苯巴比妥等，可刺激肝细胞微粒体的氧化酶系统活性增加，使维生素 D 和 25-(OH)-$D_3$ 加速分解为无活性的代谢产物，从而导致体内维生素D不足。糖皮质激素有对抗维生素D对钙的转运作用。

**2. 成人骨软化症**

（1）吸收不良 维生素D为脂溶性维生素，若过度限制油脂摄入，将导致维生素D吸收不良，引起维生素D缺乏病，因此原因引起的维生素D缺乏多见于过度节食瘦身及素食者。

（2）其他代谢疾病或消化疾病 肝脏和肾脏疾病往往会导致维生素 D 无法顺利活化形成 $1,25\text{-}(OH)_2\text{-}D_3$，导致钙、磷吸收不良，引起骨质软化。

（3）服用影响维生素 D 和钙吸收的药物 个别碱性药物，如抗酸药等，会改变胃肠酸碱平衡环境，引起胃肠对维生素D和钙的吸收能力下降。

（4）日光照射不足 北方寒冷地区冬季日照时间短，体内维生素D合成减少。

（5）骨折次数 骨折修复对人体血钙浓度降低影响很大，在一定程度上对维生素 D 有较大程度的消耗，而且对骨骼密度有很大影响。

（6）生育次数 育龄妇女在生育过程中因内分泌激素的变化，导致人体对钙离子的保留能力降低，引起骨密度下降。

**考点：儿童佝偻病的病因**

## （三）维生素D缺乏病对健康和美容的影响

**1. 骨骼发育问题** 佝偻病导致骨骼软化和畸形，骨骼的畸形会导致外观变化，可能出现X形腿、O形腿、脊柱弯曲等问题，影响儿童的体态和走路姿势，还可能导致患者自信心下降。佝偻病患者骨骼的强度减弱，骨折的风险增加。

**2. 生长迟缓** 患有佝偻病的儿童可能会出现生长迟缓，身高低于同龄儿童的平均水平。

**3. 牙齿外观问题** 骨骼问题也可能影响牙齿的发育，导致牙齿发育不良或龋齿，可能导致牙齿颜色不均或形状异常，影响美观。

**4. 肌无力** 骨骼与肌肉的协调性减弱，导致肌无力，影响运动能力。

**5. 免疫系统功能下降** 维生素D缺乏与免疫功能有关，可能导致儿童更容易患病。

**6. 皮肤健康** 维生素D对皮肤健康至关重要，缺乏可能导致皮肤问题，如干燥或其他皮肤病。

**7. 心理影响** 由于外观上的变化，儿童可能在社交中感到自卑，从而影响心理健康和人际关系。

## （四）维生素D缺乏病的营养治疗

治疗的目的在于控制活动期，防止骨骼畸形。

**1. 营养补充** 增加钙的摄入，应选择富含钙的食物，如奶制品、豆腐、绿叶蔬菜等。特别是在儿童生长发育阶段，如果膳食中钙摄入不足，应补充适当钙剂。保证维生素 D 的摄入，可通过食物（如鱼类、蛋黄、强化食品）和阳光照射来获得。每日保证适当的户外活动，阳光照射有助于体内维生素D的合成。

**2. 均衡饮食** 确保摄入足够的碳水化合物、蛋白质和脂肪，满足生长需要。

**3. 注意食物多样化** 每天摄入多种食物，以确保获得全面的营养素。

**4. 注意水分摄入** 保持适量的饮水，促进新陈代谢，避免脱水。

**5. 医学干预** 如确诊为维生素D缺乏病，应尽早进行医学干预，包括补充维生素D和矿物质，必要时进行物理治疗或矫正手术。

**考点：儿童佝偻病的营养治疗**

## （五）维生素D缺乏病的预防和调护

**1. 预防**

（1）加强孕期保健，孕妇要有适当的户外活动。

（2）加强婴儿护养，提倡母乳喂养，对于婴儿，母乳是最佳的营养来源，母乳中含有维生素D

和其他重要营养素，母亲应适当补充维生素D，并及时添加辅食，多晒太阳，增强体质。

（3）充足的维生素D摄入　通过饮食摄入富含维生素D的食物，如鱼类（特别是油性鱼）、蛋黄、奶制品和强化谷物等。适当补充维生素D补充剂，尤其是在阳光照射不足的地区或季节。出生后数日开始补充维生素D 400IU/d。

（4）阳光照射　每天让儿童在阳光下活动，通常建议每天10～30min的阳光照射，具体时间依地区和肤色而异。注意避免过度暴露于阳光下，以防晒伤。

（5）均衡饮食　确保儿童的饮食中包含足够的钙和磷，如奶制品、豆类、坚果、绿叶蔬菜等。适量补充水果和谷物，确保全面的营养摄入。

（6）定期体检　定期进行健康检查，监测儿童的生长发育情况，及时发现和纠正营养不良或其他健康问题。

**2. 调护**

（1）患儿不要久坐久站，不系过紧的裤带，提倡穿背带裤，减轻骨骼畸形。

（2）营养支持　按照医生的建议，补充足够的维生素D、钙和磷，确保营养均衡。采用富含营养的饮食，增加钙和维生素D的摄入。

（3）适量运动　鼓励儿童每日做户外活动，直接接受日光照射。进行适量的体育活动，以促进骨骼和肌肉的发育，增强体力。遵循医生的建议，避免剧烈运动，同时注意防止受凉。

（4）物理治疗　根据医生的建议，进行有针对性的物理治疗，帮助改善肌肉力量和骨骼形态。

（5）矫正措施　如果出现明显的骨骼畸形，可能需要佩戴矫形器具或进行其他矫正治疗，具体措施应根据专业医生的指导确定。

（6）定期复查　定期带孩子复查，监测治疗效果和骨骼发育情况，并根据情况调整治疗方案。

（7）心理支持　给予儿童心理上的支持，帮助他们建立自信，鼓励他们参与社交活动，减轻因外观变化带来的心理负担。

**3. 维生素D缺乏病食谱举例**　患儿，男，13岁，身高140cm，体重35kg，被诊断为营养性佝偻病。请为其编制一日食谱。

**早餐：**牛奶（250ml，低脂），燕麦粥（燕麦50g，加水煮），水煮鸡蛋（鸡蛋1个，约60g）。

**上午加餐：**坚果（核桃30g）。

**午餐：**米饭（100g，熟），红烧鸡肉（鸡肉100g），小白菜豆腐汤（小白菜100g、豆腐50g）。

**下午加餐：**香蕉（1根，约100g）。

**晚餐：**面条（100g，熟），清蒸鲈鱼（鲈鱼100g），凉拌番茄（番茄100g）。

**晚上加餐：**牛奶（250ml，低脂）。

该食谱提供总热量约2416kcal，蛋白质约92.5g，脂肪约60.6g，碳水化合物约152g，钙约940mg，维生素D约9μg。

## 四、原发性骨质疏松症

**案例 7-5**

患者张某，女性，60岁，打喷嚏、咳嗽后突然出现腰痛，活动时加重。3年前体检发现骨量减少，弯腰起立后腰痛1年，并曾发现第1腰椎压缩性骨折。

问题：1. 该患者的病情与哪些营养因素有关？

2. 如何对该患者进行膳食调理？

### （一）概述

原发性骨质疏松症是指由年龄增加、器官生理功能退行性改变和性激素分泌减少引起的骨质疏松症。分为绝经后骨质疏松症（Ⅰ型）、老年性骨质疏松症（Ⅱ型）和特发性骨质疏松症（包括青少年型）3 种。该病是以单位体积内骨组织量减少、骨皮质变薄、骨小梁减少变细，骨微观结构退化、髓腔增宽、骨荷载降低等为特征的骨的脆性增加，骨折概率增大的一种全身性骨骼疾病。骨质疏松症的主要临床表现和体征有疼痛、身高缩短、驼背、脆性骨折及呼吸受限等。

**考点：原发性骨质疏松症的定义**

### （二）营养与原发性骨质疏松症的关系

**1. 蛋白质**　是组成骨基质的原料，充足的蛋白质可增加钙的吸收与储存，对防止和延缓骨质疏松有利。例如，蛋白质长期缺乏将导致血浆蛋白降低，骨基质蛋白合成不足将会影响新骨的形成，容易出现骨质疏松。蛋白质的摄入量及蛋白质的氨基酸组成与钙的吸收均有一定的相关性。

**2. 钙**　钙在骨骼中是以羟磷灰石的形式存在的。人体 99%的钙存在于骨骼和牙齿，1%的钙以游离的形式参与体内各种重要的生理活动，当钙摄入量不足时会动用骨骼中的钙来参与人体代谢，因此保证充足的钙摄入量能够有效地抑制骨钙的释放。钙的补充主要从食物中来，钙的摄入量与骨的生长发育密切相关，尤其是儿童、青少年钙的足量摄入可获得理想的骨峰值，减少发生骨质疏松的危险度。

**3. 磷**　在人体骨骼和牙齿发育中与钙同样重要，人体磷与钙的比例是恒定且相互制约的。一般饮食中含磷丰富。过高的血磷会抑制 $1,25\text{-}(OH)_2\text{-}D_3$ 生成，导致钙吸收下降。但增加磷摄入可减少尿钙丢失。

**4. 维生素**　$1,25\text{-}(OH)_2\text{-}D_3$ 可促进小肠钙吸收，减少肾钙磷排泄，有利于骨质钙化。维生素 A 和维生素 C 参与骨胶原和糖胺聚糖的合成，后两者是骨基质的成分，对骨钙化有利。

**5. 吸烟、嗜酒、过多的咖啡因摄入**　吸烟者引起骨吸收加快而导致骨量丢失加快，肠钙吸收下降，吸烟者会过早绝经。酒精伤肝，会影响 $25\text{-}(OH)\text{-}D_3$ 生成，酒精作用于成骨细胞，会抑制其成骨作用，酒精损伤睾丸，使血中睾酮减少。咖啡因摄入过多亦可导致尿钙流失增加。

### （三）原发性骨质疏松症对健康和美容的影响

**1. 骨折风险增加**　原发性骨质疏松症最直接的健康影响是骨折风险显著增加。常见的骨折部位包括髋部、脊椎和腕部。骨折不仅会导致剧烈疼痛，还可能需要手术治疗，影响患者的生活质量。

**2. 脊柱变形**　由于脊椎骨的骨密度降低，患者可能会出现脊柱压缩性骨折，导致身高减少和脊柱弯曲（如驼背），进而影响体态和生活功能。

**3. 慢性疼痛**　骨折或骨骼变形可能导致慢性疼痛，影响患者的日常活动和心理健康。

**4. 运动能力下降**　骨质疏松症患者由于对骨折的恐惧和疼痛，可能减少运动量，进一步加重骨质疏松的程度，形成恶性循环。

**5. 心理健康问题**　长期的骨骼问题及其带来的疼痛和功能受限可能导致抑郁、焦虑等心理健康问题。

**6. 面部轮廓变化**　骨质疏松症可能导致面部骨骼结构的变化，使脸部看起来更加凹陷或老化。这种变化可能会使皮肤看起来更加松弛，影响整体美容。

**7. 皮肤健康**　虽然骨质疏松症本身不直接影响皮肤，但由于运动减少和心理健康问题，可能导致皮肤光泽度下降和老化加速。

**8. 发型和气质**　因为脊柱问题导致的姿势变化可能影响一个人的气质和自信心，从而影响其在他人眼中的美感。

### （四）原发性骨质疏松症的营养防治

膳食因素对骨质疏松症的预防和治疗有着不可低估的作用，营养治疗的目的是通过膳食补充钙、磷和维生素 D 等营养素，以预防或治疗骨质疏松症。必要时配合肠内营养相关制品调节营养代谢。

**1. 保持合适的体重** 体重减小，即BMI过低，甲状旁腺激素和骨代谢指标就会增高，进而促使骨密度减小。因此，为了维持骨量，首先要改善营养不良，保持适宜的体重。

**2. 钙的摄入应充足** 不同人群钙摄入量不同。一般建议成人膳食钙的推荐摄入量为800mg/d。含钙高的食物有奶及奶制品、豆类、虾、青菜等。科学的烹调方法可去除妨碍钙吸收的因素，对含草酸、植酸高的蔬菜需要在沸水中焯一下，增加钙的利用率。在膳食补钙不足时，应选钙制剂补充。

**3. 摄入充足蛋白质** 充足的蛋白质摄入有助于维持骨骼和肌肉功能，降低骨质疏松性骨折后发生并发症的风险。蛋白质是合成骨基质的原料。例如，蛋白质摄入不足会引起骨微结构发生不利变化，最终导致骨强度降低，出现不同程度的骨质疏松。适量蛋白质可增加钙的吸收与储存，但过量蛋白质可引起尿钙排出增多而不利于骨质的形成。建议骨质疏松症患者及高危人群在钙摄入充足的前提下，摄入蛋白质 0.8～1.0g/（kg·d），并将每天的蛋白质总量均衡分配到一日三餐中，选择鱼、肉、蛋、奶、大豆等富含优质蛋白质的食物。

**4. 摄入适量维生素C** 维生素C参与骨组织中蛋白质、骨胶原、氨基多糖等的代谢，在促进胶原蛋白合成、骨基质发育、促进软骨细胞和成骨细胞分化、限制骨吸收方面发挥重要作用。维生素C缺乏时会影响骨骼代谢，导致骨量减少，脆性增加。骨质疏松老年人更应增加蔬菜、水果等的摄入，以增加膳食维生素C的摄入，鉴于维生素C良好的安全性，也可以考虑适当使用维生素C补充剂，但每日总摄入量不可超过2000mg。

**5. 补充维生素D** 维生素D可促进小肠黏膜细胞内钙结合蛋白的形成，作为钙的载体促进钙的吸收，每日维生素D的推荐供给量为10μg/d（65岁以上人群为15μg/d）。含维生素D丰富的食物有沙丁鱼、鲤鱼、青鱼、鸡蛋黄等，但日常饮食难以满足人体需求，因此应结合适度日照，并酌情添加鱼肝油等含维生素D的制剂。

**6. 补充充足微量元素** 补钙的同时补充锌和铜比单纯补钙效果好。含锌高的食物有红肉类食物、动物内脏、海产品（如海鱼、牡蛎等），以及蛋类、大豆、面筋和部分坚果（如核桃、花生、松子、瓜子仁等）。含铜高的食物有虾、蟹，贝类包括牡蛎、螺等，动物肝、肾、脑，蘑菇、坚果、干黄豆等。氟对骨骼与牙齿的形成有重要作用。我国规定饮用水含氟量标准为0.5～1.0mg/L。

**7. 增加运动** 除食物供给维生素D外，日晒对维生素D的水平也有较大影响，故提倡适当的户外活动。运动还有利于骨密度的维持，延缓人体骨骼的老化，促进骨骼对钙的吸收，从而减少钙从骨中的释放。

**8. 适当摄入植物雌激素** 雌激素对骨质疏松的高危人群可以起到很好的预防作用，但口服雌激素有一定的不良反应，剂量不当或者是服用时间过长，可以引发其他疾病。目前研究较多的是植物中富含植物激素一类的食物，如大豆异黄酮可以调节骨骼内活性氧自由基水平和氧化还原状态，进而对骨骼起到保护作用，还会参与骨转化和成骨细胞、破骨细胞、骨细胞的生理活动，不仅可以增加骨密度，还可以维持骨的柔韧性，避免或减少骨折的发生。因此，老年女性应经常选择富含大豆异黄酮类的食物，通过食物摄取，起到补充雌激素的作用。

**9. 满足足量维生素K摄入** 维生素K可促进蛋白质与钙离子结合，在钙盐沉积中发挥不可缺少的作用，还可以起到让成骨细胞转变为骨细胞，限制破骨细胞生成等作用，从而促进骨的吸收，双向调节骨代谢平衡。补充充足的维生素K会降低老年女性发生髋部骨折和脊椎压缩性骨折的风险，还能显著减少尿钙排出量。成人维生素K的适宜摄入量为80μg/d。建议骨质疏松患者和高危人群保证深绿叶蔬菜的摄入量，以满足维生素K摄入。

**10. 其他** 除了这些之外，还有一些其他的营养因素，也在骨质疏松症患者膳食营养上起到了非常重要的作用。①低钠饮食：临床上慢性低钠血症和近期低钠血症者出现骨质疏松症的风险升高，低钠血症程度越重，持续时间越长，骨质疏松症发生风险越高。同时，低钠血症还会激活破骨细胞活性，导致骨吸收增加。但膳食当中含钠过高，也会增加尿中钙的排出，有增加肾结石和骨量丢失的风险，从而使骨质疏松风险也随之上升。建议骨质疏松症患者低盐饮食，成人每日食盐摄入量不超过 6g，老年人每日盐摄入量不超过 5g。②适当钾：膳食当中足量的钾会减少钙从尿中排出，从而有利于骨健康。③适量镁：镁对于维持体内钙和钾的稳态都是必需的。低镁血症会抑制成骨细胞功能，增加破骨细胞的活性。④增加必需脂肪酸：必需脂肪酸缺乏会造成骨钙流失，尿钙增加，从而增加骨折的风险性。⑤适量维生素 A：维生素 A 过量可促进骨吸收，导致骨量丢失，骨密度降低，骨折风险增加；而缺乏同样会对骨骼产生不利影响。维持适宜的血清维生素 A 水平有利于老年人骨骼健康。⑥维生素 E：通过抗氧化、抗炎症和免疫调节等机制影响骨代谢，促进成骨和抑制破骨。低维生素 E 摄入可能增加骨折风险，骨质疏松症患者可在适宜范围内（20mg）增加膳食中维生素 E 的摄入。⑦咖啡因：含咖啡因的饮料可能增加尿钙流失，有研究表明每天摄入超过 300mg 咖啡因会使得女性的腰椎部位骨质流失明显，故建议骨质疏松症患者每天咖啡因摄入量不超过 300mg（1～2 杯咖啡），并且注意钙的摄入达到每日推荐量 800～1000mg。

**考点：原发性骨质疏松症的营养防治**

### （五）原发性骨质疏松症的食谱举例

患者，女性，57 岁，身高 157cm，体重 54kg，患原发性骨质疏松症 3 年，请为其编制一日食谱。

**早餐：**牛奶（250ml，低脂），燕麦粥（燕麦 50g，煮成粥），花卷（小麦粉 50g），香蕉（1 根，约 100g）。

**午餐：**糙米饭（糙米 30g，大米 60g 煮熟），清蒸鱼（鲈鱼或其他富含 $\omega$-3 的鱼 100g，清蒸）、西蓝花（200g，炒熟）、蛋花汤（1 碗，使用 1 个鸡蛋 60g）。

**晚餐：**全麦面包（1 片，约 80g）、红烧豆腐（豆腐 100g，豆腐可与青椒、胡萝卜一同烧）、菠菜（200g，蒸熟或凉拌）、苹果（1 个约 200g）。

全天用油 25g，用盐 4g。

该食谱可提供热量约 1805kcal，蛋白质约 88.4g，脂肪约 53.8g，碳水化合物约 254.8g，钙 1020.8mg，维生素 D 6.7μg。维生素 D 未达到需求，需多晒太阳。

## 五、便　秘

**案例 7-6**

患者王某，女性，59 岁，退休在家，不爱运动，患习惯性便秘已五六年，常服润肠通便类药物进行治疗，虽可取一时之效，但终不能治愈。近半年来，患者病情加重，每隔五六日排便一次，大便干结，虽时常有便意，但排便困难。伴有头晕目眩、疲乏无力、烦躁、食欲下降、下腹有坠胀感等症状，经各种检查未发现有器质性病变。

问题：1. 该患者便秘有哪些膳食相关因素？

2. 如何对该患者进行膳食调理？

### （一）概述

便秘是指粪便在肠道内停留时间过长，所含水分被吸收，导致粪便干硬，进而引起排便困难或费力，排便次数减少（每周排便少于 3 次），正常的排便频率消失且排便间隔超过 48h。患者往往感到小腹胀痛、里急后重、欲便不畅。长期便秘则为习惯性便秘，人体代谢产物不能及时排出，蛋白质腐败产物在肠道内被吸收，可引起两肋隐痛、口苦、恶心、食欲不振、头痛、头晕、精神萎靡等毒性反应，也会导致皮肤粗糙、干燥、易生痤疮、色素沉着、面色红赤、肥胖等问题，影响美容。很多因素可影响排便过程而引起便秘，根据病因大致可分为器质性便秘和功能性便秘两类。

## （二）便秘的诱因

**1. 年龄因素** 随着年龄增加，老年人的体力活动和食量明显减少，胃肠道分泌消化液减少，腹腔及盆底肌肉乏力，肠道的张力和蠕动减弱，胃结肠反射减弱，直肠敏感性下降，肛门内外括约肌肌力减弱，使食物在肠内停留过久，水分被过度吸收而引起便秘，老年人便秘的患病率较青壮年明显增高。此外，高龄老年人常因阿尔茨海默病而失去排便反射，引起便秘。

**2. 饮食因素** 低纤维素饮食、水分摄入不足可增加便秘发生的可能性。若偏好低渣精细食物，杂粮粗粮、蔬菜水果摄入较少，会导致膳食纤维摄入不足；如果进食少、食物热量过低，可使胃肠蠕动速度减慢，亦可引起便秘；饮食品种单一，缺乏粗纤维，会导致粪便体积缩小、黏滞度增加，使其在肠内运动速率减慢，水分被过度吸收而诱发便秘。

**3. 排便习惯和心理因素** 如果没有养成定时排便的习惯，常常会忽视正常的便意，或因某些原因不方便及时排便而抑制便意，致使排便反射受到抑制而引起便秘。另外，患抑郁、焦虑、强迫症等心理障碍者易出现便秘。

**4. 活动因素** 活动量减少，特别是因病卧床或坐轮椅的患者，因缺少运动对肠道的作用，导致粪便在肠道推动受阻，往往易患便秘。

**5. 药物因素** 滥用或不合理应用泻药可加重便秘。长期使用泻剂，尤其是刺激性泻剂，会造成肠道黏膜神经的损害，降低肠道肌肉张力，反而导致严重便秘。

**6. 肠道病变** 肠道的病变有炎症性肠病、肿瘤、疝、直肠脱垂等，此类病变可导致功能性出口梗阻而引起排便障碍。

另外，文化程度低、过低或过高BMI、女性、人口密集区生活者更易发生便秘。

便秘的病因主要包括器质性疾病、功能性疾病及药物三大类。器质性疾病包括肠道疾病、内分泌和代谢性疾病、神经系统疾病及肌肉疾病；功能性疾病包括功能性便秘、功能性排便障碍及便秘型肠易激综合征；药物包括抗抑郁药、抗癫痫药、抗组胺药、抗震颤麻痹药、抗精神病药、解痉药、钙拮抗药、利尿药、单胺氧化酶抑制剂、阿片类药、拟交感神经药、含铝或钙的抗酸药、钙剂、铁剂、止泻药、非甾体抗炎药。

## （三）便秘的营养防治

对于器质性病变，首先要针对病因治疗，辅助营养支持，必要时也可选用泻药以缓解便秘的症状。对于功能性便秘，除了营养治疗外，要养成定时排便的习惯，避免经常服用泻药和灌肠，适当增加体力活动。保持心情舒畅，生活要有规律。

**1. 增加高膳食纤维食物** 多供给含膳食纤维食物，包括可溶性和不溶性纤维，以刺激肠管，促进胃肠蠕动，增强排便能力，如粗粮、带皮水果、新鲜蔬菜等。可选用多纤维素制剂，摄入膳食纤维20～35g/d，有较好疗效。

**2. 多饮水** 多饮水及饮料，使肠内保持足够的水分，有利于粪便排出。建议达到1.5～2.0L/d。

**3. 供给B族维生素丰富的食物** 多食用含B族维生素丰富的食物，可促进消化液分泌，维持和促进肠蠕动，有利于排便，如粗粮、酵母、豆类及其制品等。

**4. 多食产气食物** 多选食易于产气的食物，以促进肠蠕动，有利于排便，如洋葱、萝卜、蒜苗等。

**5. 适当增加高脂肪食物** 植物油能直接润肠，且分解产物脂肪酸有刺激肠蠕动作用，因此可适当增加高脂肪食物（如花生、芝麻、核桃及花生油、芝麻油、豆油等）的摄入，每天脂肪总摄入量可达100g。此外，还可以供给润肠通便食物，如琼脂及其制品、银耳羹等。

**6. 多吃富含益生菌的发酵食物** 如酸奶，可维持健康的肠道菌群，促进肠道蠕动，增加排便。

**7. 膳食禁忌** 禁忌烟酒及辛辣食物等，因这些食物对通便不利。

**8. 尽可能做到定时排便** 根据《中国慢性便秘专家共识意见（2019，广州）》，晨起的起立反射可促进结肠运动，有助于产生便意。另外，进餐后胃窦扩张、食物进入十二指肠诱发的胃结肠反射和十二指肠结肠反射均可促进结肠的集团蠕动，产生排便反射，有利于成功排便，因此建议便秘患者在晨起和餐后 2h 内尝试排便。如厕排便时需集中注意力，避免受到与排便无关的因素干扰，每次大便时间不宜过长（<10 分钟/次），养成良好的排便习惯。

**9. 其他疗法** 适当增加与身体情况相匹配的运动，可能对部分便秘患者有帮助，如散步、打太极拳、练操、跳广场舞等，避免久坐。停用可能导致严重便秘的药物，在专科医师的指导下用其他治疗方案替代。

**10.** 如果是由器质性病变造成的便秘，应首先治疗原发疾病，去除病因：若为不完全梗阻，可考虑给予清流质膳食；严重梗阻患者，可最低限度地控制食物残渣，其余营养素由静脉供给。

**11.** 药物相关性便秘的患者，首先尽量停用前述可引起或加重便秘的药物，如不能停用，则需同时服用合适的通便药。

**考点：便秘的营养防治**

### （四）便秘对健康和美容的影响

**1. 对健康的影响**

（1）消化系统问题　便秘会导致肠道内堆积废物，可能引发肠道不适、腹痛、胀气等问题。

（2）毒素积聚　长时间便秘可能导致体内毒素积聚，增加肝脏和肾脏的负担，影响其正常功能。

（3）肠道疾病　慢性便秘可能增加患结肠癌、痔疮和肠道憩室等疾病的风险。

（4）营养吸收　便秘可能影响营养物质的吸收，导致营养不良。

（5）心理健康　便秘常常伴随焦虑和抑郁情绪，影响心理健康。

**2. 对美容的影响**

（1）色暗沉　便秘可能导致体内毒素无法有效排出，进而影响肤色，导致皮肤暗沉或出现痘痘。

（2）水肿　便秘可能导致体内水分滞留，出现水肿现象，影响面部和身体的轮廓。

（3）缺乏光泽　消化不良和便秘可能导致皮肤缺乏光泽，显得干燥无生气。

（4）影响体重　便秘可能导致身体代谢减缓，影响体重管理，进而影响整体形象。

（5）激素失衡　便秘可能影响激素的平衡，进一步影响皮肤状况和美容效果。

### （五）便秘的食谱举例

李大爷，70 岁，身高 168cm，体重 60kg，大便难解多年，原先 3～5 日一解，大便干结，呈颗粒状，之后便秘逐渐加重。请为其制订一日食谱。

**早餐：**牛奶燕麦粥（牛奶 200g、燕麦片 40g），金银卷（玉米面 10g、面粉 40g），鸡蛋 50g，拌菠菜（菠菜 80g、芝麻油 5g）。

**午餐：**米饭（大米 60g、糙米 10g、玉米糁 20g、荞麦 10g），香菇油菜（香菇 40g、油菜 80g、水发木耳 25g），魔芋红烧鸡块（魔芋精粉 15g、鸡肉 50g），鱼丸白菜汤（鱼丸 50g、白菜 80g），酱油 5g，食盐 3g，大豆油 10g。

**下午加餐：**酸奶 100g，猕猴桃 80g。

**晚餐：**荠菜馄饨（面粉 25g、荠菜 25g、猪肉 25g、小葱 20g、芝麻油 2g），胡萝卜小米面煎饼（小米面 30g、胡萝卜 30g），素炒三丝（芦笋 60g、黄瓜 40g、绿豆芽 60g），大豆油 5g，食盐 2g。

该食谱可提供总能量约 1809kcal，蛋白质约 77.3g，脂肪约 53.5g，碳水化合物约 261g，膳食纤维约 29.6g。

# 六、水　　肿

## （一）概述

水肿是指组织间隙有过多的液体积聚使组织肿胀。水肿可分为全身性和局部性。根据引起水肿的原因不同，全身性水肿可分为肾源性水肿、肝源性水肿、营养不良性水肿、特发性水肿等。营养不良性水肿有原发和继发两类。原发性营养不良见于战争或灾荒所致食物缺乏；继发性营养不良见于以下原因：①因病摄入不足；②消化吸收障碍；③排泄或丢失过多。

## （二）营养与水肿的关系

**1. 蛋白质缺乏**　摄入的蛋白质不足或丢失及消耗过多，导致血浆白蛋白水平降低，促使液体在组织间隙积聚。

**2. 微量元素缺乏**　如锌、铁等矿物质缺乏，影响身体的正常代谢。

**3. 维生素缺乏**　尤其是B族维生素和维生素C缺乏，影响新陈代谢和免疫功能。

**4. 慢性疾病**　如肝病、肾病等，会影响蛋白质合成和排泄。

**5. 消化吸收障碍**　如肠道疾病导致营养物质的消化吸收不良。

营养不良性水肿发生前常有消瘦、体重减轻等表现。皮下脂肪减少所致组织松弛，组织压降低，加重了水肿液的潴留。水肿常从足部开始逐渐蔓延至全身。

## （三）水肿的营养防治

**1. 增加优质蛋白质摄入**　低蛋白血症使血浆胶体渗透压下降，导致水肿，因此水肿患者的饮食应注意及时补充蛋白质，纠正低蛋白血症，维持体液渗透压，改善水肿。尤其要注意多摄入优质蛋白，如大豆及其制品、蛋类、奶类、畜禽类、水产品等。

**2. 增加维生素和矿物质的摄入**　均衡饮食，确保碳水化合物、脂肪、维生素和矿物质的均衡。维生素$B_1$缺乏可导致湿性脚气病，引起水肿。日常生活中应注意补充富含维生素$B_1$的食物，如全谷类、豆类、干果类、动物内脏、瘦肉等。

**3. 限制钠盐的摄入，保持身体水分平衡**　钠盐摄入过多可导致水钠潴留。对严重水肿病例，应暂时限制食盐，待水肿消退后，应及时恢复食盐量，以免食欲减退而不能摄入足够的蛋白质。

**4. 有利于消肿的食物**　日常可以适当吃一些有利于消肿的食物，如绿豆、冬瓜、西瓜、海带、薏米、红豆等。

## （四）水肿对健康和美容的影响

**1. 对健康的影响**

（1）影响心血管健康　水肿可能导致血液循环问题，增加心脏负担，影响心血管健康，甚至可能导致高血压。

（2）免疫功能下降　营养不良会削弱免疫系统功能，使身体更容易受到感染和疾病的侵袭。

（3）肾功能受损　长期水肿可能影响肾脏的排泄功能，导致体内废物不能有效排出，进一步加重水肿。

（4）肌肉萎缩　由于营养缺乏，肌肉质量可能下降，影响身体的力量和功能。

（5）内脏器官负担　水肿会导致身体内脏器官（如肝脏和肾脏）负担加重，影响其正常功能。

**2. 对美容的影响**

（1）皮肤状况　水肿可能导致皮肤看起来肿胀、松弛，失去弹性，从而影响整体美观。

（2）肤色暗沉　水肿可能影响血液循环，导致肤色暗沉，缺乏光泽。

（3）眼部肿胀　水肿常见于面部，尤其是眼部，可能导致眼睑肿胀，使人看起来疲惫、无精打采。

（4）体型变化　水肿可能导致体重轻微增加，影响身材的线条和曲线，进而影响自信心和形象。

（5）化妆效果　水肿会使妆容难以服帖，影响化妆的效果，使妆容看起来不自然。

**考点：水肿的营养防治**

### （五）一日食谱举例

李女士，30岁，某柜台导购员，身高158cm，体重40kg，双下肢水肿，请为她编制一日食谱。

**早餐：**红豆薏米粥（红豆15g、薏米30g），全麦面包（全麦面粉50g），煮鸡蛋（鸡蛋50g），牛奶250ml。

**加餐：**梨150g。

**午餐：**米饭（大米100g），红烧豆腐（豆腐100g），炒油菜（油菜150g），海带排骨汤（海带50g、排骨50g）。

**加餐：**西瓜150g。

**晚餐：**燕麦饭（大米60g、燕麦20g），清蒸鱼（草鱼50g），炒菠菜150g，冬瓜虾仁汤（冬瓜100g、虾仁20g）。

全日烹调油25g，盐4g。

该食谱提供热能约2043kcal，蛋白质约79.9g，脂肪约60.5g，碳水化合物约274.4g，膳食纤维约19.5g。

## 七、白发病、脱发

### （一）白发病

**案例7-7**

患者李某，男性，23岁，白发问题困扰了很多年，从11岁起开始长白发，一开始只是少许，随着年龄的增大，大部分头发逐渐变白。特别是近期学习工作压力加大，白发数量显著增多，尤其是两鬓、前额，而且干枯无光泽。

问题：1. 请分析白发的原因。

2. 请你从营养学角度分析如何改善少白头问题。

白发病是指头发部分或全部变白。目前虽对白发病的治疗效果不佳，但对白发形成的原因和机制已经有所了解，这为白发的防治措施提供了一定的依据。

**1. 白发病的类型**

（1）少年白发病　在青少年或青年时发病，这种白发病称为“少白头”。其表现是最初头发中有散在稀疏的少量白发，大多数首先出现在头皮的后部或顶部，夹杂在黑发中呈花白状，随后，白发可逐渐增多，但不会全部发白。这是一种常见的病理现象，一般没有明显的症状，常伴有家族史，属常染色体显性遗传病，“少白头”除与遗传有关外，还与营养缺乏、精神紧张等因素有关。一些疾病也可引起少年白发病，如恶性贫血、甲状腺功能亢进、心血管疾病（冠心病、高血压和心肌梗死）等。

骤然发生的白发病，可能与营养障碍有关，如铁、铜、B族维生素、酪氨酸等摄入不足。部分患者在诱发因素消除后，白发可在不知不觉中减少甚至消失。

（2）老年性白发　随着年龄增加，白发逐渐增多，一般在25～30岁时可出现少量白发，45～50岁以后白发增多较明显，开始时白发出现在网，而后发展到顶部或整个头部。老年性白发是一种生理现象，毛囊中色素细胞数目正常，但黑素细胞中酪氨酸活性逐渐丧失，致使合成黑色素的能力降低，导致毛发色素减少，老年性白发一般不可逆，极少有恢复黑发的现象。

**2. 白发病的病因**

（1）遗传因素　家族遗传是导致白发病的主要因素之一。如果家族中有早发白发的历史，后代出现白发的可能性增大。

（2）年龄　随着年龄增长，毛发中的黑素细胞逐渐减少，导致头发变白。这是一个自然衰老的过程。

（3）激素变化　激素，尤其是甲状腺激素、性激素等激素的水平的变化，可能影响色素生成，导致白发病。

（4）压力　长期的精神压力和心理负担可能影响身体的内分泌系统，导致色素细胞功能受损。

（5）环境因素　紫外线照射、污染、化学物质等外部环境因素可能对头发产生不良影响。

（6）健康状况　某些疾病（如自身免疫性疾病、营养不良）可能导致毛发变白。

（7）烟草使用　吸烟与早发白发的风险相关，吸烟者比不吸烟者更容易出现白发病。

**3. 营养与白发病的关系**

（1）维生素缺乏　维生素 $B_{12}$、维生素 D、维生素 E 等对毛发健康至关重要。缺乏这些维生素可能影响黑色素的合成。

（2）矿物质　铜、锌等矿物质在黑色素的生成中起重要作用，缺乏这些矿物质可能导致白发的出现。

（3）蛋白质摄入　头发主要由角蛋白构成，充足的蛋白质摄入有助于毛发的健康生长。

（4）抗氧化物质　富含抗氧化物的食物（如水果、蔬菜、坚果）能够抵抗自由基的损害，可能有助于延缓白发的出现。

（5）饮食平衡　均衡的饮食能够提供全面的营养支持，维护整体健康，从而影响毛发的颜色和质量。

**4. 白发病的营养防治**

（1）多摄入铁和铜等矿物质含量丰富的食物　头发的色素颗粒中含有铜和铁的混合物，当黑色头发中镍含量增多时，头发会变成灰白色；金黄色头发中含有钛；赤褐色头发中含有钼；棕红色的头发中除含有铜外，还含有钛。由此可见，微量元素与头发的颜色有密切关系。含铁多的食物有动物肝脏、蛋类、黑木耳、海带、大豆、芝麻等。含铜多的食物有动物肝脏、动物肾脏、甲壳类、坚果类、葡萄干和干豆等。这些食物中含有丰富的泛酸，可加速黑色颗粒的合成，促进毛囊内黑发的生长。

（2）要注意 B 族维生素的摄入　缺乏维生素 $B_1$、维生素 $B_2$、维生素 $B_6$ 也是造成少白头的一个重要原因。因此，应增加这类食物的摄入，如谷类、豆类、干豆、动物肝脏、心脏、肾脏、奶类、蛋类和绿叶蔬菜等。

（3）多摄入富含酪氨酸的食物　黑色素是酪氨酸酶氧化酪氨酸而形成的，也就是说黑色素形成的基础是酪氨酸。如果酪氨酸缺乏也会造成少白头。因此应摄入含酪氨酸丰富的食物，如鸡肉、瘦牛肉、瘦猪肉、瘦羊肉和兔肉等。

（4）增加抗氧化剂　如新鲜水果（特别是浆果、柑橘类）和蔬菜（如胡萝卜、菠菜）有助于抵抗自由基造成的损伤。

（5）保持充足水分　适当饮水有助于维持身体的水分平衡，促进血液循环，从而对头发健康有利。

（6）补充特定营养素　适量摄入富含 $\omega$-3 脂肪酸的食物（如鱼油、亚麻籽油）可以帮助滋养头发。也可以考虑补充生物素、胶原蛋白等营养补充剂。

（7）良好的生活习惯　①避免过度压力：压力过大会导致白发增加，可以通过锻炼、冥想等方式减压。②保证充足睡眠：睡眠不足会影响身体的修复，进而影响头发健康。③戒烟限酒：吸烟和过量饮酒都会对身体健康产生负面影响。

（8）定期头皮按摩　促进血液循环，有助于毛囊健康。

**5. 白发病对健康和美容的影响**

（1）对健康的影响　①心理健康：白发病可能会导致一些人感到焦虑或自卑，影响心理状态。②潜在的健康信号：虽然白发病本身不直接影响健康，但它可能与某些健康状况（如营养缺乏、甲状腺问题等）有关。因此，白发病的出现可能是身体发出的一种信号。

（2）对美容的影响　①外观变化：白发病的出现通常被视为衰老的标志，可能会影响一个人的外貌和自信心。②美发产品的需求：许多人会因此选择染发或使用其他美发产品来掩盖白发，以维持年轻的外貌。

**6. 白发病的食谱举例**　患者，女性，38 岁，身高 164cm，体重 58kg，患白发、脱发 8 年，请为其编制一日食谱。

**早餐：**燕麦粥（燕麦 50g、牛奶 200ml），水果（苹果 1 个，约 200g），坚果（核桃 25g）。

**上午加餐：**酸奶（100g，低糖），水果（香蕉 1 个，约 150g）。

**午餐：**糙米饭（糙米 100g），清蒸鲈鱼（鲈鱼 150g），炒时蔬（菠菜 100g、胡萝卜 100g），蘑菇汤（蘑菇 50g、水 200ml）。

**晚餐：**全麦面包（约 50g），水煮鸡蛋（鸡蛋 1 个，约 60g），凉拌番茄（番茄 1 个，约 100g），沙拉（生菜 50g，黄瓜 50g，橄榄油 10g）。

全天用油 25g，盐 5g。

该食谱提供热能约 1943.4kcal，蛋白质约 94.3g，脂肪约 54.3g，碳水化合物约 234.4g。

**考点：白发的营养防治**

## （二）脱发

**案例 7-8**

患者王某，男性，35 岁，是一家电脑公司的工程师，多年来一直有脱发问题，随着年龄的增长，头顶头发越来越稀疏，光秃的前额让王先生在外观上感到困扰，剃成光头也不符合其需求。

问题：1. 请分析脱发的原因。

2. 请你从营养学角度分析如何改善脱发的问题。

**1. 脱发的类型**　脱发是指各种原因的毛发营养不良，造成头发脱落。常见的脱发如下。

（1）斑秃　又称“鬼剃头”，是突然发生于头部的局限性片状脱发，本病一般与精神紧张、忧郁及生活不规律有关。此外，内分泌障碍、机械或化学性刺激、微生物感染、药物因素、严重疾病后、身体虚弱等都可能引起不同程度的脱发。近年来研究认为斑秃是一种自身免疫性疾病。

（2）早秃　该病多见于 20～30 岁的男性，特别是脑力劳动者如学者中患该病者较为常见，严重者可导致秃顶。早秃是一种遗传性疾病，另外雄激素分泌过多、用脑过度、内分泌障碍等因素也与早秃有一定的关系。

**2. 脱发的病因**　脱发原因主要有以下几类。

（1）精神因素　精神压力过大是导致脱发的常见病因。精神紧张、忧郁、恐惧或严重失眠等均能致使神经功能紊乱，毛细血管持续处于收缩状态，毛囊得不到充足的血液供应，而头皮位于人体的最上端，因而头发最易脱落。如果压力持续，再加上心理素质较弱，就易发生断发（毛）癖、食发（毛）癖、拔毛症等。精神因素还会严重地影响头发的生长周期，长时间的视力疲劳、精神压力过重、神经过度紧张、情绪急躁或忧虑、熬夜等，均可导致头发生长周期缩短，出现脱发现象，导致早秃。常见如产后脱发、重病后脱发、考试后脱发，以及一些担负重大责任的单位负责人或商人的脱发。

（2）激素分泌失衡及遗传因素　脑下垂体分泌的生长激素可促进头发的生长，而生长激素的缺乏则会使头发的生长速度相对变慢；性激素还会影响毛发的健美，雌激素使头发柔软而富有光泽；雄激素则会使头发变得坚硬而粗壮，一旦体内性激素失去平衡，就可能出现毛发异常。因此，产后、围绝经期、口服避孕药等情况，在一定时期内会造成雌激素不足而引发脱发；垂体功能减退、肾上腺肿瘤、肢端肥大症晚期等，均可导致头发的脱落。大部分女性在接近围绝经期时会出现脱发，有研究表明脱发可能因激素紊乱引起，如果是这种情况，可选择接受激素治疗或遵医嘱服用药物。

（3）疾病及药物治疗的因素　头部外伤，以及脊髓、延髓、中脑和脑干的病变，均可引起头发脱落。贫血、营养不良、急性高热、感染性疾病或长期肝病，如果干扰了发根部毛母细胞的功能，则会影响头发的生长与色泽，甚至使毛母细胞正常分裂被抑制，从而使毛发处于休止期，出现头发脱落。此外，患卵巢肿瘤时，可因分泌过多雄激素造成头皮屑增多、头发油腻，导致脂溢性皮炎与脱发。许多药物会损伤头发，妨碍美容。免疫抑制剂、化疗药物、砷剂等可导致脱发，长期服用抗生素和镇痛药，易出现头发细短、脱落等现象。部分营养补剂中含有兴奋剂，长期使用易使头发受损。常用药物，如抗抑郁药、高血压药可能导致脱发，医生可建议患者换用其他药物。其他可导致脱发的药物包括减肥药、胃溃疡药、维 A 酸等；治疗癌症的化疗药物，亦会引致脱发，这是由于化疗在杀死癌细胞的同时，也会破坏其他快速分裂的细胞，包括处于生长期的发根细胞，所以大部分患者会出现头发脱落。当化疗停止后，头发会逐渐重新生长。

（4）食物及营养代谢的因素　由于偏食等因素而引起的营养不良，以及因消化不良、慢性消耗性疾病而导致的营养不均衡或吸收障碍，均可导致头发的正常生长被抑制而进入休止期，并出现头发稀疏、枯焦、早白或脱落。食糖或食盐过量、蛋白质缺乏、缺铁、缺锌、硒过量，以及某些代谢性疾病如甲硫氨酸代谢紊乱等，也是头发脱落的原因。

（5）生活方式　不规律的作息、过度的头发造型、化学产品的使用等都会对头发健康造成影响。

**3. 营养与脱发的关系**　①营养缺乏：缺乏某些关键营养素会直接影响毛发的健康和生长。例如，蛋白质是构成头发的重要成分，缺乏时可能导致头发变薄或脱落。②抗氧化剂的作用：抗氧化剂可以帮助抵御自由基对毛囊的损害，从而保护头发。③维生素和矿物质：如维生素 A、维生素 D、维生素 E、铁、锌等，对头发的生长和健康至关重要。

**4. 脱发的营养防治**　脱发是一种病因复杂的病症，必须实施综合护理，保持良好的精神状态，注重预防复发与日常保养，讲究饮食平衡，保证充足的睡眠，并戒烟酒。

（1）补充足够蛋白质　研究表明，头发干重绝大部分是蛋白质，蛋白质是毛发生长的基础，人体若摄取的蛋白质不足，将难以提供足够的氨基酸供毛乳头合成角蛋白，从而造成毛发稀疏、生长迟缓；此外还会因蛋白质不足导致某些对毛发有滋养作用的氨基酸及其衍生物（如胱氨酸、精氨酸、酪氨酸和牛磺酸等）缺乏，最终导致毛发无光泽、易折断、易脱落等症状。

（2）适量饮水　头发水分含量为 15%～20%，这些水分储存在蛋白质里，可使头发保持柔软滋润。天气干燥时，头发摄取水分减少，因此需要适量饮水。

（3）适量脂肪　适量的脂肪可以配合蛋白质的分解，皮脂腺分泌的皮脂能滋润毛发，使其润泽，但如果皮脂分泌过量，堆积在毛囊处，就会影响毛囊正常发育，从而影响毛发生长，严重时还会造成脂溢性皮炎、脂溢性脱发等。

（4）限制糖类的摄入　研究表明，过量食用糖类如果糖、蔗糖等会导致毛发暗淡无光。过多的糖在体内还会引起皮脂增多，诱发脂溢性皮炎，进而导致脱发。

（5）补充维生素　维生素 A 为正常的上皮角化所必需，对于维持上皮组织正常功能和结构，促进毛发的生长有着十分重要的作用。它能防止毛发变干变脆、皮屑增多、毛囊腺供血不足等。B 族维生素参与毛发等物质代谢与合成，促进头皮新陈代谢，促进毛发生长，使毛发呈现自然光泽。维生素 C 能活化血管壁，与钴和镁一起调节血液循环，使发根更好地吸收血液中的营养，滋养毛发。维生素 E 则可以间接增强人体对氧的吸收，改善头皮血液循环。青年人由于内分泌旺盛，发生脂溢性脱发者较多，在饮食上可多吃些富含 B 族维生素和泛酸丰富的食物，一般脱发推荐富含 B 族维生素和泛酸的食物（如花生、黄豆、玉米、海带、蛋类、奶类等）和富含维生素 E 的食物（如芝麻、莴苣、结球甘蓝）。

（6）补充矿物质 铁、锌、铜、钙等矿物质是人体组织细胞和皮肤毛发中黑色素代谢的基本物质，缺乏这些物质会造成毛发色浅易断，甚至出现毛发过早变白和脱落等现象，其中又以锌和铜最为重要。

**考点：脱发的营养防治**

**5. 脱发对健康和美容的影响**

（1）对健康的影响 ①心理健康：脱发可能导致自尊心受挫，增加焦虑、抑郁等心理问题的风险。尤其是在年轻人和女性群体中，脱发可能引发较大的心理压力。②营养不良的指标：脱发有时可能是其他健康问题的信号，如营养不良、内分泌失调或其他潜在疾病。持续的脱发可能提示需要进行健康检查。③影响生活质量：脱发可能影响个人的社交活动和职业发展，导致人际关系紧张或社交回避，从而影响整体生活质量。

（2）对美容的影响 ①外貌变化：脱发直接影响个人的外观，可能导致面部特征显得不够平衡，影响整体美感。尤其是女性，长期脱发可能使她们感到不自信。②风格和形象：脱发可能迫使人们改变发型或穿着，以掩盖脱发的迹象，这可能影响个人风格和自我表达。③社会认知：在某些文化和社会中，浓密的头发被视为美丽的象征，脱发可能导致社会认同感的降低。④护发产品的使用：随着脱发问题的加重，人们可能会花费更多时间和金钱在护发产品或治疗上，以寻找解决方案，这可能导致经济负担和心理压力。

**6. 脱发的食谱举例** 张女士，45 岁，身高 161cm，体重 50kg，自述由于脱发导致头发稀疏 3 年有余，睡眠质量一般，每晚睡眠 6～7h，偶尔失眠，精神状态有时感到疲惫。请为其编制一日食谱。

**早餐：**燕麦粥（燕麦 50g、牛奶 200ml），水煮鸡蛋（1 个，约 60g），香蕉（1 根，约 180g）。

**午餐：**糙米饭（糙米 100g），蒸鸡胸肉（鸡胸肉 150g），番茄拌西蓝花（番茄约 100g、西蓝花 100g 蒸熟、橄榄油 10g）。

**下午加餐：**坚果（杏仁和核桃，各 15g）。

**晚餐：**蒸甘薯（甘薯 150g），清蒸鱼（三文鱼 150g），炒菠菜（菠菜 100g、橄榄油 10g）。

**睡前加餐：**酸奶（200ml）。

全天烹调用油 20g，盐 5g。

该食谱提供热能约 1232kcal，蛋白质约 97g，脂肪约 32.9g，碳水化合物约 148g。

## 八、失　眠

**案例 7-9**

患者李某，女性，29 岁，某外资企业白领，工作压力大，经常加班，长期存在晚睡习惯。近半年来睡着所需的时间逐渐延长，甚至无法入睡。睡眠质量差，好不容易入睡，易被外界轻微响动惊醒，次日醒来自觉浑身乏力、反应迟钝、工作效率明显降低。一想到夜晚降临，就担心无法入睡，开始烦躁。脸色暗黄，眶周色素沉着严重。

问题：1. 请分析患者失眠的病因。

2. 请你从营养学角度分析如何改善患者的失眠问题。

### （一）概述

失眠是指患者对睡眠时间和（或）睡眠质量不满足并影响白天社会功能的一种主观体验。主要表现为入睡困难、睡眠浅、早醒，醒来后缺乏清醒感等。长期失眠会出现面色灰黄、暗淡无光、干燥，出现黄褐斑、眶周色素沉着、眼袋下垂、皱纹增多或脱发现象，身体长期得不到足够休息，会导致女性内分泌代谢紊乱，出现头痛、头晕、记忆力减退、厌食、恶心、疲倦、焦虑等症状，对身体造成多种危害，严重影响身心健康。

### （二）病因

**1. 躯体性原因** 如关节痛、肌痛、心悸、气短、咳嗽、瘙痒和尿频等躯体症状导致的失眠。

**2. 生理性原因** 如时差、车船飞机上睡眠环境变化、卧室内强光、噪声、室温过高或过低引起的失眠。

**3. 心理性原因** 焦虑或抑郁伴失眠，焦虑以入睡困难为主，抑郁以凌晨早醒为主。

**4. 精神性原因** 包括精神分裂症、反应性精神病等精神疾病。

**5. 药物性原因** 服用中枢兴奋药导致失眠。长期服用安眠药，一旦戒断也会出现戒断症状，睡眠浅、噩梦多。

**6. 营养性原因** 见营养与失眠的关系。

### （三）营养与失眠的关系

**1. 营养素的影响** ①色氨酸：这是一种氨基酸，能转化为血清素，进而影响睡眠。富含色氨酸的食物包括火鸡、鸡肉、奶制品、坚果和豆类。②镁：有助于放松肌肉，降低焦虑。缺乏镁可能导致入睡困难。富含镁的食物包括绿叶蔬菜、坚果、全谷物和豆类。③B族维生素：特别是维生素$B_6$和维生素$B_{12}$，对神经系统健康至关重要，影响睡眠质量。全谷物、肉类、鱼类和乳制品是良好的来源。④$\omega$-3脂肪酸：有助于大脑健康，可能改善睡眠质量。鱼类（如三文鱼、鲭鱼）和亚麻种子是$\omega$-3的良好来源。⑤维生素D：维生素D缺乏可致成年人睡眠障碍的风险增加，表现为睡眠质量差、睡眠时间缩短等。

**2. 饮食习惯** ①饮食时间：临睡前的加餐可能导致消化不良，从而影响睡眠。应避免在临睡前2～3h进食。②咖啡因和酒精：咖啡因会刺激神经系统，干扰睡眠，虽然酒精可能让人入睡，但会影响深度睡眠的质量。

### （四）失眠的营养防治

**1. 高质量的膳食模式** 有利于改善老年人的睡眠障碍，通过调整和改变饮食结构，从而改善睡眠质量，建议采用平衡膳食如地中海饮食结构，确保摄入足够的营养素，特别是色氨酸、镁、B族维生素和$\omega$-3脂肪酸。

**2. 充足蛋白质、维生素及矿物质摄入** 研究表明，睡眠良好者膳食蛋白质摄入量高于睡眠障碍者，而膳食中碳水化合物和脂肪摄入量低于睡眠障碍者，提示睡眠障碍患者要保证充足蛋白质。大多数研究表明，维生素摄入量与睡眠质量呈正相关。微量营养素如铁、锌、镁、铜等亦有与睡眠相关的文献报道。铁缺乏的人群，补铁后可以治疗不宁腿综合征、神经衰弱、改善睡眠质量等。在普通成年人中，锌含量减少和睡眠不足之间存在关联。一项关于失眠老年人的系统综述研究发现，补充镁制剂能够减少睡着所需的时间，改善老年人的睡眠生理功能。

**3. 适量补充维生素D** 研究发现，维生素D缺乏的成年人睡眠障碍的风险增加。建议用普通维生素$D_2$或维生素$D_3$，补充剂量为1600～2000IU/d，不建议单次超大剂量补充。增加日照是补充维生素D的经济有效的方法，建议每周3～4次，每日20～30min。

**4. 适当多进食富含色氨酸的食物** 色氨酸是一种必需氨基酸，在小肠吸收，是血清素（5-羟色胺）和褪黑素等生物活性化合物的前体，参与情绪、睡眠和生物节律的调节，并用于治疗失眠、睡眠暂停和抑郁症。富含色氨酸的食物来源包括奶及奶制品、鱼、禽类、蛋类、豆类、南瓜子、花生和绿叶蔬菜等。色氨酸摄入不足多与情绪障碍和睡眠障碍相关。

**5. 限制含咖啡因饮料摄入** 常见含咖啡因的饮料包括咖啡、可乐、茶、能量饮料等。咖啡因会对精神神经系统、心血管系统、内分泌系统和消化系统产生多种影响。存在睡眠障碍的人群宜根据个人健康状况和意愿选择含咖啡因饮料，避免过量饮用和在睡前饮用。

**6. 补充益生菌** 肠道菌群可以通过促进5-羟色胺的释放，使睡眠时间延长，睡眠潜伏期缩短。

含有不同菌株的短乳杆菌和肠双歧杆菌可以改善睡眠质量、情绪及睡眠持续时间。高膳食纤维饮食有助于肠道菌群多样性和稳定性。建议增加膳食纤维的摄入。含膳食纤维较多的食物有全谷物、豆类、蔬菜、水果等。

**7. 适度规律锻炼**　适度锻炼能够提高睡眠障碍患者的睡眠质量、缩短入睡时间。研究表明，有氧运动及抗阻运动均能改善睡眠障碍患者的总体睡眠质量，且有氧运动对日间嗜睡及夜间睡眠效率的改善更显著。世界卫生组织推荐每周锻炼 3 次以上。锻炼持续时间 55～60min，改善睡眠效果显著。建议因人而异选择合适的运动方式，循序渐进增加活动强度和活动时间，从而改善睡眠障碍。

**8. 合理饮食时间**　避免在临睡前大量进食，尤其是重口味、高脂肪的食物。

**9. 保持水分但不过量**　适量饮水以保持身体水分，但在睡前避免大量饮水，以减少夜间起夜。

**10. 补充营养素**　如果饮食无法满足需求，可以考虑适量补充镁、B 族维生素或其他相关营养素，但最好在医生或营养师指导下进行。

**考点：失眠的营养防治**

### （五）失眠对健康和美容的影响

**1. 健康影响**　①免疫系统：失眠会削弱免疫系统，使身体更容易感染疾病。②心血管健康：长期失眠与高血压、心脏病等风险增加有关。③代谢与体重：失眠可能导致代谢紊乱，增加患肥胖和糖尿病的风险。

**2. 美容影响**　①皮肤：失眠会导致皮肤黯淡无光，出现细纹和黑眼圈，影响整体外观。②头发：长期失眠可能导致头发变得脆弱、失去光泽。③精神状态：失眠可能导致情绪不稳定，影响面部表情和气色。

### （六）失眠的食谱举例

王女士，50 岁，身高 165cm，体重 60kg，经常入睡困难，夜间易醒，整体睡眠时间为 5～6h，白天感到疲倦。请为其制订一日食谱。

**早餐**：燕麦粥（燕麦 50g、牛奶 200ml），香蕉（约 180g），坚果（核桃 10g）。

**午餐**：糙米饭（糙米 80g），蒸鸡胸肉（鸡胸肉 100g），蒸西蓝花（西蓝花 100g），蒸胡萝卜（胡萝卜 50g）。

**下午加餐**：酸奶（100g，低糖）。

**晚餐**：烤三文鱼（三文鱼 100g），蒸菠菜（菠菜 100g），蒸甘薯（甘薯 100g）。

**晚上加餐**（睡前 1h）：全麦面包（25g）涂抹花生酱（10g）。

全天烹调用油 25g，盐 5g。

该食谱提供热能约 1602kcal，蛋白质约 91.5g，脂肪约 42.1g，碳水化合物约 147g。

## 目标检测

**A1 型题**

1. 与心脑血管疾病和糖尿病危险性呈正相关的肥胖类型是（　　）。
   A. 下体肥胖　B. 单纯性肥胖
   C. 药物性肥胖　D. 中心性肥胖
   E. 离心性肥胖
2. 我国界定肥胖 BMI 的值是（　　）。
   A. $24kg/m^2 \leqslant BMI \leqslant 28kg/m^2$
   B. $16kg/m^2 \leqslant BMI \leqslant 18.5kg/m^2$
   C. $18.5kg/m^2 \leqslant BMI \leqslant 23.9kg/m^2$
   D. $BMI \geqslant 28kg/m^2$
   E. $BMI \geqslant 26kg/m^2$
3. 某大二学生进行体格检查，其 BMI 为 $25.5kg/m^2$，表示其（　　）。
   A. 体重正常　B. 超重
   C. 肥胖　D. 过度消瘦
   E. 体重过低

4. 关于肥胖症的饮食治疗，不正确的是（　　）。
A. 通过限制能量的摄入，使总热量低于消耗量以减轻体重
B. 饮食治疗包括改变膳食的结构和食量
C. 碳水化合物、蛋白质和脂肪的比例为：45%～50%、20%～25%、20%～30%
D. 长期采用 800kcal/d 的极低热量饮食
E. 主张选择体积大、能量密度低的食物以增加饱腹感

5. 下列有关我国腹型肥胖的标准，正确的是（　　）。
A. 男性腰围≥90cm　B. 女性腰围>85cm
C. 男性腰围≥85cm　D. 女性腰围>90cm
E. 以上都不对

6. 体重低于标准体重（　　）以上者可诊断为消瘦。
A. 10%　B. 15%
C. 20%　D. 25%
E. 30%

7. 下列哪项不属于消瘦的营养防治（　　）。
A. 食品种类丰富多样
B. 食物粗细搭配
C. 保证每日有足够的优质蛋白质和热能供给
D. 适当增加餐次
E. 限制脂肪的摄入

8. 下列佝偻病的治疗方法错误是（　　）。
A. 以口服维生素 D 为主
B. 重症佝偻病可肌内注射维生素 D
C. 适当的户外活动
D. 加强营养，及时添加辅食
E. 如果膳食中钙摄入不足不需要补钙

9. 下列哪项不是原发性骨质疏松症的临床表现（　　）。
A. 疼痛　B. 身长缩短、驼背
C. 脆性骨折　D. 厌食
E. 呼吸障碍

10. 下列哪项不是原发性骨质疏松的营养治疗方法（　　）。
A. 保持合适的体重　B. 补充充足的钙
C. 补充充足的磷　D. 足量获取维生素 D
E. 适量的蛋白质

11. 与便秘关系最密切的食物成分是（　）。
A. 蛋白质　B. 脂肪
C. 维生素 A　D. 膳食纤维
E. 钙

12. 下列哪项不是白发病的营养防治要点（　）。
A. 多摄入含铁的食物
B. 要注意 B 族维生素的摄入
C. 多摄入富含酪氨酸的食物
D. 多摄入含铜的食物
E. 多摄入含蛋白质的食物

13. 脱发需要限制摄入的营养素是（　）。
A. 蛋白质
B. 脂肪和糖
C. 维生素 $B_1$
D. 铁、锌、铜、钙等矿物质
E. 水分

14. 关于失眠的营养防治，下列说法错误的是（　）。
A. 高质量的膳食模式
B. 适量补充维生素 D
C. 适当多进食富含色氨酸等的食物
D. 不用限制含咖啡因饮料摄入
E. 补充益生菌

15. 下列哪项不是痤疮皮损的好发部位（　　）。
A. 面颊　B. 胸部
C. 背部　D. 腹部
E. 额部

16. 下列说法正确的是（　　）。
A. Ⅰ级（重度）：除有粉刺、炎性丘疹及脓疱外，还有结节、囊肿或瘢痕
B. Ⅰ级（轻度）：仅有粉刺
C. Ⅱ级（中度）：除有粉刺、炎性丘疹外还有脓疱
D. Ⅱ级（轻至中度）：除有粉刺、炎性丘疹外还有脓疱
E. 以上都不对

17. 下列哪项食物痤疮患者不建议食用（　　）。
A. 胡萝卜　B. 鱼肉
C. 苹果　D. 甜点
E. 燕麦

18. 下列哪项不是脂溢性皮炎的病因（　　）。
A. 马拉色菌感染　B. 免疫功能失调
C. 皮脂代谢异常　D. 痤疮丙酸杆菌感染
E. 个体易感性

19. 脂溢性皮炎患者应（　　）。
A. 减少高糖食物摄入　B. 补充高碘食物
C. 多摄入动物内脏　D. 减少维生素摄入
E. 多吃辣椒

20. 下列预防化妆品接触性皮炎措施错误的为（　　）。
A. 增加维生素 D 的摄入
B. 补充营养，增强皮肤耐受性
C. 避免食用辛辣、油腻、海鲜等食物
D. 正确选择化妆品
E. 增加维生素 E 的摄入

21. 关于黄褐斑的营养防治措施中，下列说法错误的

是（　　）。

A. 摄入优质蛋白质，有助于维持皮肤正常结构

B. 适当补充锌、铜等矿物质，锌有助于维持皮肤的健康

C. 摄入富含谷胱甘肽的食物，有助于促进酪氨酸酶的活性

D. 谷胱甘肽能抑制酪氨酸酶的活性，减少黑色素的生成

E. 适当补充维生素 C、维生素 E、维生素 A

22. 下列哪种食物不建议黄褐斑患者食用（　　）。

A. 柑橘　　B. 芒果

C. 青椒　　D. 葡萄

E. 洋葱

23. 下列哪项食物不建议湿疹患者食用（　　）。

A. 绿豆　　B. 桂圆

C. 冬瓜　　D. 西瓜

E. 丝瓜

24. 下列有关湿疹的说法正确的是（　　）。

A. 好发于中青年女性　　B. 常伴灼热或疼痛

C. 常伴剧烈瘙痒　　D. 不易反复发作

E. 慢性期皮损以丘疱疹为主，有渗出倾向

**X 型题**

25. 营养性佝偻病的发病原因有哪些（　　）。

A. 围生期维生素 D 不足

B. 生长速度快

C. 日照不足

D. 食物中补充维生素 D 不足

E. 胃肠疾病导致维生素 D 吸收不良

26. 营养不良性水肿与缺乏下列哪些营养素有关（　　）。

A. 蛋白质　　B. 脂肪

C. 维生素 $B_1$　　D. 维生素 $B_2$

E. 钙

（付红艺　何清懿　赵　琼）

# 第 8 章 美容外科围手术期营养与膳食

**学习目标**

**1. 素质目标** 培养学生的职业道德和责任感，关注患者在围手术期的身心需求，提供全面的关怀和支持；帮学生树立以患者为中心的服务理念，使学生明白合理的营养与膳食对患者手术效果和康复的重要意义。

**2. 知识目标** 掌握营养素对创伤愈合的作用；掌握美容手术患者术前营养状况的评估基本方法和指标；掌握美容手术患者围手术期的饮食原则及食物选择；掌握预防瘢痕形成和色素沉着的营养膳食；熟悉瘢痕发病原因与临床表现，熟悉瘢痕形成与营养物质的关系；了解创伤愈合的基本过程、皮肤创伤愈合的类型、常见美容手术分类。

**3. 能力目标** 学会为美容手术患者制订个性化的围手术期营养膳食计划，能对预防瘢痕进行营养配餐。

## 第 1 节 伤口愈合、瘢痕与营养

**案例 8-1**

小李在一次意外中手臂受伤，伤口较深。在治疗过程中，医生不仅对伤口进行了妥善处理，还为他提供了关于伤口愈合和减少瘢痕的营养建议。小李在伤口愈合期间，增加了富含蛋白质的食物摄入，如鸡蛋、牛奶、瘦肉等。同时，他也注重摄入富含维生素 C 和维生素 E 的食物，如柑橘类水果、坚果等。经过一段时间的恢复，小李的伤口愈合良好，瘢痕也比较淡。

问题：1. 蛋白质丰富的食物对美容外科手术后的恢复有哪些具体作用？

2. 除了案例中提到的营养物质，还有哪些营养素对伤口愈合和减少瘢痕有帮助？

3. 影响患者伤口愈合的因素有哪些？

皮肤在维持人体的正常生理功能、健康和美观方面发挥着至关重要的作用。当各种致伤因素或致病因素造成皮肤不同程度的破坏和缺损时，人体会启动自身修复机制，在这个过程中，瘢痕组织开始增生，其主要目的是弥补伤口并恢复组织功能。但当皮肤损伤达到一定程度时，由于纤维增生性反应，皮肤创伤修复将会形成瘢痕。

### 一、创伤后的基本愈合过程

**1. 炎症期** 创伤后的炎症期是创伤愈合的初始阶段，局部急性炎症反应在损伤后立即发生，当组织受到创伤时，受损的血管会立即收缩，以减少出血。随后，血管扩张，血流增加导致创伤部位发红和发热。同时，血管的通透性增加，使血浆中的液体和蛋白质渗出到组织间隙，引起局部肿胀。炎症过程中，一方面单核细胞、肥大细胞等炎症细胞在伤口附近吞噬、清除细菌等有害物质，另一方面其释放炎症因子和生长因子相互协调作用以促进受损的组织修复和愈合。

**2. 增生期**　是创伤愈合中关键的建设性阶段，为后续的组织重塑奠定了基础。在增生期，会伴有成纤维细胞增殖和迁移，肉芽组织形成，毛细血管生成，上皮细胞再生，新生肉芽组织质量直接影响着伤口的修复、愈合程度及其预后。肉芽组织由成纤维细胞、内皮细胞和新生毛细血管共同构成，它的形成可填充和修复伤口的组织缺损，有利于伤口的抗感染和吸收、清除坏死组织，有利于伤口愈合。并且上皮细胞的增殖和迁移能使伤口皮肤边缘到整个伤口都能被新生上皮覆盖。而这一过程是由多种细胞和调控因子共同参与完成的，其中角质细胞生长因子被广泛认为是作用较强、特异性较高的一种，它能够促进表皮细胞增殖、迁移和分化，与皮肤伤口愈合密切相关。皮肤伤口基底部位的成纤维细胞能够合成和释放此因子，诱导伤口周围的表皮细胞增殖，并向伤口迁移，促进伤口愈合。

**3. 重塑期**　组织重塑可延续到伤后数周甚至两年。组织重塑主要表现为肉芽组织逐渐成熟，向瘢痕组织转化。整个过程包括胶原的不断更新、胶原纤维交联增加、胶原酶降解多余的胶原纤维、丰富的毛细血管网消退、蛋白聚糖和水分减少、蛋白聚糖分布趋于合理。通过组织重塑可以改善皮肤组织的结构和强度，以达到尽可能恢复组织原有结构和功能的目的。

**考点：创伤后基本愈合过程分期**

## 二、营养素对创伤愈合的作用

创伤愈合是一个复杂的生理过程，需要身体多个系统的协同作用。营养素作为身体的基本构成和功能物质，在创伤愈合中发挥着不可或缺的作用。营养状况的好坏，将直接或间接地影响伤口的愈合。患者的饮食中缺乏维生素 C，以及锌、铁等微量元素也会影响伤口的愈合速度。

### （一）蛋白质

蛋白质是组织修复和细胞再生的基本原料。创伤后，身体需要更多的蛋白质来合成新的胶原蛋白、成纤维细胞和血管内皮细胞等，促进伤口愈合。如果蛋白质摄入不足，可能导致伤口愈合延迟、容易感染。手术创伤后人体代谢率下降，蛋白质合成率降低，组织再生和其功能的恢复明显延缓。蛋白质严重缺乏，尤其是含硫氨基酸（如甲硫氨酸、胱氨酸）缺乏时，肉芽组织及胶原蛋白合成障碍，伤口愈合延缓。同时由于蛋白质的缺乏，机体免疫功能减退，网状内皮细胞有萎缩现象，抗体的合成存在缺陷，易发生感染，形成长期不愈合的伤口。所以，蛋白质营养问题对美容外科手术患者有特别重要的意义，应充分保证其数量和质量。在术后反应期，应在保证各种必需氨基酸的基础上特别考虑支链氨基酸的供给，以满足体内糖异生作用的需要，从而节省肌肉蛋白质的消耗。在伤口愈合和全身康复阶段，应在保证丰富的优质蛋白质的基础上，着重补充伤口愈合所需的含硫氨基酸，以及胶原蛋白合成所需的各种氨基酸。

### （二）维生素 C

创伤后人体处于应激状态与代谢旺盛阶段，因此，维生素的供应量应有所增加。维生素 C 参与胶原蛋白的合成，而胶原蛋白是伤口愈合中形成肉芽组织和瘢痕组织的重要成分。缺乏维生素 C 会影响胶原蛋白的交联，导致伤口愈合不良，甚至出现伤口裂开的情况。维生素 C 是中性粒细胞产生过氧化物杀灭细菌所必需的，亦有利于巨噬细胞的吞噬作用，同时其作为脯氨酸和赖氨酸羟化反应的辅助因子，可促进成纤维细胞、成骨细胞的生长及胶原合成和交联，提高伤口抗张强度。美容手术后常伴有维生素 C 消耗增加，血浆中维生素 C 水平降低，对于创伤比较大的美容手术，如面部磨削术、面型改造术及大面积抽脂术等受术者，应补充大量维生素 C，以防止手术后的色素沉着。

### （三）维生素 A

维生素 A 有助于上皮细胞的生长和分化，促进伤口表面的上皮化。缺乏维生素 A 可能导致上皮组织再生缓慢，影响伤口的闭合。维生素 A 在伤口愈合的炎症期有积极作用。维生素 A 可通过对溶酶体膜的作用来提高炎症反应，增加进入创面的单核细胞、巨噬细胞及淋巴细胞等炎症细胞的数量，并调节胶原酶活性，有助于胶原合成，使胶原呈网架状，而不是瘢痕样地呈束状分布，同时还可改善由手术创伤造成的免疫功能抑制。因此美容手术后补充维生素 A 可改善创面愈合，尤其能纠正由激素引起的愈合延迟。但过量摄入维生素 A 会使溶酶体膜不稳定，增加炎症反应的严重性。

### （四）维生素 E

维生素 E 具有抗氧化作用，能减少自由基对新生组织的损伤，有助于保护伤口愈合过程中的细胞和组织。其可以减少身体对氧的需求及预防瘢痕的产生。当人体组织受到创伤后，血管会遭到破坏，创伤处的细胞因为血液循环阻断而缺氧，导致细胞死亡，新生细胞又无法生长，便形成瘢痕，而且长期无法去除的内部瘢痕会让创伤处一直处于坚硬状态。当大量地供给维生素 E 时，身体组织对氧的需求会显著降低，这样创伤处的细胞会因对氧气的需求降低而避免死亡。同时维生素 E 能使受伤的血管重生，在创伤早期，可以有效预防瘢痕的产生。如果瘢痕已经产生，甚至积累了很长的一段时间，则维生素 E 会在创伤周围产生大量的毛细血管，从而使创伤组织得以重生，并逐渐替换瘢痕组织。

### （五）锌

锌是人体必不可少的微量元素，是体内许多种酶或辅酶的组成成分，特别是 DNA 聚合酶、RNA 聚合酶的辅酶成分，与细胞的分裂生长及蛋白质的合成都有密切的关系。锌可促进与伤口愈合密切相关的蛋白多糖和胶原纤维的合成，不仅如此，由于约 20%的锌存在于皮肤中，因此，锌对伤口上皮细胞的形成，影响更为显著。锌还可以维持胸腺功能和 T 细胞反应，提高人体免疫功能，减少感染的发生率。锌是许多酶的组成成分和激活因子，参与细胞代谢和免疫功能。创伤后，锌的需求增加，缺锌会影响伤口愈合的速度和质量，可能导致肉芽组织形成不良。

### （六）铁

铁是血红蛋白的重要组成部分，对于氧气的运输至关重要。充足的铁供应有助于向创伤部位输送足够的氧气，支持细胞代谢和修复。

### （七）碳水化合物

碳水化合物提供能量，保证身体在创伤愈合过程中有足够的能量来支持细胞的增殖和代谢活动。

**考点：营养素对伤口愈合的作用**

## 三、瘢痕的营养相关物质

### （一）瘢痕形成的生理机制

皮肤的表浅损伤主要通过表皮基底细胞的增生、迁移并覆盖创面而完成伤口愈合过程，通常无瘢痕形成或只有轻微瘢痕。当皮肤损伤伤及真皮及皮下组织时，创伤愈合就会伴随瘢痕组织形成。在皮肤创伤愈合过程的重塑期，肉芽组织逐渐发生纤维化，丰富的胶原沉淀伴胶原构型紊乱终致瘢痕形成，可以说瘢痕组织即是纤维化的肉芽组织。

### （二）瘢痕的分类及临床表现

瘢痕分类方法多种多样，若按组织学及临床特点分类，可分为扁平（表浅性）瘢痕、增生性瘢痕、萎缩性瘢痕、瘢痕疙瘩和瘢痕癌。

**1. 扁平瘢痕** 一般瘢痕较薄，色泽异常，多无功能障碍，也被称为表浅性瘢痕。

**2. 增生性瘢痕** 是临床最常见的瘢痕类型之一，特点是瘢痕增生范围局限于皮肤损伤范围，有显著的增生期、减退期和成熟期过程。损伤累及真皮深层，瘢痕明显高于周围正常皮肤，局部增厚变硬。在早期因有毛细血管充血，瘢痕表面呈红色、潮红色或紫色。在此期，痒和痛为主要症状，甚至因为搔抓而致表面破溃。在环境温度增高、情绪激动，或食辛辣刺激食物时症状加重。

**3. 萎缩性瘢痕** 一般损伤较重，累及皮肤全层及皮下脂肪组织，创面基底血运欠佳、肉芽组织增生不良，或创面由创缘上皮爬行愈合出现凹陷，或经过放射治疗的创面皮肤萎缩而形成的瘢痕，与深部组织如肌肉、肌腱、神经等紧密粘连。临床上该类瘢痕较薄，为凹陷或扁平状，皮肤皱缩或色泽异常，多见于痤疮感染、严重外伤或放射治疗后。萎缩性瘢痕具有很大的收缩性，可牵拉邻近的组织、器官，而造成严重的功能障碍。

**4. 瘢痕疙瘩** 是一种特殊类别的病理性瘢痕，表现为高出正常皮肤表面、超出原始损伤范围、呈持续性生长的肿块，质地较硬，弹性较差，可伴有瘙痒或疼痛，具有治疗抵抗和治疗后高复发率的肿瘤类疾病的特征。

**5. 瘢痕癌** 由瘢痕组织恶变而成，多发生于不稳定性瘢痕，尤其是当瘢痕破溃后产生经久不愈的溃疡时。早期症状多为瘙痒，反复搔抓，抓破后形成溃疡，分泌物多且恶臭，触之易出血。

## （三）瘢痕与营养物质

瘢痕的细胞外基质是由不同类型的胶原、各种蛋白多糖或糖胺聚糖、弹性蛋白及一些具有粘连作用的糖蛋白等一系列复杂成分构成，它们在瘢痕形成过程中发挥关键作用。

**1. 瘢痕与结缔组织** 瘢痕是皮肤损伤愈合过程中形成的纤维结缔组织，结缔组织是人体重要的支持组织，主要包含细胞、纤维和基质三部分。其中基质和纤维占绝大部分。基质的成分除了水分、电解质外，主要为糖胺聚糖和黏蛋白。

**2. 瘢痕与胶原** 胶原的产生是创伤修复过程的高峰，也是瘢痕形成过程的关键性物质。瘢痕组织中的胶原成分主要为Ⅰ型胶原，其次为Ⅱ型胶原。它们两者之间的比例可以反映瘢痕组织成熟的程度。在新形成及增生比较活跃的瘢痕组织中，Ⅱ型胶原所占的比例大。构成胶原的氨基酸主要有甘氨酸、脯氨酸、赖氨酸。维生素 C 是胶原合成的重要调节因子，它参与胶原蛋白的合成和稳定，促进伤口愈合。

**3. 瘢痕与糖胺聚糖** 糖胺聚糖（GAG）的代谢动态通常早于胶原的合成与降解，通过调控细胞微环境和纤维组装空间，间接影响胶原的交联与稳定性。GAG（如透明质酸、硫酸软骨素）本身具有抗压强度，并通过与蛋白聚糖结合形成水合凝胶，增强胶原基质的黏弹性和抗剪切力。胶原的原纤维、纤维和纤维束之间，通过蛋白聚糖-GAG 复合物的非共价相互作用参与网络结构的动态维持。在瘢痕软化过程中，GAG 的减少导致基质水合作用下降，蛋白聚糖与胶原的解离增加，使胶原纤维更易被蛋白酶降解并重排为松散结构。

**4. 瘢痕与微量元素** 微量元素可以通过影响胶原合成和分解代谢过程，以及改变成纤维细胞基因表达在瘢痕组织形成和转归中发挥作用。瘢痕中胶原合成与氧自由基密切相关，锌、铜、铁、锰、硒作为酶类抗氧化剂，对体内氧自由基的清除发挥了重要作用。锌参与了细胞的生长和修复，它在蛋白质合成、免疫功能调节等方面发挥了重要作用；当人体缺锌时，细胞的增殖和分化会受到影响，导致伤口愈合速度减慢，瘢痕形成可能更加明显；缺乏铜可能会导致胶原蛋白结构不稳定，影响瘢痕的强度和弹性；硒具有抗氧化作用，能够保护细胞免受氧化应激的损伤；在瘢痕形成过程中，氧化应激可能会加重炎症反应，影响瘢痕的修复；铁是血红蛋白的重要组成部分，对于氧气的运输和细胞代谢至关重要。在瘢痕修复过程中，细胞代谢活跃，需要充足的铁来支持，缺铁可能导致细胞能量供应不足，影响瘢痕组织的修复和重塑。需要注意的是，微量元素的摄入并非越多越好。过量摄入某些微量元素可能会产生毒性作用，反而对瘢痕的恢复不利。因此，保持微量元素的平衡摄入对于瘢痕的良好修复是十分关键的。

## 四、影响瘢痕形成的因素

### （一）不可控因素

**1. 种族和遗传** 不同人种瘢痕的易感性有所不同，与高加索人种相比，蒙古人种患者增生性瘢痕的发生率约是前者的3倍。蒙古人种的真皮组织通常比拥有同等色素的高加索人种厚，黑色素增多且皮脂腺丰富，导致皮脂分泌更多，胶原蛋白密度更大。这些特点导致在伤口愈合过程中，成纤维细胞的增殖加速，胶原蛋白和纤维组织的形成增多，更易出现病理性瘢痕。有些病理性瘢痕患者具有家族易感性，具体原因尚不十分清楚，可能与某种基因的表达有关，也可能与家族疾病谱或饮食偏好有关。

**2. 年龄** 年轻人皮肤张力大，皮脂腺分泌旺盛，所以处于生长发育期的青少年较老年人更易出现病理性瘢痕。瘢痕疙瘩易初发于青春期且皮脂腺分泌旺盛的个体，而老年人由于代谢率低、皮肤松弛及皮脂腺分泌减弱，故初发瘢痕疙瘩者较少。

**3. 部位** 任何伤及皮肤网状层的损伤均可形成瘢痕。但同一个体的不同部位，瘢痕与瘢痕疙瘩的发生情况是不同的，如胸背部、双下颌、肩部、上臂外侧、阴阜等部位为病理性瘢痕的高发区，而上睑、手足、腹股沟、腋窝等部位较少发生，这可能与局部皮肤的厚度、毛囊皮脂腺单位发育程度和密度、局部皮肤张力等因素相关，肩部瘢痕疙瘩受到肩关节活动及皮肤张力的影响。

**4. 深度** 从理论上讲，同样的伤口（创面）类型，受伤深度越深，瘢痕越明显，当皮肤受到深及真皮网状层的损伤时，任何创面的愈合都会伴有不同程度的瘢痕形成。

### （二）可控因素

**1. 炎症** 任何原因造成伤口（创面）局部加重的炎症反应都会影响瘢痕的形成，可以说，没有炎症反应就没有伤口愈合，但过度或持续的炎症反应容易导致瘢痕过度生长，即病理性瘢痕形成。

**2. 张力** 解剖部位和活动度是决定局部皮肤张力的重要因素，创缘所受张力越小，创面愈合后瘢痕越小。

**3. 内分泌** 皮质类固醇增多症患者因易发痤疮而形成瘢痕疙瘩；妊娠、哺乳期患者的瘢痕疙瘩生长迅速；青春期患者因雄激素分泌旺盛而易出现病理性瘢痕。

**4. 饮食** 目前，尚无足够的证据说明饮食与病理性瘢痕的发生、发展相关。但是，由于瘢痕疙瘩在过敏的情况下会出现瘙痒、疼痛、生长加速等症状，所以建议瘢痕疙瘩患者的饮食需避开易过敏的食物，并戒除烟、酒等嗜好，鼓励摄入大量的绿叶蔬菜。

**考点：影响瘢痕形成的因素**

# 第2节　常见美容手术与膳食营养

**案例 8-2**

张女士，35岁，决定进行面部除皱美容外科手术。术前，医生对她进行了全面的身体检查和营养评估。了解到张女士平时饮食较为单一，偏好油腻食物，蔬菜和水果摄入不足。医生为她制订了围手术期的营养与膳食计划。术前1周，张女士开始调整饮食，增加了蔬菜、水果，如西蓝花、苹果等的摄入量，同时减少了油腻食物的摄取。手术当天，按照医生的要求禁食禁水。手术后，在医生的指导下，张女士逐步恢复饮食。首先摄入了一些清淡的流食，如米汤、果汁等，随着身体的恢复，逐渐增加了蛋白质含量丰富的食物，如鸡蛋羹、瘦肉粥等，以促进伤口的愈合。

问题：1. 美容术前从哪些方面评估患者的营养状态？

2. 如何做好患者围手术期的饮食管理？

美容外科手术是利用外科手术方法改善和增进人体容貌美与体形美的一门学科。美容外科治疗同其他外科领域一样，在治疗期间，合理营养是人体生长、组织修复、维持正常生理功能的物质基础，是创伤修复不可缺少的条件。科学合理的营养干预可以增强人体的免疫功能，更好地耐受麻醉及手术创伤，以利于美容手术取得更好的术后效果。

## 一、常见美容手术的分类

美容手术根据身体部位、目的不同可分为头面部整形手术、减肥美体手术、隆胸手术等。

### （一）头面部整形手术

头面部美容手术主要包括五官美容手术、面部轮廓美容手术、面部年轻化手术。常见的手术项目有重睑术、眼袋整形术、内眦开大术、提眉术、隆鼻术、招风耳整形术、下颌角缩小整形术、颧骨整形术、面部除皱术等。

### （二）减肥美体手术

肥胖不仅会影响人的形体美，更可能导致多种疾病，随着人们对美的追求和健康意识的提高，减肥美体手术成为了一种越来越常见的选择。塑造理想的体形是众多肥胖者的追求。目前减肥美体手术有胃捆扎或肠切除术、脂肪抽吸术等。

### （三）隆胸手术

隆胸手术是一种常见的整形手术，又称为隆乳术或丰胸术，是通过植入医用材料或移植自身脂肪组织，使乳房体积扩大、形态丰满匀称，改善女性体形、解决因生理原因导致的胸部缺陷、恢复女性特有的曲线美的一种手术。目前临床上采用的比较安全的方法有自体脂肪颗粒注射隆胸术和硅凝胶乳房假体隆胸术两种。

## 二、美容外科术前的营养

### （一）美容术前营养状态评估

**1. 临床检查**　通过问诊了解患者的病史、饮食状况，了解患者有无慢性消耗性疾病、减肥史、美容手术创伤等应激状态。通过体格检查了解患者的营养状况，检查内容包括外貌、皮肤、毛发、指甲、口唇等体表指标。也可通过血液生化检查、免疫功能检查了解相关营养指标及器官功能状态。

**2. 人体测量**　人体测量通过对人体有关部位的长度、宽度、厚度及围度的测量，了解个体生长发育情况及营养状况。详见第 4 章。

### （二）术前饮食营养目的

供给充足合理的营养，增强患者的抵抗力和免疫力，以使患者更好地耐受麻醉及手术创伤。补充患者所需的能量，以及体内缺少的必需维生素及微量元素，纠正低蛋白血症及贫血症状，为患者术后恢复打下良好基础。帮助患者术后快速恢复，避免术后因身体条件差导致伤口不愈合或延迟愈合的情况，降低术后并发症发生率和手术死亡率，促进术后恢复。

### （三）饮食原则

美容外科手术部位多位于体表，深部手术较少，一般不影响术前术后进食。对于实施小型美容外科手术的受术者，如重睑术、内眦开大术、隆鼻术、笑靥成形术、眼袋整形术等，一般无须特殊的营养支持。对于中等以上美容外科手术的受术者，如巨乳缩小整形术、腹壁成形术、全面部除皱术及大面积脂肪抽吸术等，因考虑术中失血和蛋白质丢失及术后分解代谢增加，人体很容易出现营养缺乏，可按以下原则提供合理膳食。

**1. 术前营养素的补充** 为增强体质，为手术做好准备，保证患者术后病程愈合良好、减少并发症的发生，应尽可能地补充各种必需营养素。采用高热量、高蛋白质、高维生素的饮食。每天摄入的总热量为2000～2500kcal。饮食中脂肪含量不可过多；蛋白质的摄入可增强机体免疫功能和促进伤口愈合，应多摄取优质蛋白质；糖类要以易消化的糖类为主，以保证肝脏中储存足量的肝糖原，维持血糖浓度，使之能及时供给能量；增加饮食中各种维生素和矿物质的含量。

**2. 水、盐的摄入** 水是维持人体内环境稳定的重要物质，为保证受术者体内有充足的水分，防止其出现脱水，要保证足够的水盐摄入。对于心肾功能良好者，每日可摄取水2～3L。

**3. 饮食准备** 根据手术部位不同，术前应采取不同的饮食准备。腹部或会阴部整形手术受术者，术前3日应停用普通饮食，改为半流质饮食（避免食用易胀气及富含纤维素的食物），术前1日改为流质饮食，术前1日晚上禁食。其他部位的整形美容手术受术者，一般不需限制饮食，但须在术前12h起禁食，术前4h起开始禁水，以防止麻醉或手术过程中呕吐而发生吸入性肺炎或窒息，小手术患者无须特殊饮食准备。

**4. 特殊处理** 营养不良的人一般不提倡进行美容手术。营养不良者常伴有低蛋白血症性贫血，因而耐受失血性休克的能力降低，低蛋白血症可引起组织水肿，影响愈合。糖尿病患者一般不宜做美容外科手术，要求强烈且病情较轻者接受手术时，在手术前，要做好术前评估，饮食按糖尿病饮食原则处理，药物治疗要做出相应计划，尽可能将血糖、尿糖控制在正常范围内再手术，预防术后感染及并发症，以保证美容手术的效果。

**考点：美容手术患者术前营养状况的评估基本方法，美容术前饮食原则**

## 三、美容外科手术后的营养

无论是何种手术，即使手术操作很完美、顺利，对人体组织也会造成一定水平的损伤，损伤的水平因手术的大小、手术部位的深浅，以及患者的身材素质的不同而不同。因此，术后须制订合理的饮食治疗方案，保证手术接受者的营养，辅助其机体恢复。

### （一）术后饮食支持原则

1. 对于创伤小，手术部位不影响患者正常进食的美容手术，如重睑术、内眦赘皮手术、眼袋切除术、招风耳整形术等，如果手术后无高代谢状态及并发症的发生，术后即可正常进食，可适当增加蛋白质及维生素C的摄入量，以促进伤口愈合，避免感染的发生。

2. 对于创伤小，但手术部位影响受术者正常进食的美容手术，如鼻尖美容术、笑靥成形术及口唇部的美容手术等，术后须进流质饮食或半流质饮食3～5日，如进食或饮水不足，可用葡萄糖盐水溶液静脉输入，以保证身体营养素的正常供给量。

3. 对于创伤较大的美容手术，为避免出现如肠麻痹、蛋白质分解代谢亢进、蛋白质丧失过多等严重的并发症，术后必须制订合理的营养与饮食，以保证受术者人体的恢复。其营养供给的原则，应尽可能地采取简单的方式。凡能接受肠内营养者，尽量避免肠外营养，因为肠内营养既经济又安全，受术者自己进食是最简单和最经济安全的方式。对于巨乳缩小成形术、面型改造术、全面部除皱术及腹壁整形术等创伤较大、范围较广且影响正常进食的美容手术，除给予肠内营养外，还要适当给予肠外营养支持。

**链接** 肠内营养与肠外营养

肠内营养（enteral nutrition，EN）是采用口服或者管饲等方式经胃肠道提供一些仅需化学性消化或者不需消化即能被肠黏膜吸收的营养配方的营养支持方式。肠外营养（parenteral nutrition，PN）是按照患者的需要，通过周围静脉或中心静脉输入患者所需的全部能量及营养素，包括氨基酸、脂肪、各种维生素、电解质和微量元素的一种营养支持方法。患者需要的基本营养素均经静脉途径输入、不经胃肠道摄入的营养支持方法称为全肠外营养（total parenteral nutrition，TPN）。

4. 对于接受脂肪抽吸减肥手术的受术者，因其手术目的是体形雕塑和体重控制，故其术后的营养供给量应适当减少，尤其须限制脂肪和糖类的供给，以巩固手术效果，但要保证蛋白质及维生素的供给量，而对于大量抽脂手术患者，应给予明确的营养支持，以保证其顺利康复。

5. 会阴部或涉及肛门的整形手术，术后须禁食 3～5 日或更长时间，恢复饮食后宜采用流质、半流质、少渣饮食逐渐过渡。饮食中应限制富含粗纤维素的食物，以减少大便次数，保护伤口免受污染，减少感染的发生。

### （二）术后营养素及食物的选择

**1. 多食含蛋白质丰富的食物**　蛋白质有助于伤口愈合和组织修复，术后宜选择优质蛋白质。

**2. 多食含维生素丰富的食物**　多吃富含维生素 C 和维生素 A 的食物，促进伤口愈合和上皮细胞再生；维生素 C 也对瘢痕的形成有重要影响，它参与胶原蛋白的合成和稳定，促进伤口愈合，有助于减少瘢痕的形成和改善其外观；维生素 E 具有抗氧化作用，可以保护细胞免受自由基的损伤，有助于减轻瘢痕的色素沉着。

**3. 含碳水化合物的食物**　美容手术的患者，一般不需要特别增加碳水化合物的摄入量，尤其是脂肪抽吸手术后，因过多的碳水化合物会转化成脂肪储存于体内，从而影响抽脂手术的效果。所以美容手术后摄取少量的碳水化合物，是为了保证摄入一定量的维生素、矿物质、膳食纤维等其他营养物质。

**4. 含脂肪的食物**　美容手术的受术者大都排斥对脂肪的摄入，担心皮下脂肪堆积而引起肥胖。由于脂肪参与了脂溶性维生素的利用，在美容手术后，如果完全拒绝脂肪的摄入，会给术后恢复造成一定程度的影响。正常成年人在美容手术后脂肪摄入量以占总热量的 25%左右为宜，最高不应超过 30%。

**5. 含矿物质的食物**　矿物质在美容术后的恢复过程中也发挥着重要的作用。例如，锌有助于促进伤口愈合；在面部拉皮等美容手术后，铜能帮助增强新生组织的结构强度，使皮肤更加紧致光滑，减少术后皮肤松弛的可能性；铁是血红蛋白的组成部分，负责氧气的运输；钙对于维持神经肌肉的正常功能很重要。在一些涉及肌肉的美容手术中，如瘦脸针注射后，钙的平衡有助于减少肌肉抽搐和不适，促进肌肉功能的正常恢复。但需注意的是，应在医生的指导下进行，以避免过量或不足。

## 第 3 节　美容手术预防瘢痕形成及色素沉着的膳食营养

**案例 8-3**

小林在进行了双眼皮美容手术后，非常担心会出现瘢痕形成和色素沉着的问题。医生在术后为她制订了专门的膳食营养方案。小林在术后的饮食中，增加了富含维生素 C 的食物，如甜橙、草莓、猕猴桃等，同时摄入足够的优质蛋白质，如鱼肉、鸡肉、豆类等，还避免食用辛辣、刺激性食物，以及含有大量色素的食物，如酱油等。每天保证充足的水分摄入，以促进身体的新陈代谢。经过一段时间的精心调养，小林的手术伤口恢复良好，没有明显的瘢痕形成和色素沉着。

问题：1. 为什么富含维生素 C 的食物有助于预防美容手术后的瘢痕形成和色素沉着？

2. 光敏性食物有哪些？

随着医疗美容技术的飞速发展，美容手术已成为许多人改善外貌、提升自信的选择。然而，术后瘢痕形成及色素沉着是常见的并发症，影响手术效果及患者的满意度。合理的膳食营养管理在预防这些问题中扮演着重要角色。医护人员如何为美容手术患者提供科学膳食来预防瘢痕形成及色素沉着，促进伤口愈合，提升整体美容效果，值得大家关注。

## 一、预防瘢痕形成的合理膳食

### （一）补充营养素

**1. 蛋白质** 蛋白质是伤口愈合的基本材料，对于促进组织修复、减少瘢痕形成至关重要。建议多吃富含优质蛋白质的食物。

**2. 维生素** 维生素C可以促进胶原蛋白合成，增强皮肤弹性，减少瘢痕形成。维生素E抗氧化作用显著，能保护细胞膜免受自由基损伤，有助于减少瘢痕色素沉着。维生素A有助于促进上皮细胞分化，加速伤口愈合。因此，为了预防美容手术后瘢痕形成，在维生素的补充上可以适当地增加摄入量，除进行食补外，每天可按医嘱额外补充适量的维生素A、维生素C、维生素E等。

**3. 微量元素** 锌能够参与多种酶和蛋白质的合成，对伤口愈合至关重要。硒属于强效抗氧化剂，能增强免疫系统功能，促进伤口愈合。

**考点：预防瘢痕形成的营养素**

### （二）禁用食物

已有异常瘢痕增生的患者，在饮酒或吃辛辣食物后，瘢痕局部的瘙痒、刺痛及充血等症状会明显加重，部分已处于消退期的增生性瘢痕患者在饮酒或吃辛辣食物后，瘢痕又会明显出现红肿等症状。因此，对于这类患者，应忌酒和辛辣刺激性食物。

中医认为，热性及腥发的食物，如牛羊肉、鸡肉、虾、蟹等肉类，生蒜、生姜、芥末、咖啡等辛辣刺激性食品，以及煎炸等燥热的食品，会助湿生热，增加人体内的湿热痰瘀，干扰人体自身的免疫系统，甚至加重炎症，影响伤口愈合的过程，加重瘢痕增生。因此，在美容手术后，为了防止瘢痕的增生，应尽量避免食用上述食物，以使美容手术取得最佳的效果。

### （三）预防手术后瘢痕形成的食谱举例

张女士，28岁，因先天性单睑到门诊就诊，患者自诉单睑化妆麻烦，眼睛无神，美观度欠缺，希望通过眼部综合手术得到改善，门诊查体：单睑上眼睑脂肪较厚，有轻微内眦赘皮，眼睛无神。完善相关检查后行重睑术，术后门诊拆线复查，为减少瘢痕形成，医生要求护士为其做好术后饮食指导，并为该患者设计1日食谱。参考食谱如下。

**早餐：**燕麦粥（燕麦40g），水煮蛋1个（鸡蛋50g），玉米1个（200g）。

**上午加餐：**苹果1个（150g）。

**午餐：**虾仁冬瓜汤（虾仁100g、冬瓜200g）、胡萝卜炒肉丝（胡萝卜100g、猪肉80g）、糙米饭（糙米80g）。

**下午加餐：**酸奶1杯（150g）、蓝莓50g。

**晚餐：**海带豆腐汤（海带100g、豆腐150g），清炒白菜（白菜200g），蒸南瓜（南瓜150g）。

全天油30g，盐含量6g。

该食谱总热量约1575kcal，蛋白质约79g，脂肪58g，碳水化合物205g。

## 二、预防手术后色素沉着的合理膳食

色素沉着是皮肤在受到紫外线、化学物质、炎症等多种因素影响下，黑素细胞活性增强，导致黑色素生成增多并沉积于皮肤表层的现象，非常影响美观，合理的营养膳食对于预防色素沉着具有重要意义。

### （一）合理选择膳食

**1. 增加维生素 C、维生素 E 的摄取**　维生素 C 可以抗氧化、清除自由基、终止氧化连锁反应，能预防因过度氧化所致的肌肤老化现象，同时也可以抑制黑色素的形成。维生素 E 能稳定细胞膜的蛋白质活性结构，促进肌肉的正常发育及保持肌肤的弹性，令肌肤和身体保持活力；维生素 E 进入皮肤细胞后更能直接帮助肌肤对抗自由基、紫外线和污染物的侵害，防止外界因素所致的色素沉着。为预防色素沉着，美容手术后可服用维生素 C，每次 100mg；维生素 E，每次 100mg；每日 3 次，连服 2～3 个月。

**2. 避免接触含铅、汞、银的药物及食品**　含铅、汞、银等重金属的药物、食品及化妆品都会促进皮肤色素的沉着，因而在美容手术后，要尽量避免接触含铅、汞、银等重金属的药物及食品，同时也要避免含有铅、汞、银等重金属的化妆品接触伤口，以减少色素沉着。

**3. 减少含色素食品的摄入**　摄入大量含有色素的食品，也会造成皮肤的色素沉着，如浓茶、咖啡、酱油、陈醋、花椒等含色素多的调味品。

**4. 注意光敏性食品的摄取**　有一些食品被人体食入后，会增加人体对光的敏感性。因此，在美容手术后要减少光敏性食物的摄入，如红花草、灰菜、苋菜、油菜、芹菜、香菜、泥螺等。

### （二）预防色素沉着的其他建议

**1. 避免搔抓创面痂**　受伤后的创面会渗出血液及组织液和死亡、脱落后的细胞等，结成一层硬痂，刺激皮肤产生痒的感觉，如果自行揭去痂，会导致色素沉着的发生率增加。

**2. 避免阳光的直接暴晒**　因为创面的新生皮肤娇嫩，角质层非常薄，紫外线屏障功能弱，而阳光中的紫外线会增强皮肤黑素细胞的活性，因此，在外出时，应做好防晒工作，如涂抹防晒霜、佩戴遮阳帽、穿防晒衣等，以减少紫外线对皮肤的伤害。

**3. 防止感染**　要正确、及时地处理好创面，感染会引起真皮下层组织的破坏，使表皮无法再生，肉芽组织增生填补缺损会形成瘢痕。为了防止感染，可以在伤口上涂抹抗生素软膏，每日 2 次，直至结痂。

**4. 均衡膳食**　保持饮食的均衡和多样化，确保摄入足够的各类营养素，有助于维持皮肤的正常代谢和防御功能。

**5. 避免过多摄入刺激性食物**　减少辛辣、油腻、刺激性食物的摄入，这些食物可能加重皮肤的炎症反应，增加色素沉着的风险。

### （三）预防手术后色素沉着的食谱举例

李女士，28 岁，因面部黑色素痣 5 年余到门诊就诊，患者自诉痣影响美观，且担心有恶变风险，决定进行手术切除。李女士皮肤较为白皙，但平时容易出现色素沉着问题，因此对手术后的色素沉着预防格外关注，为减少色素沉着风险，术后医生要求护士为其做好饮食指导，请为该患者设计一日食谱。参考食谱如下。

**早餐：**紫甘薯粥（紫甘薯 50g、大米 30g），水煮蛋 1 个（鸡蛋 50g）。

**上午加餐：**小番茄 100g，柑橘 1 个（100g）。

**午餐：**清蒸鲈鱼（鲈鱼 150g），清炒西蓝花（西蓝花 200g），黑米饭（黑米 80g）。

**下午加餐：**酸奶 1 杯（150g），坚果 15g（如杏仁）。

**晚餐：**豆腐木耳汤（豆腐 150g、木耳 50g），清炒芦笋（芦笋 200g），玉米（150g）。

全天油 25g，盐 5g。

该食谱总热量约 1340 kcal，蛋白质约 89g，脂肪约 39g，碳水化合物约 225g。

**考点：预防色素沉着的膳食选择及原则**

## 目标检测

### A1 型题

1. 预防手术后色素沉着错误的是（ ）。
   A. 增加含铅、汞、银等重金属的食物
   B. 增加含维生素 C 丰富的食物
   C. 增加含维生素 E 丰富的食物
   D. 减少含色素食品的摄入
   E. 减少光敏性食品的摄取
2. 创伤后基本愈合过程依次为炎症期、增生期和（ ）。
   A. 成熟期 B. 修复期
   C. 重塑期 D. 稳定期
   E. 瘢痕期
3. 蛋白质在创伤愈合中主要起到以下哪种作用（ ）。
   A. 提供能量 B. 增强免疫力
   C. 促进细胞增殖和修复 D. 调节生理功能
   E. 抗炎作用
4. 能减少自由基对新生组织的损伤的营养素是（ ）。
   A. 维生素 E B. 维生素 A
   C. 蛋白质 D. 锌
   E. 碘
5. 下列哪种营养素对创伤愈合过程中的胶原蛋白合成起着重要作用（ ）。
   A. 维生素 A B. 维生素 C
   C. 维生素 D D. 维生素 E
   E. 维生素 B
6. 下列哪项食物不利于减少瘢痕发生（ ）。
   A. 绿色蔬菜 B. 豆腐
   C. 羊肉 D. 牡蛎
   E. 海带
7. 以下哪个因素会增加瘢痕形成的风险（ ）。
   A. 避免阳光的直接暴晒
   B. 摄入富含维生素 C 的食物
   C. 伤口反复感染
   D. 避免搔抓创面痂皮
   E. 摄入牛羊肉补充蛋白质
8. 下列哪种情况可能导致瘢痕更加明显（ ）。
   A. 伤口伤及真皮网状层
   B. 伤口位于皮肤张力小的部位
   C. 伤口较浅且小
   D. 摄入大量的绿叶蔬菜
   E. 及时清洁消毒
9. 下列哪项不建议美容外科手术后食用（ ）。
   A. 鸡胸肉 B. 牛奶
   C. 鱼 D. 芹菜
   E. 冬瓜
10. 在美容外科手术前，应该避免大量摄入以下哪种食物（ ）。
    A. 新鲜水果 B. 腊肉
    C. 绿叶蔬菜 D. 瘦肉
    E. 牛奶

（付红艺）

# 第9章 女性特殊时期的营养与膳食

**学习目标**

**1. 素质目标** 具备对特殊时期的全面认知、关注关键营养素补充、预防相关疾病、实践健康饮食以及建立健康的生活方式。

**2. 知识目标** 掌握月经期、孕期、哺乳期、围绝经期女性的营养需求和膳食调整原则；熟悉月经期、孕期、哺乳期、围绝经期女性的生理特点；了解特殊时期营养素补充的必要性和合理方法及特殊时期常见的营养素补充剂（如铁剂、钙片、维生素D等）。

**3. 能力目标** 学会合理膳食搭配、制订女性各个特殊时期科学合理的膳食计划。

## 第1节 月经期的营养与膳食

**案例 9-1**

患者李女士，35岁，公司职员，身高165cm，体重60kg，李女士目前处于哺乳期，自分娩后3个月开始母乳喂养其婴儿。近期，她注意到自己容易感到疲劳，乳汁分泌量似乎有所减少，且常伴有轻度头晕和夜间盗汗的症状。鉴于这些表现，李女士前来寻求营养与膳食方面的专业指导。李女士自述日常饮食较为单一，以主食和少量蔬菜为主，肉类及豆制品摄入较少，水果和奶制品摄入也不足。此外，她还有偶尔不吃早餐的习惯，晚餐则因工作原因常常推迟且吃得较为丰盛。

问题：1. 李女士目前主要的健康问题是什么？

2. 李女士出现目前健康问题的原因是什么？

### 一、月经期的生理特点

月经指伴随卵巢周期性变化而出现的子宫内膜周期性脱落及出血。规律月经的出现是生殖功能成熟的重要标志。

**1. 激素变化** 雌激素和孕激素水平下降，导致月经出血。月经周期第1～4日，为子宫内膜海绵状功能层从基底层崩解脱落期，这是孕酮和雌激素撤退的最后结果。经前24h，内膜螺旋动脉节律性收缩及舒张，继而出现逐渐加强的血管痉挛性收缩，导致远端血管壁及组织缺血坏死、剥脱，脱落的内膜碎片及血液一起从阴道流出，即月经来潮。月经第一次来潮称月经初潮。月经初潮年龄多在13～14岁，但可能早至11岁或迟至16岁。16岁以后月经尚未来潮者应当引起临床重视。月经初潮早晚主要受遗传因素控制，其他因素如营养、体重亦起着重要作用。近年来，月经初潮年龄有提前趋势。

月经除血液外，还包括子宫内膜碎片、宫颈黏液及脱落的阴道上皮细胞。月经血中含有前列腺素及来自子宫内膜的大量纤维蛋白溶酶。由于纤维蛋白溶酶对纤维蛋白的溶解作用，故月经血不凝，在出血量多或速度快的情况下可出现血凝块。

正常月经具有周期性及自限性。出血的第1日为月经周期的开始，两次月经第1日的间隔时间称一个月经周期。一般为21～35日，平均28日。每次月经持续时间称月经期，一般为2～8日，平均4～6日。月经量为一次月经的总失血量，正常月经量为20～60ml，超过80ml为月经过多。

**2. 身体不适** 一般月经期无特殊症状，但月经期由于盆腔充血及前列腺素的作用，有些妇女出现下腹及腰骶部下坠不适或子宫收缩痛，并可出现腹泻等胃肠功能紊乱症状。少数患者可有抵抗力下降、疲乏、头痛及轻度神经系统不稳定（情绪波动）等症状。某些女性在经前期有乳房肿胀和疼痛感，可能是乳腺管的扩张、充血及乳房间质水肿所致。由于雌激素、孕激素撤退，月经来潮后上述症状大多消退。

**3. 代谢变化** 基础代谢率可能轻微下降。

## 二、月经期合理膳食

### （一）月经期的营养需要

月经期的营养需要与一般生理特征相似女性差不多，但由于月经期抵抗力下降、血液丢失、情绪变化等情况，所以月经期应注意蛋白质，膳食纤维，铁、镁等矿物质，维生素及水分的补充。多吃高纤维食物，如蔬菜、水果、全谷类（如全麦面）、糙米、燕麦等食物，可促进雌激素排出；增加深绿色叶子菜、坚果、黑巧克力等食物摄入可增加血液中镁的含量，调整月经和镇静神经。如果出现痛经症状，可通过饮用红糖姜茶改善症状，也可以选择热敷的方式缓解痛经症状，月经期间尽量少吃生冷硬的食物，少吃寒凉的食物，多吃软糯易消化的食物，月经期间也尽量少吃会引起月经不调的含激素类的食物，因其可能会引起月经不调的现象。如果情绪低落或者是过分的紧张和焦虑，也可能会引起月经不调。

### （二）月经期膳食指导

女性在月经期的膳食指导原则主要是缓解不适、补充营养素和维持身体健康。

**1. 饮食均衡规律** 确保膳食中含有足够的蛋白质、健康脂肪和碳水化合物，以维持能量水平和整体健康状态。

月经期间常规主食可以大米、粳米、甘薯、南瓜、馒头、包子等为主。可以炖煮一些粥，如红枣枸杞粥、南瓜粥、红豆薏米粥等，以滋阴补肾、增加抵抗力。副食要多样化，多选择富含蛋白质的食物，如猪肉、牛肉、羊肉、鸡肉、鸡蛋、牛奶、豆制品等。

**2. 增加矿物质摄入** 特别是增加铁、钙和镁的摄入。月经期间会有一定的失血，补充铁质有助于预防缺铁性贫血。食物来源：红肉、鸡肉、鱼类、豆类、深绿色蔬菜、坚果等。

钙和镁有助于缓解经期疼痛和不适。食物来源：乳制品（如牛奶、酸奶）、坚果（如杏仁、腰果）、绿色蔬菜（如花椰菜、卷心菜）等。

**3. 食用富含膳食纤维的食物** 高纤维食物有助于促进消化吸收，减轻便秘等不适感。食物来源：全谷物、豆类、水果和蔬菜。

**4. 保持水分摄入** 多喝水，保持身体水分。

**5. 养成良好的个人习惯** 女性月经期间免疫力下降，因此要注意休息和饮食，避免劳累、受寒，注意劳逸结合，以防疾病发生。按时就餐，选择清淡易消化的饮食模式，少食多餐，避免一次性过量饮食造成的消化负担。不吃辛辣、油炸、烟熏和油腻的食物，多吃蔬菜水果。不吃过酸、过冷等刺激强烈的食物，以免加重腹痛和不适。可选择温热的汤类、粥类等食物，帮助舒缓身体，促进血液循环，缓解痛经症状。同时避免饮酒，少饮浓茶、咖啡等。

**6. 注意个体差异** 每个人的身体状况不同，应根据个人的需求、体质及月经期间的伴随症状调整饮食，但应到医院由医生进行判断及指导，不宜自行盲目调整，以免损害健康。

**7. 其他** 保持精神愉快和情绪稳定，避免紧张、焦虑、恼怒等不良情绪的刺激。

**考点：月经期膳食指导原则**

### （三）月经期的食谱举例

患者，女，26岁，身高158cm，体重53kg，月经第2日，请为其编制一日食谱。月经期参考食谱如下。

**早餐：**燕麦粥（燕麦50g、牛奶200ml），水煮蛋（鸡蛋50g），水果（苹果150g）。

**加餐：**杏仁20g。

**午餐：**米饭（大米100g），清蒸鱼（鳕鱼100g），炒时蔬（西蓝花150g），豆腐汤（豆腐50g）。

**晚餐：**全麦面条（全麦面条50g），瘦肉炒青菜（鸡肉50g、青菜100g），番茄汤（番茄100g）。

**加餐：**牛奶1杯（200ml）。

全天油25g，盐5g。

该食谱总热量约1670kcal，蛋白质约85g，脂肪约61g，碳水化合物约175g，膳食纤维约25g。

# 第2节 孕妇的营养与膳食

## 一、孕期的生理特点

孕妇是指处于妊娠状态下的特殊生理人群。妊娠是一个复杂的生理过程，孕妇在妊娠期间需进行一系列的生理调整，以适应胎儿在体内的生长发育。

**1. 孕早期** 指整个孕期的第1～12周。在此期间，身体开始适应妊娠。主要变化体现在以下几方面。①激素方面：人绒毛膜促性腺激素（HCG）、雌激素和孕激素水平上升。②身体方面：可能出现恶心、呕吐等早孕反应。③营养需求方面：孕早期胚胎生长发育速度较缓慢，胚盘及母体有关组织增长变化也不明显，对各种营养素的需要量比妊娠中、晚期低，但应注意增加叶酸、铁、钙等营养素的摄入。妊娠早期正处于胚胎组织的分化增殖和主要器官系统的形成阶段，是胎儿发育的关键时期，营养不合理容易导致流产、胎儿畸形、唐氏综合征等异常情况。此外，早期妊娠反应，会不同程度地影响孕妇营养素的摄入。特别是妊娠反应严重的孕妇，由于妊娠呕吐、挑食和偏食，很容易造成营养失衡。

**2. 孕中期** 指整个孕期的第13～27周。妊娠中期主要变化体现在以下几方面。①身体方面：胎儿和母体都发生了明显变化，胎儿各器官系统迅速增殖发育，已形成的器官虽未成熟，但某些器官已具有一定的功能。为了适应胎儿生长发育的需要，母体各系统也发生了巨大的适应性变化，如子宫容积扩大，乳房增大，血浆总容量增加，肾脏排泄功能加速，部分营养素可随尿液丢失。孕中期对各种营养素的需要量显著增加。②代谢方面：基础代谢率上升，可能面临体重增长。③营养需求方面：母体能量需求增加，还需增加蛋白质、钙、铁等营养素摄入。

**3. 孕晚期** 即≥28周。妊娠晚期主要变化体现在以下几方面。①身体方面：孕晚期胎儿生长迅速，细胞体积迅速增加，大脑增殖达到高峰，肺部迅速发育。皮下脂肪大量堆积，胎儿体重增加迅速，母体负担加重。②激素方面：雌激素和孕激素继续上升，准备分娩。③营养需求方面：鉴于孕晚期细胞体积增长迅速，尤其是大脑细胞的增长，所以，营养对胎儿的影响较前两个孕期更为重要。母体能量和营养素需求高，特别是蛋白质和钙。

## 二、孕期营养对母体和子代的影响

妊娠期营养不仅直接影响胎儿的正常发育，也关系到胎儿出生后的体质和智力发育，还会对母体的健康产生不利影响。

### （一）孕期营养对母体健康的影响

**1. 营养缺乏症** 妊娠期妇女基础代谢增强，消化道蠕动功能降低，消化液分泌减少，易引起消化不良和便秘，再加上孕早期的妊娠反应，如不注意合理营养，易导致营养不良。如缺钙易引起骨质软化，缺铁易引起缺铁性贫血，缺乏叶酸或维生素 $B_{12}$ 易引起巨幼细胞贫血等。

**2. 妊娠期高血压疾病** 近年来研究提示，妊娠期高血压疾病与蛋白质和维生素的缺乏有关，补充蛋白质和热量可降低其发生率。

**3. 感染和产伤发生率增加** 血锌含量低的孕妇比较容易出现感染和产伤。

**4. 其他** 孕妇能量摄入过量易导致体内积聚脂肪过多，从而引起产后肥胖等。

### （二）母体营养状况对胎儿和婴儿的影响

1. 母体营养不良易引起胎儿在产期死亡率增高，低出生体重，智力与体格发育迟缓等。

**2. 母体营养不良影响胎儿智力发育** 妊娠最后 3 个月及婴儿 0～6 月，不仅是胎儿和婴儿体格生长最迅速的时期，也是大脑发育的关键时刻，是大脑细胞增殖的激增期，此时若营养不良，如蛋白质摄入不足，可致胎儿大脑发生永久性的组织及生化方面的变化，影响脑的成熟，以后难以弥补。脑细胞的增殖和体积的增大，分为增殖、增殖和体积增大同时进行、细胞体积增大三个阶段。而脑细胞的增殖，具有“一次性完成”的特点，如果脑细胞增殖期缺乏营养，影响了细胞的增殖，以后无法弥补。

**3. 母体维生素缺乏可使胚胎发育受到影响** 孕妇缺乏维生素 A，可引起新生儿角膜软化；缺乏维生素 K，可致新生儿发生出血性疾病；缺乏维生素 $B_6$，可使新生儿出现维生素 $B_6$ 缺乏性抽搐等。孕妇某种营养素的严重缺乏甚至可危及婴儿生命，如个别地区有因孕妇维生素 $B_1$ 严重缺乏导致婴儿患急性脚气病而死亡的报道。此外，孕妇患严重缺铁性贫血可增加早产的发生率，导致新生儿贫血乃至新生儿死亡。

孕妇摄入热量不足，可加速母体脂肪消耗，由此产生的酮体可积聚于羊水中，而羊水中有氧化酮体的酶，氧化后的酮体被胎儿所吸收，将对胎儿脑的发育产生不良影响。

由此可见，孕期营养与胎儿、婴儿的健康成长关系极大，胎儿的早期营养为婴儿期脑继续发育奠定了良好的基础，而婴儿的早期营养又为学龄期智力发育打下了重要的物质基础。孕妇若能量摄入过量，易导致巨大儿，进而引发难产。

## 三、孕期合理膳食

### （一）孕期的营养需要

**1. 能量** 与非孕期相比，孕期的能量消耗还包括胎儿及母体生殖器官的生长发育，以及母体用于产后泌乳的脂肪储备。2023 版《中国居民膳食营养素参考摄入量》（DRIs）（以下如无特殊说明均指 2023 版 DRIs）推荐孕中期能量在非孕基础上增加 250kcal/d，孕晚期能量在非孕基础上增加 400kcal/d。保证适宜能量摄入的最佳方法是密切监测和控制孕期每周体重的增长量。

**2. 蛋白质** 妊娠期间，胎儿、胎盘、羊水、血容量增加及母体子宫、乳房等组织的生长发育都需要蛋白质，建议孕中期和孕晚期膳食蛋白质增加量分别为 15g/d、30g/d。

**3. 脂类** 脂类是人类膳食能量的重要来源，孕期需积累 3～4kg 的脂肪以备产后泌乳，此外膳食脂肪中的磷脂及长链多不饱和脂肪酸对人类生命早期脑和视网膜的发育有重要的影响，决定了孕期对脂肪及特殊脂肪酸的需要。建议孕妇膳食脂肪占能量的百分比为 20%～30%，其中各孕期饱和脂肪酸占总能量的百分比＜10%。

**4. 碳水化合物** 建议孕妇膳食碳水化合物占能量的百分比为 50%～65%。孕早期碳水化合物摄入严重不足易发生酮症酸中毒，对胎儿脑及神经系统发育造成损害。

**5. 无机盐** ①钙：与非孕相比，在雌激素作用下，妊娠期间钙吸收率增加，以保障胎儿获得充足的钙。建议整个孕期保持 RNI 达到 800mg/d，UL 值为 2000mg/d。②铁：推荐孕早期铁 RNI 为 18mg/d，孕中期 RNI 为 25mg/d，孕晚期 RNI 为 29mg/d，UL 值为 42mg/d。③碘：推荐孕期碘

RNI 为 230μg/d，UL 值为 500μg/d。我国目前采取食盐强化碘的方法预防高危人群的碘缺乏，已取得成功。④锌：孕后各期达到 10.5mg/d，UL 值为 40mg/d。有专家建议对素食、高纤维素膳食人群、大量吸烟者、多次妊娠者、大量摄入钙剂及铁剂者，应额外补充锌 15mg/d。铁剂补充＞30mg/d 可能干扰锌的吸收，故建议妊娠期间治疗缺铁性贫血的孕妇补充锌 15mg/d。

**6. 维生素**　①维生素 A：摄入过少或过多都可以引起胎儿畸形。建议孕妇 RNI 为孕早期 660μgRAE/d，孕中期和孕晚期为 730μgRAE/d。孕妇的 UL 值为 3000μgRAE/d。②维生素 D：可促进钙的吸收和钙在骨骼中的沉积。中国建议孕妇维生素 D 的 RNI 为 10μg/d，UL 值为 50μg/d。③B 族维生素：中国建议在孕早期维生素 $B_1$ RNI 为 1.2mg/d，孕中期为 1.4mg/d，孕晚期为 1.5mg/d，应多食用酵母、粗粮、豆类、坚果类、瘦肉、蔬菜等富含维生素 $B_1$ 的食物。维生素 $B_2$ 和烟酸是人体中许多重要辅酶的组成成分，这些辅酶与热能代谢密切相关。中国营养学会建议孕早期维生素 $B_2$ 的 RNI 为 1.2mg/d，孕中期为 1.3mg/d，孕晚期为 1.4mg/d，整个孕期烟酸为 12mgNE/d。中国营养学会建议中国成年居民膳食叶酸 RNI 为 400μgDFE/d，孕妇为 600μgDFE/d。由维生素 $B_{12}$ 缺乏所致巨幼细胞贫血多伴有神经系统病变，中国营养学会建议我国居民膳食维生素 $B_{12}$ RNI 为 2.4μg/d，孕妇为 2.9μg/d。建议一般成年妇女维生素 $B_6$ 的 RNI 为 1.4mg/d，孕妇为 2.2mg/d。④维生素 C：胎儿生长发育需要大量的维生素 C，它对胎儿骨骼、牙齿的正常发育，造血系统的健全和人体的抵抗力等都有促进作用，孕妇缺乏维生素 C 时易患贫血、出血，也可引起早产、流产，新生儿有出血倾向。中国营养学会建议孕早期维生素 C 的 RNI 为 100mg/d，孕中、晚期为 115mg/d。

## （二）孕妇膳食原则

**1. 备孕阶段的膳食原则**　健康的身体状况、合理膳食、均衡营养是孕育新生命必需的物质基础。准备受孕的妇女应接受健康体检及膳食和生活方式指导，使健康与营养状况尽可能达到最佳后再受孕。健康体检要特别关注感染性疾病（如牙周病），以及血红蛋白、血浆叶酸、尿碘等反映营养状况的检测，目的是避免相关炎症及营养素缺乏对受孕成功和妊娠结局的不良影响。

（1）营养均衡充足　备孕期间，应确保摄入的营养全面且均衡。这包括蛋白质、碳水化合物、脂肪、维生素、矿物质和水分等所有必需营养素。合理搭配食物，避免偏食或挑食，确保身体各项功能正常运转，为受孕和孕期提供充足的能量和营养支持。

（2）食物多样，谷类为主，合理搭配　食物多样化是保障营养均衡的关键。应尽量选择多种类的食物，包括谷类、薯类、蔬菜水果、畜禽鱼蛋奶及大豆制品等。其中，谷类食物应作为膳食的基础，它们富含碳水化合物，是提供能量的主要来源。同时，全谷物和杂豆类含有更多的膳食纤维、B 族维生素和矿物质，有助于改善肠道健康，提高身体免疫力，注意全谷类食物的摄入。

（3）多食蔬果奶豆　蔬菜和水果富含维生素、矿物质和膳食纤维，对于提高身体抵抗力、促进胎儿大脑和视力发育具有重要作用。建议每天至少摄入 5 种不同颜色的蔬菜和水果，以确保获得多样化的营养素。同时，奶类和大豆制品富含优质蛋白质和钙质，有助于维持骨骼健康，为孕期和哺乳期储备充足的钙质。

（4）适量鱼禽蛋瘦肉　这些食物是优质蛋白质、铁、锌等矿物质和维生素的良好来源。备孕期间，应适量增加这些食物的摄入，以满足身体对营养素的需求。同时，注意选择低脂、低胆固醇的肉类，如鱼肉、鸡肉等，以减少脂肪和胆固醇的摄入。

（5）少盐少油控糖酒　高盐、高油、高糖饮食和酒精摄入都是不利于备孕和孕期健康的因素。应尽量减少这些物质的摄入，以降低患高血压、糖尿病等慢性病的风险。同时，避免饮用含酒精的饮料，以免影响胎儿的正常发育。

（6）补充叶酸和铁　叶酸对预防胎儿神经管畸形具有重要作用，而铁则是预防贫血的关键营养素。备孕期间，女性应特别注意补充这两种营养素。可以通过多吃富含叶酸的食物（如绿叶蔬菜、动物肝脏等）和铁的食物（如红肉、动物血制品等）来满足身体需求，必要时可在医生指导下服用补充剂。

（7）保证碘的摄入量　碘是合成甲状腺激素的重要元素，对胎儿的神经系统发育至关重要。备孕期间应确保摄入足够的碘，可以通过食用加碘盐、海带、紫菜等富含碘的食物来实现。

（8）戒烟酒，健康作息　吸烟和过量饮酒不仅会影响受孕成功率，还会增加胎儿畸形和流产的风险。因此，备孕期间应坚决戒烟戒酒。同时，保持规律的作息习惯，充足的睡眠和适度的运动有助于提高身体免疫力，为备孕创造有利条件。推荐每天各类食物摄入量见“中国备孕妇女平衡膳食宝塔”。

**2. 孕早期的膳食原则**　孕早期胎儿生长发育速度相对缓慢，所需营养与孕前无太大差别，食物选择同备孕阶段，但要注意早孕反应对营养素摄入的影响，特别注意以下几点。

（1）无明显早孕反应者可继续保持孕前平衡膳食。

（2）孕吐较明显或食欲不佳的孕妇不必过分强调平衡膳食，可根据孕妇的喜好，选择能刺激食欲的食物。

（3）每天必须摄取至少含 130g 碳水化合物的食物，首选易消化的粮谷类食物，如粥、面包、馒头、饼干等。

（4）孕吐严重者，可少量多餐。含 130g 碳水化合物的食物举例：米 180g（生重）、面 180g（生重）、薯类 550g、鲜玉米 550g；食物组合：米饭（大米 100g）、甘薯 200g、酸奶 100g。

（5）继续补充叶酸，常吃含铁丰富的食物，选用碘盐。

（6）适量身体活动，维持孕期适宜增重。

（7）禁烟酒，愉快孕育新生命。

（8）呕吐严重以致完全不能进食者，需寻求医师的帮助。

**3. 孕中期的膳食原则**　从孕中期开始，由于胎儿生长发育及母体生殖器官的发育加速，对能量、蛋白质、钙、铁等营养素的需要量增大。

（1）能量充足摄入　随着胎儿的迅速生长，孕妇的能量需求也相应增加。孕中期，孕妇应确保每日摄入足够的能量，以支持自身及胎儿的正常生理活动和发育。建议根据个人体质和孕期体重增长情况，合理调整饮食量，避免能量过剩或不足。

（2）优质蛋白质补充　蛋白质是构成胎儿组织器官的基本物质，也是孕妇体内酶、激素、抗体等生物活性物质的组成部分。孕中期应增加优质蛋白质的摄入，如鱼、禽、蛋、奶、豆制品等。这些食物不仅富含高质量蛋白质，还易于消化吸收，有助于满足孕妇和胎儿的需求。

（3）增加钙铁摄入　钙是构成骨骼和牙齿的主要成分，对维持胎儿骨骼发育和母体骨骼健康至关重要。铁则是血红蛋白的主要成分，参与氧气运输，预防贫血。孕中期，孕妇应增加富含钙和铁的食物摄入，如牛奶、酸奶、豆制品、绿叶蔬菜、动物肝脏、瘦肉等。同时，适当补充维生素 D 和维生素 C 有助于促进钙和铁的吸收利用。

（4）丰富维生素来源　维生素在孕中期的重要性不言而喻，它们参与多种生理过程，对孕妇和胎儿的健康至关重要。孕妇应多吃富含维生素的食物，如新鲜蔬菜、水果、全谷物、坚果等。这些食物不仅富含维生素，还富含膳食纤维、矿物质等营养素，有助于改善肠道功能，预防便秘等孕期不适。

（5）粗细粮合理搭配　粗粮和细粮各有优点，合理搭配可以实现营养互补。粗粮富含膳食纤维、B 族维生素和矿物质，有助于促进肠道蠕动，改善消化功能；细粮则口感细腻，易于消化吸收。孕中期，孕妇应适量增加粗粮的摄入，如燕麦、糙米、玉米等，与细粮如白米、白面等合理搭配，以保证营养均衡。

（6）少食多餐易消化　孕中期，由于子宫增大压迫胃肠道，孕妇可能会出现食欲不振、消化不良等症状。因此，建议孕妇采用少食多餐的进食方式，每次进食量不宜过多，以减轻胃肠道负担。同时，选择易消化、清淡的食物，如粥、面条、蔬菜等，有助于缓解孕期不适。

（7）控制盐油摄入　高盐饮食和高脂饮食都不利于孕期健康。过多的盐分摄入会增加妊娠期高血压的风险，而过多的油脂摄入则会导致体重增长过快、血脂升高等问题。因此，孕中期孕妇应控制盐和油的摄入量，避免过咸、过油腻的食物，尽量选择低盐、低脂的烹饪方式。

（8）远离不良食物　孕中期，孕妇应特别注意避免摄入不良食物，如生冷、辛辣、刺激性食物及未煮熟的肉类、海鲜等。这些食物可能含有细菌、寄生虫等有害物质，会对孕妇和胎儿的健康构成威胁。同时，孕妇还应避免饮用含咖啡因、酒精等刺激性物质的饮品，以免影响胎儿的正常发育。

（9）每天适度运动，每周测量体重，维持孕期适宜增重　孕中期以后应更换适合的胸罩，经常擦洗乳头，为母乳喂养作准备。推荐每天各类食物摄入量见“中国孕期妇女平衡膳食宝塔”。

**4. 孕晚期的膳食原则**　孕晚期是孕妇即将迎接新生命的重要阶段，此时胎儿的生长发育达到高峰，孕妇的身体也面临着更多的挑战。因此，科学合理的膳食安排对于孕妇和胎儿的健康至关重要。

（1）均衡营养摄入　孕晚期，孕妇需要更加注重营养的全面性和均衡性。确保每日膳食中包含足够的蛋白质、碳水化合物、脂肪、维生素、矿物质及水分等必需营养素。通过合理搭配各类食物，如肉类、鱼类、蛋类、奶类、豆制品、蔬菜水果及全谷物等，以满足孕妇和胎儿不断增长的营养需求。

（2）少食多餐原则　随着子宫的增大，孕晚期孕妇的胃部空间受到挤压，容易出现饱腹感。因此，建议采用少食多餐的进食方式，将一日三餐分为五到六餐，每次进食量不宜过多，以减轻胃肠道的负担，同时保持血糖的稳定。

（3）低盐低脂饮食　孕晚期，孕妇应控制盐分和脂肪的摄入量，以预防妊娠期高血压、水肿及体重增长过快等问题。选择低盐、低脂的烹饪方式，如蒸、煮、炖等，减少油炸、腌制等重口味食物的摄入。同时，注意食物中的隐形盐分，如调味品、加工食品等。

（4）控制热量与体重　孕晚期，孕妇的体重增长应控制在合理范围内，以避免因体重增长过快而增加妊娠并发症的风险。通过调整饮食结构，减少高热量、高脂肪食物的摄入，同时增加富含膳食纤维的食物摄入，以促进肠道蠕动，帮助控制体重。

（5）优质蛋白质补充　蛋白质是胎儿生长发育的重要物质基础。孕晚期，孕妇应增加优质蛋白质的摄入量，如鱼类、禽类、蛋类、奶类及豆制品等。这些食物不仅富含高质量蛋白质，还易于消化吸收，有助于满足孕妇和胎儿的需求。

（6）增加膳食纤维摄入　膳食纤维有助于促进肠道蠕动、预防便秘等孕期不适。孕晚期，孕妇应增加富含膳食纤维的食物摄入，如粗粮、蔬菜、水果等。这些食物不仅能提供丰富的膳食纤维，还富含维生素、矿物质等营养素，有助于改善肠道功能，提升机体免疫力。

（7）充足钙铁摄入　钙和铁是孕妇和胎儿必需的矿物质。孕晚期，孕妇应特别注意补充钙和铁，以满足胎儿骨骼发育和血红蛋白合成的需求。富含钙的食物包括牛奶、酸奶、豆制品、绿叶蔬菜等；富含铁的食物包括红肉、动物肝脏、蛋黄等。同时，适当补充维生素D和维生素C有助于促进钙和铁的吸收利用。

（8）禁烟酒与辛辣物　吸烟、饮酒及食用辛辣刺激性食物都可能对胎儿造成不良影响。孕晚期，孕妇应坚决戒烟戒酒，并避免摄入过多的辛辣刺激性食物。这些不良习惯可能导致孕妇身体不适，影响胎儿正常发育或引发早产等风险。

（9）每天适度运动，每周测量体重，维持孕期适宜增重　了解母乳喂养的益处、增强母乳喂养的意愿、学习母乳喂养的方法和技巧，为产后尽早开奶和成功母乳喂养做好各项准备。推荐每天各类食物摄入量见“中国孕期妇女平衡膳食宝塔”。注意，由于孕妇个体差异较大，不可机械地要求每位孕妇进食同样多的食物。

**考点：孕妇各期的膳食指导原则**

## （三）孕妇食谱设计举例

**1. 备孕期和孕早期食谱举例**　用餐对象：女，从事轻体力劳动，总能量1700kcal。

**早餐：**燕麦粥1碗（燕麦25g），水煮蛋1个（鸡蛋40g），牛奶1杯（200g），西芹炒花生米1碟（西芹50g、花生10g）。

**早点：**牛奶半杯（100g）。

**午餐：**米饭（粳米 100g），红烧翅根（鸡翅根 50g），清炒菠菜（菠菜 200g），醋熘土豆丝（土豆 100g），紫菜蛋花汤（紫菜 2g、鸡蛋 10g）。

**午点：**小米粥（小米 25g）。

**晚餐：**米饭（粳米 75g），清蒸鲈鱼（鲈鱼 50g），家常豆腐（北豆腐 100g），香菇油菜（香菇 10g、油菜 150g）。

**晚点：**苹果 200g。

该食谱可提供能量 1788kcal，蛋白质 76g，脂肪 61g，碳水化合物 247g，胆固醇 403g，维生素 A 893μgRAE，硫胺素 0.9mg，维生素 $B_1$1.3mg，维生素 C116.8mg，钙 1051mg，钾 2685mg，铁 28mg，锌 12.6mg；脂肪供能占总能量 30.7%，碳水化合供能占总能量 52.3%，蛋白质供能占 17%，优质蛋白质比例为 57.5%。

**2. 孕中期食谱举例** 用餐对象：女，从事轻体力劳动，总能量 1700kcal +250kcal。

**早餐：**花卷 2 个（面粉 100g），水煮蛋 1 个（鸡蛋 50g），牛奶 250g。

**早点：**苹果 100g，核桃仁 10g。

**午餐：**三色饭（糙米 50g、大米 50g、小米 25g）、白菜虾仁（虾仁 70g、大白菜 20g）、小白菜豆腐汤（小白菜 50g、豆腐 100g）、黄瓜炒猪肝（黄瓜 50g、猪肝 20g）、青椒炒土豆丝（土豆 100g、青椒 10g）。

**午点：**香蕉 50g，无糖酸奶 100g。

**晚餐：**红枣小米粥（红枣 10g、小米 100g）、虾仁豆腐（豆腐 50g、虾仁 10g）、清炒菠菜（菠菜 200g），番茄鱼片汤（鱼肉 50g、番茄 50g）。

**晚点：**猕猴桃 50g，奇亚籽 5g。

全天烹调油 15g，盐 5g。

该食谱可提供能量约 1976 kcal，蛋白质提供能量占总能量 21.2%，脂肪占 29.1%，碳水化合物占 49.7%，优质蛋白占蛋白质总量 65.3%，膳食纤维 27.4g。

**3. 孕晚期食谱举例** 用餐对象：女，从事轻体力劳动，总能量 1700kcal +400kcal。

**早餐：**鲜肉包子 2 个（面粉 50g、鲜猪肉 15g），水煮蛋 2 个（鸡蛋 100g），蒸甘薯（甘薯 100g），黑芝麻糊（黑芝麻 30g）。

**早点：**奶粉 40g，苹果 100g，牛油果 50g，南瓜子 15g。

**午餐：**三色饭（大米 50g、小米 25g、糙米 25g），香煎三文鱼（三文鱼 60g），鸡血菜汤（大白菜 50g、鸡血 15g、紫菜 2g），凉拌黑木耳（黑木耳 50g），清炒菜豆（菜豆 100g），鲜枣 50g，葡萄干 10g。

**午点：**香蕉奶昔（香蕉 100g，酸奶 150g，奇亚籽 5g），全麦饼干 2 片。

**晚餐：**小米燕麦粥（小米 50g、燕麦 25g），虾仁（基围虾仁 70g），炒菠菜（菠菜 100g、芝麻酱 10g），山药炖鸡汤（鸡肉 50g、山药 100g），蒸南瓜（南瓜 100g）。

**晚点：**猕猴桃 50g，草莓 50g，核桃仁 10g，杏仁 10g。

该食谱可提供能量约 2280kcal，蛋白质提供能量占总能量 19.0%，脂肪占 30.0%，碳水化合物占 51.0%，优质蛋白占蛋白质总量 66.7%，膳食纤维 28g，钙 1180mg，铁 32 mg，DHA260mg 。

# 第 3 节 乳母的营养与膳食

## 一、产褥期和哺乳期的生理特点

**1. 产褥期的生理特点** 产褥期是指从胎盘娩出至产妇全身器官（除乳腺外）恢复或接近未孕状态的时期，一般需要 6～8 周。产后 8 周以内是产妇生理变化最明显的时期。主要变化体现在以下几方面。①激素方面：产后雌激素、孕激素和胎盘生乳素水平急剧下降，催乳素（垂体分泌）水平持续升高。②身体恢复方面：主要是母体生殖器官及有关器官和组织的恢复，子宫缩小，恶露排出，乳腺开始分泌乳汁，身体逐渐恢复到孕前状态。产后应尽快让新生儿吸吮母亲乳头，哺乳过程中婴儿对乳房的不断吮吸，可刺激母体缩宫素的分泌而引起子宫收缩，减少产后子宫出血的危险，还可促进产后子宫较快地恢复。一般来说，越早开奶，越有利于母乳的分泌。③身体方面其他变化：产后皮肤排泄功能旺盛，出汗量较多，尤其在睡眠时更甚。由于产后卧床较多，腹肌和盆底肌松弛，易发生便秘。再加上活动较少和进食高蛋白、高脂肪的食物较多，易发生产后肥胖。④情绪方面：可能出现情绪不稳定，部分女性会经历产后抑郁。⑤营养需求方面：需要增加蛋白质、铁质和水分摄入，以支持产后恢复和哺乳。

**2. 哺乳期的生理特点**　主要变化体现在以下几方面。①激素方面：催乳素水平高，促进乳汁分泌。②营养需求方面：能量需求增加，母体需要额外的热量来支持乳汁的产生，对蛋白质、钙、维生素 D、铁等营养素的需求也增加。

**链接**　乳汁的分类

1. 初乳　为产后 7 日内分泌的乳汁，质稠，呈黄白色，富含钠、氯和免疫球蛋白，但乳糖和脂肪含量少。初乳是新生儿早期理想的天然食物，初乳缺乏时可用婴儿牛初乳复合粉代替。

2. 过渡乳　为产后 7～14 日分泌的乳汁，乳糖和脂肪含量逐渐增多，蛋白质含量有所下降。

3. 成熟乳　产后 2 周以后分泌的乳汁，富含蛋白质、乳糖、脂肪等多种营养素。

## 二、哺乳期合理膳食

### （一）哺乳期的营养需要

哺乳期妇女（乳母）既要分泌乳汁、哺育婴儿，还需要逐步补偿妊娠、分娩时的营养素损耗并促进各器官、系统功能的恢复，因此比非哺乳妇女需要更多的能量营养素。

**1. 能量**　由于哺乳期乳汁的分泌、母体热能转变为乳汁能量的需要，母体应增加热能摄入。由于孕期储存了一些脂肪，可用以补充部分热量。考虑到哺育婴儿的操劳及乳母基础代谢的增加，中国营养学会建议乳母应较正常妇女增加热能 400kcal/d。

**2. 蛋白质**　蛋白质摄入量的多少，对乳汁分泌的数量和质量的影响最为明显。中国营养学会建议乳母蛋白质的需要量要比正常妇女增加 25g/d，达到 80g/d。

**3. 脂肪**　脂肪能提供较多的热能，且婴儿的生长发育也要求乳汁中有充足的脂肪。中国营养学会建议每日脂肪的摄入量以占总热能的 20%～30%为宜，饱和脂肪酸占总能量的百分比应＜10%。

**4. 无机盐**　乳汁中钙的含量较为稳定，当乳母的钙供给不足时就会动用体内储备，导致产妇腰酸腿痛或者发生骨软化症。中国营养学会建议哺乳期钙的 RNI 为 800mg/d。

人乳中铁含量低，增加乳母铁的摄入可以补充母体分娩时的消耗，矫正或预防乳母贫血的状态，但对乳汁中铁的增加并不明显，故婴儿需要补充铁量时还需通过辅助食品增加摄入。中国营养学会建议乳母铁的 RNI 为 24mg/d。

乳汁中的碘含量可因摄入碘增加而迅速上升，一般不致缺乏，故对乳母应用同位素碘时要谨慎，否则可累及婴儿。

**5. 维生素**　维生素 $B_1$ 和维生素 E 有促进乳汁分泌的作用，尤其是体内处于缺乏状态时，大剂量摄入，可使奶量增加。水溶性维生素大多数能自由通过乳腺。鉴于哺乳期对各种维生素的需要量都增加，中国营养学会建议乳母每日维生素 $B_1$、维生素 $B_2$ 的 RNI 各为 1.5mg、1.8mg，维生素 C 为 150mg，维生素 D10μg，维生素 A 1260μgRAE。

**6. 其他**　研究提示，哺乳期妇女应尽量避免饮酒，酒精会抑制泌乳反射而减少乳汁分泌。乳母服用大量阿司匹林，可能导致婴儿肠道出血。咖啡因是一种温和的刺激剂，乳母不宜摄入大量咖啡因。

中医也很重视妇女在哺乳期的营养，如通乳汤，可促进乳汁分泌。通乳汤可采用炒川芎、当归、川木通（或通草）、王不留行各 9g，以猪蹄汤代水煎药服用，有助于改善气血不足型缺乳。但需在中医师指导下使用，避免使用关木通等有毒药材。此外，多喝鲫鱼汤、排骨汤、鸡汤、猪蹄汤等，也可促进乳汁的分泌。

### （二）哺乳期膳食指导

基于母乳喂养对母亲和子代的诸多益处，世界卫生组织建议 6 个月内的婴儿应纯母乳喂养，并在添加辅食的基础上持续母乳喂养到 2 岁甚至更长时间。

**1. 分娩期的膳食原则** 发育成熟的胎儿及其附属物由母体娩出体外的过程称为分娩期。子宫从有规律收缩开始至宫口完全开放称第一产程；从宫口开全至胎儿娩出称第二产程；胎儿娩出后至胎盘娩出称第三产程。

在分娩过程中，胃肠道消化、吸收功能均减弱。第一产程时可能有反射性呕吐，产程延长时可出现肠胀气。

第一产程占分娩过程的大部分，时间较长。由于阵痛，产妇睡眠、休息和饮食均受影响，精力、体力消耗较大。为保证第二产程（娩出期）能有足够的体力完成分娩的全过程，在第一产程时应鼓励孕妇摄食（特别是初产妇）。饮食应清淡易消化，在胃停留的时间短，以淀粉类食品为主，结合产妇喜好，可给予半流质或软食，如面条、饼干、蛋糕、面包、粥等，并以少量多餐为宜。在接近第二产程时，可供给果汁、藕粉、去油肉汤、蛋花汤等流质饮食。不愿摄食时，不必勉强，以免引起呕吐。

分娩期是孕妇经历的重要生理过程，此阶段不仅考验着孕妇的身体素质，也对营养支持提出了特殊要求。合理的膳食安排能够帮助孕妇保持良好的体力状态，促进分娩顺利进行。①营养均衡易消化：在分娩过程中，孕妇需要充足的能量和营养素来支持身体的生理变化和胎儿娩出。因此，膳食应注重营养均衡，包含足够的蛋白质、碳水化合物、脂肪、维生素、矿物质等。同时，食物应选择易于消化吸收的，如粥、面条、汤类等，以减轻胃肠道负担，确保营养快速吸收。②高热量快速供能：分娩是一个高耗能的过程，孕妇需要快速补充能量以维持体力和精神状态。此时，应选择高热量且易于消化的食物，如巧克力、能量棒、含糖饮料等，它们能迅速提供能量，帮助孕妇应对分娩的挑战。③清淡不油腻：分娩期间，孕妇的胃肠功能可能相对较弱，对油腻食物的消化能力降低。因此，膳食应以清淡为主，避免过多油腻、辛辣、刺激性的食物，以免加重胃肠负担，引起不适。④水分补充充足：分娩过程中，孕妇会大量出汗，同时宫缩和用力也会消耗大量水分。因此，保持充足的水分摄入至关重要。应鼓励孕妇多喝水、果汁或清淡的汤类，以维持体液平衡，促进体内废物的排出。⑤宫缩间歇期进食：分娩时，宫缩的节律性使得孕妇有相对平静的间歇期。利用这些间歇期进食，不仅可以补充能量和水分，还能缓解紧张情绪，为下一次宫缩做好准备。建议孕妇提前准备好易于携带和食用的食物，如小点心、水果等，以便在需要时随时食用。⑥多样化食物选择：虽然分娩期饮食需以易消化、高热量为主，但也应尽量保持食物种类的多样化。通过摄入不同种类的食物，可以确保孕妇获得全面的营养素支持。例如，可以选择富含蛋白质的鸡蛋、牛奶、瘦肉等；富含碳水化合物的米饭、面包等；以及富含维生素和矿物质的蔬菜和水果等。⑦富含电解质饮品：分娩过程中，孕妇容易因大量出汗而丢失电解质（如钠、钾等）。这些电解质对于维持体内水平衡和神经功能至关重要。因此，应鼓励孕妇饮用富含电解质的饮品，如运动饮料、椰子水等，以补充丢失的电解质，维持身体的正常生理功能。

一般第二产程较短，多数产妇不愿摄食，如有愿摄食者亦可按以上原则供给。

**2. 产褥期的膳食原则** 产褥期需要足够的营养，以补偿妊娠与分娩的消耗、生殖器官的恢复及分泌乳汁等对营养的额外需要。合理的膳食安排对于促进母体康复、保障乳汁分泌及婴儿健康具有至关重要的作用。

正常分娩后稍事休息，产妇即可进食易消化的半流质饮食。有些产妇在分娩后的头一两日感到疲劳无力或肠胃功能较差，可选择较清淡、稀软、易消化的食物，如面片、挂面、馄饨、粥、蒸或煮的鸡蛋及煮烂的肉、菜，以后可过渡到正常膳食。

剖宫手术的产妇，手术后约24h胃肠功能恢复，应采用术后流质饮食1日（但忌用牛奶、豆浆、大量蔗糖等胀气食品），情况好转后改用半流质饮食1～2日，再转为普通饮食。

产褥期可比平时多吃些鸡蛋、禽肉类、鱼类、动物肝脏、动物血等，以保证供给充足的优质蛋白质，并促进乳汁分泌，但不应过量，以免影响自身体重恢复。还必须重视蔬菜水果的摄入。产褥期营养需要增加，应在三次主餐外加餐三次，既能较好地保证营养需要，又可避免在一餐内摄食过多而引起消化功能失调。

（1）营养均衡多样化　产褥期，产妇的身体正经历着从妊娠状态向非妊娠状态的转变，对营养素的需求也相对较高。因此，膳食应注重营养均衡，确保摄入足够的蛋白质、碳水化合物、脂肪、维生素、矿物质及水分等。同时，食物种类应多样化，以满足身体对不同营养素的需求。

（2）充足热量摄入　产妇在产褥期需要消耗大量能量来恢复体力、促进伤口愈合及进行哺乳。因此，应确保每日热量摄入充足，以维持身体的正常生理功能。但也要避免过度摄入，以免导致体重过快增长。

（3）水分补充充足　水分是身体各项生理功能正常运作的基础。产褥期，产妇由于出汗、排尿及哺乳等原因，会消耗大量水分。因此，应鼓励产妇多喝水、汤、粥等流质食物，以补充体内水分，维持体液平衡。

（4）适量优质蛋白质　蛋白质是身体组织修复和乳汁分泌的重要物质基础。产褥期，产妇应适量增加优质蛋白质的摄入，如鱼肉、禽肉、蛋类、奶类及豆制品等。这些食物不仅富含优质蛋白质，还易于消化吸收，有助于促进母体康复和乳汁分泌。

（5）多吃蔬果防便秘　产褥期，由于产妇活动量减少、饮食精细等原因，容易出现便秘问题。因此，应鼓励产妇多吃富含膳食纤维的蔬菜和水果，以促进肠道蠕动，预防便秘发生。同时，蔬菜和水果还富含维生素和矿物质等营养素，有助于提升身体免疫力。

（6）少食多餐易消化　产褥期，产妇的胃肠功能可能尚未完全恢复，对食物的消化吸收能力相对较弱。因此，应采用少食多餐的进食方式，每次进食量不宜过多，以减轻胃肠道负担。同时，食物应选择易于消化吸收的，如粥、面条、汤类等。

（7）清淡为主避刺激　产褥期，产妇的身体较为虚弱，对食物的刺激性和耐受性相对较低。因此，膳食应以清淡为主，避免过多油腻、辛辣、刺激性的食物摄入。这些食物可能刺激胃肠道黏膜，引起不适甚至影响乳汁质量。

（8）注意钙铁等的补充　钙和铁是产妇在产褥期特别需要关注的营养素。钙是维持骨骼健康和乳汁分泌的重要元素；铁则是预防贫血和促进血红蛋白合成的重要矿物质。因此，应鼓励产妇多吃富含钙和铁的食物，如牛奶、豆制品、瘦肉、动物肝脏等。必要时，还可在医生指导下适当补充钙剂和铁剂。

产褥期妇女在基础热量上增加400kcal的热量，按早餐25%、早点5%、午餐35%、午点5%、晚餐25%、晚点5%的原则进行一日6餐饮食安排。食谱设计同哺乳期。

**3. 哺乳期的膳食**　整个哺乳期妇女都应像产褥期一样，在一般人群平衡膳食的基础上，特别要注意以下几点。

（1）食物多样，种类齐全。一日以4～5餐为宜，粗细搭配。

（2）增加富含优质蛋白及维生素A的动物性食物和海产品，选用碘盐。鱼类、禽类、肉类、蛋类、奶类、大豆及其制品是优质蛋白的良好来源。表9-1列举了可提供约25g优质蛋白的食物组合，供乳母参考。最好一天选用3种以上食物，数量适当，合理搭配，以获得所需要的优质蛋白质和其他营养素。此外，乳母的维生素A推荐量比一般成年女性增加600μgRAE，而动物肝脏富含维生素 A，若每周吃 1 次猪肝（总量 85g）或鸡肝（总量 40g），则平均每天可增加摄入维生素 A 600μgRAE。

表 9-1 提供约 25g 优质蛋白质的食物组合举例

| 组合一 | | | 组合二 | | | 组合三 | | |
|---|---|---|---|---|---|---|---|---|
| 食物 | 数量（g） | 蛋白质含量（g） | 食物 | 数量（g） | 蛋白质含量（g） | 食物 | 数量（g） | 蛋白质含量（g） |
| 牛肉 | 50 | 10.0 | 瘦猪肉 | 50 | 10.0 | 鸭肉 | 50 | 7.7 |
| 鱼 | 50 | 9.1 | 鸡肉 | 60 | 9.5 | 虾 | 60 | 10.9 |
| 牛奶 | 200 | 6.0 | 鸡肝 | 20 | 3.3 | 豆腐 | 80 | 6.4 |

（3）多吃含钙丰富的食品　奶及奶制品（如牛奶、酸奶、奶粉、奶酪等）含钙量高，并且易于吸收利用，是钙最好的食物来源。若乳母每天比孕前多喝 200ml 牛奶，每天饮奶总量达 500ml，则可获得约 540mg 的钙。此外，所选用深绿色蔬菜、豆制品、虾皮、小鱼等含钙较丰富的食物，也可提供一定数量的钙。为增加钙的吸收和利用，乳母还应补充维生素 D 或多做户外活动。

（4）多吃含铁丰富的食品　如动物的肝脏、瘦肉类、鱼类、某些深绿色蔬菜、大豆及其制品等。

（5）摄入足够的新鲜蔬菜、水果和海产品　每天要保证供应 500g 以上。乳母还要多选用绿叶蔬菜。有的地区产后有禁吃蔬菜和水果的习惯，应予以纠正。

（6）注意烹调方法，对于动物性食物，如畜、禽、鱼类的烹调方法以煮或煨为好。烹调蔬菜时，注意尽量减少维生素 C 等水溶性维生素的损失。

（7）多喝汤水。注意以下几点：①餐前不宜喝太多汤，以免影响进食量。可在餐前喝半碗至一碗汤，吃到八九成饱后再饮一碗汤。②喝汤的同时要吃肉。肉汤的营养成分大约只有肉的 1/10，为了满足产妇和宝宝的营养，应该连肉带汤一起吃。③不宜喝多油浓汤，以免影响产妇的食欲及引起婴儿脂肪消化不良性腹泻。煲汤的材料宜选择一些脂肪含量较低的肉类，如鱼类、瘦肉、去皮的禽类、瘦排骨等，也可喝蛋花汤、豆腐汤、蔬菜汤、面汤及米汤等。④可根据产妇的需求，加入对补血有帮助的煲汤材料，如当归、鸭血、猪肝等。还可加入对催乳有帮助的食材，如仔鸡、黄豆、猪蹄、花生、木瓜等。

（8）禁烟酒。吸烟和饮酒可对子代产生不利影响。

（9）科学运动和锻炼，逐步减重。产褥期的运动方式可采用产褥期保健操。产褥期保健操应根据产妇的分娩情况、身体状况循序渐进地进行。顺产产妇一般在产后第 2 日就可以开始，每 1～2 日增加 1 节，每节做 8～16 次。产后 6～8 周开始可以进行有氧运动如散步、慢跑等。一般从 15min/d 逐渐增加至 30min/d，每周坚持 4～5 次，形成规律。对于剖宫产的产妇，应根据自己的身体状况如贫血和伤口恢复情况，缓慢增加有氧运动及力量训练。产褥期保健操见《中国居民膳食指南（2022）》。

乳母一天的食物建议量见“中国哺乳期妇女平衡膳食宝塔”。

**考点：产褥期和哺乳期的膳食指导原则**

**链接**　增加泌乳量的方法

1. 调适心情，树立信心　家人应充分关注乳母，经常与乳母沟通，帮助其调整心态，舒缓压力，保持愉悦心情，树立母乳喂养的信心。

2. 尽早开奶，频繁吸吮　分娩后越早开奶越好；坚持让孩子频繁吸吮（24h 内至少 10 次）；吸吮时将乳头和乳晕的大部分同时含入婴儿口中。

3. 合理营养，多喝汤水　营养充足是泌乳的基础，而食物多样化是充足营养的基础。除营养素外，乳母每天摄水量与乳汁分泌量也密切相关，所以乳母每餐都应保证有带汤水的食物。

4. 生活规律，保证睡眠　尽量做到生活有规律，每天保证 8h 以上睡眠时间，避免过度疲劳。

### （三）乳母一日食谱举例

**1. 产褥期**　用餐对象：28 岁，女性，身高 161cm，体重 56kg，正常分娩后第 2 日，制订一日食谱。考虑到她的身体恢复需要，食谱将富含蛋白质、维生素和矿物质，同时保持适当的热量摄入。

**早餐**：牛奶燕麦粥（燕麦 80g、牛奶 200ml、蜂蜜 10g），水煮蛋 1 个（鸡蛋 50g），水果（香蕉 120g）。

**上午加餐**：坚果（杏仁 20g）。

**午餐**：米饭（大米 100g），清蒸鸡肉（鸡肉 150g），炒时蔬（西蓝花 150g），豆腐汤（豆腐 50g）。

**下午加餐**：酸奶（200ml）。

**晚餐**：全麦面条（干面条 50g），瘦肉炒青菜（猪瘦肉 100g、青菜 100g），番茄蛋汤（番茄 100g、鸡蛋 50g）。

**晚上加餐**：牛奶（100ml）。

该食谱可提供能量 2200kcal 左右，蛋白质约 90g，脂肪约 50g，碳水化合物约 300g，膳食纤维约 30g。

**2. 哺乳期**　用餐对象：女性，从事轻体力劳动，总热量 1800kcal+500kcal=2300kcal。

**早餐**：肉包子 1 个（面粉 50g、青菜少许、猪肉 25g），水煮蛋 1 个（鸡蛋 50g），甘薯稀饭 1 碗（甘薯 25g、大米 25g），拌黄瓜 1 碟（黄瓜 100g）。

**早点**：酸奶 200g，苹果 1 个（150～200g）。

**午餐**：米饭（大米 100g），油菜猪肝汤（油菜 100g、猪肝 20g），丝瓜炒牛肉（丝瓜 100g、牛肉 50g）。

**午点**：橘子 1 个（150g），奶酪 10～20g。

**晚餐**：玉米面馒头（面粉 50g、全玉米面 30g），蒸甘薯或土豆 50g，青菜炒千张（小油菜 200g、千张 50g），香菇炖鸡汤（鸡肉 75g、香菇适量）。

**晚点**：牛奶煮麦片（牛奶 250g、燕麦片 10g、糖或蜂蜜少许）。

全天烹调油 25g，食盐 5g。

该食谱可提供能量 2300 kcal 左右，蛋白质约 100g，脂肪约 60g，碳水化合物约 350g，膳食纤维约 35g。

# 第 4 节　围绝经期的营养与膳食

## 一、围绝经期的症状和疾病特点

围绝经期是妇女从生育功能旺盛走向衰退的生理老化过渡期，它包括从临床上、内分泌学及生物学层面开始显现绝经趋势迹象，一直持续至最后 1 次月经后 1 年，即绝经过渡期和绝经后 1 年。围绝经期的主要变化包括以下几个方面。

**1. 激素水平变化**　围绝经期的女性，体内雌激素和孕激素的分泌逐渐减少，由于卵巢功能下降，促卵泡激素（FSH）和黄体生成素（LH）的水平通常会上升。

**2. 身体症状**

（1）血管舒缩症状　许多女性在围绝经期会经历潮热（热潮）、夜间出汗、头痛、头晕、心悸、血压波动、眩晕等症状，其危险因素包括但不限于遗传、吸烟、肥胖、缺乏运动、精神压力、高糖高脂饮食等。

（2）神经心理症状　不仅包括情绪症状，如易怒、焦虑、抑郁和情绪波动等，还有认知症状，如注意力不集中、记忆力减退等。雌激素水平下降导致与睡眠和情绪相关的神经递质的产生和分解代谢减少，是围绝经期女性出现神经心理症状的主要原因，如5-羟色胺、多巴胺、去甲肾上腺素、谷氨酸、γ-氨基丁酸和褪黑素等。此外，微量元素（铁、锌、镁、铜等）、B族维生素和维生素D的缺乏导致神经网络功能下降，也会导致发生多种神经心理症状。

（3）妇科相关症状　围绝经期女性由于处于卵巢功能逐步衰退阶段，可能出现多种妇科症状，包括以下几方面。①月经失调：主要表现为月经周期、经量、经期的改变。可能出现经期延长或缩短的现象。也可能出现经期间隔不定，甚至最终停止月经（绝经）。约1/3女性可表现为月经过多，甚至继发贫血。②泌尿生殖道萎缩：是导致围绝经期女性会阴部不适症状的主要原因，主要表现为外阴和（或）阴道干涩，阴道局部免疫力下降，易发生阴道炎、尿路感染、性欲下降、性交不适甚至困难。③盆腔脏器脱垂：随着年龄增长，女性骨盆的支撑结构完整性逐渐丧失，若合并肥胖、便秘、慢性咳嗽等引起慢性腹压增加，易发生盆腔脏器脱垂。

**3. 相关疾病增多**

（1）代谢紊乱性疾病　由于基础能量代谢的下降和脂肪重分布的改变，绝经后女性更易出现超重或肥胖（如向心性肥胖）、2型糖尿病、高血压等代谢紊乱性疾病。

（2）心血管疾病　围绝经期的女性由于体内激素水平的失衡会诱发一系列的生理变化，表现为脂质及脂蛋白代谢的异常、高血压、腹部及内脏脂肪显著积累、胰岛素抵抗和2型糖尿病；此外，雌激素对血管内皮的保护效应减弱，造成血管内皮功能受损。这些不利的生理变化均为心血管疾病的主要风险因素，将显著增加女性患心血管疾病的可能性，尤其是早绝经和有血管舒缩症状的人群。

（3）骨质疏松　骨质疏松及相关骨折是绝经后女性死亡率增加的重要因素，围绝经期雌激素水平快速下降乃至缺乏，导致破骨细胞功能亢进，骨量丢失产生腰背疼痛或全身骨痛，可伴有肌肉痉挛、体力活动能力下降，严重时发生脊柱变形及脆性骨折。

（4）肌少症　是绝经后女性面临的重要问题，多种因素导致绝经后女性易发生肌少症。一方面，雌激素促进骨骼肌细胞的增殖生长和维持骨骼肌干细胞活力作用在绝经后骤然下降；另一方面，绝经后机体代谢紊乱、骨骼肌中脂肪浸润增加，使得骨骼肌呈现慢性非特异性炎症状态，从而造成肌肉量和肌肉力量的下降。

**4. 其他变化**　围绝经期女性皮肤可能变得更加干燥，弹性下降，出现皱纹。头发可能变得稀疏，或出现白发。心理和情绪的变化可能影响生活质量，包括工作、社交和家庭关系。随着卵巢功能逐渐减弱，围绝经期女性的生育能力显著下降。

**考点：围绝经期女性的症状和疾病特点**

## 二、围绝经期合理膳食

### （一）围绝经常见饮食模式

《女性围绝经期营养管理中国专家共识（2025版）》推荐对围绝经期相关疾病和症状有益的饮食模式包括地中海饮食、DASH饮食（dietary approaches to stop hypertension）、能量限制饮食和轻断食饮食/间歇性能量限制饮食。常见的饮食模式对围绝经期相关疾病或症状的影响见表9-2，常见饮食模式的食物选择及营养管理要点见表9-3。

表9-2　常见的饮食模式对围绝经期相关疾病或症状的影响

| 疾病或症状 | 地中海饮食 | DASH饮食 | 能量限制饮食 | 轻断食饮食/间歇性能量限制饮食 |
|---|---|---|---|---|
| 血管舒缩症状 | 明确有益 | 明确有益 | 可能有益 | 可能有益 |
| 神经心理症状 | 明确有益 | 明确有益 | 可能有益 | 可能有益 |
| 代谢紊乱性疾病 | 明确有益 | 明确有益 | 明确有益 | 明确有益 |

续表

| 疾病或症状 | 地中海饮食 | DASH 饮食 | 能量限制饮食 | 轻断食饮食/间歇性能量限制饮食 |
| --- | --- | --- | --- | --- |
| 心血管疾病 | 明确有益 | 明确有益 | 明确有益 | 不明确 |
| 骨质疏松 | 明确有益 | 明确有益 | 可能有害 | 不明确 |
| 肌少症 | 明确有益 | 可能有益 | 不明确 | 不明确 |
| 妇科相关疾病 | 明确有益 | 可能有益 | 不明确 | 不明确 |

表 9-3　常见饮食模式的食物选择及营养管理要点

| 饮食模式 | 饮食说明 | 食物选择及营养管理要点 |
| --- | --- | --- |
| 地中海饮食 | 以新鲜蔬菜、水果、鱼类、五谷杂粮、豆类和橄榄油为主的特殊饮食风格 | ①富含植物性食物，包括水果、蔬菜、土豆、五谷杂粮、豆类、果仁等；②食物的加工程度低，新鲜度较高，以食用当季、当地产的食物为主；③主要的食用油为富含单不饱和脂肪酸的橄榄油，较少使用富含饱和脂肪酸的动物油和人造黄油；④摄入适量的鱼类、禽类和奶制品；⑤较少摄入红肉、糖和甜食；⑥进餐时佐以适量红酒 |
| DASH 饮食 | 一种低盐、低糖、低脂肪且富含蛋白质和纤维素的健康饮食模式 | ①新鲜蔬菜、水果、全谷类；②适量摄入无脂或低脂奶制品、鱼类、家禽、豆类和坚果；③避免富含饱和脂肪酸的食物，如肥肉、全脂奶制品和热带植物油；④尽量不摄入糖和含糖饮料；⑤钠的摄入量建议每天不能超过 2300mg，最好是降至 1500mg 左右，限制食用盐、咸肉、腌制食品等含钠高的食物 |
| 能量限制饮食 | 在目标能量摄入基础上每日减少 500～1000kcal 或减少 1/3；其中，碳水化合物占每日总能量的 55%～60%，脂肪占 25%～30% | ①每日摄入 12 种以上食物，且每周达 25 种以上，包括谷薯类、低脂肉类、蛋类、奶类、豆制品类、蔬菜水果类、坚果类等多种类食物；②主食应粗细搭配，可适当选用低升糖指数的薯类，如山药、芋头等代替部分主食；③蔬菜以叶菜及深绿色蔬菜为主，如油菜、西蓝花等，可适量提供菌藻类；水果以低升糖指数的为主（如苹果、桃、梨、柚子、李子、樱桃等）；④肉类以鱼肉、虾肉、去皮的禽肉为主，适当增加富含 $\omega$-3 多不饱和脂肪酸的深海鱼，奶类以低脂或脱脂奶为宜；⑤限制含糖饮料（如可乐、果汁等）和高糖食品（如糖果、蜜饯等），并注意烹调时尽量少添加糖；⑥烹调用盐全天不应超过 5g，烹调用油应选择植物油，烹调方法应多采用蒸、煮、烩、炖、拌、氽、焯等，避免或少用油炸、油煎及糖炒等 |
| 轻断食饮食 | 按照一定规律在规定时期内禁食或给予有限的能量摄入；在断食期，能量供给通常为正常需求的 0～25%（女性约 500kcal/d） | ①常用方式包括：隔日禁食法（一天正常进食，隔天禁食）、16∶8 禁食（每天进食时间限制在 8h 内，其余 16h 保持空腹状态，但可以喝水、淡茶水或无糖咖啡等低热量饮料）、4∶3 或 5∶2 禁食（每周连续/非连续禁食 2～3d，其余时间正常进食）等；②在禁食期间，每天摄入约 500kcal 能量，选择低热量、高营养的食物，如蔬菜、水果、全谷物和瘦肉，应避免高糖、高脂、高盐食物的摄入；③保持充足的水分摄入 |

## （二）围绝经期的营养需要

**1. 能量**　随着年龄的增长，人体总的能量需求逐年下降，围绝经期女性应适当限制每日摄入的总能量，并适当增加体育锻炼，吃动平衡，以维持健康体重。2022 年《中国居民肥胖防治专家共识》建议依据人体代谢率实际检测结果，分别给予超重和肥胖个体 85%和 80%的总能量摄入标准，以达到能量负平衡。此外，推荐每日能量摄入平均降低 30%～50%或减少 250～500kcal，或每日能量摄入限制在 1000～1500kcal 的限制能量饮食。值得注意的是，由于围绝经期女性也存在肌少症发生和发展的风险，因此不推荐长期过度限制能量饮食。

**2. 蛋白质**　充足的蛋白质摄入对于维持肌肉含量和肌肉力量、预防肌少症及骨量下降至关重要。目前国内外指南均建议健康成年人的每日蛋白质摄入量为 0.8～1.0g/kg 体重，并建议将蛋白质摄入量平均分配在三餐中，以更加有利于肌肉合成。对于有肌少症的女性建议蛋白质的摄入量为 1.0～1.2g/（kg・d），并定期进行适当的抗阻训练，以维持骨骼肌量和功能。在蛋白质来源方面，建议围绝经期女性食用大量豆类和（或）豆制品，以改善围绝经期症状。但也建议每周至少吃 2

次鱼和瘦肉以补充动物蛋白。

乳制品是提供对骨骼有益的营养物质的主要食物来源，富含钙、磷、镁、蛋白质、维生素D，以及维生素$B_{12}$、锌、钾和维生素$B_2$等。1L牛奶能提供32g的蛋白质和1200mg的钙，一些强化了钙或维生素D的乳制品，能降低循环甲状旁腺激素水平、增加胰岛素样生长因子1含量、减少骨吸收标志物，在男性和女性中均与较高的骨强度相关。发酵的牛奶制品如酸奶或软奶酪，比相同体积的普通牛奶能提供更多的营养物质。此外，发酵奶制品所含的益生菌能改善肠道钙的吸收和骨代谢。

**3. 脂类** 脂质对心血管疾病有重要影响，国外的膳食指南建议每日摄入脂肪所提供的能量不超出总需能量的20%～30%，并建议选择健康的脂肪，包括单不饱和脂肪酸和$\omega$-3脂肪酸，食物来源为三文鱼、海鲈鱼、核桃、海藻类、奇亚籽等。我国的《绝经后女性血脂异常管理的中国专家共识》和《中国血脂管理指南（2023）》也建议有动脉粥样硬化性心血管疾病风险的人群限制油脂摄入总量（每日20～25g），选用不饱和脂肪酸（植物油）替代饱和脂肪酸（动物油、棕榈油等），避免摄入反式脂肪酸（氢化植物油等），每天膳食胆固醇摄入量应在300mg以下。

**4. 碳水化合物** 富含碳水化合物的食物不仅是重要的能量来源，也是膳食纤维、维生素和矿物质的来源。为满足围绝经期女性的总能量摄入、膳食纤维摄入和微量营养素需求，建议碳水化合物提供的能量为每日能量摄入总量的45%～65%；膳食纤维的推荐量应为每天20～30g。建议选择全谷物或高纤维食品，并增加多种水果、蔬菜的摄入。为了减少肥胖和代谢紊乱的风险，围绝经期女性应尽量避免含糖（包括甜味剂）的饮料和食物，限制酒精的摄入（每天饮酒不超过15g）。

**5. 矿物质** 膳食盐会增加高血压的风险，并可能导致心血管疾病。因此，建议女性减少盐的摄入量，避免食用富含盐的腌制加工食品。《中国绝经管理与绝经激素治疗指南2023版》建议围绝经期女性注意少盐，摄入量应限制为每日5g。

钙摄入可减缓骨的丢失，改善骨矿化。饮食中最重要的钙来源为奶制品（牛奶、酸奶和奶酪）、鱼（尤其是带骨头的沙丁鱼）、豆类、一些蔬菜和水果，尤其是坚果和种子。中国营养学会推荐成人每日元素钙的摄入量800mg可获得维护骨骼健康的适宜剂量，50岁以上和绝经后女性钙的推荐摄入量为1000mg/d。钙剂选择要考虑其有效性和安全性，为避免钙过度摄入导致心血管疾病的风险增加，中国营养学会推荐的最大摄入量不超过2000mg/d。为减少钙过量摄入导致的可能增加的肾结石风险，建议有肾结石病史者应评估肾结石的原因，多饮水增加尿量，控制钠盐摄入，增加膳食钙摄入。

钾可以降低酸负荷，从而减少骨骼中的钙消耗。

镁是仅次于钾的第二丰富的细胞内阳离子，在人体中的浓度为10～30mmol/L。镁还参与了钙离子和钾离子跨细胞膜的交换，对神经元活动和肌肉收缩至关重要。50%～60%的镁沉积在骨骼中，镁离子结合在羟基磷灰石晶体的表面，提高了磷和钙的羟基磷灰石的溶解度，从而影响晶体的大小和形成。此外，镁有诱导成骨细胞增殖的作用，并对维生素D的激活也至关重要。镁存在于大多数天然食品中，如绿叶蔬菜、豆类和坚果，推荐女性每日镁摄入量为310～360mg。

**6. 维生素** 维生素D在钙吸收和骨骼健康中起重要作用，可改善肌少症、增加平衡、降低跌倒的风险，也有增加骨密度、预防骨质疏松性骨折的益处。80%～90%的维生素D来自阳光照射后的皮肤合成，10%～20%来自数量有限的食物，如油性鱼类、蘑菇和一些强化乳制品。中国成人维生素D的推荐摄入量为400U/d，65岁及以上老年人推荐摄入量为600U/d，用于骨质疏松防治时，维生素D量可为800～1200U/d。血清25-(OH)-$D_3$检查有助于明确不同个体的需要量。为降低跌倒和骨折风险，《原发性骨质疏松症诊疗指南（2022）》建议绝经后女性血清25-(OH)-$D_3$水平应≥75 nmol/L。因此，围绝经期女性必要时可补充外源性维生素D。补充的维生素D分为普通维生素D和活性维生素D两种，普通维生素D为骨健康基本补充剂，活性维生素D及其类似物包括1$\alpha$-(OH)-$D_3$（骨化醇α）和1,25-$(OH)_2$-$D_3$（骨化三醇）等。

维生素C参与骨胶原形成，是骨形成所必需的一种维生素。推荐每日摄入量为100mg/d，可通过饮食提供，其来源为新鲜的蔬菜和水果，尤其是辣椒、醋栗、柑橘类水果和酸菜。

维生素 K 作为 γ-羧化酶的辅助因子，能促进骨钙素中的谷氨酰基的 γ-羧化，并影响其他维生素 K 依赖蛋白。γ-羧化状态的骨钙素是骨中的一种钙结合蛋白，促进矿化过程。维生素 $K_1$ 是由植物合成的单一形式，而维生素 $K_2$ 则由多种形式组成，主要由细菌合成，奶酪的一个特点是含有维生素 $K_2$。

B 族维生素有利于维持神经系统的功能，因此在围绝经期也起着重要作用。充足的 B 族维生素摄入可显著降低血清同型半胱氨酸水平，并同时降低卒中风险。高同型半胱氨酸水平也与骨质疏松和骨折风险增加相关。此外，充足的 B 族维生素摄入也可降低认知障碍风险。

**7. 水**　在绝经期间，充足的液体摄入在细胞代谢、止血功能的调节、热平衡调节、保持胃肠道正常功能、保护黏膜水分和皮肤弹性方面均发挥着重要作用。每天摄入足够的液体对于营养物质和氧气运输也至关重要。雌激素和孕激素不仅可显著影响心血管系统，也会影响液体和电解质平衡。在围绝经期，激素变化会影响口渴感，可能导致液体摄入量显著减少。围绝经期女性应根据个人情况主动、适当饮水，建议液体摄入量为 33ml/（kg・d），且在 1 日内均匀摄入。

**8. 植物化学物**　植物化学物能够调节女性的内分泌系统、改善睡眠质量、减轻情绪波动等。植物化学物存在于各种植物性食物中，种类非常多样，包括大豆异黄酮、番茄红素、茶多酚、花青素、大蒜素、叶黄素等，植物化学物具有多种生物活性，包括抗氧化、抗炎、调节激素水平等。摄入富含植物化学物的食物，如全谷类、深色蔬菜、水果、豆类等，对围绝经期女性的健康会产生积极的影响。

**9. 其他**　咖啡因是一种神经系统兴奋剂，咖啡、茶、软饮料和可可中均含有咖啡因。有研究表明，在摄入咖啡因期间，钙的吸收会减少，且尿中钙的排泄量会增加，与髋部骨折的风险呈正相关。多项在绝经后女性中的研究结果显示，每日摄入一定量的咖啡因与骨密度下降显著相关，尤其在钙摄入不足（＜800mg/d）的人群中。但也有研究表明，在补充足量钙的前提下，咖啡因与女性的骨质疏松患病风险无显著相关性。

绿茶含有大量的植物活性物质和矿物质，绝经后女性经常饮用绿茶可以减少体脂，尤其是内脏脂肪及血脂水平，从而降低女性患心血管疾病的风险。不仅如此，喝茶不仅有利于健康老化，有效预防及改善心脑血管疾病、神经性退行疾病及 2 型糖尿病等与老化相关的疾病，而且还能改善绝经后女性的抑郁情绪。

各种营养素的推荐用量和用法见表 9-4。

**表 9-4　各种营养素的推荐用量和用法**

| 营养素 | 用量 | 用法 |
|---|---|---|
| 每日总能量 | 优先推荐根据人体代谢率实际检测结果；或者使用公式计算人体代谢率 | 分别给予超重和肥胖个体 85%和 80%的总能量 |
| 碳水化合物 | 占每日总能量的 45%～65% | 选择全谷物或高纤维食品，膳食纤维 20～30g/d，避免含糖饮料和食物，饮酒不超过 15g/d |
| 蛋白质 | 正常人群 0.8～1.0g/（kg・d）<br>肌少症人群 1.0～1.2g/（kg・d） | 平均分配在 3 餐中，并建议食用豆类和（或）豆制品及乳制品 |
| 脂类 | 不超出每日总能量的 20%～30% | 选择健康的脂类，包括单不饱和脂肪酸和 ω-3 脂肪酸，避免摄入反式脂肪酸；有动脉粥样硬化性心血管疾病风险的人群，油脂摄入总量为 20～25g/d，并且胆固醇摄入量应在 300mg 以下 |
| 水 | 33ml/（kg・d） | 在 1 日内均匀分布 |
| 钙 | 1000mg/d，但不超过 2000mg/d | 除了富含钙质的饮食外，需额外补充外源性钙 600mg/d |
| 镁 | 310～360mg/d | 主要来源于绿叶蔬菜、豆类和坚果 |

续表

| 营养素 | 用量 | 用法 |
| --- | --- | --- |
| 维生素 D | 正常人群 400～600U/d<br>骨质疏松人群 800～1200U/d | 主要通过阳光照射后的皮肤合成，可补充外源性维生素 D |
| 维生素 C | 100mg/d | 主要来源于新鲜的蔬菜和水果 |
| 原花青素 | 200mg/d | 主要来源于深色水果 |
| 花色苷 | 50mg/d | 主要来源于深色浆果、蔬菜和谷薯 |
| 大豆异黄酮 | 75mg/d | 主要来源于大豆及其制品 |
| 番茄红素 | 15mg/d | 主要来源于番茄、西瓜、葡萄柚和番石榴等食物 |
| 叶黄素 | 10mg/d | 主要来源于深绿色叶菜和黄橙色水果 |
| 异硫氰酸酯 | 30mg/d | 主要来源于十字花科蔬菜 |

**考点：围绝经期的营养需要**

### （三）围绝经期膳食管理

围绝经期是女性生理和心理变化的重要阶段，合理的膳食可以帮助缓解一些不适症状，并促进整体健康。围绝经期女性的营养需求因个体差异而有所不同，确保饮食多样化，包含各种食物，以满足上述营养素的需求。增加富含抗氧化剂和植物雌激素的食物，以支持健康。定期进行身体锻炼，配合均衡饮食，以维持健康体重和改善整体健康。建议在制订具体的饮食计划时，咨询专业的营养师或医生，以确保满足个体的健康需求。《女性围绝经期营养管理中国专家共识（2025 版）》提出了 12 条推荐。

1. 围绝经期女性不仅血管舒缩症状和神经心理症状的发病率高，同时也是罹患多种代谢紊乱、骨质疏松，以及动脉粥样硬化性心血管疾病的高危人群，不良的生活方式与其发病密切相关，因此女性从进入围绝经期开始就应关注营养健康、加强医学营养管理。

2. 雌激素水平下降会导致多种相关的疾病和（或）症状，因此建议围绝经期女性常规进行围绝经期相关疾病和症状的风险筛查。

3. 多种饮食方式可以改善围绝经期代谢紊乱和心血管疾病，包括能量限制饮食、地中海饮食（欧洲）和 DASH 饮食（美国肌少症）；其中，地中海饮食不仅能特别改善女性围绝经期症状，而且还可以减少骨质疏松、肌少症及乳腺癌发生的风险，因此更为推荐。

4. 对于超重/肥胖伴血管舒缩症状的患者，建议一定要在专业人员指导下谨慎采用能量限制饮食和间歇性能量限制饮食进行体重管理；且对有肌少症风险的女性需特别注意加强饮食中的蛋白质含量。

5. 围绝经期女性应尽量避免高盐、高糖的食品和饮品，多吃全谷类、豆类、蔬菜和水果等富含纤维食物，并补充充足的水分。

6. 需确保足够的蛋白质摄入，包括鱼、瘦肉、豆类、蛋类、奶类等；尽量清淡、低脂，避免富含饱和脂肪酸的食物，如奶油、肥肉、猪皮等。

7. 建议每天摄入 15～25g 大豆、300～500g 新鲜蔬菜和 200～350g 的新鲜水果，果汁不能代替新鲜水果；深色蔬菜（绿色、红色、橘红色和紫红色蔬菜）具有改善围绝经期症状的优势，应占一半以上。

8. 建议增加钙的食物摄入量，包括奶制品、鱼类、豆腐等，并注意维生素 D 的补充，可以通过适量晒太阳或食用油性鱼类、蘑菇和一些强化乳制品来补充。

9. 建议补充食物微量元素，包括牡蛎、紫菜等海产品，以及核桃、花生、猕猴桃、芒果等富含锌、硒等的食物。

10. 建议根据个人健康状况和意愿选择含咖啡因、茶多酚的食物；在不影响睡眠的情况下，适量喝淡茶，每天 6～8g 茶叶或者 3 杯茶；对于敏感个体，咖啡会影响睡眠，并可能对骨质疏松产生不良影响，应避免过量饮用和在睡前饮用。

11. 建议对围绝经期女性进行膳食调查和日常饮食质量评价，以便了解既往和近期的饮食营养情况。

12. 建议在中医辨证论治的基础上，个体化地对围绝经期女性使用合适的中医药膳，以缓解围绝经期的血管舒缩症状及神经系统相关症状。

**考点：围绝经期的膳食管理原则**

### （四）中医中药及药膳

近年来，越来越多的循证医学证据表明，中国传统医学中的中药、针灸、艾灸、耳穴按压、药膳等均可改善围绝经期相关症状。其中，药膳是一种具有保健、防病、治病作用的特殊膳食，其沿用了中医学辨证论治的治法，将不同药物（中药）与食物按照一定原则进行组方，个体化地应用于不同体质状态的患者。对于围绝经期女性的血管舒缩症状及神经系统相关症状，药膳具有较好的疗效，可缓解患者的不适症状并改善其生活质量，如枸杞子百合羹、山茱萸核桃杏仁糊等。因此，可在总能量和各种营养素均衡的前提下，给予中医药膳辅助改善围绝经期的症状。

### （五）围绝经期食谱举例

女，54 岁，身高 155cm，体重 49kg，已绝经 2 月，体检显示骨密度偏低，雌激素水平偏低，血压、血脂、血糖均正常，请为其编制一日食谱。

**早餐**：燕麦粥（燕麦 50g、牛奶 200ml），水煮蛋（鸡蛋 50g），坚果（核桃 10g），水果（香蕉约 100g）。

**上午加餐**：水果（苹果约 150g）。

**午餐**：全谷米饭（糙米 80g），清蒸鱼（三文鱼 150g），炒时蔬（西蓝花 100g），紫菜豆腐汤（紫菜 10g、豆腐 50g）。

**下午加餐**：酸奶（低脂酸奶 150ml）。

**晚餐**：蒸甘薯（甘薯 100g），卤瘦肉（鸡肉 150g），凉拌蔬菜（黄瓜 100g），豆腐汤（豆腐 50g）。

**晚上加餐**：坚果（核桃仁 10g）。

该食谱可提供能量 1520kcal 左右，蛋白质约 90g，脂肪约 50g，碳水化合物约 160g，钙约 700mg，铁约 8mg，膳食纤维约 30g。

## 目标检测

### 一、选择题

#### A1 型题

1. 女性在月经期最容易缺乏的营养素是（　　）。
   A. 蛋白质　B. 钙
   C. 铁　D. 维生素 C
   E. 锌

2. 哺乳期女性每日应额外增加的能量摄入约为（　　）。
   A. 200kcal　B. 300kcal
   C. 400kcal　D. 500kcal
   E. 600kcal

3. 孕期推荐每日摄入的叶酸量为（　　）。
   A. 200μg　B. 400μg
   C. 600μg　D. 800μg
   E. 1000μg

4. 围绝经期女性为预防骨质疏松，应重点增加摄入的食物是（　　）。
   A. 高蛋白食物　B. 高脂肪食物
   C. 富含钙的食物　D. 高糖食物

E. 高纤维食物

5. 下列哪项不是月经期膳食调整的原则（　　）。

A. 避免生冷食物　　B. 减少盐分摄入

C. 增加铁质补充　　D. 大量饮用咖啡提神

E. 增加温热食物

6. 孕期女性应保证（　　）的充足摄入，以促进胎儿神经系统的正常发育。

A. 叶酸　　B. 蛋白质

C. 脂肪　　D. 碳水化合物

E. 铁

7. 月经期间，女性可以适量增加（　　）类食物的摄入，以帮助缓解痛经和不适。

A. 咖啡　　B. 浓茶

C. 冰糕雪糕　　D. 火锅

E. 温热性（或暖性）

8. 围绝经期女性常伴随（　　）水平下降，导致骨质流失加速，因此需注重骨骼健康。

A. 孕激素　　B. 雌激素

C. 催乳素　　D. 雄激素

E. 促甲状腺激素

9. 膳食多样化是保障女性特殊时期营养全面的重要原则，建议每日摄入的食物种类不少于（　　）种。

A. 12　　B. 15

C. 20　　D. 24

E. 25

## 二、简答题

1. 孕期女性为什么要特别注重叶酸的补充？并列举两种富含叶酸的食物。

2. 女性在围绝经期常面临哪些营养挑战？应如何通过膳食调整来应对？

（赵　琼）

# 第 10 章 药膳与美容

**学习目标**

**1. 素质目标** 通过对中医药膳的深度了解，提升学生对中医药文化的理解和认同，增强文化自信，建立弘扬中华优秀传统文化的自觉性。

**2. 知识目标** 通过本章的学习，掌握药膳美容的概念和特点；掌握药膳美容的应用原则；熟悉药膳美容常用配方；了解药膳美容常用配料。

**3. 能力目标** 能够根据个人肤质和健康状况，设计适合的药膳食谱。掌握药膳的制作技巧，能够独立完成相关的烹饪过程。能够根据食用后的效果，进行药膳的评估与调整，提升药膳美容效果。

我国药膳美容历史悠久、内容丰富，近年来和现代营养学的融合，使其有了快速的发展，成为一门独立的学科。药膳不仅有能与其他方法相匹敌的美容功效，更因为它的色、味俱佳而令人食欲大增，堪称最简单也最享受的美容方法。药膳美容是将药膳通过内服和外用作用于人体而达到美容保健、维护人体整体美的目的。

## 第 1 节 药膳的概念和特点

**案例 10-1**

患者，女性，43 岁，面色萎黄，无光泽，气短乏力，少气懒言，饭后易腹胀，大便溏稀，月经量少，易头晕，常用白木耳、雪梨、菊花、白糖等炖汤欲改善面色，但无明显效果，便溏、腹胀现象反而越来越严重。

问题：1. 根据你所学过的有关中医体质分型的知识判断该患者属于什么体质?应使用哪些中药制作药膳?

2. 该患者用白木耳、雪梨、菊花、白糖等炖汤欲改善面色但效果不明显，为什么?

### 一、中医药膳的概念

中医膳食美容是在中医基本理论和中医美容理论指导下，结合中国传统烹调技术，运用中药和天然食材，制作成食膳或药膳，以达到美容、保健、减肥、丰胸、养发和抗衰老目的。

### 二、中医膳食美容的特点

#### （一）以中医理论为基础

以中医的阴阳五行、脏腑经络、辨证论治理论为基础，利用中药和食物的四气五味偏性来矫正人体脏腑机能的偏性，平衡阴阳，调和脏腑，达到美容保健功效。

**1. 中药和食物之四气** 四气又称四性，即寒性、凉性、温性、热性。

寒性和凉性的中药或食物，都具有清热解毒、生津、止渴作用，如绿豆、菊花、马齿苋、鱼腥草、金银花、冬瓜、丝瓜、西瓜、胖大海、鸭肉等，多用于热性病症或阳气旺盛之人，如肺胃热盛引起的痤疮、肥胖等。

热性或温性的中药或食物，具有温中散寒、补阳、暖胃等功效，如辣椒、生姜、茴香、桂皮、狗肉、羊肉、当归、肉桂、荔枝、榴莲、砂仁等，多用于脾胃虚寒、阳虚怕冷、气血虚弱之人，如脾肾虚寒引起的早衰、脱发等。

**2. 中药之五味** 中药的五味即辛、甘、酸、苦、咸五种味。

（1）辛味　能散寒、行气、通血脉，适宜有外感风寒或寒湿内困者食用，如生姜、葱白、紫苏、辣椒、茴香、肉桂、砂仁等。

（2）甘味　有补益强壮功效，能补益气血，温中和胃，消除肌肉紧张和解毒，如红糖、榴莲、红枣、桂圆。

（3）酸味　有收敛、固涩作用，能促进食欲，健脾开胃，增强肝脏功能，改善慢性腹泻、久咳、虚汗、遗精等，如五味子、山楂等。

（4）苦味　有清热、燥湿、明目、解毒、泻火等功效，适宜热病、湿热、痤疮、疖肿等，如苦瓜、茶、苦参等。

（5）咸味　有滋阴、润燥、软坚、散结、润下等功效，适宜热病津伤、燥咳、便秘、痞积胀满、肿结等，如海带、昆布、海蜇。

### （二）天然的中药和食材与传统烹调技术相结合

中医食膳由药物、食材和调料三部分组成。它是取药物之性，用食物之味，食借药力，药助食功，二者相辅相成，相得益彰。

中药汤剂通常都因为有苦味而使人畏惧服药，而药膳以传统的烹调技术为手段，借助炖、焖、煨、蒸、熬、炒、烧、泡酒等烹调方法，调制出茶饮、汤菜、粥饭、药酒、糕点等药膳，寓药于食，寓效于味，在享受美食的同时达到保健、美容、减肥之效。

### （三）以美容、减肥、抗衰老为目的

娇美的面容和苗条的身材，与气血的滋养、肾精的充盛、饮食营养的吸收（精微物质）及健康的生活方式（睡眠、运动、压力管理）密切相关。随着年龄的增长和其他因素的变化，人体脏腑失调，经络不通，气血津液生成日趋减少，最终出现损容性疾病，如黄褐斑、痤疮、肥胖、黑眼圈、脱发、白发、早衰。若采用天然的中医食膳，补益元阳，滋阴养血，活血化瘀，祛湿消脂，以利气血充沛，经络通畅，可使气血津液得以顺利输送到体表组织器官，可以达到美容抗衰作用。

**考点：中医膳食美容的特点**

# 第 2 节　药膳美容的应用原则

## 一、预防为主、防治结合

药膳是以具有美容功效的食物为主，配以具有美容功效的可长期食用的中药制作而成，集食养、食疗、药疗于一体，既具有预防治疗的作用，又具有美容的功效，遵循预防为主、防治结合的基本原则。

合理的饮食是最重要的预防保健方法，能保证人体正常的生命活动，使脏腑调和、气血充足、骨骼强健、肌肉有力、脂肪丰满、皮肤弹性好而光亮，进而实现延年益寿、健康而美丽。而不合理的饮食不仅会使人失去健美，而且会引起许多疾病。针对不同体质，制订适宜的药膳，是中医保健美容的一大特点。《黄帝内经太素》有“五谷、五畜、五果、五菜，用之充饥，则谓之食，以其疗病，则谓之药”的记载，认为食物与药物同属天然产物，性味（四气五味）相通，可调节人体阴阳平衡。唐代孙思邈所著《备急千金要方》中记载“食能排邪而安脏腑，悦神爽志，以资气血。若能用食平疴，释情遣疾者，可谓良工”。饮食除预防、保健、营养、美容的作用外，还具有治疗疾病的作用，尤其是药膳，在祛病美容方面，具有独特的功效。这就是药食同源的理念，药食同源是指某些物质既可作为食物食用，又能作为药物治疗疾病，兼具营养价值和药用功能。这一概念强调食物与药物的协同作用，通过日常饮食调理达到预防或辅助治疗疾病的目的。许多疾病会影响健康，同时还会损坏容貌，使人失去健与美。针对许多损容性疾病，合理、及时地使用药膳调治，可起到扶助正气、补益脏腑气血亏虚、泻实祛邪、祛除各种病邪损害、调整阴阳、协调脏腑气血阴阳失和的功效，利用食药偏性，纠正人体失调，通过对损害性疾病的调治，可达到健康、美容并举的目的。所以药膳的应用，首先应遵守预防为主、防治结合的原则。

## 二、阴阳气血平衡

美容的基础是健康，健康与美丽的结合才是真正意义上的美。营养的获取状况直接影响着人体气血津液的充盈程度和脏腑阴阳的平衡状态。而通过合理的药膳调整，可调节脏腑阴阳气血的失衡状态，防治阴阳、寒热、气血失衡导致的各种损容性疾病。利用药食性味，通过扶阳抑阴、育阴潜阳、阴阳双补、补肾填精、健脾益气、滋阴润肺、疏肝理气、养心安神、调气和血、清热解毒、润肠通便等各种方法，使阴阳气血平衡、脏腑功能强健，从而实现体态容貌的健美。所以，药膳的搭配和使用遵循阴阳气血平衡的原则对美容营养有重要的意义。

## 三、根据人的体质辨证用膳

根据中医辨证论治理论，制作药膳时应分析人体体质，寒者热之，热者寒之，虚者补之，实者泻之的总原则，选择相应的中药和食材制作食膳。中医将体质分为九种，不同体质对应不同的调理方法。所以，药膳需在中医师指导下辨证用药，避免盲目进补。体质可能兼夹（如气虚+痰湿），应用时应注意个体差异，同时注意饮食禁忌，如阴虚者忌辛辣，湿热者忌甜腻，痰湿者忌生冷等。不同体质的代表方剂或中成药见表 10-1。

**1. 平和质（健康体质）**

（1）特征　阴阳平衡，气血通畅，面色红润，精力充沛。

（2）调理方向　维持平衡，预防偏颇。

（3）推荐中药　无特殊需求，可适量用枸杞子、山药、大枣等温和之品。

（4）推荐食材　五谷杂粮、时令果蔬（如苹果、菠菜）、鱼类、豆类。

（5）生活建议　规律作息，适度运动（如太极拳），心态平和。

**2. 气虚质（易疲劳型）**

（1）特征　气短懒言，易出汗，易感冒，舌淡苔白。

（2）调理方向　补中益气，健脾升阳。

（3）推荐中药　黄芪、人参（去芦）、白术、茯苓（以《脾胃论》补中益气汤为基础）。

（4）推荐食材　山药、小米、红枣、鸡肉、牛肉、南瓜。

（5）生活建议　避免久卧，适度有氧运动（如快走），忌熬夜。

**3. 阳虚质（怕冷型）**

（1）特征　畏寒肢冷，喜热饮，腹泻，舌淡胖有齿痕。

（2）调理方向　温补阳气，散寒通络。

（3）推荐中药　附子（需久煎）、肉桂、干姜、鹿茸（小剂量）。

（4）推荐食材　羊肉、韭菜、核桃、生姜、桂圆、黑芝麻。

（5）生活建议　避寒就温，艾灸关元、命门穴，冬季进补。

**4. 阴虚质（燥热型）**

（1）特征　手足心热，口干咽燥，失眠多梦，舌红少苔。

（2）调理方向　滋阴降火，润燥生津。

（3）推荐中药　山萸肉、干山药、泽泻、牡丹灵、茯苓（去皮）、熟地黄（以《小儿药证直诀》六味地黄丸为基础）。

（4）推荐食材　银耳、百合、梨、桑葚、鸭肉、黑豆。

（5）生活建议　避免熬夜，少吃辛辣食物，练习静心功法（如冥想）。

**5. 痰湿质（肥胖型）**

（1）特征　体胖腹大，胸闷痰多，舌苔厚腻。

（2）调理方向　健脾化痰，利水渗湿。

（3）推荐中药　白茯苓、炙甘草、橘红、半夏（以《太平惠民和剂局方》二陈汤为基础）。

（4）推荐食材　冬瓜、荷叶、赤小豆、白萝卜、薏米、山药。

（5）生活建议　加强运动（如八段锦），忌甜腻生冷，居住环境干燥。

**6. 湿热质（长痘型）**

（1）特征　面垢油光，口苦口臭，易生痤疮，舌红苔黄腻。

（2）调理方向　清热利湿，通腑排毒。

（3）推荐中药　茵陈、大黄、栀子、泽泻（以《伤寒论》茵陈蒿汤为基础）。

（4）推荐食材　绿豆、苦瓜、蒲公英、黄瓜、芹菜、薏米。

（5）生活建议　少饮酒，保持大便通畅，避免湿热环境。

**7. 血瘀质（疼痛型）**

（1）特征　面色晦暗，易生色斑，痛经，舌紫暗有瘀斑。

（2）调理方向　活血化瘀，通络止痛。

（3）推荐中药　丹参、川芎、桃仁、红花（以《医林改错》血府逐瘀汤为基础）。

（4）推荐食材　山楂、玫瑰花、黑木耳、红糖、醋。

（5）生活建议　适度运动（如拍打经络），避免久坐，注意保暖。

**8. 气郁质（抑郁型）**

（1）特征　情绪低落，胁胀嗳气，失眠多梦，舌淡红。

（2）调理方向　疏肝解郁，理气和中。

（3）推荐中药　柴胡（去苗）、甘草、当归、白茯苓（去皮）、白芍药、白术（以《太平惠民和剂局方》逍遥散为基础）。

（4）推荐食材　佛手、橙子、荞麦、黄花菜、茉莉花茶。

（5）生活建议　多社交，练习八段锦“摇头摆尾去心火”，听舒缓音乐。

**9. 特禀质（先天失常型）**

（1）特征　有遗传性疾病或易过敏（如花粉、尘螨），皮肤瘙痒，鼻塞流涕。

（2）调理方向　扶正固表，祛风抗敏。

（3）推荐中药　黄芪、防风、白术（玉屏风散）、乌梅、蝉蜕。

（4）推荐食材　蜂蜜、红枣、金针菇、胡萝卜、糙米。

（5）生活建议　避免接触过敏原，增强体质，春季防风。

| 体质类型 | 核心问题 | 代表方剂/中成药 | 日常调理重点 |
|---|---|---|---|
| 平和质 | 平衡 | 无 | 规律作息，适度运动 |
| 气虚质 | 气不足 | 四君子汤 | 补气健脾，避劳汗 |
| 阳虚质 | 阳虚寒盛 | 金匮肾气丸 | 温阳散寒，艾灸保健 |
| 阴虚质 | 阴液亏虚 | 六味地黄丸 | 滋阴润燥，静心养神 |
| 痰湿质 | 痰湿壅滞 | 二陈汤 | 化痰利湿，清淡饮食 |
| 湿热质 | 湿热蕴结 | 龙胆泻肝丸 | 清热利湿，通便排毒 |
| 血瘀质 | 气滞血瘀 | 血府逐瘀汤 | 活血通络，适度运动 |
| 气郁质 | 气机郁结 | 逍遥散 | 疏肝解郁，调节情志 |
| 特禀质 | 免疫异常 | 玉屏风散 | 固表防风，规避过敏原 |

表 10-1 不同体质中医代表方剂与日常调理法

## 四、根据四季气候变化选择食膳

人与天地相参。人生活在大自然中，与自然息息相关，中医食膳的配方和制作也要顺应四时的变化。《黄帝内经》已明确指出“春夏养阳，秋冬养阴”，意思是说在春夏季节应注意保养阳气，秋冬季节应注意保养阴液。而春夏秋冬也分别有“春季养肝，夏季养心健脾，秋季润肺，冬季补肾”的食膳养生原则。

### （一）春季食膳美容

春季阳气升发，人体清阳之气上升，春季使用药膳时，应注意顺应春阳、清阳上升之气，促使清气上升。唐代医家孙思邈提出春季食膳应“省酸增甘，以养脾气”，即少食酸味食物，多吃甜食，以防肝旺克脾。因此，春季宜选择性味甘平或有清肝健脾作用的中药和食物，如茯苓、山药、薏苡仁、莲子、胡萝卜、菠菜、银耳、木耳、牛乳、荠菜、芹菜、小白菜、荸荠、夏枯草、溪黄草等。

**春季食膳 1** 桑葚蜜膏

原料：桑葚 100g，蜂蜜 400g。

制作方法：桑葚洗净，加水适量，煎煮 30min，取汁 1 次，加水煎煮，共取煎液 2 次。合并 2 次煎液，再以小火煎熬，浓缩至较黏稠时，加蜂蜜煮沸，起锅待冷装瓶。

服用方法：每次 1 匙，热水冲服，每日 2 次。

效用：桑葚甘寒，能补肝益肾、熄火滋液，佐蜂蜜润燥，对春季肝阳上亢、阴虚火旺引发诸证，有较好的调理作用。

**春季食膳 2** 回春炖盅

原料：桑葚子、枸杞子、红枣各 30g，女贞子 20g，柏子仁 15g，菟丝子、覆盆子各 10g，鸡肾脏 20g，老姜 3 片，葱 3 段，米酒、盐适量。

制作方法：①药材稍冲洗后，加水 6 杯以大火煮开，改小火煮至汤汁剩约 2 杯时，去渣。红枣去核，汤药备用。②鸡肾脏洗净，入开水汆烫，随即捞起，洗净沥干。③炖盅中加入红枣、鸡肾脏、调料及药汤，加盖入锅蒸至熟透即可。

效用：养心安神，补肾益精。适用于中老年人体质虚弱、腰膝酸痛、四肢冰冷、阳痿、早泄、子宫虚寒。

### （二）夏季食膳美容

夏季炎热酷暑，心火当令，人体肤腠开泄散热、津液易耗，夏季使用药膳时，应注意清热消暑、生津补液。暑天多湿，湿滞脾胃，食欲减退，脾胃功能较弱，故宜选用清心火、健脾胃的食膳，如西瓜、黄瓜、绿豆、冬瓜、丝瓜、番茄、杨梅、鳝鱼、玉竹、薏苡仁、石斛、苦瓜、车前草、太子参、西洋参等。

**夏季食膳 1** 丁香酸梅汤

原料：乌梅 1000g，山楂 20g，陈皮 10g，肉桂 30g，丁香 5g，白砂糖适量。

制作方法：①将乌梅、山楂洗净后，逐个拍破，同陈皮、肉桂、丁香一道装入纱布袋中，扎口。②将洁净锅置火上，注入清水约 5.5L，把药包投入水中，用旺火烧沸，再转用小火熬约 30min，除去药包，离火后，静置沉淀约 15min，滤出汤汁，加入白砂糖溶化，过滤后即成。

效用：本方用乌梅、山楂生津消食，陈皮、肉桂、丁香行气温中，白砂糖调味，使敛中有散，酸中有甜，用于暑热伤津之口渴、心烦，暑夹寒湿之口渴、食少、脘痞、吐泻等证。乌梅、山楂、肉桂、丁香对多种胃肠道易感染病菌有较强的抑制作用，故本方可作肠炎、痢疾患者的饮料。

**夏季食膳 2** 青蒿绿豆粥

原料：青蒿 5g，西瓜翠衣 60g，鲜荷叶 10g，绿豆 30g，赤茯苓 12g。

制作方法：将青蒿（或用鲜品绞汁）、西瓜翠衣、赤茯苓共煎，取汁，去渣。将绿豆淘净后，与荷叶同煮为粥。待粥成时，将上三味药汁兑入，稍煮即成。

服用方法：随意服用。

功效：清暑泄热。青蒿清热解暑，绿豆消暑解毒，荷叶清暑利湿，赤茯苓利水渗湿，西瓜皮利尿祛湿，合而为粥，为解暑良品。

宜忌：虚寒、大便溏泄者不宜多食。

**夏季食膳 3** 绿豆竹叶粥

原料：绿豆 15～30g，粳米 50～100g，银花露、鲜荷叶、鲜竹叶各 10g，冰糖适量。

制作方法：先将鲜荷叶、鲜竹叶用清水洗净，共煎取汁、去渣；绿豆、粳米淘洗干净后共煮稀粥，待煮沸后对入银华露及药汁，文火缓熬至粥熟；最后调入冰糖。

服用方法：温热服食，每日 2 次。

效用：清暑化湿，解表清营。

**夏季食膳 4** 绿豆南瓜汤

原料：干绿豆 50g，老南瓜 500g，食盐少许。

制作方法：①干绿豆用清水淘去泥沙，滤去水，趁水未干时加入食盐少许（约 3g），拌和均匀，略腌 3min 后用清水冲洗干净。②老南瓜削去表面，抠去瓜瓤，用清水冲洗干净，切成约 2cm 见方的块待用。③锅内注入清水约 500ml，置武火上烧沸后，先下绿豆煮沸 2min，淋入少许凉水，再煮沸，即将南瓜块下入锅内，盖上盖，用文火煮沸约 30min，至绿豆开花即成。吃时可加食盐少许调味。

效用：绿豆甘凉，能清暑、利尿、解毒。绿豆汤是民间夏季解暑的常用饮料。暑邪易伤津耗气，故配伍南瓜以生津益气。用于夏季伤暑所致心烦、身热、口渴、赤尿或兼见头昏、乏力等证，有一定疗效。本方可作夏季防暑膳食。

### （三）秋季食膳美容

秋高气爽，气候偏于干燥，秋气应肺，燥气可耗伤肺阴，使人产生口干咽燥、皮肤干燥、便秘等症状，根据“燥者濡之”的原则，秋天食膳应选择甘润养肺之品，同时，在味型的选择上，秋令肺气旺，辛味助肺气，故应少食辛味，以免肺气过旺而克肝；多食酸味，以助肝气，以抵御肺旺的克伐。酸味与甘味相合，则可以化生阴津以濡养秋燥。故秋季食膳常选的中药和食材有百合、桑白皮、柿、酸菜、酸枣仁、蜂蜜、雪梨、葡萄、雪耳、猕猴桃、菠萝、香蕉等。

**秋季食膳 1** 白果秋梨膏

原料：白果、秋梨、甘蔗、山药、蜂蜜各 120g，霜柿饼、生核桃仁各 120g。

制作方法：先将白果去膜、心，秋梨、甘蔗、山药去皮后切碎，捣烂取汁。再把柿饼、核桃仁捣烂如泥。将蜂蜜加适量清水稀释后，与柿饼和核桃仁泥一同放入容器，搅拌均匀，微微加热，融合后，离火稍凉，趁温将四种汁水加入，用力搅匀，装入瓷罐收藏。

服用方法：每次服 2 汤匙，每日 3～4 次，可常服。

效用：清虚热，止咳止血。适用于肺结核长期低热、咳喘、咯血、声音嘶哑、口渴咽干等证。

宜忌：咳嗽咳痰量多者忌服。

**秋季食膳 2** 百合粥

原料：百合干 50g，白糖 100g，粳米 100g。

制作方法：先将百合干、粳米分别淘洗干净，加入锅中，加清水 1000ml，置火上烧开，熬煮成粥，调入白糖即成。

服用方法：每日服 1 剂，分数次服用。

效用：养阴清热，润肺调中，镇静止咳，抗癌。适用于肺结核、肺燥咳嗽之痰中带血、热病后期余热未清、心神不宁、慢性支气管炎、肺气肿、支气管扩张，癔症、胃癌、食管癌等。

**秋季食膳 3** 萝卜羊肉汤

原料：萝卜 1000g，羊肉 500g。

制作方法：①将羊肉片去筋膜，切成 2.5cm 见方的块，先入沸水锅中焯约 2min，去掉血水，捞出沥水后放在锅内。②萝卜削掉表皮，冲洗干净，切成约 3cm 的滚刀片。③先将羊肉锅置武火上烧沸，再改用文火煮约 30min，放入切好的萝卜同煮至羊肉熟烂即成。

效用：萝卜甘凉，能解热毒、祛痰湿、除胀满；羊肉干温，又富营养，益中气，补虚弱。二者合用，共奏补虚、清热、清痰之功。用于肺虚咳嗽、咯血，有一定疗效。本方祛痰力优，且有凉血止血作用，可作肺结核咯血、支气管扩张患者的膳食。

**秋季膳食 4** 杏仁奶茶

原料：杏仁 200g，白糖 200g，牛奶 250g。

制作方法：杏仁去皮，共研磨为粉，加清水适量，过滤后烧开即可。

服用方法：代茶饮。

效用：润肺止咳。

## （四）冬季食膳美容

冬季气候严寒，自然界万物处于封闭状态，阴气盛，阳气衰，故冬季食膳应很好地保护阳气，宜温补。“肾气旺于冬”，故冬季食膳尤要注意温补肾阳，以助肾藏精气，常选用的中药和食材有羊肉、狗肉、桂圆、红枣、核桃仁、黑芝麻、何首乌、肉苁蓉、鹿茸、冬虫夏草、人参、桑寄生等。

**冬季食膳 1** 人参鹿肉汤

原料：人参、黄芪、芡实、枸杞子各 5g，白术、茯苓、熟地、肉苁蓉、肉桂、白芍、益智、仙茅、泽泻、酸枣仁、淮山药、远志、当归、菟丝子、牛膝、淫羊藿、生姜各 3g，鹿肉 250g，葱、胡椒粉、食盐各适量。

制作方法：①将鹿肉除去筋膜，洗净，入沸水泡一会儿，捞出切成小块，鹿骨用刀拍破；将上述中药用袋子装好，扎紧口。②将鹿肉、鹿骨放入锅内，再放入药袋，加水适量，放入葱、胡椒粉、食盐，置武火上烧沸，撇去泡沫，改用文火煨炖 2～3h，待鹿肉熟烂即成。

服用方法：佐餐食。每日 2 次。

效用：填精补肾，大补元气。适用于体虚羸弱、面色萎黄、四肢厥冷、腰膝酸痛、阳痿、早泄等。

宜忌：凡属身体壮实或阴虚火旺者及在炎热的夏季，均不宜服用。

**冬季食膳 2** 八宝鸡

原料：母鸡 1 只，香菇、姜末、料酒各 10g，薏苡仁、芡实、百合各 5g，糯米 60g，莲子、麻油各 30g，熟火腿 18g，盐 3g，胡椒粉 0.6g，熟猪油 1000g，糖醋莴苣 150g，椒盐调料 2 碟。

制作方法：将鸡去毛、除内脏，整鸡出骨，洗净。用料酒、盐、姜末将鸡身内外抹匀，腌渍约 30min。将糯米、薏苡仁、百合、莲子（去心）、芡实分别泡胀、洗净，盛入碗内，上笼蒸熟。火腿、香菇均匀切成与薏苡仁同样大小的颗粒。将以上几种辅料盛入盆内，加猪油 60g、盐 1.5g、胡椒粉 0.6g 拌匀，装入鸡腹内，鸡颈开口处与肛门处用竹签封严，盛入盆内，上笼蒸 2h 至九成烂，取出，沥干水，晾冷。用细竹在鸡胸部、鸡腿部戳几个气眼。将铁锅置旺火上，下猪油至六成熟，放入鸡炸至淡黄色，捞出，抽出竹签，在鸡脯上均匀用刀划成 1 寸长的斜方刀口，盛入盘内，将麻油烧热，淋在鸡脯刀口上，与糖醋莴苣、椒盐调料 2 碟一同上桌。

效用：养心补肾，润肺健脾。适用于脾虚湿困所致的遗精、阳痿、遗尿等病症。

**冬季食膳 3** 黄焖狗肉

原料：狗肉 1000g，酱油 10g，料酒 20g，白糖、精盐、胡椒粉少许，红辣椒 5 个，葱段 15g，生姜 10g，植物油适量。

制作方法：先将狗肉洗净，用开水烫一下，捞出切成块，在烧热的植物油中炸至金黄色，捞出控油。取砂锅，加入少许植物油，将葱、姜、红辣椒稍炸出香味，再加入狗肉、酱油、料酒、精盐、清汤，先用旺火烧沸，再用文火煨炖，直至肉质软烂，加入白糖焖烧 5min，撒入胡椒粉。

食用方法：食肉饮汤。

效用：温补脾胃，补肾壮阳。适用于阳痿患者。

**冬季食膳 4** 羊肉枸杞汤

原料：羊腿肉 1000g，枸杞子 20g，生姜 12g，料酒、葱段、大蒜、味精、食盐、花生油、清汤各适量。

制作方法：羊肉去筋膜，洗净切块，生姜切片。待锅中油烧热后，倒入羊肉块、料酒、生姜、葱段、大蒜等煸炒，炒至羊肉变色后，连同锅中食材一同转入砂锅中，加清水适量。放入枸杞子等，用大火烧沸，再改用小火煨炖，至羊肉熟烂后，加入食盐、味精调味，搅拌均匀即可。

用法：佐餐服食，也可单独食用。

效用：温阳壮腰，补肾强筋。适用于肾阳不足所致腰膝酸软、筋骨无力等症。

## 五、禁忌原则

食物和药物均有四气五味的偏性，人体也有体质和所患病症的差异，在使用药食配制药膳来保健美容、防治疾病时，总体要求须膳食相宜，膳病相合。而相宜可养身疗病，不宜则有害于健康养颜，应禁用慎用，所以配制使用药膳时应遵守禁忌原则。

### （一）食膳禁忌

食膳禁忌包括广义、狭义两个方面。

**1. 广义的食膳禁忌** 是指体质、地域、季节、年龄、病情，以及药膳的调配、用法、用量等方面的禁忌。应根据体质的偏虚偏实、偏寒偏热，地域的寒、热、燥、湿，季节的春、夏、秋、冬，年龄的大小，病情的不同，在应用药膳防治疾病、保健美容时避开不宜食用的食物，遵守食忌的基本原则。例如，阴虚内热体质者，不宜食用辛辣、温补之品；阳虚内寒体质者，不宜食用生冷、寒泻之品。

**2. 狭义的食膳禁忌** 只指饮食与病、证方面的禁忌。病的禁忌：如风疹、疥癣、湿疹、哮喘等过敏性疾病患者，忌食海产品、狗肉、驴肉、茴香、香菇等；失眠患者忌喝浓茶、咖啡等；糖尿病患者忌食含糖高的食品；肾衰竭患者忌食富含蛋白质的食物，如蛋、肉、鱼、豆制品等；痤疮患者忌食辛辣油腻食品等。证的禁忌：寒证者忌食生冷寒凉食品，如冷饮、瓜果等；湿热证者忌食辛辣油腻食品，如油煎、油炸食品等。

### （二）制膳禁忌

药膳配制时有一些药食不能配在一起同时应用，否则会减弱药膳治疗作用或增加副作用。中医在这方面积累了丰富的经验，但还有待今后进一步研究，在配制药膳时作为参考。

**考点：药膳美容的应用原则**

# 第 3 节　药膳的分类

药膳经过历代多年的演变、积累和创造，现已形成一系列种类繁多的特殊药膳。药膳是膳食的一个大类，是以蔬菜、肉类、蛋等为原料，配以一定比例的药物经烹调而成的具有色、香、味、形的特殊菜肴。它包括：冷菜，如芝麻兔、山楂肉干；蒸菜，如虫草金龟、阳春肘子；煨炖菜，如枣蔻煨肘、八宝鸡汤；炒菜，如首乌肝片、杜仲腰花；卤菜，如丁香鸭、陈皮油烫鸡；炸菜，如软炸百花鸽、山药肉麻丸等。药膳食疗的分类，历史上存在庞杂繁多现象，现按药膳的性状、制作方法和作用来分类，简述如下。

## 一、茶　饮　类

这是使用最方便的一类药膳，是将药物和食物原料经浸泡或压榨、煎煮或蒸馏等方法处理而制成的一种专供饮用的液体，如桑菊薄竹饮、鲜藕姜汁、山楂核桃茶、银花露等，其特点在于方便随时饮用。茶饮类药膳主要分为以下几种。

**1. 鲜汁**　是水果或新鲜中药材一起洗净、压榨的汁，如甘蔗汁、苦瓜汁。

**2. 饮**　是一种液体剂型，由中药或与食物共同加水煎煮，去渣取汁而成，可加冰糖、蜂蜜，当作饮料日常饮用，如酸梅汤、桑菊饮。

**3. 药茶**　是指含有茶或不含茶的药物经粉碎、混合而成的制品，用水沏后或加水煎煮后可代茶饮，或将药物制成中药饮片，如溪黄草茶、六和茶、灵芝茶等，可直接泡茶饮用。

## 二、汤　菜　类

这一类药膳具有中国传统饮食的鲜明特点，其核心在于可饮可食，等同于菜类。药膳汤羹是以肉、蛋、奶、海味的原材料为主体，加入味美或味淡的药料，经煎煮、浓缩而成的稠厚汤液。

**1. 汤**　是以药物与食品共同烹制而成的一类药菜汤，可饮可食是其特点。它属于传统食谱中的汤类，有别于一般的汤药之汤。

**2. 羹**　是药膳中汁比菜多，又比汤浓的一款汤菜类药膳，如归参鳝鱼羹、天麻猪脑羹等。

## 三、酒　　类

这种古老的液体从诞生起就有治疗、保健的功能，可温通血脉，行药势和作为溶媒。

**1. 酒**　包括各种粮食酒、瓜果酒、药物食物混酿酒、药物酿制酒等，如青梅酒、桂花酒、桑葚酒。

**2. 药酒**　是中药与酒结合的一种液体剂型，可用浸泡法配制，如十全大补酒、蛤蚧酒、首乌地黄酒。

**3. 醪**　浊酒为药物与米类制作的酒，有时可带渣，如糯米甜酒、客家娘酒。

## 四、粥　饭　类

中国传统的主食被制作成药膳，可作为正餐，体现了“民以食为天”的思想。

**1. 药粥**　由药物、药汁与米同煮为稀粥而成的药膳，如人参薏芪粥。

**2. 药饭**　由药物、药汁与米同煮为干饭而成的药膳，如参枣米饭。也可由一些可食中药（如山药、薏苡仁、黄精等）直接做成。

## 五、糕 点 类

这一类药膳做成中国人传统的副食，花色品种多，可增强人们的食欲。

**1. 药糕** 是由具有治疗或保健作用的可食用中药，或与其他有关药材一起研为细末，再与米粉、麦粉或豆粉等相混合，加适量白糖、食油做成糕坯，经蒸熟或烘制而成的食物，如茯苓人参糕。

**2. 药饼** 是将食用中药与其他有关药物一起研为细粉，与麦粉、米粉或豆粉等混合，或加适量枣泥、白糖、食用油等做成饼坯，经烙、蒸、烤、煎等法制成的药膳，如茯苓饼。

**3. 药糖果** 是将可食用中药与冰糖等做成的糖果，如丁香姜糖。

**4. 药粉** 这类药膳的制作是将可食用中药与五谷一同碾成粉，药粉可炒香后直接食用或用开水调制成糊后食用，也可煮成糊食用，它包含药糊。

## 六、其 他 类

由于中国饮食文化底蕴深厚且多元，药膳的品类与形式也呈现丰富性，部分药膳因兼具药食特性或地域文化差异，在分类上存在一定复杂性。

**1. 药（水）果** 是指以中药或药食同源食材与水果配伍，经特定工艺加工而成的一类药膳食品。药膳糖果是将药物的加工品加入熬炼成的糖料中混合后制成的固态或半固态、供含化或嚼食的药膳食品，如薄荷糖、山楂软糖等。药膳蜜饯是以植物的果实、果皮等新鲜或干燥原料经药液、蜂蜜或糖液煎煮后，再附加蜂蜜或白糖而制得的药膳食品，如蜜饯山楂、糖橘饼等。

**2. 药蛋** 用中药与蛋同煮的一类药膳，如茶叶蛋。

**3. 膏滋** 是将食用中药或将其与中药材一起加水煎煮，去渣、取汁、浓缩后，加入蜂蜜或蔗糖而制成的半流体制剂，如归脾蜜膏、固元膏。

**4. 凝膏** 是将药物即动物胶质熬制后形成的一种凝胶样膏类，如龟苓膏。

此外，随着现代科技的发展，将有更多的药膳品种出现，如药膳罐头就是将药膳食品按罐头生产工艺制成的一种特殊食品。它与其他类型的药膳食品比较，具有可长期储存、有利于运输保管等优点，如虫草鸭子、雪花鸡等药膳罐头制品。还有一些药膳食品如桂花核桃冻、川贝酿梨、淮药泥、桃杞鸡卷等，与上述各类药膳食品的性质不完全相似，但都具有保健、治疗的作用。

**考点：药膳的种类**

# 第 4 节　常见美容药膳

## 一、排毒养颜药膳

**1. 宁心养颜酒**

原料：龙眼肉 500g，酸枣仁 200g，当归 200g，熟地黄 200g，桂花 120g，冰糖 240g，白酒 5000g。

制作与用法：将上述所有原料放入白酒中，装入瓷罐中封固数年，越久越佳，其味清美香甜。每次饮 15ml，每日 2 次。

功效：宁心安神，美悦容颜。

**2. 三仁红颜酒**

原料：小红枣 60g，核桃仁 60g，杏仁 30g，白蜜 60g，酥油 30g，白酒 1500g。

制作与用法：将核桃仁、小红枣研碎，杏仁去皮尖后捣烂待用。将白蜜、酥油溶化，倒入酒中和匀，然后将前 3 味放入酒内密封，浸泡 21d 后即可饮用。每日 2 次，每次 15ml。

功效：补益气血，滋养皮肤，红润颜面。

**3. 加味琼玉膏**

原料：银耳 250g，人参（捣末）250g，茯苓（捣末）500g，熟地黄 2000g，蜂蜜 1000g。

制作与用法：先将熟地黄煎煮，去渣取汁，加入银耳、蜂蜜一起煎沸，下入人参、茯苓末，熬成膏状，备用。每日 1 次，每次 1 匙，开水调服，长期服用。

功效：益心阴、养心肺，红润肌肤。

**4. 乳鸽燕窝粥**

原料：乳鸽 1 只，上等燕窝 30g（干品），冰糖 60g。

制作与用法：将上等燕窝浸润膨胀，乳鸽去毛及内脏、剔去骨头、切成小块，再将燕窝、乳鸽、冰糖放入锅内，加入适量的水，待鸽肉煮至软烂即可，可加少许食盐，食肉喝汤，经常食用。

功效：气血双补，美化容颜。

**5. 鸭戏荷叶汤**

原料：麻鸭 1 只，猪排骨 250g，荷叶 6g，薏苡仁 20g，生地黄 10g，怀山药 50g，黄芪 50g，生姜 2 片，盐适量。

制作与用法：将各味中药与鸭肉、排骨、生姜配伍，加入适量水，以盐调味，煮熟后食肉喝汤。

功效：补虚滋阴，健肤美颜。

## 二、抗皱药膳

**1. 麻仁耐老方**

原料：麻仁 30g，白羊脂 210g，蜜蜡 150g，白蜜 30g。

制作与用法：将上 4 味加水 600ml，煮成 200ml，以隔日或每日吃 1 次为宜。

功效：益气养颜，润肤除皱。

**2. 首乌红枣粥**

原料：制何首乌 30g，红枣 5 颗，粳米 60g，红糖适量。

制作与用法：制何首乌、粳米、红枣入砂锅内煮粥，粥将稠时，放入红糖少许调味，再煮 5min，使红糖完全溶解。早晚空腹食用，每 10 日为一个疗程。间隔 5 日再服，也可随意食用。

功效：防老除皱，美容颜，黑发。

**3. 润肤红颜汤**

原料：桑寄生 10g，怀山药 12g，鹌鹑蛋 10 枚，草莓 3 个，红枣 4 枚，冰糖适量。

制作与用法：将桑寄生、淮山药和红枣加入 160ml 水中同煮，去渣，再加煮熟的鹌鹑蛋和剖开的草莓，加冰糖，水煮 10min 即可。

功效：补肾活血，润肤除皱。

**4. 莲子安神美容方**

原料：莲子 30g，龙眼肉 8g，芡实 30g，薏苡仁 50g，蜂蜜适量。

制作与用法：加水煮 1h 后备用。每周 1～2 次，与饭同食。

功效：除皱白面。

**5. 驻颜酒**

原料：当归 40g，熟地黄 40g，蜂蜜 50g，柚子 250g，白芍 40g，白酒 4000ml。

制作与用法：先将柚子洗净，拭干，切成 2～3cm 大小的块，同蜂蜜、当归、熟地黄、白芍一道装入罐内，加入白酒，封口浸泡 90d，过滤去渣即成。每次饮用 20～40ml，每日 1 次。

功效：补血抗皱。

**6. 杞圆膏**

原料：枸杞子 3000g，龙眼肉 2500g。

制作与用法：将以上 2 味倒入砂锅内，加适量水，用文火熬煎，煎煮过程中逐渐加水，煎至枸杞子无药味，去渣，再熬成膏，用瓷罐收储。每次 30g，空腹食之。

功效：补肝肾，抗皱。

**7. 养颜抗皱膏**

原料：人参 80g，桃仁 200g，白芷 100g，蜂蜜 300g。

制作与用法：将前 3 味中药，加水 500ml，连煎 3 次，每次取汁 200ml，再将 3 次汁液混合，文火煎煮浓缩至 300～400ml，加入蜂蜜，煮沸，停火。冷却至室温后，装入无菌容器，每日早晚食 2 匙。

功效：除皱益寿。

## 三、美 白 药 膳

**1. 玉颜膏**

原料：玉竹 1000g，白蜜 250g。

制作与用法：选肥白玉竹切成粗末，加水煎煮，共煎 3 次，去渣浓缩，加白蜜 250g 收膏，用瓷坛封存。每日早晚空腹服 30g，白开水冲服。

功效：养阴生津，润肤玉颜。

**2. 胡萝卜红枣桑葚汤**

原料：胡萝卜 30g，红枣 5 枚，桑葚 15g。

制作与用法：上述 3 味水煮 20min 后，全部食之。每日 1 剂，连服 60 日。

功效：补血养血，润肤美容。

**3. 木瓜增白饮**

原料：熟木瓜 1 个，鲜牛奶 200ml，白糖少许。

制作与用法：将熟木瓜去皮和籽后，洗净切成块，加两份水和少许白糖共煮，水沸后捣烂木瓜，加入 200ml 鲜牛奶，煮开后饮用。每日 1 次，可长期饮用。

功效：润肤增白。

**4. 五白膏**

原料：白扁豆 50g，白茯苓 50g，白山药 50g，白莲子 30g，白菊 15g，白发面粉 200g，白糖 100g。

制作与用法：将白扁豆、白茯苓、白山药、白莲子、白菊研细，与面粉混匀，加入白糖，用温水将药粉和成面团，待面“醒”好后，放入锅中蒸熟，切成若干约 50g 的小块食用。每日 1 次，每次 1 块。对脾虚湿盛者疗效尤佳。

功效：健脾利湿，增白皮肤。

## 四、丰 胸 药 膳

**1. 对虾通草丝瓜汤**

原料：对虾 2 只，通草 6g，丝瓜络 6g，生姜、精盐适量。

制作与用法：将前 3 味加水适量煎汤，并加入生姜、精盐调味即可，吃虾喝汤，每日 1 次。

功效：丰满形体，健美乳房。

**2. 虾仁归芪粥**

原料：虾仁 10g，当归 15g，黄芪 30g，桔梗 6g，粳米 50g。

制作与用法：将当归、黄芪、桔梗用纱布袋盛装，袋口扎紧，放入锅中，加适量水，煎沸约 20min，再加入虾仁、粳米，继续煎煮至成粥即可，去药袋，顿食。每日 1 次。

功效：丰乳。

**3. 淫羊虾米汤**

原料：淫羊藿 15g，虾米 20g。

制作与用法：将 2 味加水适量，煎汤。每日 1 次，饮汤食虾米。

功效：健美乳房。

**4. 白芷鲤鱼汤**

原料：白芷 15g，鲤鱼 1 条（100～150g），调味品各适量。

制作与用法：将鲤鱼常法处理，白芷用纱布包好，加水适量，共煮至熟，加入调味品即可。吃鱼喝汤，隔日 1 次。

功效：健美乳房。

## 五、祛斑药膳

**1. 消斑汤**

原料：白芷 15g，白茯苓、白菊花、僵蚕、丝瓜络各 10g，玫瑰花 3 朵，红枣 10 枚。

制作与用法：每日用上述成分为一料，煎成浓汁，分 2 次饭后服用，一般 10 日内即可见效。

功效：悦颜，消斑。尤其适用于黄褐斑。

**2. 祛斑散**

原料：白芷 15g，冬瓜仁 250g，莲子粉 25g。

制作与用法：将冬瓜仁、莲子粉、白芷共研为细末，储于瓷瓶备用。每日饭后用开水冲服 1 汤匙。

功效：除雀斑，美颜。

**3. 清热除斑汤**

原料：淡竹叶 10g，灯心草 6g，莲子 10g，红枣 8 枚，瘦肉 250g，鲫鱼 100g，紫菜 3g，生姜 4 片，油、盐适量。

制作与用法：先将上述中药置砂锅加清水煮 30min，再加鲫鱼、瘦肉，同锅煮沸后，改中火煮 40min，以盐、油调味即可。可常饮。

功效：清热和胃，清补祛斑。

**4. 净面茶**

原料：当归、山楂各 8g，白鲜皮、白蒺藜各 6g。

制作与用法：将上述 4 味洗净，放入茶杯中，用沸水冲泡。代茶饮用，每日 1 剂。

功效：养血调肝，散郁祛瘀。适合面部黄褐斑，尤其是产后因服避孕药而面部长褐斑的妇女饮用。

## 六、美发药膳

**1. 二仙丸**

原料：侧柏叶 240g，当归 120g。

制作与用法：两药共研细末，水和为丸，如梧桐子大小，每日 3 次，每次 20 丸，盐水送服。

功效：补血生发。

**2. 二黑四黄饮**

原料：黑豆、黑芝麻、生地黄、熟地黄、黄精、黄花菜各 15g。

制作与用法：水煎取汁，每日 1 剂，温服。

功效：补肝肾，生精血，生发。

**3. 七宝美髯丹（加减）**

原料：制何首乌40g，补骨脂5g，菟丝子10g，怀牛膝10g，当归10g，枸杞子10g，茯苓10g。

制作与用法：水煎取汁，每日1剂，温服。

功效：填精养血，生发。

**4. 芝麻美发粥**

原料：白芝麻1000g，海带粉500g，淀粉、白糖适量。

制作与用法：取白芝麻1000g用水洗净，在水中浸泡30min，去掉芝麻外皮，将芝麻仁晒干，在文火上炒，将温度控制在80～100℃，炒40min或稍长时间，使芝麻仁变成淡黄色，捣成芝麻粉，用筛子筛过，加适量淀粉，晒干，然后加海带粉、白糖熬成粥后饮用。每日吃3次。

功效：乌发，亮发。

**5. 黑芝麻粥**

原料：黑芝麻20g，赤糯米50g。

制作与用法：取芝麻炒焦研碎，和赤糯米同煮成粥，可作早餐食用。

功效：滋阴养血，乌发润燥。

**6. 何首乌粥**

原料：制何首乌50g，赤糯米100g，大枣、冰糖各适量。

制作与用法：先将制何首乌洗净，用水煎，取汁与赤糯米、大枣、冰糖共煮成粥，可作早餐或夜宵。

功效：补肝肾，益精血，乌发养颜。

**7. 怀山药芝麻糊**

原料：怀山药15g，黑芝麻120g，玫瑰糖6g，鲜牛奶200ml，粳米60g，冰糖适量。

制作与用法：先将粳米洗净，用沸水浸泡 1h，捞出滤干，怀山药切成小颗粒，黑芝麻炒香，将以上各物放入盆中，加水和鲜牛奶拌匀、磨碎，滤出细茸待用。将滤过的鲜牛奶继续加清水，将冰糖溶化，烧开。再将先前制成的细茸慢慢倒入锅中，放入玫瑰糖，不断搅拌成糊，然后起锅即成。

功效：乌发，防脱发。

**考点：几种常见美容药膳的原料及制作方法**

## 目 标 检 测

**A1 型题**

1. 中医膳食美容的基础理论是（　　）。
   A. 阴阳五行、脏腑经络、辨证论治
   B. 现代营养学理论
   C. 西医病理学理论
   D. 生物化学理论
   E. 遗传学理论
2. 以下哪种中药或食物属于寒性或凉性，适用于热性病症（　　）。
   A. 辣椒　　B. 生姜
   C. 红枣　　D. 绿豆
   E. 桂圆
3. 根据中医理论，辛味的作用是（　　）。
   A. 补益强壮　　B. 收敛固涩
   C. 清热解毒　　D. 散寒行气
   E. 滋阴润燥
4. 中医膳食美容的特点不包括以下哪一项(　　)。
   A. 以中医理论为基础
   B. 天然中药和食材与传统烹调技术相结合
   C. 以美容、减肥、抗衰老为目的
   D. 以手术治疗为主要手段
   E. 寓药于食，寓效于味
5. 药膳美容的应用原则中，强调预防为主、防治结合，其理论依据是（　　）。
   A. 药食同源　　B. 阴阳平衡
   C. 气血充足　　D. 脏腑调和
   E. 经络通畅
6. 根据中医辨证论治，阴虚质的调理方向是（　　）。
   A. 补中益气　　B. 温补阳气

C. 滋阴降火　　D. 健脾化痰
E. 活血化瘀

7. 以下哪种体质适合在冬季进行温补（　　）。
A. 阴虚质　　B. 阳虚质
C. 气虚质　　D. 湿热质
E. 痰湿质

8. 春季食膳美容的原则是（　　）。
A. 清热解毒　　B. 养心安神
C. 滋阴润燥　　D. 清肝健脾
E. 温补肾阳

9. 夏季食膳美容应注重（　　）。
A. 清热消暑　　B. 滋阴润燥
C. 温补肾阳　　D. 养心安神
E. 活血化瘀

10. 秋季食膳美容应选择以下哪种食材（　　）。
A. 绿豆　　B. 西瓜
C. 银耳　　D. 羊肉
E. 狗肉

11. 冬季食膳美容应选择以下哪种食材（　　）。
A. 绿豆　　B. 西瓜
C. 银耳　　D. 羊肉
E. 狗肉

12. 以下哪一类药膳是通过浸泡或压榨、煎煮等方法制成的液体（　　）。
A. 茶饮类　　B. 汤菜类
C. 酒类　　D. 粥饭类
E. 糕点类

13. 药膳中的“药粥”是指（　　）。
A. 由药物、药汁与米同煮而成
B. 由药物、药汁与面粉同煮而成
C. 由药物、药汁与豆类同煮而成
D. 由药物、药汁与肉类同煮而成
E. 由药物、药汁与蔬菜同煮而成

14. 以下哪一种药膳属于“酒类”（　　）。
A. 龙眼肉粥　　B. 青梅酒
C. 银耳羹　　D. 茯苓糕
E. 薄荷糖

15. 以下哪一种药膳属于“糕点类”（　　）。
A. 龙眼肉粥　　B. 青梅酒
C. 银耳羹　　D. 茯苓糕
E. 薄荷糖

16. 宁心养颜酒的主要功效是（　　）。
A. 清热解毒　　B. 宁心安神
C. 滋阴润燥　　D. 温补肾阳
E. 养血调肝

17. 以下哪种药膳适合用于美白皮肤（　　）。
A. 首乌红枣粥　　B. 乳鸽燕窝粥
C. 五白膏　　D. 麻仁耐老方
E. 驻颜酒

18. 以下哪种药膳适合用于抗皱（　　）。
A. 首乌红枣粥　　B. 润肤红颜汤
C. 五白膏　　D. 麻仁耐老方
E. 驻颜酒

19. 以下哪种药膳适合用于祛斑（　　）。
A. 首乌红枣粥　　B. 润肤红颜汤
C. 五白膏　　D. 消斑汤
E. 驻颜酒

20. 以下哪种药膳适合用于丰胸（　　）。
A. 首乌红枣粥　　B. 润肤红颜汤
C. 五白膏　　D. 对虾通草丝瓜汤
E. 驻颜酒

（邓福忠）

# 第 11 章 美容营养教育与咨询

学习目标

**1. 素质目标** 建立终身学习的观念，紧跟行业发展趋势，不断更新知识结构与技能水平；树立以客户为中心的服务理念，将客户需求放在首位，提供超越期望的服务体验；提升有效沟通的能力，包括倾听、表达、反馈与协商等技巧；培养高度的职业道德感，坚守诚信、尊重、责任与保密原则。

**2. 知识目标** 掌握美容营养教育与咨询的概念、形式方法；熟悉美容营养教育与咨询的对象和内容；了解美容营养教育与咨询的相关理论。

**3. 能力目标** 能利用所学知识指导消费者树立食品与营养的健康意识，养成良好的膳食行为与生活方式。

## 第 1 节 美容营养教育与咨询概述

**案例 11-1**

患者李某，男性，28 岁，身高 175cm，体重 91kg，办公室职员，不爱运动，因为近段时间感觉很累，睡眠不好，前来咨询。

问题：1. 请问其主要健康问题是什么？

2. 如何对其进行营养健康教育？

### 一、美容营养教育与咨询的相关概念

#### （一）营养教育

营养教育已被各国政府和营养学家作为改善人民营养状况的主要有效手段之一。美国营养师协会提出：营养教育是“根据个体的需要与食物来源，通过认识、态度、行为作用，以及对食物的理解过程，形成科学、合理的饮食习惯，从而达到改善人民营养状况的目的”。按照世界卫生组织（World Health Organization，WHO）的定义，营养教育是“通过改变人们的饮食行为而达到改善营养状况目的的一种有计划的活动”。

营养教育包括通过影响营养问题的倾向因素、促成因素和强化因素，而直接或间接地改善个体与群体的知、信、行的各种方法、技术和途径的组合。主要是通过营养信息交流、传播和行为干预，帮助个人和群体掌握食物与营养卫生知识，认同健康的营养观念，转变对不良膳食习惯的态度，自愿采纳有益于健康的膳食行为和生活方式的教育活动与过程。其目的是消除或减轻影响健康的膳食营养的危险因素，改善营养状况，预防营养性疾病的发生，提高人们的健康水平和生活质量。

营养教育是有计划、有组织、有系统和有评价的干预活动，其核心是提供人们膳食行为改变所

必需的知识、技能和社会服务，教育人们树立食品与营养的健康意识，养成良好的膳食行为与生活方式，使人们在面临营养与食品卫生方面的健康问题时，有能力做出有益于健康的选择。与咨询工作相比，营养教育更注重组织、计划、写作和演讲信息传播的技巧。在营养知识方面更注重核心信息的挖掘整理。

**考点：营养教育概念**

### （二）营养咨询

营养咨询是营养健康教育的一种形式，具有较强的针对性。咨询常被认为是对个体的面对面的指导形式，是通过某些人头脑中所储备的知识经验，通过对各种信息的智力加工，起着为决策者充当顾问、参谋、外脑的作用。作为以智力参谋和服务为特点的社会活动，现已成为社会经济、政治活动中辅助决策的重要手段，并逐渐形成一门应用性科学。主要形式有门诊咨询、随访和调查咨询、电话咨询、书信咨询、媒体咨询等。

营养教育与咨询是通过对营养信息的交流，帮助个体和群体获得食物与营养知识，培养健康生活方式的活动和过程。其目的是提高各类人群对营养与健康的认识，消除或减少不利于健康的膳食因素，改善营养状况，预防营养性疾病的发生，提高人们的健康水平和生活质量。

营养教育与咨询除了传播营养知识，还提供促使个体、群体和社会改变膳食行为所必需的营养知识、操作技能和服务能力。因此，对于营养咨询和营养教育的工作人员不仅要具备营养和食品卫生学的专业理论知识，了解经济、社会与文化因素对膳食营养状况的影响，还应具备传播营养知识的技能。

营养教育与咨询是卫生与健康事业的重要组成部分，是提升公众营养健康水平的首选策略，是公认地解决公众营养与健康问题最经济、最有效的策略和措施。

### （三）美容营养教育与咨询

美容营养教育与咨询是为客户提供营养咨询及生活方式指导的重要措施。美容营养教育和咨询是两个密切相关但各自具有不同侧重点的概念。美容营养教育是一种系统的知识传播过程，旨在帮助个人了解营养对皮肤、头发和整体美容的影响。美容营养咨询是一种个性化的服务，旨在根据个人的具体需求和目标提供专业的营养建议。

**考点：美容营养教育与咨询的关系**

## 二、美容营养教育与咨询的对象及内容

### （一）美容营养教育与咨询的主要对象

**1. 普通消费者**　主要是希望了解如何通过饮食和营养改善肌肤状况和整体健康的人群。

**2. 美容行业从业者**　包括美容师、化妆师、营养师等，需掌握相关知识以便为客户提供专业服务。

**3. 特殊人群**　如孕妇、哺乳期女性、皮肤病患者等，他们对美容营养有特定需求。

**4. 学生和专业人士**　学习美容、营养相关专业的学生，或者希望拓展知识的专业人士。

### （二）美容营养教育与咨询的主要内容

**1. 基础营养知识**　主要包括营养素的种类及其功能（蛋白质、脂肪、碳水化合物、维生素、矿物质、水、膳食纤维等）、食物的选择与搭配原则等。

**2. 美容与营养的关系**　主要包括皮肤健康与饮食的关系（如抗氧化食物、$\omega$-3 脂肪酸等）；不同肤质的营养需求（干性、油性、敏感性皮肤等）等。

**3. 饮食建议与计划**　包括针对不同需求的饮食方案（如抗衰老、减肥、美白等）；适合美容的食谱推荐等。

**4. 生活方式与美容** 包括睡眠、运动、心理健康对美容的影响；如何建立健康的生活习惯，提高自我保健能力等。

**5. 其他** 广泛开展群众性营养宣传活动，倡导合理的膳食模式和健康的生活方式，纠正不良的饮食习惯等。

### （三）美容营养教育工作者需要具备的技能

1. 有丰富的专业知识和社会、文化知识。例如，掌握营养学、食品学、食品卫生学、卫生经济学等方面的专业理论知识；了解经济、政策、社会与文化因素对膳食营养状况的影响。

2. 具有较好的语言表达能力和信息传播能力。

3. 具有社会心理学、认知心理学、教育学及行为科学的理论知识基础。

4. 有一定的组织现场协调能力。对高层次人员，还需要能够运用定量技术评价和解释统计分析结果。

**考点：美容营养教育与营养咨询的对象和主要内容**

# 第 2 节 美容营养教育与咨询的相关理论

## 一、知信行模式

知信行模式是行为改变的理论之一，来源于认知理论，最早由英国心理学家科斯特在 20 世纪 60 年代提出。在知信行模式中，“知”是指知识，“信”是指信念、态度，“行”是指行为。该模式认为知识是态度和行为改变的基础，信念是行为改变的动力，行为改变是目标；将公众行为的改变分为获取知识、产生信念及形成行为三个连续过程。

## 二、健康信念模式

健康信念模式是最早用于个体健康行为阐释的理论模型之一，该理论诞生于 20 世纪 50 年代，由美国心理学家霍克巴姆首先提出，后续由贝克和罗森斯托克等加以修改完善而成。

健康信念模式从社会心理学角度，分析影响健康行为的各种因素，强调个体主观心理过程，如期望、思维、推理、态度、信念等，并将其归纳为以下几个与行为改变紧密相关的关键因素。

**1. 感知疾病威胁** 对疾病威胁的感知程度直接影响公众行为动机的产生，包括感知疾病的易感性和严重性。感知疾病的易感性，即个体对自身患某种疾病或出现某种健康问题的可能性的主观判断；感知疾病的严重性，即个体对疾病所产生的躯体、心理和后果严重性的判断。个体越是感到自己患某种疾病的可能性越大，感知患某种疾病的后果越严重，就越有可能采取行动避免疾病的发生。

**2. 感知行为改变的益处和障碍** 包括感知采纳健康行为的益处和采纳健康行为的障碍两个方面。感知采纳健康行为的益处，即个体对采纳健康行为可能带来的益处的主观判断，包括健康状况的改善和其他方面的收益；感知采纳健康行为的障碍，即个体对采纳健康行为可能付出代价的判断，包括身体、心理、时间、费用上的各种代价。

**3. 自我效能** 指个体对自己成功采纳健康行为的能力的评价和判断，以及获得期望结果的信念。自我效能越高，个体越容易采纳并坚持健康行为。

**4. 提示因素** 指促进健康行为发生的因素，是个体行为改变的推动力，包括任何与健康问题有关的促进个体行为改变的关键事件和暗示。例如，身体出现不适症状，大众媒介的健康宣传，医师建议采纳的健康行为，家人或朋友患病等，均可能成为提示因素。提示因素越多，个体采纳健康行为的可能性越大。

**5. 社会人口学因素**　如年龄、性别、民族、人格特点、受教育水平、社会阶层、同伴影响，以及个体所具有的疾病和健康知识等。

## 三、行为改变阶段理论

行为改变阶段理论是由普罗查斯卡和迪克莱门特在 20 世纪 80 年代初提出的，综合了有关心理治疗和行为改变的多种理论，因此，该理论又被称为“跨理论模型”。模型最初来自吸烟行为的干预研究，此后被应用到更为广泛的领域，如酒精和药物滥用、饮食行为干预、久坐生活方式干预等。

行为改变阶段理论认为，个体的行为改变是一个渐进和连续的动态发展过程，一般经过以下几个阶段。

**1. 无打算阶段**　处于这一阶段的人在未来 6 个月内没有改变行为的意向。不打算改变行为的原因主要有以下几种情况：一是没有意识到自身行为问题的存在，不知道行为的后果；二是尝试过改变，却因失败而丧失信心；三是认为没有必要改变。此外，行为改变受生活环境的影响，如周围人的态度和做法会对个人的行为改变产生很大影响，周围人的鼓励、支持、肯定将对个人的行为改变产生积极的影响，反之则会产生消极的影响。

**2. 打算阶段**　处于这一阶段的人打算改变行为，但却一直没有任何行动或准备行动的迹象。这时候他们已经考虑对某些特定行为做出改变，而且已经意识到改变行为可能带来的益处，但是也清楚行为改变的障碍和代价，处于一种矛盾的心态。

**3. 准备阶段**　处于这一阶段的人已经倾向于在近期内采取行动，通常指打算在未来 1 个月内开始采取行动。在这一阶段，人们承诺做出行为改变，并且已经开始有所行动，如制订了行动计划，参加了健康教育课程，做好了一定的心理准备等。

**4. 行动阶段**　处于这一阶段的人已经做出了行为改变，如“我已经开始锻炼”“我已经开始清淡饮食”等，但行动阶段并不等同于行为改变成功。例如，在合理膳食行为干预中，可以把减少能量摄入看成是行动阶段的开始，但还不能认为是行为改变成功。只有把行为改变坚持下来，成为一种生活习惯，并带来预期健康收益，才能认为是一个成功的行为改变。

**5. 维持阶段**　保持行为改变状态超过 6 个月，达到了预期目标。在这个阶段，新行为已经固定下来并成为一种习惯，退回到无准备阶段的风险性降低，环境因素的影响逐步减少，对行为改变的信心在逐步增加。

**考点：知信行模式和健康信念模式**

# 第 3 节　美容营养教育与咨询的形式与方法

营养教育与咨询形式与方法是教育形式、方法在营养与健康领域的具体运用。编制营养教育传播材料、举办美容营养健康知识讲座、开展营养咨询/义诊服务、利用大众媒体/新媒体开展营养与健康相关知识与技能传播，是营养教育工作中常见的形式和方法。开展营养教育项目时，经常会根据工作需要综合使用多种营养教育形式和方法，以期达到最佳营养教育效果。

人际传播是营养健康教育最基本和最重要的途径之一。人际传播活动的成功与否甚至是一项营养教育活动能否取得成功的关键。

## 一、编制营养教育传播材料

营养教育传播材料是营养与健康信息的载体，既是开展营养教育与健康促进活动时使用的宣传资料，也是常用的营养健康传播手段。营养教育传播材料具有科学性、知识性、实用性、艺术性的特点。根据媒介和形式不同，传播材料可分为平面传播材料、音像传播材料和实物传播材料三类。下面重点介绍平面传播材料和音像传播材料的特点及设计要求。

**1. 平面传播材料的制作** 平面传播材料又称印刷资料，指用纸质媒介作为健康知识传播载体的一类传播材料。

（1）平面传播材料的种类及特点 常见的平面传播材料形式有海报（张贴画）、传单（单页）、折页和小册子等。①海报：主要目的是吸引公众的注意力，引起关注，营造氛围。其特点在于有强烈的视觉效果，文字、构图极具夸张、震撼力，画面留白占整张海报的1/3～1/2，信息简单明确，字数少、字号大，多张贴在公共场所。行人路过时，通过短暂的目光扫视，就能获得传播信息。②传单/单页：传单是指印有营养教育信息的单页纸。一般情况下，一张传单只围绕一个主题展开叙述，信息比较简单。优点在于设计简单、制作快捷、成本低廉；缺点是不易保存，吸引力差。最适用于时间紧、任务重、大批量发放时使用，如在开展义诊、举行大型营养讲座时集中发放。③折页：一般是指正反面都印有营养健康知识的单页，其特点是设计精美、图文并茂，有较强的吸引力；内容板块清晰，信息简单明了；便于携带和保存；设计要求、制作成本显著高于单页。④小册子：是指介于折页与图书之间的一种科普读物。一般是就某一营养与健康主题或疾病问题，开展系统、全面的阐述，让目标人群对该主题或疾病问题有一个比较全面的认识。其特点是信息量大、内容系统完整，图文并茂、可读性强、便于携带。受众可以长时间、反复阅读，而且还有保存价值。

（2）平面传播材料的设计制作 ①确定传播信息：对信息的选择主要依据营养教育目标和目标人群对信息的需求情况，结合目标人群的文化水平和接受能力等，选定核心信息（包括确定信息的具体内容、信息的复杂程度及信息量的多少）。核心信息要科学准确、通俗易懂。选择和确定信息时，需要营养专业人员、健康教育专业人员、设计人员共同研究和讨论。在条件允许的情况下，尽可能邀请目标人群参与讨论。②设计初稿：专业人员（营养专业人员、健康教育专业人员、临床医学专业人员等）和设计人员（美编、摄影等）密切配合，根据核心信息所表达内容，设计恰当的表现形式。插图应与内容密切相关，直观易懂，有助于目标人群更好地理解宣传内容；宣传主题和核心信息要醒目、简洁，保证设计初稿在信息准确性、艺术表现、传播效果三个方面具有较高质量。③预试验：将初稿在目标人群中进行预试验。通过个人访谈或小组讨论，了解目标人群是否理解营养教育资料所传播的信息，是否喜欢营养教育资料的表现形式，收集评论意见和修改建议。④修改与定稿：根据预试验结果，对初稿进行修改。如果目标人群对初稿意见或建议较多、修改内容较多时，修改后样稿还需再次进行预试验，直至绝大多数目标人群能正确理解才能通过，最终形成定稿。⑤制作与生产：少量营养教育资料可自行制作完成；大量营养教育资料需要交付制作单位，进行批量生产。⑥发放与使用：针对印刷资料的发放或者张贴使用方法，开展使用人员培训，使其能够正确理解资料的适用范围、目标人群和发放形式，做好资料的发放登记等，也可同时配发使用指南。向目标人群强调学习和使用资料的重要性，引起对方重视；提示资料中的重点内容，引导目标人群加强学习和记忆；讲解具体的使用或操作方法，使目标人群能够遵照有关步骤自行操作。

**考点：平面传播材料的设计制作**

**2. 音像传播材料制作** 营养教育音像资料就是利用视频技术，通过讲解、示范、展示、演示、动画等表现形式将营养与健康知识、技能可视化而形成的一类传播材料。载体包括录像带、光盘、磁盘、移动存储器（U盘、移动硬盘）等，常见的内容表现形式有专题讲座、专家访谈、情景剧、纪录片和动画。音像资料优点是直观、生动、形象，传播效果好，对目标人群的文化水平要求较低，深受广大公众喜爱，是营养教育中经常使用的传播材料。

一个好的音像资料应具备主题明确、信息准确、画面简洁、图像清晰、音质干净、音效和谐等特点。

（1）主题选择 视频资料的主题选择要有针对性，即必须针对目标人群的主要营养与健康问题、营养与健康知识需求、营养与健康相关问题的认识与态度、认识误区、操作技能等。

（2）内容设计 ①有一个明确的主题。②围绕主题，有3～5个板块内容，板块之间有较强的逻辑性。③每个板块包含 3～5 条信息。④信息准确，简单通俗，易于理解和接受。⑤有明确、具体、可行的行为建议或行为指导。⑥禁止歧视、恐吓、暴力、色情的语言及画面。

（3）视听效果　视频资料的特点就是用声音和图像传递信息，因此，视听效果至关重要。视听效果主要包括声音、图像和音效。需要目标人群掌握的重点内容，可以通过画面、文字、色彩、光线、音效等进行强化或突出，以引起观众的重视。①声音：一份好的视频资料对声音质量有较高要求。要求用普通话解说，吐字发音要清晰，语速适中。少数民族地区可以开发本民族语言的音像资料，或将其他语言的音像资料进行本民族语言的配音。具体要求有：语调以中音为标准，客观陈述语气为主；语速适中，以每分钟 200～250 字为宜；音质好，声音干净清晰，无杂音或噪声。②图像：一份好的视频资料，要做到图像清新、画面稳定，色彩清新自然，无杂乱信号（如闪烁、花屏、波纹、偏色、与声音不同步等）。具体要求有：图像清晰，画面稳定；构图合理，色彩自然；画面简洁，能够准确表达主题。③背景音乐：背景音乐要与主题相适宜，以优美、轻松的乐调为主，音量要适中，与解说音量保持合适的对比度，不能影响观众收听解说。具体要求有：背景音乐与主题和谐；音量适中，不影响观众收听解说。

**考点：音像传播材料的内容**

## 二、美容营养健康知识讲座

讲座是开展健康教育工作常用的一种传播方式，属公众传播范畴，是传播者根据受众的某种需要针对某一专题有组织、有准备地面对目标人群进行的营养教育活动。其优点是受众面积大，信息传递直接、迅速，通过口头传播，影响人们的观念，激发人们的思想，从而形成一种严格的思维。缺点是以此种方法传播受众通常较被动、缺乏充分反馈，传播内容不易留存。

营养健康知识讲座是指授课老师借助教学用具，运用教学的方式向教育对象传播营养健康知识和技能的一种活动形式。教学用具包括笔记本电脑、投影仪、幕布、话筒、音响、写字板、写字笔、教具、挂图、实物模型等，授课老师可根据活动规模及经济条件选择使用。

**1. 特点**

（1）专业性强　要求授课老师必须有营养专业背景、有较好的业务水平。

（2）针对性强　要求围绕社区居民的主要营养健康问题和营养健康需求开展。

（3）内容全面系统　要求围绕某一个营养健康问题，全面、系统地讲解相关的知识和技能，信息量大。

（4）对授课老师要求高　要求授课老师不仅业务好，还要有较好的语言表达能力、科普演讲能力和现场组织教学能力。能够通过比喻、举例、类比等语言表达方式，对专业术语、发病机制等进行通俗解释，让社区居民可感受、可理解，提高讲座效果。

（5）受益人数较多　常规营养健康知识讲座，一次讲座听众多在 50 人，人数多者可达上百人。对于某些有组织的大型讲座，一次讲座听众就可以达到几百人甚至是上千人，受益人数较多。

（6）时间不宜太长　以 60～90min 为佳，否则居民难以配合。

**考点：美容营养健康知识讲座的特点**

**2. 主要流程**

（1）确定讲座主题及内容　根据公众或目标人群的主要营养与健康问题、营养与健康教育需求，确定营养健康知识讲座的主题。目标人群不同，面对的主要营养健康问题就不同，因此，讲座的主题和内容也就不同。例如，针对所有老年人，可以宣传普及中国老年人膳食指南，倡导合理膳食模式；针对不同慢性病老年人可分别开展针对高血压、糖尿病、冠心病等膳食指导的主题讲座。

（2）确定授课老师　授课老师应具备良好的专业知识及一定的健康传播技巧，举止得体，语言表达能力强。

（3）编写教案　讲座主题确定后，从目标人群“应知、应会、应做”的角度设计讲座内容，即通过讲座，明确告知目标人群就讲座主题应该掌握哪些知识，应该学会哪些技能，应该养成哪些行为或应该做到哪些要求，让目标人群对所讲健康主题有一个全面、系统的认知。教案内容描述应科学、准确、实用；内容展现要有条理性和逻辑性；文字表述要科普化、通俗化，易于目标人群接受。

（4）落实场地和设备　考虑容纳人数、交通便利、设备条件等因素。根据需要准备背景板、海报、宣传单、展板、宣传册、签到表、效果评价问卷等，用于现场的布置和向目标人群发放。有条件的情况下，可准备一些营养教育传播实物，如限盐勺、控油壶等。

（5）发布通知　及时通过多种途径发布通知，通知内容应包括讲座时间、地点、主题、主要内容、授课老师、主要目标人群。如果准备了营养教育资料（如知识手册）或实物（如限盐勺）也应在通知中写明。

（6）活动实施　提前做好准备工作，授课老师应掌握一定的演讲技巧，语言生动，能通过比喻、举例等多种方式讲解营养健康知识；充分利用教具、实物、模型等辅助教学，涉及技能培训时要安排目标人群进行实操练习；建议采用多媒体教学，在讲座中恰当运用图片、漫画、视频、动画等元素；尽可能采用参与式教学方式，安排提问和互动环节，充分调动听众的积极性。结合讲座主题，发放营养教育资料（如知识手册）或实物（如限盐勺）。注意控制讲座时间。

（7）做好活动记录　根据活动开展的实际情况，做好活动记录，收集和整理签到表、发放营养教育资料登记表、活动照片等，进行资料归档。

**3. 效果评价**

（1）问卷调查　课堂前后发放问卷，了解听众知识掌握情况，对讲座的满意度、意见和建议等。

（2）个人访谈或专题小组讨论　随机选择6～8名听众，以个人访谈或小组讨论的形式，了解听众对讲座内容的理解和掌握情况，对讲座的满意度、意见和建议等。

## 三、营养咨询活动

营养咨询活动是为满足公众对营养健康的需求而提供的一种营养服务的形式，其目标和任务是向求助者提供所需要的营养科学信息和专业技术帮助，使求助者能够自己选择有利于健康的信念、价值观和行为，了解和学习营养健康技能。从传播的角度来说，营养咨询活动是典型的人际交流。

在我国，营养咨询活动较为常见，主要是针对居民主要营养健康问题和营养教育需求，结合各种营养健康主题宣传日，面向辖区居民或目标人群开展的以义诊、咨询等为主要内容的一种营养教育活动形式，如可结合每年的“全民营养周”开展公众营养咨询活动等。营养咨询活动是当前我国营养教育工作的常见活动形式之一，也是广受公众喜爱、具有中国特色的一种营养教育手段。从传播的角度讲，面对面的咨询活动是一种典型的人际交流。常见形式有：门诊咨询、随访咨询、电话咨询、书信咨询、媒介公众咨询等，这种方式简便易行、机动灵活、比较亲切、针对性强。

**1. 特点**

（1）目标人群可直接与传播者交流，可以即时做出反馈，传播者可以即时了解目标人群对信息的接受程度和营养教育效果。

（2）有利于提高营养教育的针对性。由于传播者与目标人群面对面交流，因此，可以直接向目标人群提供针对性的建议，解决目标人群的相关问题。针对目标人群的接受状况，还可针对性地及时调整策略。

（3）可在社区营造营养健康氛围，引导社区居民关注营养相关公共卫生问题，对咨询活动的主题和核心信息起到很好的人际传播作用。

（4）较大规模的咨询活动还可吸引大众媒体报道，形成信息的二次传播及营造良好舆论氛围。

**2. 主要流程**

（1）确定活动主题　根据公众或目标人群的主要营养与健康问题、营养与健康需求，确定活动主题。可以是一次活动一个主题，也可以在一年内围绕已确定的一个或几个主题开展连续的活动。

（2）确定活动内容 首先，需确定活动口号，要求响亮、朗朗上口，具有较好的倡导和动员效果，能够吸引目标人群参与。其次，应确定活动形式，可考虑的活动形式包括咨询、义诊、发放/播放营养教育材料、简单体检（身高、体重、腰围等）、体验活动、知识问答等。

（3）确定活动时间和地点 时间和地点的选择主要考虑是否方便居民参加，如利用周末、节假日，在集市、广场、活动中心等举办。

（4）确定目标人群 根据活动主题及活动内容确定目标人群，涉及面不一定非常大，可以考虑将目标人群定得局限一点，如“高血压日”健康咨询活动可将目标人群定为辖区内高血压患者及其家属。

（5）准备活动资料 包括宣传横幅（活动口号、主题、核心信息）、展板、海报、文档资料、营养教育资料、实物资料（限盐勺、控油壶等）、仪器、音像播放设备等。

（6）组织目标人群 根据目标人群的分布情况，可通过多种工作渠道召集目标人群。例如，通过工作网络通知，在公共信息栏张贴活动海报等。

（7）组织实施咨询活动 提前做好活动场地的布置，如悬挂横幅、张贴海报/张贴画、摆放桌椅和展板、摆放演示模型/教具、摆放平面宣传资料、放置和调试音像设备等。按照计划开展咨询活动，并对咨询人数及主要内容进行简要记录；发放营养教育资料，对发放数量进行登记；讲解与展示营养教育资料和实物；开展现场咨询和（或）现场测试工作；开展其他计划中的项目。

（8）做好活动记录 根据活动开展的实际情况，及时填写、收集、整理“公众营养咨询活动记录表”“工作人员签到表”“咨询信息登记表”及整理活动照片等，进行归档。

**3. 效果评价** 通过个人访谈或专题小组讨论，了解目标人群对活动的满意度、对营养教育资料的理解和接受程度、对活动的意见和建议。

**考点：美容营养咨询活动的主要流程**

## 四、大众媒介传播

大众媒介传播是指职业性的信息传播机构和人员通过广播、电视、电影、报纸、期刊、书籍等大众媒介和特定传播技术手段，向范围广泛、人数众多的社会人群传递信息。

**1. 特点**

（1）覆盖面广 大众媒介的网络几乎覆盖了整个社会的各个角落。

（2）时效性高 传播信息及时、高效，尤其是新媒体传播。

（3）舆论导向性 负有重大的舆论导向和社会责任。

（4）影响力大 受众人群广泛，发布机构资质得到官方认证，发布信息自带官方色彩，有较强的权威性。

**2. 主要流程**

（1）确定传播主题 根据目标人群的主要营养与健康问题、营养与健康需求，确定传播活动的主题。

（2）确定传播内容 围绕传播主题，确定传播信息。根据项目目标，结合公众关心的问题，设置传播话题，准备宣传口径和问答，开展营养传播。

（3）选择媒介 选择媒介应考虑媒介效应、传播活动覆盖面、拥有该种媒介的受众比例、经费和其他资源情况，还要考虑是否适合特定信息的表达。

（4）设计传播方案 对活动的形式、内容、时限等进行设计，设计时应包括健康教育专家、营养专业专家、传媒专家等多方面人才。

（5）签订协议书并实施大众媒介宣传。

**3. 效果评价** 通过个人访谈或专题调查，了解目标人群的活动参加率、认知度、记忆度和理解度等。

## 五、新媒体传播

新媒体是利用数字和现代通信技术，使信息传播突破时间和空间的限制，同时使信息发布者、传播者、接受者这三种角色不再被严格区分的信息传播模式。

**1. 特点**

（1）方便快捷　信息技术的发展使得文字、图像、声音等各种传播内容都能够转化为数字信号并在网络上传播，信息的发布和浏览不受时间和空间的限制。

（2）形式多样　新媒体可以整合多种传播形式进行传播，促使传播效果最大化。

（3）交流互动　这是新媒体最为重要的特点，即传播者和受众之间，以及受众和受众之间的沟通更加方便及时。

（4）信息量大　可以拥有海量信息，且信息可以长期保留。

（5）个性化　用户可以针对性地定制或发布自己感兴趣的内容。

在此背景下，营养教育工作者要强化“互联网+ ”思维，突破媒介壁垒，积极运用好各类媒体，最大限度地扩大传播的有效覆盖面。

**2. 主要流程**

（1）确定传播主题　根据工作需要、舆情监测、热点问题、项目要求等，确定传播主题。

（2）确定传播内容　围绕传播主题，设置传播话题，确定传播信息。

（3）设计传播形式　一是内容设计，二是视觉设计。文字内容要简短、准确、精练，使用图表、插图、视频等帮助表达内容。

（4）发布信息　选择合适的媒介进行信息发布，包括网站、微博、微信、客户端等。选择媒介原则：效果原则、速度原则、经济原则。

（5）交流与互动　通过良好的互动，及时了解受众需求与反馈，为受众针对性地推送信息。除了简单的回复、转发等功能外，还可有读完后答题、答对后获取积分等形式互动，增加趣味性和活动黏性，提升传播效果。

**3. 效果评价**　通过点击量、转发量、点赞量、评论区留言等进行效果评价。

除了上述方法以外，还可采取小组活动、个别劝导及培训等方法。小组活动是以目标人群组成的小组为单位开展营养教育活动，如班组活动、妈妈学习班等。小组活动属于小群体传播范畴，由于受教育对象置身于群体中，受群体意识、群体规范、群体压力、群体支持的影响，而更容易摒弃旧观念，接受新观念，发生知、信、行的改变。个别劝导是针对某一个干预对象的特殊不健康行为和具体情况向其传授健康知识、教授保健技能，启迪其健康信念，说服其改变态度和行为。这是行为干预的主要手段。培训是针对干预对象的需求进行培训。这种培训是培训者和受教育者面对面进行的，交流充分、反馈及时，培训者可以运用讲解、演示等方法逐步使受训者理解和掌握健康保健技能。这种培训不同于一般的知识培训，具有针对性强、目标明确、现学现用的特点。这种方式在健康教育活动中是不可缺少的，也是促进受训对象建立健康行为的重要环节。

**考点：新媒体传播的特点**

## 目标检测

### A1 型题

1. 下列关于大众传播的特点不正确的是（　　）。
   A. 信息公开
   B. 传播对象不确定
   C. 信息扩散迅速而广泛
   D. 信息反馈速度缓慢且缺乏自发性
   E. 影响力大
2. 以下关于营养教育的目的描述不正确的是（　　）。
   A. 治疗疾病

B. 消除或减轻影响健康的膳食营养的危险因素
C. 改善营养状况
D. 预防营养性疾病的发生
E. 提高人们的健康水平和生活质量

3. 美容营养健康知识讲座的时间一般以（　　）为佳。
A. 60～90min　B. 50～60min
C. 40～50min　D. 30～40min
E. 20～30min

4. 美容营养教育的主要内容不包括（　　）。
A. 基础营养知识　B. 美容与营养的关系
C. 饮食建议与计划　D. 如何治疗疾病
E. 生活方式与美容

5. 打算改变行为，但却一直没有任何行动或准备行动的迹象，属于行为阶段改变理论的哪一阶段（　　）。
A. 无打算阶段　B. 打算阶段
C. 准备阶段　D. 行动阶段
E. 维持阶段

**X 型题**

6. 美容营养教育的基本方法有（　　）。
A. 讲座　B. 小组活动
C. 个别劝导　D. 培训
E. 咨询

7. 美容营养教育和咨询的主要对象有（　　）。
A. 普通消费者　B. 美容行业从业者
C. 孕妇、乳母　D. 学生
E. 专业人士

8. 营养教育工作者需要具备的技能包括（　　）。
A. 专业知识
B. 文化知识
C. 现场协调能力
D. 语言表达信息传播能力
E. 社会知识

9. 大众传播是营养教育常利用的工具，其特点是（　　）。
A. 传播的信息是公开的
B. 传播的信息面对一部分人群
C. 传播对象互相有联系
D. 大众传播是单向的
E. 传播信息扩散迅速

10. 营养咨询的主要形式包括（　　）。
A. 门诊咨询　B. 随访和调查咨询
C. 电话咨询　D. 媒体咨询
E. 书信咨询

（赵　琼）

# 实训指导

## 实训 1 食物成分表的使用及膳食营养素参考摄入量的查询

**【实训目的】**

1. 学会《中国食物成分表》（标准版第 6 版）的使用方法和《中国居民膳食营养素参考摄入量（2023 版）》的查询方法。知道食物成分数据的表达方式和相关营养素的单位转换折算方法。

2. 能准确查询所给食物的各种营养成分含量及所指定人群的热能和营养素需要量。

3. 培养遵守职业道德、尊重知识产权、保护客户隐私等职业素养，为今后的职业发展奠定良好的基础；学会分工协作、沟通交流，提高团队协作能力和人际交往能力，培养团队精神；学会从食物成分表和相关数据库中高效获取所需的营养信息，提高信息素养。

**【实训学时】**2 学时。

**【实训准备】**《中国食物成分表》（标准版第 6 版）、《中国居民膳食营养素参考摄入量（2023 版）》、记录纸、笔等。

**【实训要求】**

1. 教师讲解食物成分表中各数据的意义，给出实训案例，举例讲解如何利用食物成分表查询其中所含热量及各种营养素的方法。

2. 学生查询实训案例中各种食物所含热量及各种营养素的量；查询案例中张女士热量及各种营养素的需要量。

3. 教师巡回指导学生各种食物中所含热量及营养素的查询方法及热量和各种营养素的需要量的查询方法。

4. 学生按要求完成实训报告。

**【实训内容】**

**1. 食物成分表的查询及使用**

顾客张女士，38 岁，轻体力劳动，生理功能正常。经调查，张女士一天所吃食物见实训表 1-1，请查询其所摄入的各种食物的热量及各营养素的量，完成实训表 1-2。

（1）食物营养成分的查询　教师以豆腐干（熏干）为例进行食物营养成分的查询。查询《中国食物成分表》（标准版第 6 版）第一册得知，豆腐干（熏干）的食物编码为 03-1-518，豆腐干（熏干）属 03 类（干豆类及制品）中 1 亚类（大豆）；在干豆类及制品中属大豆类第 518 条食物。其食部为 100%，查到其每 100g 食部营养成分如下：能量 154kcal、蛋白质 15.8g、脂肪 6.2g、碳水化合物 8.8g、维生素 A 1μg RAE、胡萝卜素 10μg、硫胺素 0.03mg、维生素 $B_2$ 0.01mg、维生素 C 和维生素 E 未检测、钙 173mg、铁 3.9mg 等。

（2）计算 75g 豆腐干（熏干）各营养素含量　计算 1000g 食物中营养成分的含量可用下面的公式：

$$X=A\times 10\times \mathrm{EP}$$

式中，$X$ 为 1000g 市售食物中某营养素的含量；$A$ 为食物成分表中每 100g 可食部中该种营养素的含量；EP 为食物成分表中可食部比例%；10 为由 1000g 市品折合成 100g 时的计算系数。75g 豆腐干（熏干）各营养素含量计算结果见实训表 1-2。

（3）学生完成其余食物的查询及计算，将结果填写在实训表 1-2 中。

**实训表 1-1　张女士一天所吃食物**

| 菜单 | 原料及用量（g） |
|---|---|
| 煮鸡蛋 | 鸡蛋 50 |
| 米饭 | 大米 100 |
| 红烧牛肉 | 牛肉 50 |
| 素炒小白菜 | 小白菜 150 |
| 水果 | 香蕉 75 |
| 炒豆腐干 | 豆腐干（熏干） 75 |

**实训表 1-2　各食物中所含营养素的查询及计算结果**

| 食物名称 | 毛重（g） | 净重（g） | 蛋白质（g） | 脂肪（g） | 碳水化合物（g） | 能量（kcal） | 钙（mg） | 铁（mg） | 维生素A（μgRAE） | 胡萝卜素（μg） | 硫胺素（mg） | 维生素 $B_2$（mg） | 维生素C（mg） | 维生素E（μg） |
|---|---|---|---|---|---|---|---|---|---|---|---|---|---|---|
| 豆腐干（熏干） | 75 | 75×100%=75 | 75×15.8%=11.85 | 75×6.2%=4.65 | 75×8.8%=6.6 | 75×154%=115.5 | 75×173%=129.75 | 75×3.9%=2.925 | 75×1%=0.75 | 75×10%=7.5 | 75×0.03%=0.0225 | 75×0.01%=0.0075 | — | — |
| | | | | | | | | | | | | | | |
| | | | | | | | | | | | | | | |
| | | | | | | | | | | | | | | |
| 合计 | | | | | | | | | | | | | | |

**2.《中国居民膳食营养素参考摄入量（2023 版）》的查询**

（1）教师以张女士的能量需要量为例进行讲解　首先在《中国居民膳食营养素参考摄入量（2023 版）》分类总表的“膳食能量需要量”表中找到张女士所属于的年龄阶段 30 岁～，然后找到性别“女性”，找到其劳动强度 PAL Ⅰ，与 30 岁～相交的数值即为其膳食能量需要量，张女士的膳食能量需要量为 1700kcal/d。

（2）学生完成其余营养素的查询，将结果填写在实训表 1-3 中。

**实训表 1-3　张女士膳食营养素参考摄入量的查询结果**

| | 蛋白质（g） | 脂肪（g） | 碳水化合物（g） | 能量（kcal） | 钙（mg） | 铁（mg） | 维生素A（μgRAE） | 胡萝卜素（μg） | 硫胺素（mg） | 维生素 $B_2$（mg） | 维生素C（mg） | 维生素E（μg） |
|---|---|---|---|---|---|---|---|---|---|---|---|---|
| 膳食营养素参考摄入量 | | | | 1700 | | | | | | | | |

**【实训步骤】**

1. 实训分组，本实训 2 个同学一组，小组内分工。
2. 根据实训案例给出的食物及重量查阅食物成分表。
3. 计算出张女士所吃的每种食物中能量及各种营养素含量。
4. 查询张女士各营养素的膳食需要量。

【实训结果与讨论】

1. 各食物中所含营养素的查询及计算结果。

2. 张女士膳食营养需要量的查询结果

3. 小组讨论本次实训遇到的问题，分享收获，总结经验，讨论实训结果等。

【注意事项】

1. 注意食物的毛重与净重（食部）的区别。

2. 在计算食物中营养素的过程中要用食物的净重计算。

3. 确保使用最新、权威的食物成分表版本。

4. 认识到膳食营养素参考摄入量是一个动态的概念，会随着科学研究的进展和人群营养状况的变化而不断更新。关注相关领域的最新研究成果和官方发布的更新信息，及时调整查询和应用的参考值。

【实训报告格式要求】该要求适用于本教材所有实训项目。

1. 实训目的。

2. 实训内容。

3. 实训步骤，明确写出每一步的过程及结果。

4. 实训结论，评估结论和合理化建议。

5. 总结收获及需要加强的地方。

（赵　琼）

# 实训 2　人体能量的确定

【实训目的】

1. 学会《中国居民膳食营养素参考摄入量（2023 版）》的查询方法；学会用不同方法确定顾客一日能量需要量。

2. 能根据不同体力活动计算每日能量需要量。

3. 培养实事求是、耐心细致、一丝不苟的工作作风。

【实训学时】2 学时。

【实训准备】《中国居民膳食营养素参考摄入量（2023 版）》、纸、笔等。

【实训要求】

1. 教师引导学生复习《中国居民膳食营养素参考摄入量（2023 版）》的查询方法，给出实训案例，举例讲解如何确定每日能量需要量。

2. 学生按老师讲解的方法确定教师所给案例的能量需要量。

3. 学生按要求完成实训报告。

【实训内容】

**1. 教师示教**

张先生，50 岁，身高 170cm，体重 68kg，为办公室职员，下班后的主要活动为接孩子放学，请确定其一日能量需要量。

（1）查表法　根据年龄、性别、体力活动和特殊需求，查《中国居民膳食营养素参考摄入量（2023 版）》（附录），确定每日所需的能量。张先生每天下班后主要活动为接孩子放学，确定张先生身体活动为轻体力劳动，查询附录，确定能量需要量为 1950kcal/d。

（2）计算法

1）根据标准体重进行计算

A. 判断体型　计算 BMI=体重（kg）÷身高（m）$^2$，张先生的 BMI=68÷1.7$^2$≈23.5，为正常体型。

B. 计算标准体重　标准体重=身高－105=170－105=65（kg）

C. 确定劳动强度　张先生为轻体力劳动。

D. 计算一日能量需要量　一日能量需要量=标准体重×每千克标准体重能量供给量。查实训表2-1得知张先生每日能量供给量为35kcal/kg标准体重，张先生每日能量需要量为35×65=2275kcal。

实训表 2-1　成人每日能量供给量估算表（kcal/kg 标准体重）

| 体型 | 体力活动水平 | | | |
|---|---|---|---|---|
| | 极轻 | 轻度 | 中度 | 重度 |
| 消瘦 | 35 | 40 | 45 | 45～55 |
| 正常 | 25～30 | 35 | 40 | 45 |
| 超重 | 20～25 | 30 | 35 | 40 |
| 肥胖 | 15～20 | 20～25 | 30 | 35 |

2）根据基础能量消耗进行计算

A. 根据中国营养学会建议，18～49岁成年人BMR公式如下。

BMR（kcal/d）=14.52*W*–155.88*S*+565.79。*W*：体重（kg）；*S*：性别，男=0，女=1。计算张先生的BMR=14.52×68–155.88×0+565.79≈1553.2kcal/d

B. 根据50～64岁人群的BMR较18～49岁下调5%，65～74岁较18～49岁下调7.5%，75岁以上较18～49岁下调10%。张先生为50岁，应下调5%，故BMR=1553.2kcal/d×95%≈1475.5kcal/d。

C. 根据公式总能量消耗（TEE）=基础代谢率（BMR）×身体活动水平（PAL）计算总能量消耗，查表2-1得知张先生的身体活动水平PAL为1.4～1.5，则张先生每天的总能量消耗（TEE）=1475.5×1.4～1475.5×1.5≈2066～2213kcal。

**2. 学生练习**

案例：顾客王女士，38岁，身高160cm，体重55kg，教师，平时工作繁忙，不喜欢运动。请用老师示教的三种方法确定其一日总能量。

**【实训步骤】**

1. 判断王女士的体力活动分级。
2. 查表确定王女士的每日总能量。
3. 根据BMI判断王女士的体型。
4. 计算王女士的标准体重。
5. 查表确定王女士每千克标准体重能量供给量。
6. 用标准体重计算王女士每日能量需要量。
7. 计算王女士的BMR。
8. 用BMR计算王女士的总能量消耗。

**【实训结果与讨论】**

1. 三种方法计算的王女士所需能量。
2. 小组讨论本次实训遇到的问题，分享收获，总结经验，讨论实训结果（三种方法结果的差异）等。

**【注意事项】**

1. 查表法只适用于健康人。
2. 准确记录被测者的年龄和性别，因为不同性别和年龄段的基础能量消耗存在差异，这是后续选择合适计算公式的重要依据。

（李珊珊　练雪梅）

# 实训 3　食品标签的解读

【实训目的】

1. 能够全面理解食品营养标签的基本概念、作用、组成部分及其在食品包装中的位置与展示方式；学会阅读并准确解读营养标签上的各项数据，包括能量、蛋白质、脂肪、碳水化合物、钠等核心营养素的含量及其占总能量或营养素参考值（NRV）的百分比。

2. 具备将理论知识应用于具体情境、解决实际问题的能力；具备独立解读并分析食品营养标签的能力，能够针对特定人群（如儿童、老年人、慢性病患者等）提供个性化的饮食建议。

3. 树立起科学的健康饮食观念，认识到合理膳食对于预防疾病、促进健康的重要性；激发求知欲和探索精神，培养终身学习的意识。

【实训学时】2 学时。

【实训准备】

1. 理论知识准备　学习食品营养标签的相关法规、标准、定义及 NRV 等内容。

2. 资料收集　收集不同类型预包装食品的营养标签样本，如饼干、牛奶、饮料等。

3. 工具准备　计算器、笔、纸、电子秤等。

【实训要求】

1. 严格遵守实验室纪律，认真操作，注意安全。

2. 独立完成实训任务，准确记录数据和观察结果。

3. 分析问题时要思路清晰，条理清楚，逻辑严密。

4. 实训结束后，提交实训报告。

【实训内容】

**1. 教师讲解食品营养标签的相关知识**

（1）食品营养标签的相关概念

1）预包装食品：2025 年 3 月 16 日，中华人民共和国国家卫生健康委员会和国家市场监督管理总局发布了《食品安全国家标准 预包装食品标签通则（GB7718—2025）》《食品安全国家标准 预包装食品营养标签通则（GB28050—2025）》，从 2027 年 3 月 16 日起实施。根据《食品安全国家标准 预包装食品标签通则（GB7718—2025）》，预包装食品是指预先包装或者制作在包装材料、容器中的食品，包括预先定量包装或者预先定量制作在包装材料、容器中并且在一定量限范围内具有统一的质量或体积或长度标识的食品；也包括预先包装或者制作在包装材料、容器中以计量方式销售的食品。

2）食品标签：是指食品包装上的文字、图形、符号及一切说明物。

3）营养标签：根据《食品安全国家标准 预包装食品营养标签通则（GB28050—2025）》，营养标签是预包装食品标签的组成部分，是指预包装食品标签上向消费者提供的有关食品营养信息和特性的描述与说明，包括营养成分表、营养声称和营养成分作用声称及其他补充信息。

4）营养成分表：是指标有食品能量和营养成分名称、含量及其占营养素参考值百分比的规范性表格，是营养标签的核心（见实训表 3-1）。营养成分是指食品中具有的营养素和其他有益于生理功能的食物成分。营养素参考值（nutrient reference value，NRV）是专用于营养标签比较食品能量和营养素含量水平的参考值。NRV 的制定依据为《中国居民膳食营养素参考摄入量（2023 版）》，适用于 36 月龄以上（>36 月龄）人群食用的预包装食品营养标签。根据单位质量（每 100g、每 100ml 或每份）食品可食部中营养素含量占 NRV 的百分比，可以计算营养素参考值百分比，记为营养素参考值%或 NRV%。

5）营养声称：是指对食品营养特性的描述和说明，包括含量声称和比较声称。含量声称是对食品中能量或营养成分含量水平的描述和说明，含量声称用语包括“含有”“来源”“高”“富含”“低”“无”“不含”“瘦”等，如实训表 3-1 中的“高钙饼干”；比较声称是与同类食品比较，对食品能量或营养成分含量水平变化状况的描述和说明，比较声称用语包括“增加”或“减少”等。

6）营养成分作用声称：是指对某营养成分可以维持人体正常生长、发育和正常生理功能作用的描述和说明，如实训表 3-1 中的“钙是人体骨骼和牙齿的主要组成成分”。

（2）食品营养标签的作用　制定食品营养标签可以指导和规范食品营养标签的标示，引导消费者合理选择食品，促进膳食营养平衡，保护消费者知情权和身体健康。

**2. 食品营养标签的基本要求**

（1）预包装食品应标示营养标签，所标示的任何营养信息和特性说明，应真实、客观，不得标示虚假信息，不得夸大产品的营养作用或其他作用。

（2）预包装食品营养标签应使用规范的汉字。如同时使用少数民族文字或外文，其内容应当与汉字含义一致，字高不得大于汉字的字高。

（3）营养成分表应清晰、醒目、持久，以一个“方框表”的形式标示（特殊情况除外），方框表需与包装或标签的基线垂直，表头为“营养成分表”。

（4）营养成分表中能量和营养成分含量应以每 100g 和（或）每 100ml 和（或）每份可食部中具体数值标示；以每份进行标示时，应在同一版面标明每份食品的质量或体积。

（5）营养标签格式应符合《食品安全国家标准 预包装食品营养标签通则》（GB28050—2025）附录 B“营养标签格式规范”的要求，食品企业可根据食品的营养特性、包装面积大小和形状等因素进行选择。

（6）营养标签应标在向消费者提供的最小销售单元的包装上。

（7）进口预包装食品的营养标签标示内容应符合本标准的规定。

**3. 食品营养标签与食品标签的关系**　食品标签是向消费者传递产品信息的载体，可以帮助消费者了解食品、认知食品、辨别食品。做好包装食品标签管理，既是维护消费者权益、保证产业健康发展的有效手段，也是实现食品营养与安全科学管理的适宜途径。营养标签是食品标签的重要组成部分，不仅包括了与当前居民健康最密切相关的营养成分含量数据，也包括宣传、推广营养知识、推介产品选择的重要信息。对于专门为有特殊身体和生理状况或疾病、紊乱等状态下有特殊膳食需求的人群设计、加工、制作的食品，如婴幼儿配方食品、婴幼儿辅助食品、特殊医学用途食品和其他特殊膳食用食品，《食品安全国家标准 预包装特殊膳食用食品标签通则》（GB 13432—2013）对标签标示内容和营养要求给出了相应的规定。

**4. 食品营养标签的组成**

（1）营养成分表　营养成分表由三列组成（见实训表 3-1），其中第一列的列标题为“项目”，内容为能量及标示的营养成分的名称。根据《食品安全国家标准 预包装食品营养标签通则（GB28050—2025）》，所有预包装食品营养标签强制标示的内容包括：①能量、蛋白质、脂肪、饱和脂肪（或饱和脂肪酸）、碳水化合物、糖、钠的含量及其 NRV%。②除此以外的其他营养成分，若进行营养声称或营养成分作用声称时，应在营养成分表中标示出该营养成分的含量及其 NRV%，如实训表 3-1 中标示了“钙”的含量及其 NRV%。③当预包装食品使用了营养强化剂，应在营养成分表中标示出食品中强化营养成分的含量及其 NRV%。④当食品或其配料生产过程中使用了氢化和（或）部分氢化油脂时，应在营养成分表中标示出反式脂肪酸的含量。⑤预包装食品应在营养成分表下方标示“儿童青少年应避免过量摄入盐油糖”。

第二列为能量及营养成分的含量，其列标题通常为每 100g 或每 100ml 或每份，下面的数值用每 100g 或每 100ml 或每份食品可食部中的具体数值来标示。实训表 3-1 中表示每 100g 该固体食品的能量值、蛋白质、脂肪及饱和脂肪、碳水化合物及糖、钠和钙的含量。

第三列为该单位重量食物中的能量或标示的营养成分占 NRV 的百分数。其列标题通常为营养素参考值%或 NRV%，如钠的 NRV 为 2000mg，图示饼干每 100g 含钠量为 192mg，相当于钠的 NRV 的约 10%（192÷2000×100%）。

| 实训表 3-1 某高钙饼干营养成分表 | | |
|---|---|---|
| 项目 | 每 100g | NRV% |
| 能量 | 2030kJ | 24% |
| 蛋白质 | 6.8g | 11% |
| 脂肪 | 20.2g | 34% |
| —饱和脂肪 | 14.0g | 70% |
| 碳水化合物 | 67.5g | 23% |
| —糖 | 20.3g | — |
| 钠 | 192mg | 10% |
| 钙 | 250mg | 31% |

钙是人体骨骼和牙齿的主要组成成分。
儿童青少年应避免过量摄入盐油糖。

（2）营养声称　营养声称必须符合相应的含量要求和限制性条件，如每 100g 食品中钙含量≥30%NRV，符合“高”钙含量营养声称条件（实训表 3-1 中钙含量为 31%NRV）。比较声称用语包括“增加”或“减少”等，如与参考食品比较，能量值减少 25%以上（含 25%）可以声称“减少能量”。同时符合含量声称和比较声称的要求时，可以使用其中一种或者同时使用两种声称方式。

（3）营养成分作用声称　当能量或某营养成分的含量标示值符合营养声称的含量要求和限制性条件时，可使用标准中相应营养成分的一条或多条作用声称标准用语。不得对营养成分作用声称用语进行任何形式的删改、添加和合并。例如，钙的标准用语包括 5 条：钙是人体骨骼和牙齿的主要组成成分；钙是骨骼和牙齿的主要成分，并可维持骨密度；钙有助于骨骼和牙齿的发育；钙有助于骨骼和牙齿更坚固；钙是正常的神经和肌肉功能所必需的。实训表 3-1 中使用的是第一条。

**5. 教师示教食品营养标签的解读**

案例：王大娘，54 岁，身高 151cm，体重 49kg，血压 138/83mmHg，血脂、血糖正常，中等活动水平。实训表 3-2 是某全麦燕麦片营养成分表，请完成 NRV%的计算并分析该产品是否适合王大娘作为早餐食用。

| 实训表 3-2 某全麦燕麦片营养成分表 | | |
|---|---|---|
| 项目 | 每 100g | NRV% |
| 能量 | 1378kJ | 17% |
| 蛋白质 | 11g | |
| 脂肪 | 6g | |
| —饱和脂肪酸 | 1g | |
| 碳水化合物 | 62g | |
| —糖 | 5g | |
| 钠 | 320mg | |
| 膳食纤维 | 12g | |

（1）查询 DRIs，记录王大娘能量及各营养素的 RNI 能量 1950kcal，蛋白质 55g，脂肪占总能量 20%～30%（饱和脂肪酸＜10%），碳水化合物占总能量 50%～65%（添加糖＜10%），钠 1500mg，膳食纤维 25～30g。

（2）计算 NRV%，填入实训表 3-2 中，教师以能量为例计算，其余的由学生计算。能量的NRV%=1378÷4.2÷1950×100%≈17%。

（3）营养成分分析

1）能量：每 100g 提供 1378kJ（328kcal）的能量，NRV%为 17%，建议早餐能量占全天 30%，则需 585kcal 能量，摄入 200g 左右能为上午提供充足的能量，适合王大娘早餐时食用。

2）蛋白质：对于维持肌肉健康和增强饱腹感非常重要。每 100g 全麦燕麦片提供 11g 的蛋白质，摄入 200g 能提供 22g 蛋白质，能满足早餐蛋白质需求（55×30%=16.5），符合平衡膳食三餐分配要求；占早餐总能量的 15%，符合宏量营养素可接受范围。

3）脂肪：总脂肪 6g，饱和脂肪酸 1g，表明该产品相对低脂，适合健康饮食。

4）碳水化合物：早餐摄入 200g 能提供碳水化合物 124g，提供 496kcal 能量，约占早餐能量的 85%，碳水化合物充足，其中糖含量较低（5g），适合控制糖分摄入的人群。

5）膳食纤维：早餐摄入 200g 可提供 24g 的膳食纤维，有助于改善消化，增加饱腹感，对控制体重有利。

6）钠：每 100g 提供 320mg 的钠，高血压患者需注意适量摄入。

（4）健康影响讨论

1）优点：高纤维和高蛋白质，有助于增强饱腹感，适合减肥或保持健康体重的人群。糖分含量低，适合糖尿病患者或需要控制糖摄入的消费者。

2）缺点：钠含量较高，需控制摄入，尤其是对有高血压风险的人群。

（5）结论与建议　通过对“全麦燕麦片”营养标签的分析，可以看出其作为早餐食品的优越性。消费者在选择时应注意以下几点。

1）根据个人需求选择：考虑自身健康状况，选择适合自己需求的食品。

2）结合其他食物搭配：可与牛奶或水果搭配，增加营养摄入。

3）关注整体饮食结构：平衡饮食，确保各类营养成分的摄入。

由于王大娘血压偏高，未达到诊断高血压标准，故该产品适合王大娘早餐适量食用。

**6. 学生完成营养标签解读**

案例：张先生，59 岁，身高 167cm，体重 69kg，最近查出腰椎骨质疏松，血脂异常，血压正常，请分析实训表 3-3 的低脂酸奶是否适合张先生食用？

实训表 3-3　某低脂酸奶营养成分表

| 项目 | 每 100g | NRV% |
|---|---|---|
| 能量 | 210kJ | |
| 蛋白质 | 4g | |
| 脂肪 | 1g | |
| —饱和脂肪酸 | 0.3g | |
| 碳水化合物 | 8g | |
| —糖 | 5g | |
| 钠 | 50mg | |
| 钙 | 120g | |
| 维生素 D | 1μg | |

（1）解读食品营养标签的基本格式和内容，包括营养成分表、营养声称和营养成分功能声称。

1）查看产品名称：了解食品的基本信息。

2）阅读配料表：分析食品的主要成分及其含量。

3）计算该产品的 NRV%。

4）解读营养成分表：详细阅读并记录各项营养成分的含量及 NRV%。

5）识别营养声称：识别并理解食品包装上的营养声称内容。

（2）分析不同食品的营养成分，比较其营养价值差异。

1）比较不同食品的营养成分差异。

2）根据个人营养需求，分析并选择适合的食品。

**7. 教师点评** 对学生的表现进行总结，解答疑问。

**8. 实训报告** 学生按要求完成实训报告。

**【实训步骤】**

1. 实训分组，本实训 4 个同学一组，小组内分工；提前实地查看收集超市或商店中的各种奶制品的食品标签并进行记录或拍照。

2. 根据实训案例选择各自需要分析的食品标签样本。

3. 按要求完成实训内容，读取并记录所选食品的营养标签信息。

**【实训结果与讨论】**

1. 以表格或图表形式展示不同食品的营养成分数据。

2. 分析各食品在能量、蛋白质、脂肪、碳水化合物等方面的差异。

3. 探讨不同人群（如肥胖患者、糖尿病患者等）如何根据营养标签选择适合的食品，为实训案例中的张先生选择正确的食品。

4. 讨论营养标签在实际生活中的应用及其重要性，提出改善饮食习惯的建议。

5. 小组讨论本次实训遇到的问题，分享收获，总结经验等。

**【注意事项】**

1. 在解读营养标签时，应注意信息的完整性和准确性，避免误导性信息。

2. 注意不同国家和地区营养标签标准的差异，避免混淆。

3. 在进行营养分析和选择时，应结合个人实际需求和健康状况，综合考虑各项营养素的摄入。

4. 实训过程中应保持环境整洁，遵守实验室规定，确保安全。

5. 实训报告应真实反映实训过程和结果，不得抄袭或篡改数据。

6. 鼓励在讨论中提出问题，促进思维碰撞和知识分享。

7. 确保所选食品在有效期内，避免使用过期食品进行分析。

8. 在讨论环节，尊重他人选择，不对个人饮食习惯进行评价。

（赵 琼）

# 实训 4 食物重量的估计

**【实训目的】**

1. 学会在膳食调查中应用食物重量估计的方法估计食物的重量。

2. 能对各类常见食物进行较为准确的重量估计。

3. 培养观察判断力、问题解决能力，培养严谨的工作态度。

**【实训学时】** 2 学时。

**【实训准备】** 食物秤、标准容器（容积 250ml 的碗、直径 20cm 的盘子、容积 250ml 的杯子、瓷勺、限盐勺）、手势（ppt 或图纸）、IC 卡、食物标准图谱、标准食物模型、记录表、笔等。

**【实训要求】**

1. 教师讲解常用食物重量估计的方法，包括手势、参照物、标准容器、食物标准图谱等工具的使用。

2. 学生对照食物标准图谱、标准食物模型，对真实食材进行重量估计练习。

3. 教师巡回指导学生各种食物重量估计的方法，收集常见错误和典型问题，总结反馈。

4. 学生按要求完成实训报告。

【实训内容】

**1. 利用标准容器、手势估重**

顾客王女士，33 岁，轻体力劳动，生理功能正常，来我机构进行体重管理。现需了解其膳食营养状况，对其进行为期 3 日的膳食调查，王女士每日烹饪前会对食材进行拍照，微信传给营养师评估。

（1）教师展示讲解各类估重标准容器适用的常见食物类别：碗主要用于衡量主食、液体类食物；盘子主要衡量副食；杯子用于衡量液体食物；10ml 瓷勺和限盐勺用于衡量油、盐等调味品。

老师示范标准手势，讲解手势适用的各类食物：掌心用于衡量片状食物量；单手捧用于衡量大豆、坚果等颗粒状食物，双手捧用于衡量切碎或块状蔬菜；一拳用于衡量球形、块状食物。

（2）学生使用电子秤称量食物重量，再将食物放置在估重工具中，记忆其容积大小和对应重量。

（3）学生利用估重工具对未知重量的食物进行估重，然后使用电子秤进行验证，将结果填写在实训表 4-1 中，表中已填入食物示例。

**实训表 4-1　标准容器、手势估重练习记录表**

| 食物名称 | 估重部分 | 食材形态 | 估计重量（g） | 称重重量（g） | 估重工具 |
|---|---|---|---|---|---|
| 甘薯 | 毛重<br>可食部 | 块状 | 15 | 13 | 手势______<br>容器______ |
| 大米 | 毛重<br>可食部 | | | | 手势______<br>容器______ |
| 苹果 | 毛重<br>可食部 | | | | 手势______<br>容器______ |
| 生菜 | 毛重<br>可食部 | | | | 手势______<br>容器______ |
| 西蓝花 | 毛重<br>可食部 | | | | 手势______<br>容器______ |
| 鸡肉 | 毛重<br>可食部 | | | | 手势______<br>容器______ |

**2. 使用食物标准图谱、食物模型、参照物估重**

（1）教师示范使用标准份量的食物图谱或者食物模型参照物进行估重，如王女士发来的图片中使用的参照物为 IC 卡，圈出王女士的米饭与 IC 卡进行比较，大致是 IC 卡的 1.5 倍大小（实训图 4-1A），再将标准尺寸的 IC 卡与标准重量 26g 大米的米饭食物模型进行对比，是 IC 卡的 2 倍大小（实训图 4-1B），故判断王女士本餐摄入大米为 19.5g。

（2）学生利用食物模型与参照物（如 IC 卡等日常生活中熟知大小的物品）对比，或直接使用标准份量食物图谱，通过认知图谱中背景刻度坐标或者参照物与食物大小的关系，建立食物重量的视觉印象。

（3）学生建立了基本的定量食物视觉印象与相应重量的思维联系之后，再使用真实食材进行估重练习，填写实训表 4-2。

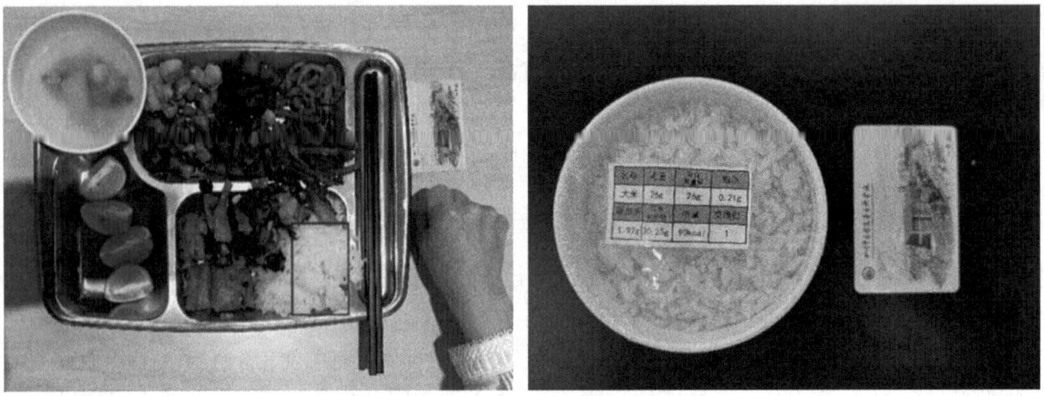

A　　　　　　　　　　　　B

实训图 4-1　食物模型参照物估重

A. 王女士午餐照片；B. 标准重量 26g 大米的米饭食物模型

| 实训表 4-2　食物标准图谱、食物模型、参照物估重练习记录表 | | | | | |
|---|---|---|---|---|---|
| 食物名称 | 估重部分 | 食材形态 | 参照物 | 估计重量（g） | 核验重量（g） |
| 大米 | 毛重<br>可食部 | | 食物图谱<br>食物模型　26g 大米<br>自称重量与参照物对比 | 19.5 | 20 |
| 甘薯 | 毛重<br>可食部 | | 食物图谱<br>食物模型<br>自称重量与参照物对比 | | |
| 苹果 | 毛重<br>可食部 | | 食物图谱<br>食物模型<br>自称重量与参照物对比 | | |
| 生菜 | 毛重<br>可食部 | | 食物图谱<br>食物模型<br>自称重量与参照物对比 | | |
| 花生 | 毛重<br>可食部 | | 食物图谱<br>食物模型<br>自称重量与参照物对比 | | |

**【实训步骤】**

1. 教师指导学生分组，3 名同学为一组，1 名估重人员，1 名称量人员，1 名记录人员，估重练习中，3 名同学角色需轮换，保证每名同学都进行了估重练习。

2. 使用标准容器、参照物法对真实食材进行重量估计并记录。

3. 使用电子秤对估重结果进行核验，缩小估计重量与真实重量之间的差异，将估计误差（|估计重量-真实重量|）÷真实重量×100%控制在 20%以内。

4. 根据估重结果整理膳食调查结果。

**【实训结果与讨论】**

1. 对案例图谱中的食物完成估重，整理形成膳食调查结果。

2. 汇总制作班级标准重量食物图谱。

3. 小组讨论本次实训遇到的问题，分享收获，总结经验，讨论实训结果等。

**【注意事项】**

1. 估重食物的生熟状态应与标准图谱或模型一致。

2. 估重食物若为毛重时，需根据食物成分表可食部%进行折算才能用于营养素计算。

（龚　琬）

# 实训5 膳食调查结果的计算与评价

【实训目的】

1. 学会膳食调查的计算及评价方法。知道 DRIs 的意义、膳食调查评价、膳食宝塔及 DRIs 的内容。

2. 能对膳食数据进行分析和评价；能撰写膳食评估报告；能根据评估结果提出营养建议。

3. 培养思辨能力、信息处理能力、基本运算能力；培养严谨、客观的工作态度。

【实训学时】2 学时。

【实训准备】《中国食物成分表》（标准版第 6 版）、《中国居民膳食营养素参考摄入量（2023 版）》、膳食评价记录表、计算器、营养计算软件等。

【实训要求】

**1. 教师示教** 教师根据案例演示膳食调查结果的计算与评价步骤及方法。

**2. 学生分组任务** 学生按照老师分发的案例中的膳食调查结果，分组进行计算及评价，小组内分工合作，共同完成任务。

**3. 教师巡场指导** 教师对学生遇到的问题进行记录，并引导学生思考解决问题的方法，最后对相关问题做出集中总结反馈。

4. 学生按要求完成实训报告。

【实训内容】

**1. 营养素及能量摄入量的计算及评价**

王女士，38 岁，办公室职员，无运动习惯，来我机构进行营养咨询，通过 24h 回顾法对王某进行了膳食调查。采集到的膳食信息如实训表 5-1 所示。

实训表 5-1 王女士的 24h 回顾法膳食调查结果

| 餐次 | 菜品名称 | 原材料名称 | 原材料名称重量（g） |
|---|---|---|---|
| 早餐 | 小米粥<br>鸡蛋<br>香蕉 | 小米<br>鸡蛋<br>香蕉 | 50<br>50<br>100 |
| 午餐 | 米饭<br>番茄炖牛肉 | 稻米<br>牛肉<br>土豆<br>番茄<br>花生油<br>食盐 | 100<br>40<br>50<br>100<br>5<br>3 |
| 晚餐 | 臊子炸酱面 | 面条<br>猪肉（肥瘦）<br>上海青<br>芝麻油<br>食盐 | 50<br>10<br>100<br>5<br>3 |

（1）引导学生根据评价目的选择相关营养素，请同学们根据实训 1 所学内容，利用《中国食物成分表》（标准版第 6 版）计算各营养素及能量摄入量。

（2）老师讲解与《中国居民膳食营养素参考摄入量（2023 版）》比较评价方法，计算摄入量/推荐量的比值，引导学生完成评价表格填写。以蛋白质为例，王女士实际蛋白质摄入为 39g，查询《中国居民膳食营养素参考摄入量（2023 版）》18～49 岁成年女性每日蛋白质 RNI 为 55g，计算摄入量/推荐量=39÷55×100%≈71%，故判定王女士蛋白质摄入不足。

（3）学生分组完成其余营养素的评价（实训表 5-2），各组讨论选择要评价的营养素填入表格，每组一名同学利用《中国食物成分表》（标准版第 6 版）进行查询计算，一名同学利用手机小程序完成膳食评价，一名同学利用电脑端营养计算软件完成膳食评价，一名同学进行复核检查。

实训表 5-2 各食物中所含营养素的查询及计算结果

| 营养素 | 能量（kcal） | 蛋白质（g） | 脂肪（g） | 碳水化合物（g） | 维生素 C（mg） | 钙（mg） |
|---|---|---|---|---|---|---|
| 实际摄入量 | | 39 | 22 | 187 | | |
| 推荐量（RNI 或 AI） | | 55 | — | — | | |
| 摄入量/推荐量（%） | | 71 | — | — | | |
| 评价 | | 不足 | | | | |

**2. 供能营养素的供能比计算与评价**

（1）教师以王女士的一日膳食中蛋白质提供能量为例进行计算演示。

$$\text{蛋白质提供的能量}=39g \times 4kcal/g=156kcal$$

（2）学生完成脂肪和碳水化合物一日供能的计算，得到王女士一日膳食中脂肪的供能为 198kcal，碳水化合物为 748kcal，计算王女士的全天能量总和为 1102kcal。

（3）教师演示蛋白质供能比计算，王女士一日膳食中，蛋白质供能比=156kcal÷1102kcal×100%≈14.2%，按照《中国居民膳食营养素参考摄入量（2023 版）》推荐，我国成年人膳食中蛋白质供能比应为 10%～20%，故判定王女士的一日膳食中蛋白质供能占比适宜。

（4）学生计算脂肪与碳水化合物供能比计算与评价，完成实训表 5-3。

实训表 5-3 三大供能营养素供能比评价

| 项目 | 供给的能量（kcal） | 占总能量的比例（%） | 推荐的比例（%） | 评价 |
|---|---|---|---|---|
| 蛋白质 | 156 | 14.2 | 10～20 | 适宜 |
| 脂肪 | 198 | | | |
| 碳水化合物 | 748 | | | |
| 合计 | 1102 | 100 | 100 | |

**3. 三餐分配比计算与评价**

（1）教师以王女士的早餐为例进行计算演示，依据《中国食物成分表》（标准版第 6 版）查询到的早餐食物中 50g 鸡蛋提供的能量为 69kcal，50g 小米提供的能量为 180kcal，100g 香蕉提供的能量为 93kcal，计算早餐总能量=69kcal+180kcal+93kcal=342kcal，进一步计算早餐供能比=342kcal÷1102kcal×100%≈31%，与《中国居民膳食指南（2022）》推荐早餐供能比 25%～30%比较，判定早餐供能比略高。

（2）学生根据教师示教计算午餐与晚餐供能比，并进行评价，完成实训表 5-4。

实训表 5-4 三餐分配比评价

| 餐次 | 能量（kcal） | 占全天总能量的比例（%） | 推荐的比例（%） | 评价 |
|---|---|---|---|---|
| 早餐 | 342 | 31 | 25～30 | ↑ |
| 午餐 | | | | |
| 晚餐 | | | | |
| 合计 | 1102 | 100 | 100 | |

【实训步骤】

1. 本实训4～6人一组合作进行，老师提前准备工作任务，随机分配任务到各组，每组至少一名同学利用《中国食物成分表》（标准版第6版）进行查询计算，依据《中国居民膳食营养素参考摄入量（2023版）》进行评价，一名同学利用手机小程序完成膳食评价，一名同学利用电脑端营养计算软件完成膳食评价，一名同学进行复核检查，其余同学进行协助、观察、记录。

2. 根据实训案例中膳食调查结果的食物及重量查阅食物成分表。

3. 计算案例中王女士一日膳食中每种食物的能量及各种营养素含量。

4. 对照《中国居民膳食营养素参考摄入量（2023版）》进行评价并给出建议，形成评估报告。

【实训结果与讨论】

1. 膳食调查的采集信息的计算结果与评价结论。

2. 针对案例评价结果提出营养建议。

3. 小组讨论本次实训遇到的问题，分享收获，总结经验，讨论实训结果等。

【注意事项】

1. 膳食调查记录食物重量为可食部生重。

2. 注意计算单位的一致性。

（龚 琬）

## 实训6　膳食结构的评价

【实训目的】

1. 学会膳食结构的评价方法。知道中国居民平衡膳食宝塔的基本内容。

2. 能对居民膳食结构进行评价并对膳食结构的调整进行指导。

3. 培养爱岗敬业、甘于奉献的劳模精神。

【实训学时】2学时。

【实训准备】《中国居民膳食指南（2022）》、平衡膳食宝塔、膳食评价记录表、计算器、营养计算软件等。

【实训要求】

**1. 教师示教**　根据案例演示膳食结构的评价步骤及方法。

**2. 学生分组任务**　学生按照老师分发的案例，分组进行膳食结构的评价，小组内分工合作，共同完成任务。

**3. 教师巡场指导**　教师对学生遇到的问题进行记录并引导学生思考解决问题的方法，最后对相关问题做出集中总结反馈。

**4.** 学生按要求完成实训报告。

【实训内容】

**1. 食物归类整理**　根据实训5案例，进行膳食结构评价。

（1）教师指导学生参考平衡膳食宝塔模型，将食物进行归类整理。以谷薯类食物为例，王女士早餐摄入50g小米，午餐摄入稻米100g、土豆50g，晚餐摄入面条50g，故王女士一日摄入的谷类为50g+100g+50g=200g，有小米、稻米、面条3种，薯类为土豆50g，有1种，填入实训表6-1。

（2）学生分组完成王女士一日膳食归类，按照上述方法统计各类食物的摄入量和种类数，填写实训表6-1。

| 实训表 6-1　王女士一日膳食分类整理 | | | |
|---|---|---|---|
| 食物种类 | 实际摄入量（g） | 食物种类 | 各种类数 |
| 1 谷薯类 | 200 | 小米、稻米、面条 | 3 |
| —全谷物 | 50 | 小米 | 1 |
| 薯类 | 50 | 土豆 | 1 |
| 2 蔬菜 | | | |
| —深色蔬菜 | | | |
| 3 水果 | | | |
| 4 畜禽肉类 | | | |
| 蛋类 | | | |
| 水产品 | | | |
| 5 乳制品 | | | |
| 6 大豆和坚果 | | | |
| 7 烹调用油 | | | |
| 8 烹调用盐 | | | |

**2. 膳食结构评价**

（1）教师指导学生查阅《中国居民膳食指南（2022）》，查找我国居民一日食物种类推荐摄入数量，填入实训表 6-2。以谷薯、杂豆类为例示范，上述归类本类别共摄入 4 种，与膳食指南推荐数量 3 相比（见实训表 6-2），可评价为充足。

（2）学生分组按照同样的方法，完成王女士一日蔬果类、畜禽鱼蛋类、奶豆坚果类摄入种类数的评价，并填入实训表 6-2。

| 实训表 6-2　王女士的一日食物种类数评价 | | | |
|---|---|---|---|
| 食物类别 | 实际一日摄入食物种类数 | 膳食指南建议平均每天摄入食物种类数 | 评价 |
| 谷薯、杂豆类 | 4 | 3 | ↑ |
| 蔬果类 | | 4 | |
| 畜、禽、鱼、蛋 | | 3 | |
| 奶、大豆、坚果 | | 2 | |
| 合计 | | 12 | |

（3）教师以谷薯类食物为例示范膳食结构评价，查询《中国居民膳食营养素参考摄入量（2023版）》，确定王女士的每日能量需要量为 1700kcal；查表 4-7，将该能量水平的膳食宝塔推荐各类食物量填入实训表 6-3 中，推荐谷薯类食物范围为谷类 200～225g，全谷物 50～150g，薯类 50g，前述王女士实际摄入谷类 200g、全谷物 50g、薯类 50g，符合该范围推荐，故评价王女士谷薯类食物摄入基本充足。

（4）学生分组完成其他各类食物摄入量的评价并填入实训表 6-3，小组成员自行完成复核。

实训表 6-3　王女士的一日膳食结构评价

| 食物种类 | 实际摄入量（g） | 膳食宝塔推荐（g） | 评价 |
| --- | --- | --- | --- |
| 1 谷薯类 | 200 | 200～225 | 基本充足 |
| —全谷物 | 50 | 50～150 | 充足 |
| 薯类 | 50 | 50 | 充足 |
| 2 蔬菜 | | 300～400 | |
| —深色蔬菜 | | 占所有蔬菜的 1/2 | |
| 3 水果 | | 200 | |
| 4 畜禽肉类 | | 40～50 | |
| 蛋类 | | 40 | |
| 水产品 | | 40～50 | |
| 5 乳制品 | | 300 | |
| 6 大豆和坚果 | | 25 | |
| 7 烹调用油 | | 25 | |
| 8 烹调用盐 | | <5 | |

（5）膳食改进建议　根据评价结果提出可操作性的改进建议。例如，王女士一日摄入的水果只有香蕉 100g，可以建议王女士增加每日水果摄入达平衡膳食宝塔推荐量 200g，增加方式可以选择在午间加餐时补充摄入小体积的水果（如葡萄 100g），以避免切分操作的不便。同时强调水果选择的注意事项：天天有水果，选择新鲜应季的水果，不能用果汁替代新鲜水果等。

**【实训步骤】**

1. 本实训 4～6 人一组合作进行，分工合作，每组至少一名同学复核检查数据填写。
2. 根据实训案例中膳食信息完成食物归类整理。
3. 计算案例中王女士一日膳食中每种食物的摄入量和种类数。
4. 对照《中国居民膳食指南（2022）》及中国居民平衡膳食宝塔（2022）进行评价并给出建议，形成评估报告。

**【实训结果与讨论】**

1. 膳食结构的评价结果。
2. 针对评价结果给予的膳食建议。
3. 小组讨论本次实训遇到的问题，分享收获，总结经验，讨论实训结果等。

**【注意事项】**

1. 进行食物归类时，奶制品和豆制品需要进行折算才能相加。
2. 遵循宝塔各层各类食物的大体比例。
3. 记录食物重量为可食部生重。

（龚　琬）

# 实训 7　人体体格测量

**【实训目的】**

1. 学会美容相关营养调查中体格测量的方法。知道美容相关营养调查的常用指标及判定标准。
2. 能完成美容相关体格指标测量并进行营养状况评估。

3. 培养严谨治学的专业精神，养成规范化、标准化的测量习惯。

**【实训学时】** 2 学时。

**【实训准备】** 立柱式身高计、杠杆式体重秤、皮褶厚度计、玻璃纤维软尺、记录表、标记用笔等。

**【实训要求】**

1. 教师引导学生思考美容相关案例中应该采取的相应体格测量指标，教师对各体格测量指标进行示范演示，重点演示技术要点。

2. 学生根据老师演示的测量步骤，借助操作微课视频、卫生行业标准等，进行分组测量练习。

3. 教师巡回指导学生，收集常见的操作错误，对学生的提问进行反馈，总结时将其纠正。

4. 学生按要求完成实训报告。

**【实训内容】**

**1. 体格指标测量**

李女士，30 岁，因长期坐姿工作导致体型不均，希望通过科学调整改善。现需对李女士进行体格测量，判定身体营养状况，制订个性化美容营养计划。

（1）教师引导学生根据李女士的情况选定体格测量指标，包括身高、体重、腰围、臀围、皮褶厚度。

（2）教师演示规范的体格测量并强调注意事项，具体技术要点见实训表 7-1。

（3）学生根据技术要点进行测量并完成自评，将结果填写在实训表 7-1 中。

**实训表 7-1 人体体格测量技术要点自评表**

| 评价内容 | | 技术要点 | 分值 | 评分 |
|---|---|---|---|---|
| 测量前 | 测量告知 | 向评估对象简要介绍评估目的和内容，获得知情同意 | 2 | |
| | 测量条件 | 确认室温 25℃，仪器校准 | 1 | |
| 一般测量 | 身高测量 | 确认被测者免冠、赤足、解开发髻 | 1 | |
| | | 确认身高计抵墙、滑测板与立柱垂直，滑动自如 | 2 | |
| | | 引导被测者取立正姿势，站在踏板上，挺胸收腹，两臂自然下垂，脚跟靠拢，脚尖分开约 60°，双膝并拢挺直，两眼平视前方，眼眶下缘与耳廓上缘在同一水平面 | 4 | |
| | | 脚跟、臀部和肩胛角间三个点同时接触立柱，头部保持正立位置 | 4 | |
| | | 测量者手扶滑测板轻轻向下滑动，直到底面与头颅顶点接触，确认被测者姿势正确后读数 | 3 | |
| | | 读数时测量者的眼睛与滑测板底面在同一水平面上，读取滑测板底面对应立柱所示数值，以 cm 为单位记录并报告，精确到 0.1cm | 5 | |
| 一般测量 | 体重测量 | 确认被测者处于空腹、排泄完毕状态 | 2 | |
| | | 引导被测者免冠、赤足、穿贴身内衣裤，平静站立于踏板中央，两腿均匀负重 | 3 | |
| | | 准确记录体重秤读数并报告，精确到 0.1kg | 3 | |
| 围度测量 | 臀围测量 | 引导被测者两腿开立同肩宽，自然站立，放松 | 2 | |
| | | 将软尺置于臀部向后突出部位，以水平围绕臀一周测量，观察软尺围绕臀部的水平面是否与身体垂直 | 5 | |
| | | 以 cm 为单位，精确到 0.1cm 进行记录。重复测量一次，两次测量的差值不得超过 1cm，取两次测量的平均值，进行记录并报告 | 5 | |
| | 腰围测量 | 引导被测者取站立位，两眼平视前方，自然均匀呼吸，腹部放松，两臂自然下垂，双足并拢（两腿均匀负重），充分裸露肋弓下缘与髂嵴之间测量部位 | 2 | |
| | | 在双侧腋中线肋弓下缘与髂嵴连线中点处做标记 | 3 | |
| | | 软尺轻轻贴住皮肤，经过双侧标记点，围绕身体一周，平静呼气末读数 | 5 | |
| | | 以 cm 为单位，精确到 0.1cm 进行记录。重复测量一次，两次测量的差值不得超过 1cm，取两次测量的平均值，进行记录并报告 | 5 | |

续表

| 评价内容 | | 技术要点 | 分值 | 评分 |
|---|---|---|---|---|
| 围度测量 | 小腿围 | 被测者取坐位，小腿与膝关节、踝关节成 90° | 2 | |
| | | 用软尺水平地绕过健侧小腿部最突出部位测得的最大围长 | 2 | |
| | | 以 cm 为单位，精确到 0.1cm 进行记录。重复测量一次，两次测量的差值不得超过 1cm，取两次测量的平均值，进行记录并报告 | 3 | |
| 皮褶厚度测量 | 测量引导 | 引导被测者取站立位，双足并拢，两眼平视前方，充分裸露被测部位皮肤，两臂放在身体两侧，掌心向前。测量者站在被测者后方准备测量 | 3 | |
| | 三头肌皮褶厚度测量 | 在右臂三头肌位置上，右上臂肩峰与尺骨鹰嘴连接中点做测量标记 | 3 | |
| | | 在标记点上方约 2cm 处，垂直于地面方向用左手拇指、食指将皮肤和皮下组织夹提起来，形成的皮褶线平行于上臂长轴 | 3 | |
| | | 右手握皮褶计，钳夹部位距拇指下方 1cm 处，慢慢松开手柄后迅速读取刻度盘上的数值，以 mm 为单位，精确到 1mm。连续测量两次，误差小于 2mm 时，求两次平均值，进行记录并报告 | 5 | |
| | 肩胛下皮褶厚度测量 | 触摸到被测者右肩胛下角，在此点做测量标记 | 3 | |
| | | 左手拇指和食指轻轻提起并捏住标记处皮肤及皮下组织，形成皮褶延长线，皮褶上端朝向脊柱，下端朝向肘部，与体表成 45° 角 | 3 | |
| | | 右手握皮褶计，钳夹部位距拇指下方 1cm 处，慢慢松开手柄后迅速读取刻度盘上的数值，以 mm 为单位，精确到 1mm。连续测量两次，误差小于 2mm 时，求两次平均值，进行记录并报告 | 5 | |
| | 髂棘上皮褶厚度测量 | 触摸到被测者右髂前上棘，在此点做测量标记 | 3 | |
| | | 测量者站在被测者右前侧，左手拇指、食指和中指轻轻提起并捏住标记处皮肤及皮下组织，形成的皮褶延长线与身体长轴成 45° 角 | 3 | |
| | | 右手握皮褶计，钳夹部位距拇指下方 1cm 处，慢慢松开手柄后迅速读取刻度盘上的数值，以 mm 为单位，精确到 1mm。连续测量两次，误差小于 2mm 时，求两次平均值，进行记录并报告 | 5 | |
| 总分 | | | 100 | |

注：参考标准包括《5 岁以下儿童生长状况判定》（WS/T423—2013）、首都儿科研究所生长发育研究室《中国 0～18 岁生长发育正常值》、《儿童青少年发育水平的综合评价》（GB/T31178—2014）、《成人体重判定》（WS/T428—2013）、《老年人营养不良风险评估》（WS/T 552—2017）。

**2. 体格测量结果判定**

（1）教师讲解基础测量数据可以进行的营养状况评估，包括腰臀比、腰高比、体脂率、BMI 的计算，计算公式见第 4 章。

（2）学生根据各自测量数据完成计算并根据第 4 章所学评价标准进行评估，填入实训表 7-2 中，表中为李女士体格测量记录与评估示例，如李女士的三头肌皮褶厚度 26mm，超过参考值上限，评价为向上的箭头，其余指标均正常。

（3）学生根据实际测量练习所得值填写在实训表 7-2 中相应位置并评价。

**实训表 7-2　人体体格测量记录与评估**

| 项目 | 测量值/计算值 | 参考值标准 | 评价 |
|---|---|---|---|
| 身高（cm） | 165.2 | — | |
| 体重（kg） | 60.3 | 54.2～66.2 | 正常 |
| 小腿围（cm） | 37.1 | 30～40 | 正常 |
| 腰围（cm） | 75.1 | <85 | 正常 |
| 臀围（cm） | 92.6 | — | 正常 |

续表

| 项目 | 测量值/计算值 | 参考值标准 | 评价 |
| --- | --- | --- | --- |
| 三头肌皮褶厚度（mm） | 26 | 14.9～18.1 | ↑ |
| 肩胛下皮褶厚度（mm） | 22 | 20～50 | 正常 |
| 髂棘上皮褶厚度（mm） | 35 | — | |
| 腰臀比 | 0.81 | ＜0.85 | 正常 |
| 腰高比 | 0.45 | ＜0.5 | 正常 |
| 体脂率（%） | 29.4 | 25～30 | 正常 |
| BMI（$kg/m^2$） | 22.1 | 18.5～23.9 | 正常 |

**【实训步骤】**

1. 教师指导学生分组，3 名同学一组，1 名测量员，1 名被测者，1 名观察员（拍照记录），测量练习过程中，3 名同学角色轮转，保证每个同学都进行了实操练习。

2. 参照卫生行业标准《人群健康监测人体测量方法》（WS/T 424—2013）测量身高、体重、腰围、臀围、皮褶厚度指标。

3. 计算腰臀比、腰高比、体脂率、BMI 等综合评价指标，根据判定标准进行评估。

4. 根据评估结果给予营养指导建议。

**【实训结果与讨论】**

1. 身高、体重、腰围、臀围、皮褶厚度的测量结果。

2. 腰臀比、腰高比、体脂率、BMI 的计算结果。

3. 小组讨论本次实训遇到的问题，分享收获，总结经验，讨论实训结果等。

**【注意事项】**

1. 围度测量时软尺紧贴皮肤但不勒紧皮肤并保持水平。

2. 皮褶厚度测量时测量对象为皮肤及皮下组织，但不包括肌肉。

（龚　琬）

# 实训 8　计算法编制一日食谱

**【实训目的】**

1. 知道食谱编制的原则和理论依据，学会对食谱进行合理的评价与调整。

2. 能用计算法准确编制出科学的一日食谱。

3. 引导学生养成健康的饮食习惯。

**【实训学时】** 2 学时。

**【实训准备】** 中国居民平衡膳食宝塔（2022）、《中国居民膳食指南（2022）》、《中国食物成分表》（标准版第 6 版）、《中国居民膳食营养素参考摄入量（2023 版）》、计算器、各种表格、记录纸、笔等。

**【实训要求】**

1. 教师结合理论课中的案例，复习计算法编制食谱的方法与步骤。

2. 学生采用计算法编制早餐和晚餐的食谱。

3. 教师巡回指导学生用计算法编制食谱。

4. 学生按要求完成实训报告。

**【实训内容】**

**1. 复习**　教师引导学生复习计算法编制食谱的方法与步骤，具体方法和步骤见第 4 章第 4 节，将配制好的午餐食谱填入实训表 8-1 中。

**2. 学生练习**

（1）学生采用计算法完成李某早餐和晚餐食谱编制，将结果填写在实训表 8-1 中。

（2）学生对编制好的食谱进行评价与调整。

实训表 8-1　李某一日食谱

| 餐次 | 食物名称 | 原料及用量（g） |
|---|---|---|
| 早餐 | | |
| 午餐 | 米饭 | 稻米 157.6 |
| | 红烧泥鳅 | 泥鳅 56.8 |
| | | 橄榄油 14 |
| | 小白菜豆腐汤 | 小白菜 150 |
| | | 内酯豆腐 102 |
| | | 橄榄油 2.6 |
| | 苹果 | 苹果 200 |
| 晚餐 | | |

**【实训步骤】**

1. 本次实训共分 4 个组，组内分工完成食谱的编制。
2. 根据实训案例，确定李某每日早餐、晚餐主食的品种和数量。
3. 根据实训案例，确定李某每日早餐、晚餐副食的品种和数量。
4. 根据实训案例，确定李某每日早餐、晚餐蔬菜及水果的品种和数量。
5. 根据实训案例，确定李某每日早餐、晚餐烹调油用量。
6. 粗配食谱。
7. 食谱的评价与调整。
8. 展示调整后的一日食谱。

**【实训结果与讨论】**

1. 李某一日食谱的粗配结果。
2. 李某一日的食谱评价与调整。
3. 李某调整后的一日食谱。
4. 小组讨论本次实训遇到的问题，分享收获，总结经验，讨论实训结果等。

**【注意事项】**

1. 注意根据个人体质来确定一日所需能量。
2. 膳食中食物结构应符合膳食宝塔要求。
3. 膳食食物数量允许有一定偏差。

（郭艳东）

# 实训 9　食物交换份法编制一周食谱

**【实训目的】**

1. 知道食谱编制的原则和理论依据，学会对食谱进行合理的评价与调整。

2. 能用食物交换份法编制出科学的一周食谱。

3. 引导学生养成健康的饮食习惯。

**【实训学时】**2 学时。

**【实训准备】**《中国食物成分表》（标准版第 6 版）、《中国居民膳食指南（2022）》、中国居民平衡膳食宝塔（2022）、《中国居民膳食营养素参考摄入量（2023 版）》、计算器、各类食物交换表、记录纸、笔等。

**【实训要求】**

1. 教师给出实训案例，举例讲解采用食物交换份法编制周一的食谱。

2. 学生采用食物交换份法编制周二至周日的食谱。

3. 教师巡回指导学生食物交换份法编制食谱。

4. 学生按要求完成实训报告。

**【实训内容】**

患者杨某，女性，24 岁，办公室职员，身高 160cm，体重 60kg，对自己的胸部极其不满意，5 日前到整形医院做了隆胸手术。请采用食物交换份法帮助杨某编制一周食谱，完成实训表 9-1。

1. 教师以周一为例讲解食物交换份法编制食谱

（1）确定每日能量需要量　以查表法确定杨某的能量供给量为 8.79MJ（1700kcal）。

（2）确定每日所需食物交换份数　根据每日供能总量，制订出相应的食物交换的总份数。根据杨某一日所需能量为 1700kcal，则：

$$每日所需食物总份数=1700 \div 90 \approx 19（份）$$

（3）确定三大营养素的份数　三大产能营养素能量供能比分别确定为蛋白质占 15%，脂肪占 25%，碳水化合物占 60%，则：

$$碳水化合物份数=总份数 \times 60\%=19 \times 60\%=11.4（份）\approx 11（份）$$

$$脂肪份数=总份数 \times 25\%=19 \times 25\% \approx 4.8（份）\approx 5（份）$$

$$蛋白质份数=总份数 \times 15\%=19 \times 15\% \approx 2.9（份）\approx 3（份）$$

（4）确定食物的交换份数　根据《中国居民膳食指南（2022）》和中国居民平衡膳食宝塔（2022），则：

主要提供碳水化合物的食物及相应的份数（11 份）：蔬菜类 1 份、水果类 1 份、谷薯杂豆类 9 份；主要提供脂肪的食物及相应的份数（5 份）：油脂 2 份、坚果类 1 份、肉蛋水产品类 2 份；主要提供蛋白质的食物及相应的份数（3 份）：大豆、乳及其制品 2 份、肉蛋水产品类 1 份。

（5）确定食物份数的餐次分配　全天食物按早餐 30%，午餐 40%，晚餐 30%分配，则：

$$早餐：19 \times 30\%=5.7（份）\approx 6（份）$$

$$午餐：19 \times 40\%=7.6（份）\approx 8（份）$$

$$晚餐：19 \times 30\%=5.7（份）\approx 6（份）$$

杨某早餐需要 6 份，建议谷薯杂豆类 3 份，大豆、乳及其制品 1 份，肉蛋水产品类 1 份，坚果类 1 份；杨某午餐需要 8 份，建议谷薯杂豆类 3 份，大豆、乳及其制品 1 份，肉蛋水产品类 2 份，蔬菜类 0.5 份，水果类 0.5 份，油脂 1 份；李某晚餐需要 6 份，建议谷薯杂豆类 3 份，肉蛋水产品类 1 份，蔬菜类 0.5 份，水果类 0.5 份，油脂 1 份。

（6）将食物份数换算为具体食物重量　在合理膳食模式下，结合用膳对象的饮食习惯，对照表 4-11～表 4-17 按份选择各类食物的具体种类和质量；调味料根据表 4-18 换算相当于盐的质量。此例早餐确定食物为：甘薯 3 份共 300g，全脂牛奶 1 份 150g，鸡蛋 1 份 60g，核桃 1 份 15g；午餐确定的食物为：大米 3 份共 75g，南豆腐 1 份 150g，大白菜 0.5 份 165g，鸭肉 2 份 100g，橘子 0.5

份 100g，花生油 1 份 10g；晚餐确定的食物为：糙米 3 份共 75g，油菜 0.5 份 150g，草鱼 1 份 75g，葡萄 0.5 份 75g，花生油 1 份 10g。

（7）粗配食谱　将以上确定的各类食物进行合理搭配，配成星期一的食谱，见实训表 9-1。

2. 学生依旧采用食物交换份法编制杨某周二至周日的食谱，将结果填写在实训表 9-1 中。

3. 学生对编制好的食谱进行评价与调整。

实训表 9-1　杨某一周食谱

| 星期\餐次 | 早餐 | | 午餐 | | 晚餐 | |
|---|---|---|---|---|---|---|
| | 食物名称 | 原料及用量（g） | 食物名称 | 原料及用量（g） | 食物名称 | 原料及用量（g） |
| 星期一 | 全脂牛奶 | 全脂牛奶 150 | 米饭 | 大米 75 | 糙米饭 | 糙米 75 |
| | 煮鸡蛋 | 鸡蛋 60 | 南豆腐白菜汤 | 南豆腐 150<br>大白菜 165 | 油菜汤 | 油菜 150 |
| | 煮甘薯 | 甘薯 300 | 酱香鸭 | 鸭肉 100 | 红烧草鱼 | 草鱼 75 |
| | 核桃 | 核桃 15 | 橘子 | 橘子 100 | 葡萄 | 葡萄 75 |
| | | | 花生油 | 花生油 10 | 花生油 | 花生油 10 |
| 星期二 | | | | | | |
| 星期三 | | | | | | |
| 星期四 | | | | | | |
| 星期五 | | | | | | |
| 星期六 | | | | | | |
| 星期日 | | | | | | |

**【实训步骤】**

1. 根据实训案例，确定杨某周二至周日每餐所需食物的种类及份数，要有详细的步骤。

2. 食谱的评价与调整。

**【实训结果与讨论】**

1. 杨某一周食谱编制的结果。

2. 杨某一周的食谱评价与调整。

3. 小组讨论本次实训遇到的问题，分享收获，总结经验，讨论实训结果等。

**【注意事项】**

1. 注意同类食物不同种类间可以直接互换，非同类食物间的食物不宜互换。

2. 膳食中食物结构应符合中国居民平衡膳食宝塔要求。

3. 膳食食物数量允许有一定偏差。

（郭艳东）

# 实训 10　计算机软件法编制一周食谱

**【实训目的】**

1. 知道食谱编制的原则和理论依据，学会对食谱进行合理的评价与调整。

2. 能用计算机软件法编制出科学的一周食谱。

3. 引导学生养成健康的饮食习惯。

**【实训学时】** 2 学时。

**【实训准备】**《中国食物成分表》（标准版第 6 版）、《中国居民膳食营养素参考摄入量（2023 版）》、计算机、营养配餐软件等。

**【实训要求】**

1. 教师根据食物交换份法中的案例，举例讲解采用计算机软件法编制杨某一周的食谱。
2. 教师给出实训案例，学生采用计算机软件法编制齐某一周的食谱。
3. 教师巡回指导学生计算机软件法编制食谱。
4. 学生按要求完成实训报告。

**【实训内容】**

1. 教师以食物交换份法中的杨某一周食谱为例讲解计算机软件法编制食谱。

（1）确定分析对象　确定分析对象是膳食分析和营养评价的第一步工作。在系统启动时，会首先弹出选择分析对象窗口。可选择为个体对象或者团体人群配餐（实训图 10-1）；配餐周期为一日或者一周，本例选择星期一。

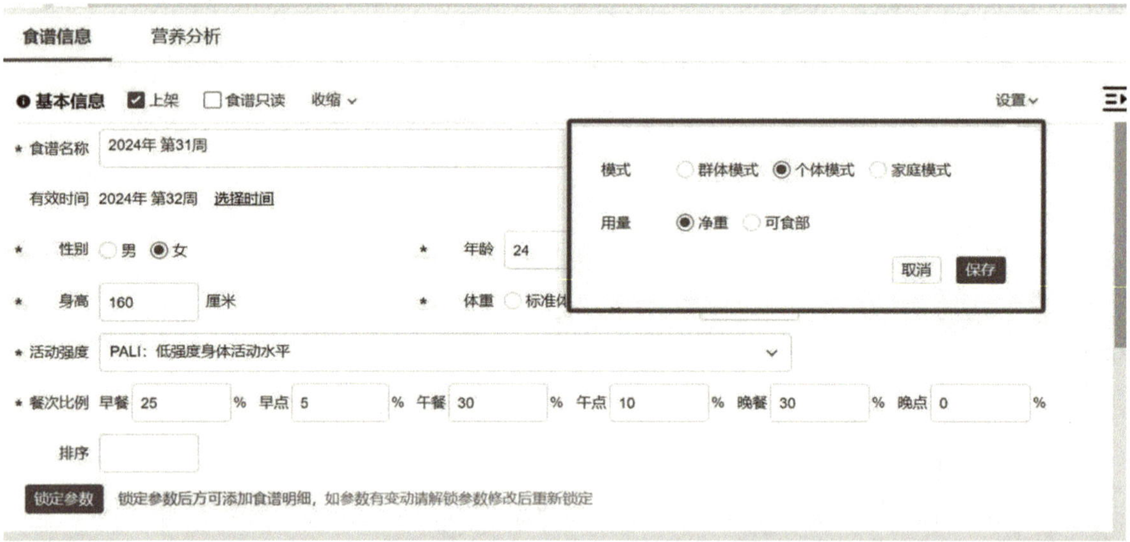


实训图 10-1　确定分析对象

（2）输入配餐的基本信息　输入配餐对象的姓名、年龄、性别、身高、体重及活动强度等基本信息（实训图 10-2），如果是疾病人群还可以输入身体条件和饮食限制，如患有高血压疾病需要低钠摄入。

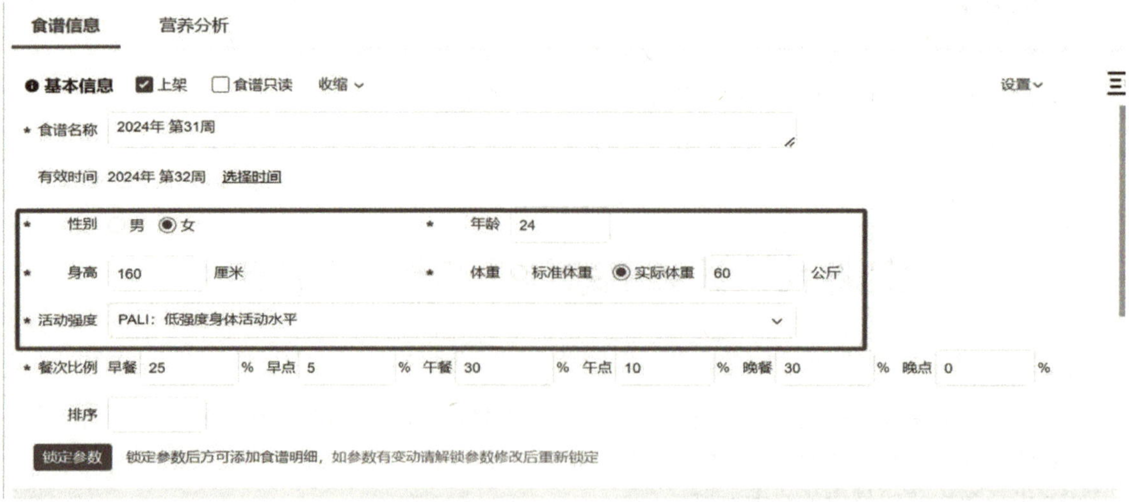


实训图 10-2　输入配餐对象的基本信息

（3）选择综合计算器，系统自动计算该配餐对象所需要的各种营养素指标（实训图 10-3）。

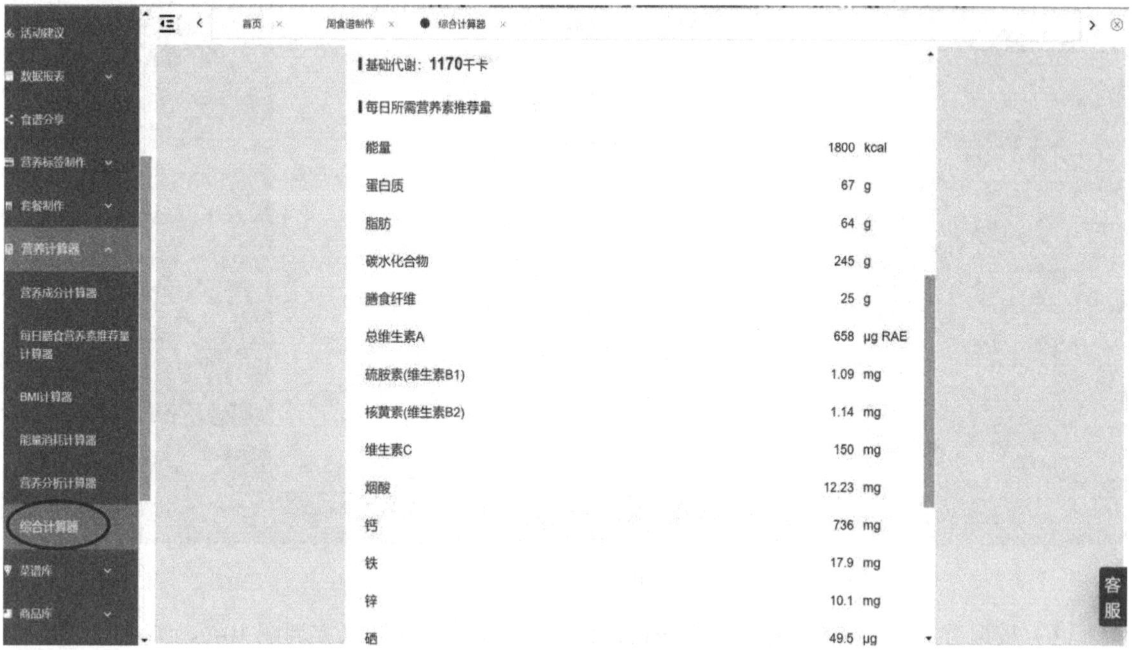

实训图 10-3 系统自动计算配餐对象所需要的各种营养素指标

（4）增加或删除食物 进入食物选择界面，选择增加或删除食物（实训图 10-4）。

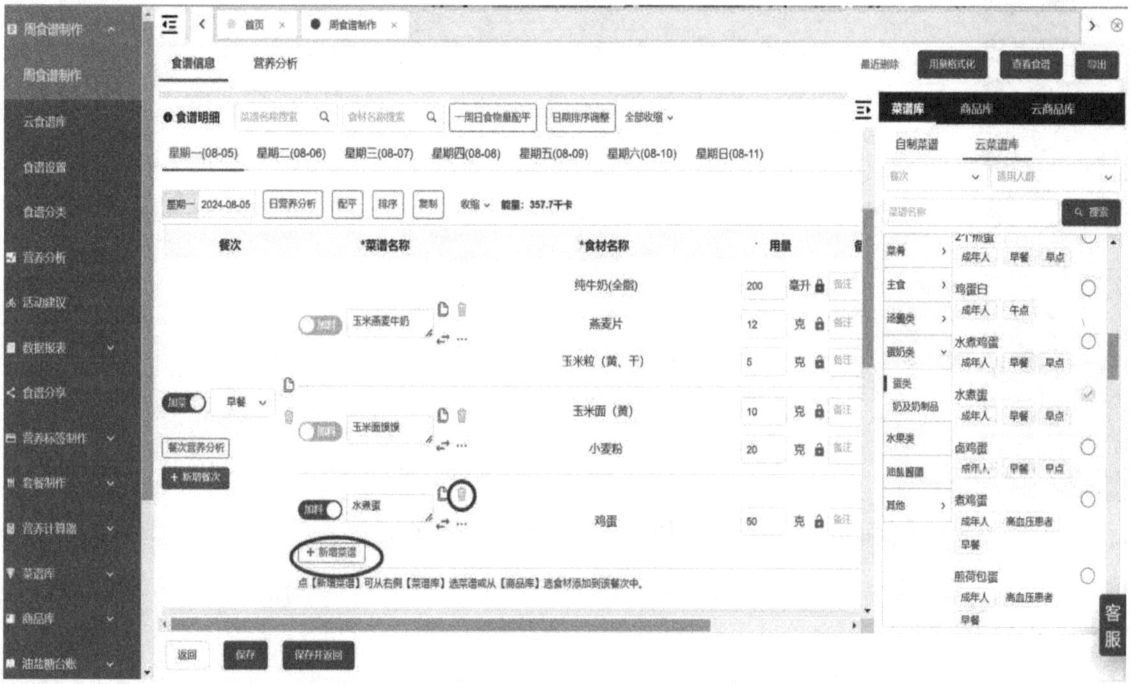

实训图 10-4 增加或删除食物

（5）选定完食物后，单击配平按钮，出现配平窗口，单击开始配平按钮，开始配平进程。配平完成后，显示各种营养素的贡献比例窗口，其中显示食谱中各种食物对各种营养素的贡献比重，可以据此进行必要的手工微调（实训图 10-5）。

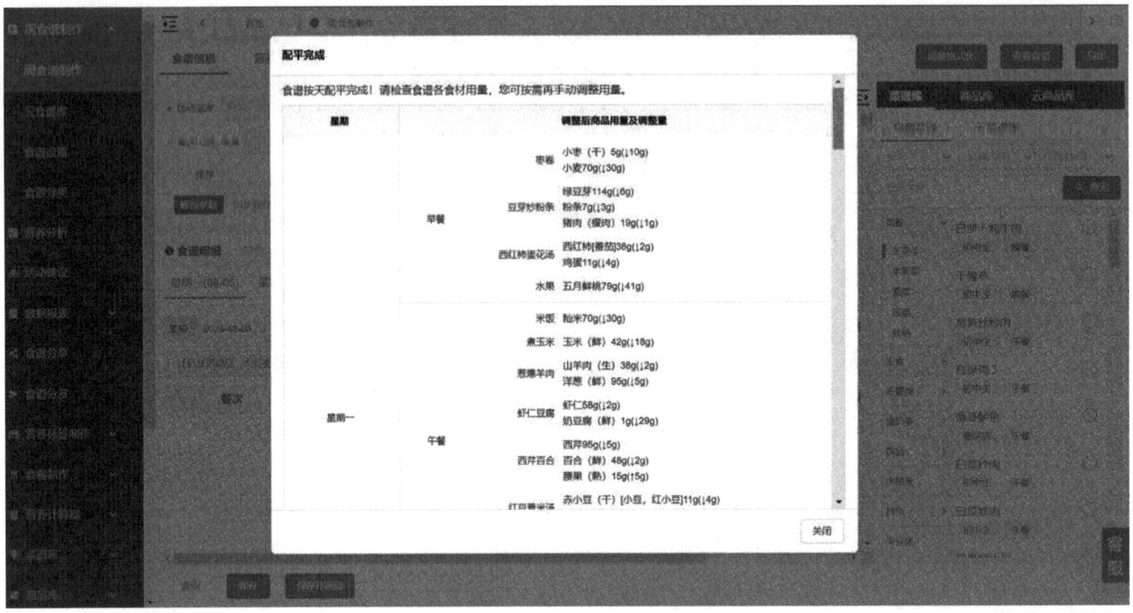

实训图 10-5　食谱配平

（6）根据需要，可以单击打印食谱按钮，打印完整的食谱报告（实训图 10-6、实训图 10-7）。

实训图 10-6　导出、打印食谱

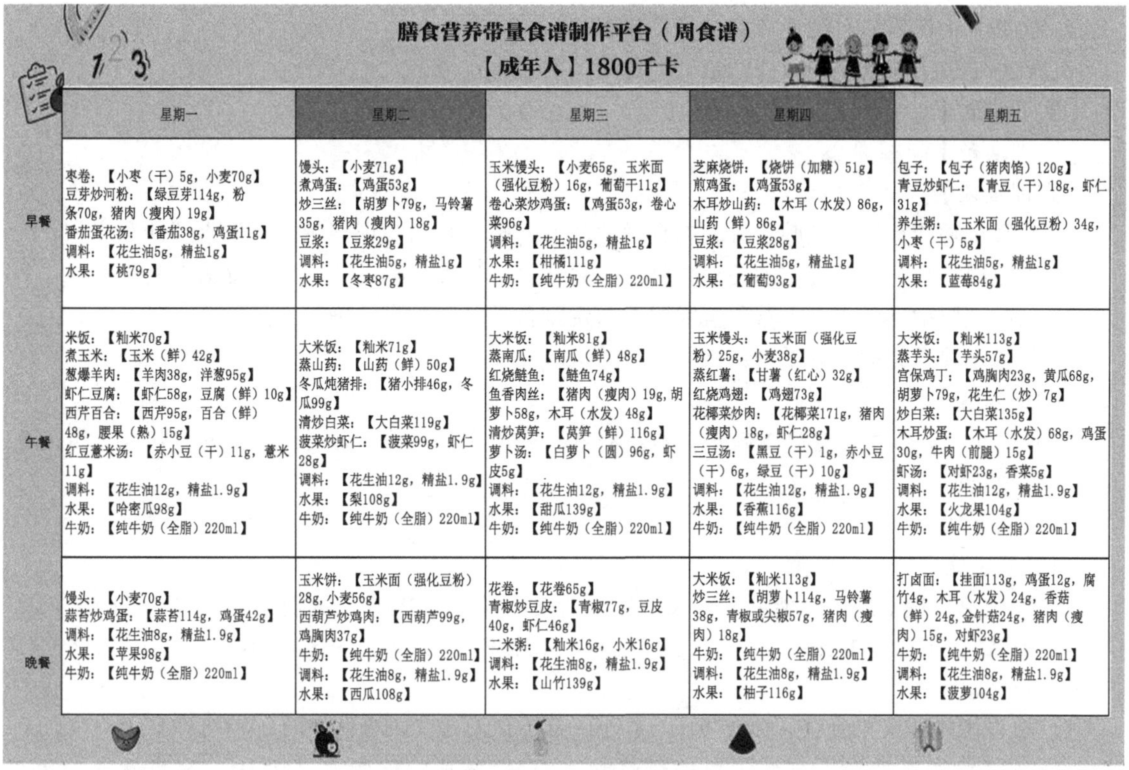

膳食营养带量食谱制作平台（周食谱）

【成年人】1800千卡

| | 星期一 | 星期二 | 星期三 | 星期四 | 星期五 |
|---|---|---|---|---|---|
| 早餐 | 枣卷：【小枣（干）5g，小麦70g】<br>豆芽炒河粉：【绿豆芽114g，粉条70g，猪肉（瘦肉）19g】<br>番茄蛋花汤：【番茄38g，鸡蛋11g】<br>调料：【花生油5g，精盐1g】<br>水果：【桃79g】 | 馒头：【小麦71g】<br>煮鸡蛋：【鸡蛋53g】<br>炒三丝：【胡萝卜79g，马铃薯35g，猪肉（瘦肉）18g】<br>豆浆：【豆浆29g】<br>调料：【花生油5g，精盐1g】<br>水果：【冬枣87g】 | 玉米馒头：【小麦65g，玉米面（强化豆粉）16g，葡萄干11g】<br>卷心菜炒鸡蛋：【鸡蛋53g，卷心菜96g】<br>调料：【花生油5g，精盐1g】<br>水果：【柑橘111g】<br>牛奶：【纯牛奶（全脂）220ml】 | 芝麻烧饼：【烧饼（加糖）51g】<br>煎鸡蛋：【鸡蛋53g】<br>木耳炒山药：【木耳（水发）86g，山药（鲜）86g】<br>豆浆：【豆浆28g】<br>调料：【花生油5g，精盐1g】<br>水果：【葡萄93g】 | 包子：【包子（猪肉馅）120g】<br>青豆炒虾仁：【青豆（干）18g，虾仁31g】<br>养生粥：【玉米面（强化豆粉）34g，小枣（干）5g】<br>调料：【花生油5g，精盐1g】<br>水果：【蓝莓84g】 |
| 午餐 | 米饭：【籼米70g】<br>煮玉米：【玉米（鲜）42g】<br>葱爆羊肉：【羊肉38g，洋葱95g】<br>虾仁豆腐：【虾仁58g，豆腐（鲜）10g】<br>西芹百合：【西芹95g，百合（鲜）48g，腰果（熟）15g】<br>红豆薏米汤：【赤小豆（干）11g，薏米11g】<br>调料：【花生油12g，精盐1.9g】<br>水果：【哈密瓜98g】<br>牛奶：【纯牛奶（全脂）220ml】 | 大米饭：【籼米71g】<br>蒸山药：【山药（鲜）50g】<br>冬瓜炖猪排：【猪小排46g，冬瓜99g】<br>清炒白菜：【大白菜119g】<br>菠菜炒虾仁：【菠菜99g，虾仁28g】<br>调料：【花生油12g，精盐1.9g】<br>水果：【梨108g】<br>牛奶：【纯牛奶（全脂）220ml】 | 大米饭：【籼米81g】<br>蒸南瓜：【南瓜（鲜）48g】<br>红烧鲢鱼：【鲢鱼74g】<br>鱼香肉丝：【猪肉（瘦肉）19g，胡萝卜58g，木耳（水发）48g】<br>清炒莴笋：【莴笋（鲜）116g】<br>萝卜汤：【白萝卜（圆）96g，虾皮5g】<br>调料：【花生油12g，精盐1.9g】<br>水果：【甜瓜139g】<br>牛奶：【纯牛奶（全脂）220ml】 | 玉米馒头：【玉米面（强化豆粉）25g，小麦38g】<br>蒸红薯：【甘薯（红心）32g】<br>红烧鸡翅：【鸡翅73g】<br>花椰菜炒肉：【花椰菜171g，猪肉（瘦肉）18g，虾仁28g】<br>三豆汤：【黑豆（干）1g，赤小豆（干）6g，绿豆（干）10g】<br>调料：【花生油12g，精盐1.9g】<br>水果：【香蕉116g】<br>牛奶：【纯牛奶（全脂）220ml】 | 大米饭：【籼米113g】<br>蒸芋头：【芋头57g】<br>宫保鸡丁：【鸡胸肉23g，黄瓜68g，胡萝卜79g，花生仁（炒）7g】<br>炒白菜：【大白菜135g】<br>木耳炒蛋：【木耳（水发）68g，鸡蛋30g，牛肉（前腿）15g】<br>虾汤：【对虾23g，香菜5g】<br>调料：【花生油12g，精盐1.9g】<br>水果：【火龙果104g】<br>牛奶：【纯牛奶（全脂）220ml】 |
| 晚餐 | 馒头：【小麦70g】<br>蒜苔炒鸡蛋：【蒜苔114g，鸡蛋42g】<br>调料：【花生油8g，精盐1.9g】<br>水果：【苹果98g】<br>牛奶：【纯牛奶（全脂）220ml】 | 玉米饼：【玉米面（强化豆粉）28g,小麦56g】<br>西葫芦炒鸡肉：【西葫芦99g，鸡胸肉37g】<br>牛奶：【纯牛奶（全脂）220ml】<br>调料：【花生油8g，精盐1.9g】<br>水果：【西瓜108g】 | 花卷：【花卷65g】<br>青椒炒豆皮：【青椒77g，豆皮40g，虾仁46g】<br>二米粥：【籼米16g，小米16g】<br>调料：【花生油8g，精盐1.9g】<br>水果：【山竹139g】 | 大米饭：【籼米113g】<br>炒三丝：【胡萝卜114g，马铃薯38g，青椒或尖椒57g，猪肉（瘦肉）18g】<br>牛奶：【纯牛奶（全脂）220ml】<br>调料：【花生油8g，精盐1.9g】<br>水果：【柚子116g】 | 打卤面：【挂面113g，鸡蛋12g，腐竹4g，木耳（水发）24g，香菇（鲜）24g,金针菇24g，猪肉（瘦肉）15g，对虾23g】<br>牛奶：【纯牛奶（全脂）220ml】<br>调料：【花生油8g，精盐1.9g】<br>水果：【菠萝104g】 |

实训图 10-7　食谱展示

2. 患者齐某，男性，30 岁，办公室职员，身高 168cm，体重 90kg，对自己的身材极其不满意，10 日前到整形医院做了抽脂手术。请采用计算机软件法帮助齐某编制一周食谱。

**【实训步骤】**

1. 确定分析对象。
2. 确定齐某的基本情况和疾病情况。
3. 系统自动计算齐某所需要的各种营养素指标。
4. 进入食物选择界面，选择增加或删除食物。
5. 选定完食物后，单击配平按钮，出现配平窗口，单击开始配平按钮，开始配平进程。配平完成后，显示各种营养素的贡献比例窗口，其中显示食谱中各种食物对各种营养素的贡献比重，可以据此进行必要的手工微调。
6. 根据需要，可以单击打印食谱按钮，打印齐某完整的食谱报告。

**【实训结果与讨论】**

1. 齐某一周食谱编制的结果。
2. 小组讨论本次实训遇到的问题，分享收获，总结经验，讨论实训结果等。

**【注意事项】**

1. 膳食中食物结构应符合中国居民平衡膳食宝塔要求。
2. 膳食食物数量允许有一定偏差。

（郭艳东）

## 实训 11　减肥食谱的编制

**【实训目的】**

1. 掌握肥胖的营养防治要点。

2. 能够利用计算法对肥胖患者进行食谱编制。

3. 培养学生实事求是、耐心细致、一丝不苟的工作作风。

**【实训学时】** 2 学时。

**【实训准备】** 同实训 8。

**【实训要求】**

1. 教师讲解计算法为肥胖患者编制食谱的基本原则，给出实训案例，举例讲解计算步骤。

2. 学生根据教师讲解确定各餐食物品种，并计算出各类食物用量，完成食谱编制。

3. 教师巡回指导学生三大营养素需要量与主副食品种和数量的确定方法。

4. 学生按要求完成实训报告。

**【实训内容】**

顾客王女士，35 岁，身高 160cm，体重 85kg，公司文员，轻体力活动，平时不喜欢运动。请为她编制减肥食谱。

**1. 教师示教**

（1）确定饮食能量需要量

1）确定总能量消耗：总能量消耗（TEE）=基础代谢率（BMR）×身体活动水平（PAL）。

A. 计算王女士 BMR：BMR（kcal/d）=14.52*W*－155.88*S*+565.79=14.52×85－155.88×1+565.79≈1644kcal

B. 查身体活动水平 PAL：查表 2-1，王女士是公司文员，确定其 PAL 为 1.4。

C. 计算总能量消耗：王女士总能量消耗（TEE）=基础代谢率（BMR）×身体活动水平（PAL）=1644×1.4≈2302 kcal。

2）确定负平衡能量

A. 判断体型：王女士的 BMI=85/1.6$^2$≈33.2 kg/m$^2$＞28kg/m$^2$，判断为肥胖。

B. 确定减肥速度：根据肥胖度指数计算公式，肥胖度（%）=[实际体重（kg）–身高标准体重（kg）]/身高标准体重（kg）×100%

因此，王女士的肥胖度=[85–（160–105）]/（160–105）×100%≈54.5%，超过 50%，属于重度肥胖。由于轻度肥胖一个月减 0.5～1kg，中度以上肥胖一周减 0.5～1.0kg。因此，建议王女士一周减 1kg。

C. 计算负平衡能量：对于肥胖患者来说减掉 1kg 体重，则相当于要减掉约 32 238.33kJ（7700kcal）热能。那么：

每日负平衡能量≈每周体重期望降低量（kg）×4605.5kJ（约 1100kcal）

≈每月体重期望降低量（kg）×1088.5kJ（约 260kcal）

王女士每日负平衡能量≈1×1100kcal =1100kcal

3）饮食热能需求量：饮食热能需求量=人体总能量需要量–负平衡能量

王女士的饮食热能需求量≈2302–1100=1202（kcal）

（2）计算三大营养素每日需要量　三大营养素为蛋白质、脂肪、碳水化合物。目前比较公认的减肥膳食是高蛋白（供能比占 15%～20%）、低脂肪（供能比占 20%～30%）、低碳水化合物（供能比占 45%～50%）膳食。本例确定其分别供能 20%、30%、50%。

如王女士在每日能量范围内，选取所需能量为 1202kcal，已知蛋白质、脂肪、碳水化合物的能量系数分别是 4kcal/g、9kcal/g、4kcal/g，因此，王女士三大产能营养素每日的需要量分别是：

蛋白质需要量≈1202×20%÷4=60.1（g）

脂肪需要量≈1202×30%÷9≈40.1（g）

碳水化合物需要量≈1202×50%÷4≈150.3（g）

（3）计算三大营养素每餐需要量　早、中、晚三餐能量比例按照30%、40%、30%计算。由此计算出三大营养素每餐需要量。

早餐：蛋白质 $60.1 \times 30\% \approx 18$（g）
脂肪 $40.1 \times 30\% \approx 12$（g）
碳水化合物 $150.3 \times 30\% \approx 45.1$（g）

中餐：蛋白质 $60.1 \times 40\% \approx 24$（g）
脂肪 $40.1 \times 40\% \approx 16$（g）
碳水化合物 $150.3 \times 40\% \approx 60.1$（g）

晚餐：蛋白质 $60.1 \times 30\% \approx 18$（g）
脂肪 $40.1 \times 30\% \approx 12$（g）
碳水化合物 $150.3 \times 30\% \approx 45.1$（g）

（4）主食品种和数量的确定　本处以早餐为例，王女士一日早餐应提供的碳水化合物45.1g，若以小米粥和花卷为主食，并分别提供30%和70%的碳水化合物，查食物成分表得知每100g小米含碳水化合物73.5g，每100g富强粉含碳水化物74.6g，则：

所需小米重量 $\approx 45.1 \times 30\% \div (73.5 \div 100) \approx 18.4$（g）

所需富强粉重量 $\approx 45.1 \times 70\% \div (74.6 \div 100) \approx 42.3$（g）

（5）副食品种和数量的确定

第一步：计算主食中含有的蛋白质重量。

第二步：用应摄入蛋白质重量减去主食中蛋白质重量即为副食应提供的蛋白质重量。

第三步：副食提供的主要为优质蛋白质。设定其优质蛋白质的2/3由动物性食物供给，1/3由大豆及其豆制品供给，据此可求出各自的蛋白质供给量。

第四步：查食物成分表，并计算各类动物性食物和大豆及豆制品的供给量。

第五步：设计蔬菜的品种和数量。

本处以中餐为例，王女士一日中餐中应提供蛋白质24g，碳水化合物60.1g，若中餐以米饭（大米）为主食，由食物成分表得知，每100g粳米含碳水化合物为77.7g。

所需粳米重量 $\approx 60.1 \div (77.7 \div 100) \approx 77.3$（g）

进一步查食物成分表得知，100g粳米含蛋白质8.0g，则：

主食中蛋白质含量 $\approx 77.3 \times (8.0 \div 100) \approx 6.2$（g）

副食中蛋白质含量 $\approx 24 - 6.2 = 17.8$（g）

提供根据设定副食中蛋白质的2/3由动物性食物供给，1/3由大豆及豆制品供给，因此：

动物性食物应提供蛋白质重量 $\approx 17.8 \times 2/3 \approx 11.9$（g）

大豆及豆制品应含蛋白质重量 $\approx 17.8 \times 1/3 \approx 5.9$（g）

若选择的动物性食物和大豆及豆制品分别为鸡胸肉和豆腐。由食物成分表可知，每100g鸡胸肉中蛋白质含量为24.6g，每100g豆腐中蛋白质含量为6.6g，则：

鸡胸肉重量 $\approx 11.9 \div (24.6 \div 100) \approx 48.4$（g）

豆腐重量 $\approx 5.9 \div (6.6 \div 100) = 89.4$（g）

早餐和晚餐的摄入量可根据同样方法计算得出副食供给量。

最后一步是选择蔬菜的品种和数量。蔬菜的品种可根据不同季节市场的蔬菜供应情况，以及与动物性食物和豆制品配菜的需要来确定。根据表4-7，王女士每日摄入蔬菜的数量为250g，水果为150g，可依据个人的饮食习惯分配到一日三餐中。

（6）确定纯能量食物的量　本处以中餐为例，上一步中王女士中餐脂肪的需要量为16g，查食物成分表之每 100g 粳米含脂肪 0.6g，每 100g 鸡胸脯肉脂肪含量为 1.9g，每 100g 豆腐脂肪含量为 5.3g，则：

$$主食中脂肪含量\approx 77.3\times(0.6\div 100)\approx 0.5\ (g)$$

$$副食中脂肪含量\approx 48.4\times(1.9\div 100)+89.4\times(5.3\div 100)\approx 5.7\ (g)$$

$$中餐植物油供给量\approx 18-(0.5+5.7)=11.8\ (g)$$

早餐和晚餐的摄入量，可根据同样方法计算得出植物油供给量。

**2. 学生操作**

案例：付女士，43 岁，育有一子，身高 151cm，体重 72kg，体检各项指标均正常，请用计算法完成全天食谱的编制，写出全部步骤并将最终食谱填写在实训表 11-1 中。

**实训表 11-1 付女士一日食谱**

| 餐次 | 菜肴名称 | 食物名称 | 可食部用量（g） |
|---|---|---|---|
| 早餐 | | | |
| 中餐 | | | |
| 晚餐 | | | |

**【实训步骤】**

1. 实训分组，本实训 4 个同学一组，小组内分工。
2. 根据实训案例计算付女士各餐的可食部用量。
3. 对食谱进行评价和调整。

**【实训结果与讨论】**

1. 付女士一日所需要的三大营养素的量。
2. 付女士各餐的食物需要量。
3. 小组讨论本次实训遇到的问题，分享收获，总结经验，讨论实训结果等。

**【注意事项】**

1. 注意每天的食物种类达 12 种以上。
2. 选择健康的烹调方法。

（何清懿）

# 实训 12 围绝经期食谱的编制

**【实训目的】**

1. 学会挑选新鲜、安全、符合营养要求的食材；掌握食材间的合理搭配技巧；学会运用膳食宝塔或膳食指南，确保食谱中各类食物的比例合理，满足能量、蛋白质、维生素、矿物质等营养素的需求。

2. 能够根据围绝经期女性的营养需求，设计符合膳食平衡原则的食谱。能够在模拟或真实场景中，根据客户需求快速编制出符合围绝经期女性特点的食谱，并实施。具备向围绝经期女性传授健康饮食知识的能力，包括饮食原则、食谱解读、食材选购等。熟练掌握食谱编制、食材准备、烹饪制作等技能。

3. 培养严谨、细致的工作态度，确保食谱编制的科学性和合理性。培养责任心和职业道德，确保对他人健康负责。

**【实训学时】** 2 学时。

**【实训准备】**《中国食物成分表》（标准版第6版）、《中国居民膳食指南（2022）》《中国居民膳食营养素参考摄入量（2023版）》、食谱编制软件或计算工具、记录纸、笔等。

**【实训要求】**

**1. 食谱要求**

（1）个性化原则　详细了解用餐对象的身体状况、饮食习惯及过敏史。根据实训对象的身体状况和营养需求，制订针对性的食谱。

（2）营养均衡　确保食谱中各类营养素摄入均衡，满足围绝经期女性的特殊需求。

（3）食材安全　选择新鲜、安全、无污染的食材。

（4）实操性　食谱应易于实施，符合家庭烹饪条件。

**2. 操作要求**

（1）教师根据病例情况，讲解围绝经期女性食谱编制方法。

（2）学生完成规定病例的食谱编制。

（3）教师巡回指导学生编制食谱。

（4）学生按要求完成实训报告，每位学生需提交一份详细的食谱，包括详细步骤、所用食材的营养信息和食谱计算结果。

**【实训内容】**

**1. 教师讲解围绝经期女性食谱编制步骤及方法**

案例：顾客张女士，50岁，身高160cm，体重60kg，教师，已婚，育有二子，分别为20岁和17岁，中等（每天适度活动）水平活动。因最近几个月出现月经不规律、潮热、夜间出汗和情绪波动（感到焦虑和烦躁，情绪不稳定，容易发怒）而前来就诊。过去6个月体重增加约5kg，不吸烟，偶尔饮酒，饮食偏好高脂肪、高糖食物，蔬菜摄入较少，偶尔参加健身活动。经检查雌激素（$E_2$）水平下降，黄体生成素（LH）水平升高，促卵泡激素（FSH）水平升高，血糖、血脂、血压正常。请为其编制一日食谱。

（1）分析围绝经期女性的营养需求。

1）考虑到围绝经期女性因生理变化而产生的特殊营养需求，如因雌激素水平下降导致骨密度下降、钙吸收能力减弱，以及可能出现的代谢率下降、能量需求减少，钙、维生素D、铁、蛋白质等营养素的需求增加。

2）考虑到围绝经期女性可能存在的口味变化或食物不耐受情况，灵活调整食材选择。

3）针对围绝经期常见的症状，如潮热、失眠、情绪波动等，在食谱编制过程中，考虑加入有助于缓解焦虑、抑郁等情绪的食物或营养素，如B族维生素、镁等对神经系统有调节作用。

4）了解并应对可能存在的慢性疾病或特殊饮食需求（如糖尿病、高血压、素食等）。

5）认识到围绝经期女性的心理健康同样重要，理解其在生理变化过程中的心理状态。学习基本的心理疏导技巧，为有需要的女性提供心理支持。编制食谱时应评估其是否有心理支持需求。

（2）确定全天总能量

1）基础代谢率计算：张女士的BMR计算如下。

$$\text{BMR（kcal/d）}=14.52W-155.88S+565.79=14.52\times 60-155.88\times 1+565.79\approx 1281\text{（kcal）}$$

50～64岁人群的BMR较18～49岁人群下调5%

$$\text{BMR}\approx 1281\times 95\%\approx 1217\text{（kcal）}$$

2）每日总能量消耗（TEE）计算：通过不同方法，求出总能量消耗的两个重要因素，即基础代谢率和身体活动水平的值，最终通过公式计算出总能量消耗。

张女士是中等活动水平，查表PAL为1.64（表2-1）：

$$\text{TEE（kcal/d）}=\text{BMR（kcal/d）}\times \text{PAL}\approx 1217\times 1.64\approx 1996\text{（kcal）}$$

本案例张女士的表现属于围绝经期综合征。BMI为23kg/$m^2$，属于正常体重，但她过去半年体重增加较多，故应控制总能量摄入。

3）建议营养素比例：蛋白质 15%～20%，脂肪 20%～25%，碳水化合物 50%～65%，膳食纤维 25～30g；钙 800mg；维生素 D10μg；植物化学物、抗氧化物：适量，应包含多种蔬菜和水果。

（3）选定主副食食材并确定每日的摄入量，计算食谱中的能量及各类营养素含量、调整食谱。具体方法参考实训 8。

（4）张女士一日食谱举例

**早餐：**燕麦粥（燕麦 40g、牛奶 250ml、蜂蜜 10g、核桃 20g），一个香蕉（约 180g）。

**上午加餐：**一小把杏仁（约 20g）。

**午餐：**糙米饭（糙米 100g），清蒸鱼（鲈鱼 200g），炒时蔬（西蓝花 100g、胡萝卜 50g），一份水果（苹果约 200g）。

**下午加餐：**酸奶（200g，低脂）。

**晚餐：**全麦面包（标准粉 100g），鸡蛋（1 个 50g），蔬菜沙拉（生菜 100g、番茄 50g、黄瓜 100g，橄榄油和醋适量调味）。

全天食用油 25g，盐 5g。

该食谱的营养成分估算：能量 2159kcal，蛋白质 83.1g，脂肪 53g，碳水化合物 262.9g，膳食纤维 29g，钙 600mg，维生素 D5μg，植物化学物和抗氧化物具体含量难以量化，但通常可通过丰富的色彩和多样化饮食获得，本例通过多种蔬菜和水果摄入（如西蓝花、胡萝卜、苹果、番茄等）。根据张女士的情况，该食谱还需增加 200g 牛奶补充钙，多参加户外活动或食用补充剂，以补充维生素 D。可以通过增加豆类、鱼类和瘦肉来进一步提高蛋白质的摄入。

（5）额外建议

1）定期锻炼：结合饮食，适度的有氧运动（如步行、游泳）和力量训练有助于维持健康体重、增强骨密度。

2）定期体检：定期检查骨密度、血糖和胆固醇水平，及时发现和应对潜在的健康问题。

3）心理健康：围绝经期女性可能会经历情绪波动，注意适量的放松和社交活动有助于减轻压力。

4）有围绝经期症状的可增加白芍 15g、茯苓 20g、香附 15g、枸杞子 20g、大豆 30g 做成药膳，以缓解情绪波动，改善睡眠质量等。

**2. 学生完成食谱编制**　学生根据老师讲的方法与步骤给李女士编制一日食谱，要有详细步骤，可参考实训 7。

案例：李女士，身高 166cm，体重 65kg，血压 120/80mmHg。实验室检查激素水平：FSH 30IU/L（提示围绝经期），雌激素低于正常范围。诊断为围绝经期综合征。请为其编制一日食谱，注意需自己补充饮食习惯、运动情况等生活方式信息。

**【实训步骤】**

1. 本实训两名同学为一组，组内进行分工。
2. 根据实训案例给出的信息完成食谱编制。
3. 计算出所编食谱中每种食物所含能量及各种营养素量。

**【实训结果与讨论】**

1. 食谱编制的详细过程。
2. 李女士的完整食谱。
3. 小组讨论中，分享编制食谱的思路和遇到的挑战，总结经验，讨论实训结果等。

**【注意事项】**

1. 关注特殊情况　如有特殊健康状况（如糖尿病、过敏等），需相应调整食谱。
2. 保持饮食习惯的灵活性　不应过于严格，允许适当的替代和调整。
3. 监督与评估　定期评估饮食效果与健康指标变化，必要时调整食谱。
4. 避免单一食材过量摄入，确保饮食多样化。

5. 关注食材的新鲜度与安全性。

6. 根据个人口味和食物过敏情况调整食谱。

（赵 琼）

# 实训 13 美容药膳制作

**【实训目的】**

1. 学会制首乌、红枣等主要用料的性味、归经及功效。

2. 能掌握首乌红枣粥的配伍、实验程序和操作方法。

3. 培养学生独立制作药膳的能力。

**【实训学时】** 2 学时。

**【实训准备】** 砂锅 1 个/5 人，碗 1 个/人，筷子 1 双/人，汤匙 1 把/人等。

**【实训要求】**

1. 教师演示、介绍首乌红枣粥的制作方法及功效。

2. 学生按照学号分组，5 人一组，每组一套实训设备。

3. 教师巡回指导学生。

**【实训内容】** 教材中的抗皱药膳之一“首乌红枣粥”的制作。

**【实训步骤】**

**1. 准备原料** 所需原料：制何首乌 30g，红枣 5 颗，粳米 60g，红糖适量，清水适量。将何首乌提前洗净煮沸后浸泡在清水中，浸泡时间为 1～2h，以便软化，便于后续处理；红枣用清水洗净，去核（如果想要更软的口感，可以提前浸泡）；粳米用清水洗净，煮沸后浸泡约 30min，以缩短煮粥时间。

**2. 煮粥** 将浸泡过的粳米、制何首乌和红枣连水一起放入砂锅中，加入适量清水（一般为米的 4～5 倍），大火煮沸后，转小火，保持轻微沸腾，持续煮 40～60min，其间适时搅拌，防止黏底。

**3. 调整口味** 粥煮至米粒软烂、浓稠时，加入适量红糖，根据个人口味调节甜度，搅拌均匀后再煮 5min，使红糖完全溶解。

**4. 出锅享用** 将煮好的粥盛入碗中，可以根据个人喜好撒上些许坚果或干果增添风味，即可享用。

**【实训结果与讨论】**

1. 煮成干稀适当的首乌红枣粥。

2. 对制作首乌红枣粥过程中遇到的问题进行讨论。

**【注意事项】**

1. 药材及食材需清洗干净，沸水浸泡，以免变质，浸泡过药材及食材的水不要丢弃，倒入锅中一起烹调。

2. 熬制时要不停地搅拌，防止糊锅。

3. 不要用铁锅、铝锅煮，会损失很多营养成分。

4. 首乌红枣粥具有乌发、延缓衰老、补血养颜、健脾益胃、促消化、改善贫血与缓解疲劳等功效。但体热及对首乌或红枣过敏者等不宜食用。

（邓福忠）

# 实训 14 肥胖患者营养教育

**【实训目的】**

1. 提高对美容与营养关系的认识，掌握在美容营养咨询中的沟通技巧、个性化营养方案制订能力及心理辅导能力。认识到均衡饮食对美容的重要性，认识到通过科学饮食可以改善肤质、体态，提升整体美观。

2. 能指导患者制订并实施个性化的减肥与美容计划，帮助肥胖患者建立健康的饮食和生活习惯，促进体重管理和美容目标的实现。

3. 培养学生沟通技巧，人文关怀、团队协作能力和个性化、精准化服务能力。

**【实训学时】**2 学时。

**【实训准备】**

**1. 评估工具** BMI 计算器、体脂率测试仪、皮肤状态评估表。

**2. 教学材料** 肥胖与美容知识手册、《中国居民膳食指南（2022）》、运动推荐表、皮肤护理小贴士。

**3. 场地设备** 咨询室或会议室，配备多媒体教学设备。

**4. 专家团队** 营养师、美容顾问、运动教练（可选）。

**【实训要求】**

**1. 专业性** 确保所有咨询和建议均基于专业知识和科学依据。

**2. 个性化** 针对患者的具体情况制订个性化的咨询方案。

**3. 互动性** 鼓励患者积极参与讨论，分享自身经验和需求。

**4. 持续性** 强调减重和美容是一个长期过程，需要患者持续努力。

**【实训内容】**

**1. 教师讲解肥胖患者营养健康教育的内容**

（1）肥胖与美容知识普及　介绍肥胖对身体健康和美容的影响，如皮肤松弛、色斑形成等。

（2）饮食调整建议　根据患者的体质和口味偏好，制订低热量、高营养的饮食计划，减少高热量、高脂肪、高糖分食物的摄入。

（3）运动规划　推荐适合患者的运动方式，如慢跑、游泳、瑜伽等，促进脂肪燃烧和肌肉紧实。

（4）皮肤护理指导　提供针对肥胖引起的皮肤问题的护理建议，如定期去角质、保持皮肤水分等。

（5）心理支持　关注患者的心理状态，提供必要的心理支持和激励，帮助患者树立信心。

**2. 教师示教** 教师根据案例情况在班上找一志愿者配合教学。

案例：张先生，40 岁，身高 175cm，体重 100kg，比较焦虑，希望通过改善饮食和生活习惯，达到减肥目的，并改善因肥胖引起的皮肤松弛、色斑等问题。

（1）初步评估　测量身高及体重，使用 BMI 计算器、体脂率测试仪等工具评估患者的体重和体脂状况，同时记录皮肤状态。张先生 BMI=100÷$1.75^2$≈32.7（$kg/m^2$），属于肥胖。测定体脂率为 35%左右，慢性病如冠心病等风险较高。张先生胸部、腹部、腿部脂肪堆积较多，皮肤松弛，同时面部、两大腿内侧和脖子有色素沉着。饮食习惯评估：经询问，张先生多数时间在外就餐，晚上喜欢喝酒，每天 2 两白酒；主食方面喜欢吃面食，如面条、馒头、油条等，副食方面喜欢吃肥肉，如烧白、回锅肉、红烧肉等，不喜欢吃蔬菜水果，不喝奶，下班回家喜欢躺在沙发上看电视。

（2）知识讲解　通过多媒体展示或实物演示（肥胖与美容知识手册），向患者介绍肥胖与美容的相关知识。

（3）个性化指导　根据患者的评估结果和需求，制订个性化的咨询方案，包括饮食调整、运动指导和皮肤护理建议。肥胖患者食谱编制见实训 9，此处不再赘述。

1）饮食调整

A. 主食调整计划：①选择低血糖生成指数（GI）食物。优先选择糙米、燕麦、全麦面包等粗粮作为主食，这些食物富含膳食纤维，有助于延缓血糖上升，增加饱腹感。②控制总量。根据个体能量需求调整主食摄入量，通常建议每餐主食量不超过拳头大小，避免过量摄入碳水化合物。③多样化搭配。混合不同种类的主食，如糙米搭配豆类，既能提供丰富营养，又能增加饮食趣味性。

B. 副食搭配策略：①增加蔬菜摄入。每餐应包含大量新鲜蔬菜，尤其是绿叶蔬菜和深色蔬菜，它们富含维生素、矿物质和膳食纤维，有助于促进肠道健康，减少热量摄入。②优质蛋白质来源。选择瘦肉（鸡胸肉、鱼、虾等）、豆制品、低脂奶制品等作为蛋白质的主要来源，适量摄入，避免高脂肪肉类。③限制油脂与盐分。减少油炸、煎炒等高脂烹饪方式，使用橄榄油、亚麻籽油等健康油脂，并控制每日盐分摄入量不超过5g。

C. 烹饪方式改良：①蒸、煮、炖、烤为主。采用这些烹饪方式可以最大限度地保留食物营养，减少油脂和添加剂的使用。②少油少盐少糖。在烹饪过程中尽量减少调味料的添加，特别是油和糖，以保持食物的原汁原味。③自制餐食。鼓励患者自己动手烹饪，控制食材来源和烹饪过程，避免外出就餐带来的高热量和不健康因素。

D. 水果与零食管理：①低糖水果。选择苹果、柚子、草莓等低糖水果作为零食，避免高糖水果，如葡萄、荔枝等。②适量摄入。每日水果摄入量控制在200～350g为宜，过量也可能导致糖分摄入过多。③健康零食。准备一些坚果（如杏仁、核桃）、酸奶、无糖饼干等作为健康零食选项，避免高糖高油的零食。

E. 水分与饮品选择：①充足饮水。每日饮水量应达到1700ml，促进新陈代谢，帮助排毒。②选择无糖饮品。避免含糖饮料，如碳酸饮料、果汁等，可选择无糖茶、黑咖啡或纯净水。③限制酒精摄入。酒精含有高热量且易促进食欲，应尽量减少或避免饮酒。

F. 定时定量进餐：①规律作息。保持每日三餐定时定量，避免暴饮暴食或长时间饥饿。②细嚼慢咽。吃饭时应细嚼慢咽，有助于增加饱腹感，减少食量。③避免晚餐过饱。晚餐应尽量清淡且不宜过饱，以免影响睡眠质量及次日体重控制。

2）运动指导

A. 强度与时间控制：从低强度运动开始，如快走、慢跑、瑜伽等，逐渐增加运动强度。运动时心率应控制在最大心率的60%～70%（最大心率约为220减去年龄），以避免过度疲劳和伤害。单次运动时间建议至少持续30min，以确保达到一定的燃脂效果。初期可分阶段进行，如每次10min，逐渐延长至连续30min。

B. 运动方式与选择：①有氧运动。如快走、慢跑、游泳、骑自行车等，有助于燃烧体内脂肪，提高心肺功能。②抗阻训练。使用哑铃、弹力带等进行的力量训练，有助于增加肌肉量，提高基础代谢率，促进长期减重。③柔韧性训练。如瑜伽、拉伸等，有助于提高关节灵活性，减少运动伤害。④团体运动。如跳舞、健身操等，可增加运动乐趣，促进社交互动，提高坚持度。

C. 频率与持续性：建议每周至少进行5次运动，以保持运动效果的持续性。可根据个人情况适当调整，但不宜少于3次。长期坚持是运动减重的关键，应逐步养成运动习惯。

D. 注意事项：①热身与拉伸。运动前后应进行充分的热身和拉伸，以减少运动伤害。②水分补充。运动中及运动后应及时补充水分，保持身体水分平衡。③避免过度运动。根据自身情况合理安排运动量，避免过度疲劳和伤害。④监测身体状况。运动过程中应密切关注身体反应，如有不适应立即停止运动并寻求帮助。⑤保证充足的睡眠有助于身体恢复和减重效果的维持。同时，日常生活中应尽量减少久坐时间，多走动、站立或进行轻度活动。⑥安全第一。在任何时候，安全都是运动的首要原则。在运动前应进行全面的身体检查，了解自身健康状况和潜在风险。运动过程中应遵循专业指导，避免盲目跟风或过度运动。如有任何不适或疑问，应及时咨询专业医生或健身教练。

3）皮肤护理建议：针对张先生的皮肤情况，除了上面的饮食和运动注意事项外，建议选择质地柔软、透气性好的衣物，避免穿着过紧或材质粗糙的衣物，以减少对皮肤的摩擦和刺激。在日常生活中，尽量减少对皮肤的摩擦动作，如频繁揉搓、挤压等。在皮肤容易受摩擦的部位，如腋下、腹股沟等，可使用皮肤保护剂来减少摩擦和刺激。定期自我检查皮肤状况，特别是皮肤褶皱处和难以观察到的部位，如背部、臀部等。建议定期前往皮肤科进行专业检查，以便及时发现并处理皮肤问题，获得个性化的皮肤护理建议和治疗方案。

4）心态与激励：针对张先生的焦虑、抑郁等情况，应提供必要的心理支持和指导，帮助其建立健康的饮食观念和减重信心。鼓励张先生保持积极乐观的心态，相信自己的能力和潜力。与张先生一起设定明确、可实现的运动和减重目标，记录每天运动成果，与家人、朋友或运动伙伴分享自己的运动经历和目标，获得他们的支持和鼓励。

**3. 学生以小组为单位进行角色扮演**

案例：李女士，35 岁，身高 165cm，体重 85kg，无其他重大疾病史。饮食习惯：高热量、高脂肪、高糖分，偏好零食和快餐。运动习惯：久坐不动，缺乏规律运动。

（1）制订营养教育方案。

（2）角色扮演。

（3）教师点评，教师对各组的营养教育方案及角色扮演情况进行点评。

（4）学生按要求完成实训报告。

**【实训步骤】**

1. 实训分组，本实训 4 名同学为一组，组内进行分工。

2. 根据实训案例准备教学材料进行角色扮演。

**【实训结果与讨论】**

1. 李女士的评估结果。

2. 李女士的个性化指导。

3. 小组讨论本次实训遇到的问题，分享收获，总结经验，讨论实训结果等。

**【注意事项】**

**1. 尊重患者隐私** 在实训过程中严格保护患者隐私，避免泄露敏感信息。

**2. 科学指导** 所有咨询和建议均基于科学研究和临床实践，避免误导患者。

**3. 循序渐进** 根据患者的身体状况和接受能力，逐步推进咨询方案的实施。

**4. 综合干预** 注重饮食、运动、皮肤护理等多方面的综合干预，以达到最佳的减肥和美容效果。

**5. 心理关怀** 关注患者的心理状态变化，及时提供心理支持和疏导。

（赵 琼）

# 主要参考文献


黄丽娃，晏志勇，2018. 美容营养学. 武汉：华中科技大学出版社

蒋钰，杨金辉，2015. 美容营养学. 2 版. 北京：科学出版社.

林俊华，2010. 美容营养学. 北京：人民卫生出版社.

刘定梅，2022. 营养学基础. 4 版. 北京：科学出版社.

马爱国，2023. 营养师基本技能与实践. 北京：人民卫生出版社.

人力资源社会保障部教材办公室，2020. 公共营养师（三级）. 北京：中国劳动社会保障出版社.

人力资源社会保障部教材办公室，2021. 公共营养师（四级）. 北京：中国劳动社会保障出版社.

孙长颢，2017. 营养与食品卫生学. 8 版. 北京：人民卫生出版社.

王丹，邓可洪，郑宏来，2024. 营养与美容. 武汉：华中科技大学出版社.

谢梦洲，朱天民，2021. 中医药膳学.4 版. 北京：中国中医药出版社.

杨月欣，2018. 中国食物成分表标准版（第一册）. 6 版. 北京：北京大学医学出版社.

杨月欣，2019. 中国食物成分表标准版（第二册）. 6 版. 北京：北京大学医学出版社.

杨月欣，葛可佑，2019. 中国营养科学全书. 2 版. 上册. 北京：人民卫生出版社.

杨月欣，葛可佑，2019. 中国营养科学全书. 2 版. 下册. 北京：人民卫生出版社.

易琴，2021. 美容营养学. 北京：中国轻工业出版社.

赵琼，2022. 老年人膳食营养保健. 北京：科学出版社.

中国营养学会，2021. 中国居民膳食指南科学研究报告（2021）. 北京：人民卫生出版社.

中国营养学会，2022. 中国居民膳食指南（2022）. 北京：人民卫生出版社.

中国营养学会，2023. 中国居民膳食营养素参考摄入量（2023 版）. 北京：人民卫生出版社.

# 附　　录
# 中国居民膳食营养素参考摄入量

附表 1　中国居民膳食能量需要量（EER）

| 年龄（岁）/阶段 | 男性 | | | | | | 女性 | | | | | |
|---|---|---|---|---|---|---|---|---|---|---|---|---|
| | PAL Ⅰ[a] | | PAL Ⅱ[b] | | PAL Ⅲ[c] | | PAL Ⅰ[a] | | PAL Ⅱ[b] | | PAL Ⅲ[c] | |
| | MJ/d | kcal/d | MJ/d | kcal/d | MJ/d | kcal/d | MJ/d | kcal/d | MJ/d | kcal/d | MJ/d | Kcal/d |
| 0 岁～ | — | — | 0.38[d] | 90[e] | — | — | — | — | 0.38[d] | 90[e] | — | — |
| 0.5 岁～ | — | — | 0.31[d] | 75[e] | — | — | — | — | 0.31[d] | 75[e] | — | — |
| 1 岁～ | — | — | 3.77 | 900 | — | — | — | — | 3.35 | 800 | — | — |
| 2 岁～ | — | — | 4.60 | 1100 | — | — | — | — | 4.18 | 1000 | — | — |
| 3 岁～ | — | — | 5.23 | 1250 | — | — | — | — | 4.81 | 1150 | — | — |
| 4 岁～ | — | — | 5.44 | 1300 | — | — | — | — | 5.23 | 1250 | — | — |
| 5 岁～ | — | — | 5.86 | 1400 | — | — | — | — | 5.44 | 1300 | — | — |
| 6 岁～ | 5.86 | 1400 | 6.69 | 1600 | 7.53 | 1800 | 5.44 | 1300 | 6.07 | 1450 | 6.90 | 1650 |
| 7 岁～ | 6.28 | 1500 | 7.11 | 1700 | 7.95 | 1900 | 5.65 | 1350 | 6.49 | 1550 | 7.32 | 1750 |
| 8 岁～ | 6.69 | 1600 | 7.74 | 1850 | 8.79 | 2100 | 6.07 | 1450 | 7.11 | 1700 | 7.95 | 1900 |
| 9 岁～ | 7.11 | 1700 | 8.16 | 1950 | 9.20 | 2200 | 6.49 | 1550 | 7.53 | 1800 | 8.37 | 2000 |
| 10 岁～ | 7.53 | 1800 | 8.58 | 2050 | 9.62 | 2300 | 6.90 | 1650 | 7.95 | 1900 | 8.79 | 2100 |
| 11 岁～ | 7.95 | 1900 | 9.20 | 2200 | 10.25 | 2450 | 7.32 | 1750 | 8.37 | 2000 | 9.41 | 2250 |
| 12 岁～ | 9.62 | 2300 | 10.88 | 2600 | 12.13 | 2900 | 8.16 | 1950 | 9.20 | 2200 | 10.25 | 2450 |
| 15 岁～ | 10.88 | 2600 | 12.34 | 2950 | 13.81 | 3300 | 8.79 | 2100 | 9.83 | 2350 | 11.09 | 2650 |
| 18 岁～ | 9.00 | 2150 | 10.67 | 2550 | 12.55 | 3000 | 7.11 | 1700 | 8.79 | 2100 | 10.25 | 2450 |
| 30 岁～ | 8.58 | 2050 | 10.46 | 2500 | 12.34 | 2950 | 7.11 | 1700 | 8.58 | 2050 | 10.04 | 2400 |
| 50 岁～ | 8.16 | 1950 | 10.04 | 2400 | 11.72 | 2800 | 6.69 | 1600 | 8.16 | 1950 | 9.62 | 2300 |
| 65 岁～ | 7.95 | 1900 | 9.62 | 2300 | — | — | 6.49 | 1550 | 7.74 | 1850 | — | — |
| 75 岁～ | 7.53 | 1800 | 9.20 | 2200 | — | — | 6.28 | 1500 | 7.32 | 1750 | — | — |
| 孕早期 | — | — | — | — | — | — | +0 | +0 | +0 | +0 | +0 | +0 |
| 孕中期 | — | — | — | — | — | — | +1.05 | +250 | +1.05 | +250 | +1.05 | +250 |
| 孕晚期 | — | — | — | — | — | — | +1.67 | +400 | +1.67 | +400 | +1.67 | +400 |
| 乳母 | — | — | — | — | — | — | +1.67 | +400 | +1.67 | +400 | +1.67 | +400 |

注 1：PAL Ⅰ[a]、PAL Ⅱ[b] 和 PAL Ⅲ[c] 分别代表低强度身体活动水平、中强度身体活动水平和高强度身体活动水平。

注 2：“—”表示未制定或未涉及；+表示在相关年龄段的成年女性需要量基础上增加的需要量。

注 3：d 表示单位为兆焦每天每千克体重[MJ/（kg · d）]；e 单位为千卡每天每千克体重[kcal/（kg · d）]。

| 附表 2　中国居民膳食蛋白质参考摄入量 | | | | | |
|---|---|---|---|---|---|
| 年龄 / 阶段 | 男性 | | 女性 | | AMDR（%E） |
| | EAR（g/d） | RNI（g/d） | EAR（g/d） | RNI（g/d） | |
| 0 岁～ | — | 9（AI） | — | 9（AI） | — |
| 0.5 岁～ | — | 17（AI） | — | 17（AI） | — |
| 1 岁～ | 20 | 25 | 20 | 25 | — |
| 2 岁～ | 20 | 25 | 20 | 25 | — |
| 3 岁～ | 25 | 30 | 25 | 30 | 8～20 |
| 4 岁～ | 25 | 30 | 25 | 30 | 8～20 |
| 5 岁～ | 25 | 30 | 25 | 30 | 10～20 |
| 6 岁～ | 30 | 35 | 30 | 35 | 10～20 |
| 7 岁～ | 30 | 40 | 30 | 40 | 10～20 |
| 8 岁～ | 35 | 40 | 35 | 40 | 10～20 |
| 9 岁～ | 40 | 45 | 40 | 45 | 10～20 |
| 10 岁～ | 40 | 50 | 40 | 50 | 10～20 |
| 11 岁～ | 45 | 55 | 45 | 55 | 10～20 |
| 12 岁～ | 55 | 70 | 50 | 60 | 10～20 |
| 15 岁～ | 60 | 75 | 50 | 60 | 10～20 |
| 18 岁～ | 60 | 65 | 50 | 55 | 10～20 |
| 30 岁～ | 60 | 65 | 50 | 55 | 10～20 |
| 50 岁～ | 60 | 65 | 50 | 55 | 10～20 |
| 65 岁～ | 60 | 72 | 50 | 62 | 15～20 |
| 75 岁～ | 60 | 72 | 50 | 62 | 15～20 |
| 孕早期 | — | — | +0 | +0 | 10～20 |
| 孕中期 | — | — | +10 | +15 | 10～20 |
| 孕晚期 | — | — | +25 | +30 | 10～20 |
| 乳母 | — | — | +20 | +25 | 10～20 |

注："—"表示未制定或未涉及；+表示在相关年龄段的成年女性需要量基础上增加的需要量。

| 附表 3　中国居民膳食脂肪、脂肪酸参考摄入量和可接受范围 | | | | | | | |
|---|---|---|---|---|---|---|---|
| 年龄/阶段 | 总脂肪 | 饱和脂肪酸 | ω-6 多不饱和脂肪酸[a] | ω-3 多不饱和脂肪酸 | 亚油酸 | 亚麻酸 | EPA+DHA |
| | AMDR（%E） | AMDR（%E） | AMDR（%E） | AMDR（%E） | AI（%E） | AI（%E） | AMDR/AI/（g/d） |
| 0 岁～ | 48 | — | — | — | 8.0（0.15g[a]） | 0.90 | 0.1[b] |
| 0.5 岁～ | 40 | — | — | — | 6.0 | 0.67 | 0.1[b] |
| 1 岁～ | 35 | — | — | — | 4.0 | 0.60 | 0.1[b] |
| 3 岁～ | 35 | — | — | — | 4.0 | 0.60 | 0.2 |
| 4 岁～ | 20～30 | <8 | — | — | 4.0 | 0.60 | 0.2 |
| 12 岁～ | 20～30 | <8 | — | — | 4.0 | 0.60 | 0.25 |
| 18 岁～ | 20～30 | <10 | 2.5～9.0 | 0.5～2.0 | +0 | +0 | 0.25～2.0（AMDR） |
| 孕妇和乳母 | 20～30 | <10 | 2.5～9.0 | 0.5～2.0 | +0 | +0 | 0.25（0.2[b]） |

注：a 为花生四烯酸。

b 为 DHA。

"—"表示未制定或未涉及；+表示在相关年龄段的成年女性需要量基础上增加的需要量。

附表 4　中国居民膳食碳水化合物参考摄入量和可接受范围

| 年龄/阶段 | 总碳水化合物 | | 添加糖[a] | 膳食纤维 |
|---|---|---|---|---|
| | EAR/（g/d） | AMDR（%E） | AMDR（%E） | AI/（g/d） |
| 0 岁～ | 60（AI） | — | — | — |
| 0.5 岁～ | 80（AI） | — | — | — |
| 1 岁～ | 120 | 50～65 | — | 5～10 |
| 4 岁～ | 120 | 50～65 | <10 | 10～15 |
| 7 岁～ | 120 | 50～65 | <10 | 15～20 |
| 12 岁～ | 150 | 50～65 | <10 | 20～25 |
| 15 岁～ | 150 | 50～65 | <10 | 25～30 |
| 18 岁～ | 120 | 50～65 | <10 | 25～30 |
| 孕早期 | +10 | 50～65 | <10 | +0 |
| 孕中期 | +20 | 50～65 | <10 | +4 |
| 孕晚期 | +35 | 50～65 | <10 | +4 |
| 乳母 | +50 | 50～65 | <10 | +4 |

注 1：a 添加糖每天不超过 50g/d，最好低于 25g/d。

注 2：“—”表示未制定或未涉及；+表示在相关年龄段的成年女性需要量基础上增加的需要量。

附表 5　中国居民膳食常量元素参考摄入量　　（单位：mg/d）

| 年龄/阶段 | 钙 | | | 磷 | | | 镁 | | 钾 | 钠 | 氯 |
|---|---|---|---|---|---|---|---|---|---|---|---|
| | EAR | RNI | UL | EAR | RNI | UL | EAR | RNI | AI | AI | AI |
| 0 岁～ | — | 200[a] | 1000 | — | 105[a] | — | — | 20[a] | 400 | 80 | 120 |
| 0.5 岁～ | — | 350[a] | 1500 | — | 180[a] | — | — | 65[a] | 600 | 180 | 450 |
| 1 岁～ | 400 | 500 | 1500 | 250 | 300 | — | 110 | 140 | 900 | 500～700[b] | 800～1100[c] |
| 4 岁～ | 500 | 600 | 2000 | 290 | 350 | — | 130 | 160 | 1100 | 800 | 1200 |
| 7 岁～ | 650 | 800 | 2000 | 370 | 440 | — | 170 | 200 | 1300 | 900 | 1400 |
| 9 岁～ | 800 | 1000 | 2000 | 460 | 550 | — | 210 | 250 | 1600 | 1100 | 1700 |
| 12 岁～ | 850 | 1000 | 2000 | 580 | 700 | — | 260 | 320 | 1800 | 1400 | 2200 |
| 15 岁～ | 800 | 1000 | 2000 | 600 | 720 | — | 270 | 330 | 2000 | 1600 | 2500 |
| 18 岁～ | 650 | 800 | 2000 | 600 | 720 | 3500 | 270 | 330 | 2000 | 1500 | 2300 |
| 30 岁～ | 650 | 800 | 2000 | 590 | 710 | 3500 | 270 | 320 | 2000 | 1500 | 2300 |
| 50 岁～ | 650 | 800 | 2000 | 590 | 710 | 3500 | 270 | 320 | 2000 | 1500 | 2300 |
| 65 岁～ | 650 | 800 | 2000 | 570 | 680 | 3000 | 260 | 310 | 2000 | 1400 | 2200 |
| 75 岁～ | 650 | 800 | 2000 | 570 | 680 | 3000 | 250 | 300 | 2000 | 1400 | 2200 |
| 孕早期 | +0 | +0 | 2000 | +0 | +0 | 3500 | +30 | +40 | +0 | +0 | +0 |
| 孕中期 | +0 | +0 | 2000 | +0 | +0 | 3500 | +30 | +40 | +0 | +0 | +0 |
| 孕晚期 | +0 | +0 | 2000 | +0 | +0 | 3500 | +30 | +40 | +0 | +0 | +0 |
| 乳母 | +0 | +0 | 2000 | +0 | +0 | 3500 | +0 | +0 | +400 | +0 | +0 |

注 1：a 为 AI 值；b：1 岁为 500mg/d，2 岁为 600mg/d，3 岁为 700mg/d；c：1 岁为 800mg/d，2 岁为 900mg/d，3 岁为 1100mg/d。

注 2：“—”表示未制定；+表示在相关年龄段的成年女性需要量基础上增加的需要量。

**附表 6　中国居民膳食微量元素参考摄入量**

| 年龄/阶段 | 铁（mg/d） | | | | | 碘（μg/d） | | | 锌（mg/d） | | | | | 硒（μg/d） | | | 铜（mg/d） | | | 钼（μg/d） | | |
|---|---|---|---|---|---|---|---|---|---|---|---|---|---|---|---|---|---|---|---|---|---|---|
| | EAR | | RNI | | UL | EAR | RNI | UL | EAR | | RNI | | UL | EAR | RNI | UL | EAR | RNI | UL | EAR | RNI | UL |
| | 男 | 女 | 男 | 女 | | | | | 男 | 女 | 男 | 女 | | | | | | | | | | |
| 0 岁～ | — | | 0.3（AI） | | — | — | 85（AI） | — | — | | 1.5（AI） | | — | — | 15（AI） | 55 | — | 0.3（AI） | — | — | 3（AI） | — |
| 0.5 岁～ | 7 | | 10 | | — | — | 115（AI） | — | — | | 3.2（AI） | | — | — | 20（AI） | 80 | — | 0.3（AI） | — | — | 6（AI） | — |
| 1 岁～ | 7 | | 10 | | 25 | 65 | 90 | — | 3.2 | | 4.0 | | 9 | 20 | 25 | 80 | 0.26 | 0.3 | 2.0 | 8 | 10 | 200 |
| 4 岁～ | 7 | | 10 | | 30 | 65 | 90 | 200 | 4.6 | | 5.5 | | 13 | 25 | 30 | 120 | 0.30 | 0.4 | 3.0 | 10 | 12 | 300 |
| 7 岁～ | 9 | | 12 | | 35 | 65 | 90 | 250 | 5.9 | | 7.0 | | 21 | 30 | 40 | 150 | 0.38 | 0.5 | 3.0 | 12 | 15 | 400 |
| 9 岁～ | 12 | | 16 | | 35 | 65 | 90 | 250 | 5.9 | | 7.0 | | 24 | 40 | 45 | 200 | 0.47 | 0.6 | 5.0 | 15 | 20 | 500 |
| 12 岁～ | 12 | 14 | 16 | 18 | 40 | 80 | 110 | 300 | 7.0 | 6.3 | 8.5 | 7.5 | 32 | 50 | 60 | 300 | 0.56 | 0.7 | 6.0 | 20 | 25 | 700 |
| 15 岁～ | 12 | 14 | 16 | 18 | 40 | 85 | 120 | 500 | 9.7 | 6.5 | 11.5 | 8.0 | 37 | 50 | 60 | 350 | 0.59 | 0.8 | 7.0 | 20 | 25 | 800 |
| 18 岁～ | 9 | 12 | 12 | 18 | 42 | 85 | 120 | 600 | 10.1 | 6.9 | 12.0 | 8.5 | 40 | 50 | 60 | 400 | 0.62 | 0.8 | 8.0 | 20 | 25 | 900 |
| 30 岁～ | 9 | 12 | 12 | 18 | 42 | 85 | 120 | 600 | 10.1 | 6.9 | 12.0 | 8.5 | 40 | 50 | 60 | 400 | 0.60 | 0.8 | 8.0 | 20 | 25 | 900 |
| 50 岁～ | 9 | 8[a] | 12 | 10[b] | 42 | 85 | 120 | 600 | 10.1 | 6.9 | 12.0 | 8.5 | 40 | 50 | 60 | 400 | 0.60 | 0.8 | 8.0 | 20 | 25 | 900 |
| 65 岁～ | 9 | 8 | 12 | 10 | 42 | 85 | 120 | 600 | 10.1 | 6.9 | 12.0 | 8.5 | 40 | 50 | 60 | 400 | 0.58 | 0.8 | 8.0 | 20 | 25 | 900 |
| 75 岁～ | 9 | 8 | 12 | 10 | 42 | 85 | 120 | 600 | 10.1 | 6.9 | 12.0 | 8.5 | 40 | 50 | 60 | 400 | 0.57 | 0.7 | 8.0 | 20 | 25 | 900 |
| 孕早期 | — | +0 | — | +0 | 42 | +75 | +110 | 500 | — | +1.7 | — | +2.0 | 40 | +4 | +5 | 400 | +0.10 | +0.1 | 8.0 | +0 | +0 | 900 |
| 孕中期 | — | +7 | — | +7 | 42 | +75 | +110 | 500 | — | +1.7 | — | +2.0 | 40 | +4 | +5 | 400 | +0.10 | +0.1 | 8.0 | +0 | +0 | 900 |
| 孕晚期 | — | +10 | — | +11 | 42 | +75 | +110 | 500 | — | +1.7 | — | +2.0 | 40 | +4 | +5 | 400 | +0.10 | +0.1 | 8.0 | +0 | +0 | 900 |
| 乳母 | — | +6 | — | +6 | 42 | +85 | +120 | 500 | — | +4.1 | — | +4.5 | 40 | +15 | +18 | 400 | +0.50 | +0.7 | 8.0 | +4 | +5 | 900 |

注 1：注：“—”表示未制定；+表示在相关年龄段的成年女性需要量基础上增加的需要量。

注 2：a 为无月经，有月经为 12；b 为无月经，有月经为 18。

**附表 7　中国居民膳食脂溶性维生素参考摄入量**

| 年龄/阶段 | 维生素 A（μg RAE/d） | | | | | 维生素 D（μg/d） | | | 维生素 E（mg α-TE/d） | | 维生素 K（μg/d） |
|---|---|---|---|---|---|---|---|---|---|---|---|
| | EAR | | RNI | | UL | AI | RNI | UL | AI | UL | AI |
| | 男 | 女 | 男 | 女 | | | | | | | |
| 0 岁～ | — | — | 300（AI） | | 600 | — | 10（AI） | 20 | 3 | — | 2 |
| 0.5 岁～ | — | — | 350（AI） | | 600 | — | 10（AI） | 20 | 4 | — | 10 |
| 1 岁～ | 250 | 240 | 340 | 330 | 700 | 8 | 10 | 20 | 6 | 150 | 30 |
| 4 岁～ | 280 | 270 | 390 | 380 | 1000 | 8 | 10 | 30 | 7 | 200 | 40 |
| 7 岁～ | 300 | 280 | 430 | 390 | 1300 | 8 | 10 | 45 | 9 | 300 | 50 |
| 9 岁～ | 400 | 380 | 560 | 540 | 1800 | 8 | 10 | 45 | 11 | 400 | 60 |
| 12 岁～ | 560 | 520 | 780 | 730 | 2400 | 8 | 10 | 50 | 13 | 500 | 70 |
| 15 岁～ | 580 | 480 | 810 | 670 | 2800 | 8 | 10 | 50 | 14 | 600 | 75 |
| 18 岁～ | 550 | 470 | 770 | 660 | 3000 | 8 | 10 | 50 | 14 | 700 | 80 |
| 30 岁～ | 550 | 470 | 770 | 660 | 3000 | 8 | 10 | 50 | 14 | 700 | 80 |
| 50 岁～ | 540 | 470 | 750 | 660 | 3000 | 8 | 10 | 50 | 14 | 700 | 80 |

续表

| 年龄/阶段 | 维生素 A（μg RAE/d） | | | | | 维生素 D（μg/d） | | | 维生素 E（mg α-TE/d） | | 维生素 K（μg/d） |
|---|---|---|---|---|---|---|---|---|---|---|---|
| | EAR | | RNI | | UL | AI | RNI | UL | AI | UL | AI |
| | 男 | 女 | 男 | 女 | | | | | | | |
| 65 岁～ | 520 | 460 | 730 | 640 | 3000 | 8 | 15 | 50 | 14 | 700 | 80 |
| 75 岁～ | 500 | 430 | 710 | 600 | 3000 | 8 | 15 | 50 | 14 | 700 | 80 |
| 孕早期 | — | +0 | — | +0 | 3000 | +0 | +0 | 50 | +0 | 700 | +0 |
| 孕中期 | — | +50 | — | +70 | 3000 | +0 | +0 | 50 | +0 | 700 | +0 |
| 孕晚期 | — | +50 | — | +70 | 3000 | +0 | +0 | 50 | +0 | 700 | +0 |
| 乳母 | — | +400 | — | +600 | 3000 | +0 | +0 | 50 | +3 | 700 | +5 |

注：“—”表示未制定；+表示在相关年龄段的成年女性需要量基础上增加的需要量。

## 附表 8 中国居民膳食水溶性维生素参考摄入量

| 年龄/阶段 | 维生素 $B_1$ | | | | 维生素 $B_2$ | | | | 维生素 $B_6$ | | | 维生素 C | | |
|---|---|---|---|---|---|---|---|---|---|---|---|---|---|---|
| | EAR（mg/d） | | RNI（mg/d） | | EAR（mg/d） | | RNI（mg/d） | | EAR（mg/d） | RNI（mg/d） | UL（mg/d） | EAR（mg/d） | RNI（mg/d） | UL（mg/d） |
| | 男 | 女 | 男 | 女 | 男 | 女 | 男 | 女 | | | | | | |
| 0 岁～ | — | | 0.1（AI） | | — | | 0.4（AI） | | — | 0.1（AI） | — | — | 40（AI） | — |
| 0.5 岁～ | — | | 0.3（AI） | | — | | 0.6（AI） | | — | 0.3（AI） | — | — | 40（AI） | — |
| 1 岁～ | 0.5 | | 0.6 | | 0.6 | 0.5 | 0.7 | 0.6 | 0.5 | 0.6 | 20 | 35 | 40 | 400 |
| 4 岁～ | 0.7 | | 0.9 | | 0.7 | 0.6 | 0.9 | 0.8 | 0.6 | 0.7 | 25 | 40 | 50 | 600 |
| 7 岁～ | 0.8 | 0.7 | 1.0 | 0.9 | 0.8 | 0.7 | 1.0 | 0.9 | 0.7 | 0.8 | 32 | 50 | 60 | 800 |
| 9 岁～ | 0.9 | 0.8 | 1.1 | 1.0 | 0.9 | 0.8 | 1.1 | 1.0 | 0.8 | 1.0 | 40 | 65 | 75 | 1100 |
| 12 岁～ | 1.2 | 1.0 | 1.4 | 1.2 | 1.2 | 1.0 | 1.4 | 1.2 | 1.1 | 1.3 | 50 | 80 | 95 | 1600 |
| 15 岁～ | 1.4 | 1.1 | 1.6 | 1.3 | 1.3 | 1.0 | 1.6 | 1.2 | 1.2 | 1.4 | 55 | 85 | 100 | 1800 |
| 18 岁～ | 1.2 | 1.0 | 1.4 | 1.2 | 1.2 | 1.0 | 1.4 | 1.2 | 1.2 | 1.4 | 60 | 85 | 100 | 2000 |
| 30 岁～ | 1.2 | 1.0 | 1.4 | 1.2 | 1.2 | 1.0 | 1.4 | 1.2 | 1.2 | 1.4 | 60 | 85 | 100 | 2000 |
| 50 岁～ | 1.2 | 1.0 | 1.4 | 1.2 | 1.2 | 1.0 | 1.4 | 1.2 | 1.3 | 1.6 | 55 | 85 | 100 | 2000 |
| 65 岁～ | 1.2 | 1.0 | 1.4 | 1.2 | 1.2 | 1.0 | 1.4 | 1.2 | 1.3 | 1.6 | 55 | 85 | 100 | 2000 |
| 75 岁～ | 1.2 | 1.0 | 1.4 | 1.2 | 1.2 | 1.0 | 1.4 | 1.2 | 1.3 | 1.6 | 55 | 85 | 100 | 2000 |
| 孕早期 | — | +0 | — | +0 | — | +0 | — | +0 | +0.7 | +0.8 | 60 | +0 | +0 | 2000 |
| 孕中期 | — | +0.1 | — | +0.2 | — | +0.1 | — | +0.1 | +0.7 | +0.8 | 60 | +10 | +15 | 2000 |
| 孕晚期 | — | +0.2 | — | +0.3 | — | +0.2 | — | +0.2 | +0.7 | +0.8 | 60 | +10 | +15 | 2000 |
| 乳母 | — | +0.2 | — | +0.3 | — | +0.4 | — | +0.5 | +0.2 | +0.3 | 60 | +40 | +50 | 2000 |

注：“—”表示未制定；+表示在相关年龄段的成年女性需要量基础上增加的需要量。

有些维生素未制定 UL，主要原因是研究资料不充分，并不表示过量摄入没有健康风险。

## 附表 8 中国居民膳食水溶性维生素参考摄入量（续表）

| 年龄/阶段 | 维生素 $B_{12}$ | | 泛酸 | 叶酸 | | | 烟酸 | | | | | 烟酰胺 | 生物素 | 胆碱 | | |
|---|---|---|---|---|---|---|---|---|---|---|---|---|---|---|---|---|
| | EAR | RNI | AI | EAR | RNI | UL | EAR（mgNE/d） | | RNI（mgNE/d） | | UL | UL | AI（mg/d） | AI（mg/d） | | UL（mg/d） |
| | μg/d | μg/d | mg/d | μgDFE/d | μgDFE/d | μgDFE/d | 男 | 女 | 男 | 女 | mgNE/d | mg/d | | 男 | 女 | |
| 0 岁～ | — | 0.3（AI） | 1.7 | — | 65（AI） | — | — | | 1（AI） | | — | — | 5 | 120 | | — |
| 0.5 岁～ | — | 0.6（AI） | 1.9 | — | 100（AI） | — | — | | 2（AI） | | — | — | 10 | 140 | | — |

续表

| 年龄/阶段 | 维生素 $B_{12}$ | | 泛酸 | 叶酸 | | | 烟酸 | | | | | 烟酰胺 | 生物素 | 胆碱 | | |
|---|---|---|---|---|---|---|---|---|---|---|---|---|---|---|---|---|
| | EAR | RNI | AI | EAR | RNI | UL | EAR（mgNE/d） | | RNI（mgNE/d） | | UL | UL | AI（mg/d） | AI（mg/d） | | UL（mg/d） |
| | μg/d | μg/d | mg/d | μgDFE/d | μgDFE/d | μgDFE/d | 男 | 女 | 男 | 女 | mgNE/d | mg/d | | 男 | 女 | |
| 1岁～ | 0.8 | 1.0 | 2.1 | 130 | 160 | 300 | 5 | 4 | 6 | 5 | 11 | 100 | 17 | 170 | | 1000 |
| 4岁～ | 1.0 | 1.2 | 2.5 | 160 | 190 | 400 | 6 | 5 | 7 | 6 | 15 | 130 | 20 | 200 | | 1000 |
| 7岁～ | 1.2 | 1.4 | 3.1 | 200 | 240 | 500 | 7 | 6 | 9 | 8 | 19 | 160 | 25 | 250 | | 2000 |
| 9岁～ | 1.5 | 1.8 | 3.8 | 240 | 290 | 650 | 9 | 8 | 10 | 10 | 23 | 200 | 30 | 300 | | 2000 |
| 12岁～ | 1.7 | 2.0 | 4.9 | 310 | 370 | 800 | 11 | 10 | 13 | 12 | 30 | 260 | 35 | 380 | | 2000 |
| 15岁～ | 2.1 | 2.5 | 5.0 | 320 | 400 | 900 | 13 | 10 | 15 | 12 | 33 | 290 | 40 | 450 | 380 | 2500 |
| 18岁～ | 2.0 | 2.4 | 5.0 | 320 | 400 | 1000 | 12 | 10 | 15 | 12 | 35 | 310 | 40 | 450 | 380 | 3000 |
| 30岁～ | 2.0 | 2.4 | 5.0 | 320 | 400 | 1000 | 12 | 10 | 15 | 12 | 35 | 310 | 40 | 450 | 380 | 3000 |
| 50岁～ | 2.0 | 2.4 | 5.0 | 320 | 400 | 1000 | 12 | 10 | 15 | 12 | 35 | 310 | 40 | 450 | 380 | 3000 |
| 65岁～ | 2.0 | 2.4 | 5.0 | 320 | 400 | 1000 | 12 | 10 | 15 | 12 | 35 | 300 | 40 | 450 | 380 | 3000 |
| 75岁～ | 2.0 | 2.4 | 5.0 | 320 | 400 | 1000 | 12 | 10 | 15 | 12 | 35 | 290 | 40 | 450 | 380 | 3000 |
| 孕早期 | +0.4 | +0.5 | +1.0 | +200 | +200 | 1000 | — | +0 | — | +0 | 35 | 310 | +10 | — | +80 | 3000 |
| 孕中期 | +0.4 | +0.5 | +1.0 | +200 | +200 | 1000 | — | +0 | — | +0 | 35 | 310 | +10 | — | +80 | 3000 |
| 孕晚期 | +0.4 | +0.5 | +1.0 | +200 | +200 | 1000 | — | +0 | — | +0 | 35 | 310 | +10 | — | +80 | 3000 |
| 乳母 | +0.6 | +0.8 | +2.0 | +130 | +150 | 1000 | — | +3 | — | +4 | 35 | 310 | +10 | — | +120 | 3000 |

注：“—”表示未制定；+表示在相关年龄段的成年女性需要量基础上增加的需要量。
有些维生素未制定UL，主要原因是研究资料不充分，并不表示过量摄入没有健康风险。

## 附表9　膳食营养素降低膳食相关非传染性疾病风险的建议摄入量（PI-NCD）

| 年龄/阶段 | 钾（mg/d） | 钠（mg/d） | 维生素C（mg/d） |
|---|---|---|---|
| 0岁～ | — | — | — |
| 0.5岁～ | — | — | — |
| 1岁～ | — | — | — |
| 4岁～ | 1800 | ≤1000 | — |
| 7岁～ | 2200 | ≤1200 | — |
| 9岁～ | 2800 | ≤1500 | — |
| 12岁～ | 3200 | ≤1900 | — |
| 15岁～ | 3600 | ≤2100 | — |
| 18岁～ | 3600 | ≤2000 | 200 |
| 30岁～ | 3600 | ≤2000 | 200 |
| 50岁～ | 3600 | ≤2000 | 200 |
| 65岁～ | 3600 | ≤1900 | 200 |
| 75岁～ | 3600 | ≤1800 | 200 |

注：孕期、哺乳期女性的PI-NCD与同年龄女性相同。
“—”表示未制定。

附表 10　水的适宜摄入量[a]

| 年龄/阶段 | 饮水量（ml/d） | | 总摄入量[b]（ml/d） | |
|---|---|---|---|---|
| | 男性 | 女性 | 男性 | 女性 |
| 0 岁～ | — | | 700[c] | |
| 0.5 岁～ | — | | 900 | |
| 1 岁～ | — | | 1300 | |
| 4 岁～ | 800 | | 1600 | |
| 7 岁～ | 1000 | | 1800 | |
| 12 岁～ | 1300 | 1100 | 2300 | 2000 |
| 15 岁～ | 1400 | 1200 | 2500 | 2200 |
| 18 岁～ | 1700 | 1500 | 3000 | 2700 |
| 65 岁～ | 1700 | 1500 | 3000 | 2700 |
| 孕早期 | — | +0 | — | +0 |
| 孕中期 | — | +200 | — | +300 |
| 孕晚期 | — | +200 | — | +300 |
| 乳母 | — | +600 | — | +1100 |

注：a 为温和气候条件下，低强度身体活动水平时的摄入量。在不同温湿度和/或不同强度身体活动水平时，应进行相应调整。
b 为包括食物中的水和饮水中的水。
c 表示纯母乳喂养婴儿无须额外补充水分。
"—" 表示未制定；+表示在相关年龄段的成年女性需要量基础上增加的需要量。

附表 11　其他膳食成分成年人特定建议值（SPL）和可耐受最高摄入量（UL）

| 其他膳食成分 | SPL | UL |
|---|---|---|
| 原花青素（mg/d） | 200 | — |
| 花色苷（mg/d） | 50 | — |
| 大豆异黄酮（mg/d） | 55[a]<br>75[b] | 120[c] |
| 绿原酸（mg/d） | 200 | — |
| 番茄红素（mg/d） | 15 | 70 |
| 叶黄素（mg/d） | 10 | 60 |
| 植物甾醇（g/d） | 0.8 | 2.4 |
| 植物甾醇酯（g/d） | 1.3 | 3.9 |
| 异硫氰酸酯（mg/d） | 30 | — |
| 辅酶 $Q_{10}$（mg/d） | 100 | — |
| 甜菜碱（g/d） | 1.5 | 4.0 |
| 菊粉或低聚果糖（g/d） | 10 | — |
| β-葡聚糖（谷物来源）（g/d） | 3.0 | — |
| 硫酸/盐酸氨基葡萄糖（mg/d） | 1500 | — |
| 氨基葡萄糖（mg/d） | 1000 | — |

注：a 绝经前女性的 SPL；b 围绝经期和绝经后女性的 SPL；c 绝经后女性的 UL。
"—" 表示未制定

# 目标检测选择题参考答案

**第 1 章**

1. B　2. A　3. C　4. D　5. B　6. C　7. B　8. A　9. A　10. B

**第 2 章**

1. B　2. E　3. C　4. A　5. A　6. C　7. B　8. A　9. B　10. D
11. A　12. D　13. C　14. A

**第 3 章**

1. C　2. B　3. B　4. B　5. A　6. C　7. ABCDE　8. ABCD　9. ABC
10. ABCD

**第 4 章**

1. C　2. E　3. A　4. B　5. E　6. E　7. A　8. D　9. B　10. C
11. B　12. A　13. C　14. B　15. ABCD　16. ABCE

**第 5 章**

1. A　2. B　3. C　4. E　5. A　6. D　7. E　8. B　9. C　10. B

**第 6 章**

1. D　2. A　3. C　4. D　5. D　6. ABCDE　7. ABCDE　8. BCD　9. ACD
10. ABCDE

**第 7 章**

1. D　2. D　3. B　4. D　5. A　6. B　7. E　8. E　9. D　10. C
11. D　12. E　13. B　14. D　15. D　16. B　17. D　18. D　19. A　20. A
21. C　22. B　23. B　24. C　25. ABCDE　26. AC

**第 8 章**

1. A　2. C　3. C　4. A　5. B　6. C　7. C　8. A　9. D　10. B

**第 9 章**

1. C　2. C　3. B　4. C　5. D　6. A　7. E　8. B　9. A

**第 10 章**

1. A　2. D　3. D　4. D　5. A　6. C　7. B　8. D　9. A　10. C
11. D　12. A　13. A　14. B　15. D　16. B　17. C　18. B　19. D　20. D

**第 11 章**

1. B　2. A　3. A　4. D　5. B　6. ABCDE　7. ABCDE　8. ABCDE
9. ADE　10. ABCDE